“十四五”高等职业教育本科新形态规划教材

新形态

FINANCE

金融学

张炳达 杨 维 编著

上海财经大学出版社
SHANGHAI UNIVERSITY OF FINANCE & ECONOMICS PRESS
上海学术·经济学出版中心

图书在版编目(CIP)数据

金融学 / 张炳达，杨维编著. -- 上海：上海财经大学出版社, 2024. 9. -- (“十四五”高等职业教育本科新形态规划教材). -- ISBN 978-7-5642-4465-1

Ⅰ. F830

中国国家版本馆 CIP 数据核字第 20247QJ495 号

□ 责任编辑 胡 芸
□ 封面设计 贺加贝

金融学

张炳达 杨 维 编著

上海财经大学出版社出版发行
（上海市中山北一路 369 号 邮编 200083）
网 址：http://www.sufep.com
电子邮箱：webmaster@sufep.com
全国新华书店经销
上海叶大印务发展有限公司印刷装订
2024 年 9 月第 1 版 2024 年 9 月第 1 次印刷

787mm×1092mm 1/16 15.5 印张 397 千字
印数：0 001—3 000 定价：49.00 元

前　言

当前，世界百年未有之大变局加速演进，中华民族伟大复兴进入关键时期。金融是国民经济的血脉，是国家核心竞争力的重要组成部分，事关中国式现代化建设的全局。特别是在全球化和数字化加速推进大背景下，金融的作用更加凸显。金融的国际化、科技化趋势，使得金融市场的联动性增强，资本流动更加频繁，金融风险的传播也更加迅速和广泛。党的二十大报告提出“深化金融体制改革，建设现代中央银行制度，加强和完善现代金融监管，强化金融稳定保障体系，依法将各类金融活动全部纳入监管，守住不发生系统性风险底线”。2021 年 3 月 12 日，教育部印发《职业教育专业目录(2021 年)》，把原来的“互联网金融”专业调整为“金融科技应用”专业。截至目前，全国已有 200 多所高等职业院校开设“金融科技应用”专业。

本书在调研的基础上，根据《国务院关于印发国家职业教育改革实施方案的通知》〔国发(2019)4 号〕、《教育部等十部门关于印发〈全面推进“大思政课”建设的工作方案〉的通知》〔教社科(2022)3 号〕以及全国金融职业教育教学指导委员会有关专业教学标准等文件的精神，从立德树人、专业升级和科技化改造对金融学习者提出更高的能力和素质的要求出发，遵循理论与实践相结合的原则，力求建立一套适应高等职业院校学生学习基础的技能训练教学项目系统，《金融学》即属于项目课程体系中的基本项目。通过学习本书，可以为深入学习各类经济类课程奠定基础；学习金融知识既掌握了一种职业技能和生活技能，又可以培养经济学思维。

一、本书结构体系

金融学是一门知识性和应用性很强的金融类专业的基础性课程，主要向学生普及金融学的基础知识，使学生能够了解货币、信用、金融市场、金融机构等相关的基本概念、基本技术和应用场景，理解金融市场和宏观金融的基本理论。本书共分 9 个项目：项目一和项目二主要阐述货币、信用、利息及利率等基本概念；项目三主要阐述各类金融市场的基本概念，货币市场、债券和股票市场，以及其他金融市场的主要内容；项目四主要阐述银行和非银行金融机构的主要业务构成；项目五主要阐述外汇、国际收支和国际金融机构等国际金融知识；项目六和项目七主要阐述金融市场理论和货币理论相关内容；项目八主要阐述金融科技的最新发展与应用；项目九主要阐述金融监管和金融创新。本书的结构框架如下图所示。

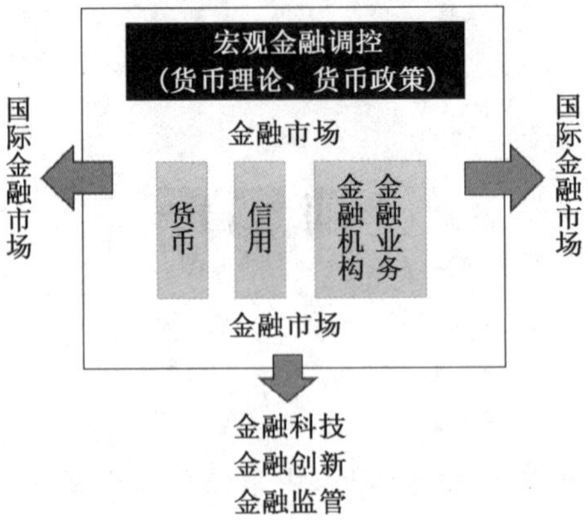

图1 本书结构框架

二、本书特色

1. 形式活泼,易于接受

本书在编写过程中,注重简化理论方面的阐述,通过引入案例、资料卡以及小贴士,使得教材更贴近职业院校学生的学习特点。

2. 知识丰富,结构清晰

本书内容由浅入深,适应学生的学习基础,实务操作性强;结合实际案例,引出教学知识点,吸引学生注意力,培养学生的学习兴趣;并配合项目技能训练,让学生在做中学、在学中做。

3. 现代科技,方便读者

本书每个项目都以二维码的形式插入"拓展阅读",以文字、视频和音频等多种形式展现,并且项目技能训练部分的答案也采用二维码形式,读者只要打开微信"扫一扫"就可以查看。这些资源可以帮助学生加深对教材内容的理解和掌握,达到事半功倍的效果。

4. 课程思政,立德树人

"立德树人"是教育的根本任务,课程思政是目前高校积极落实习近平总书记指示精神的实践探索,也成为高校思想政治教育改革的一个重要方向。本书通过案例、拓展阅读、知识拓展等多种形式融入思政元素,具体如下表所示:

表1 课程思政设计

项目	融合方式	思政要素
项目一	案例导入"世界上最早的纸币'交子'"	文化自信
项目二	信用相关知识点的系统学习小故事"老商人妙选接班人"	商业向善,诚实守信
项目三	我国金融市场发展的相关介绍	社会主义制度的认同感,树立民族自信心,增强经世济民的责任感
项目四	国内外金融业务的发展介绍、金融服务实体经济的介绍	实事求是,创新精神,高质量发展

续表

项目	融合方式	思政要素
项目五	亚投行的成立过程介绍，习近平总书记提出的“一带一路”倡议的学习	民族自信心，大国担当，家国情怀
项目六	案例导入“有效市场与有为政府结合的中国故事”，内幕交易危害性的介绍，投资理论和行为金融理论的介绍	党的二十大报告中高水平社会主义市场经济体制的阐述，法治意识，发展辩证思维
项目七	案例导入“古典诗词中的通货膨胀与通货紧缩”，我国对货币政策的运用学习，货币理论和货币政策的研究	创新精神，责任担当，家国情怀
项目八	金融科技应用案例介绍	“中国梦”，不忘服务实体经济初心
项目九	金融监管和金融创新知识点学习	实事求是，专业素养，创新探究精神，诚信守法

三、如何学好本课程

本课程是金融学专业教育中具有统领性的一门基础课程，是金融、财政、工商管理和会计学等专业的基础课，也是其他相关专业的选修课。关于怎样学好本课程，有以下几点建议：

1. 认识本书的结构框架，识记基本概念

本课程中有许多基本知识、基本概念和基本理论需要同学们认真识记，记住这些基本知识、基本概念和基本理论对于打好金融学专业基础是非常重要的。基础打好了，等到学习更专业的课程时，在自己的脑海中就会有一个知识网络，在需要的时候可以随时使用，这样整个学习过程会比较紧凑高效。

2. 掌握良好的学习方法

良好的学习方法有以下几点：

(1)自学与听课相结合，以自学为主；

(2)泛读与精读相结合，以精读为主；

(3)预习与复习相结合，以预习为主；

(4)理论与实际相结合，关注现实；

(5)接受与探索相结合，勇于创新。

3. 以科学的思维方式进行学习，培养分析问题能力

学习任何知识仅仅局限于教师的讲解和书本知识是远远不够的，要学通，要活用，要培养自己的分析运用能力。在面对众多的金融现象时，能够独立思考，试着分析，把自己投入经济事件中，培养自己的经济眼光。在学习过程中，要养成探讨问题的习惯，善于同老师和同学探讨，并在探讨的过程中取长补短。

本书由上海中侨职业技术大学张炳达教授负责总体策划，提出编写大纲和写作思路，张炳达和杨维共同担任教材主编。

感谢在本书编写过程中给予支持的上海中侨职业技术大学经济与管理学院的相关老师，也恳请使用本书的各所高校老师、学生以及相关单位提出宝贵意见，以帮助本书日臻完善。

编者

2024年7月

目 录

项目一 认识货币与货币制度 …… (1)
任务一 了解货币的定义及产生 …… (3)
任务二 理解货币的本质与职能 …… (6)
任务三 熟悉货币制度 …… (8)
项目技能训练 …… (10)

项目二 运用信用与信用工具 …… (13)
任务一 了解信用的概念、产生与发展 …… (14)
任务二 认识信用形式 …… (15)
任务三 运用利息与利率 …… (19)
项目技能训练 …… (23)

项目三 熟悉金融市场 …… (25)
任务一 了解金融市场 …… (27)
任务二 熟悉货币市场 …… (35)
任务三 认识债券市场 …… (44)
任务四 熟悉股票市场 …… (57)
项目技能训练 …… (79)

项目四 理解金融业务 …… (81)
任务一 认识商业银行及其主要业务 …… (84)
任务二 理解中央银行及其主要业务 …… (94)
任务三 理解政策性银行及其主要业务 …… (98)
任务四 了解非银行性金融机构的主要业务 …… (100)
项目技能训练 …… (105)

项目五 理解国际金融 …… (108)
任务一 了解外汇与汇率 …… (111)
任务二 理解国际收支 …… (115)
任务三 熟悉国际金融机构体系 …… (120)
项目技能训练 …… (130)

项目六　领会金融市场理论……………………………………………………（132）
任务一　理解有效市场假说………………………………………………………（134）
任务二　掌握金融市场投资理论…………………………………………………（137）
任务三　掌握行为金融学理论……………………………………………………（144）
项目技能训练………………………………………………………………………（147）

项目七　领会货币理论…………………………………………………………（149）
任务一　理解货币需求理论………………………………………………………（153）
任务二　理解货币供给理论………………………………………………………（159）
任务三　掌握通货膨胀与通货紧缩………………………………………………（173）
任务四　熟悉货币政策……………………………………………………………（188）
项目技能训练………………………………………………………………………（205）

项目八　掌握金融科技…………………………………………………………（207）
任务一　了解金融科技发展历史…………………………………………………（209）
任务二　掌握金融科技在金融领域的应用………………………………………（211）
任务三　熟悉金融科技监管………………………………………………………（222）
项目技能训练………………………………………………………………………（225）

项目九　领会金融监管与运用金融创新………………………………………（227）
任务一　领会金融监管……………………………………………………………（229）
任务二　运用金融创新……………………………………………………………（232）
项目技能训练………………………………………………………………………（236）

参考文献…………………………………………………………………………（238）

项目一　认识货币与货币制度

思维导图

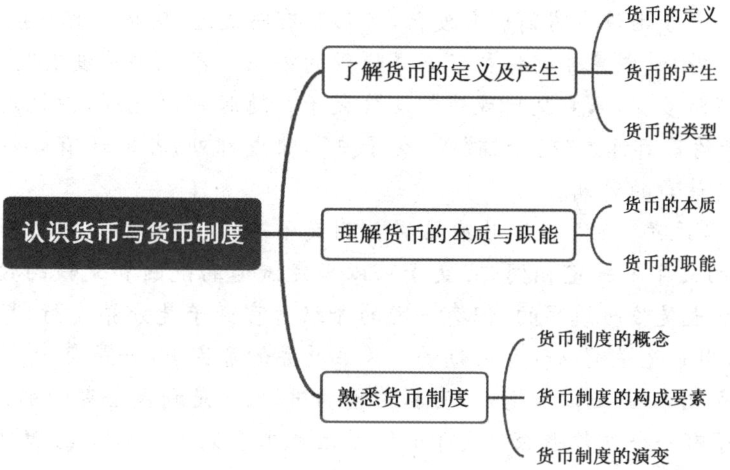

学习目标

知识与技能目标	思政教育目标
1. 理解货币的定义 2. 了解货币的产生 3. 掌握货币的本质 4. 掌握货币的职能 5. 了解货币的类型 6. 掌握货币制度的概念及其演变	1. 从中国古代货币的形成塑造文化自信 2. 培养学生爱国主义精神，坚定“四个自信” 3. 通过货币知识介绍，鼓励勤劳致富

案例导入

世界上最早的纸币“交子”

“交子”是四川方言，“子”是川语惯用的尾音，“交”是相会、相合的意思，指两张券合起来，就可兑换现钱。交子的发展可分为以下几个阶段：

第一阶段是自由发行时期，交子代替铁钱流通。这个阶段的交子是一种楮券，两面都有印记，有密码、花押，朱墨间错。券上没有“交子”的字样，票面金额是临时填写的，当时的样式也不统一。

宋真宗初年，四川成都出现了专为携带巨款的商人经营现钱保管业务的“交子铺户”。约1008年，成都16家富商联合用楮树皮纸印刷凭证，上有图案、密码、花押、图章等印记，面额则依领用人所交现款临时填写，作为支付凭证流通。存款人把现金交付给铺户，铺户把存款人存放现金的数额临时填写在用楮纸制作的卷面上，再交还存款人。当存款人提取现金时，每1 000文收手续费30文。这种临时填写存款金额的楮纸券便谓之“交子”，又名“楮币”。这时的“交子”，只是一种存款和取款凭据，而非货币。它是在一张小纸片上，印上房屋、树木和人物的图画，并做上暗号以防别人仿印。交子的出现代替了铁钱，这是我国使用纸币的开端，也是世界上最早的纸币，是我国货币发展史上的一大进步。交子既可以在市场上使用，也可以到“交子铺”兑换现钱，新旧交子每三年兑换一次。后因出现发行商拮据或破产不能兑现而被禁止发行。在大中祥符末，根据薛田的建议，由政府接办。

在第二阶段，交子由许多富商联合发行，其形制有所改进，用统一的纸张印造，有屋木人物图案。至于密码、花押、图章等则保留了第一阶段的办法。券上仍然没有“交子”的字样，金额也是临时填写，不限多少，只要交付现钱就发给交子。随时可以兑现，但兑现时每贯收手续费30文。发行交子的富商称为“交子铺”或“交子户”，除成都外，各地还有分铺。每年的收获季节，便是交子发行最多的时期。

在宋仁宗天圣元年(1023年)，政府设置益州交子务，改由官办。官交子的形制与私交子差不多，但券上的文字不一定相同，官交子可以规定流通的范围和兑钱的数目。券面仍未印“交子”字样，金额也是临时填写的，但有一定的等级。官交子是分界发行，界满以新交子收回旧交子。北宋四川的兑界是以两年为期的。设立兑界的原因有：一是交子是楮制的，容易毁损而滋生赝伪，创立兑界，强制以旧易新，可杜绝作伪纠纷；二是到期全部回纳，可以多收取“纸墨费”之类。官交子有一个发行限额。交子的流通区域本来只限于四川，宋神宗熙宁二年(1069年)曾在河东推行，但没有成功。陕西也发行过两次，都以失败告终。崇宁(1102—1106年)、大观(1107—1119年)年间，把交子改为钱引。宋仁宗天圣元年(1023年)，政府在成都设益州交子务，益州官府经过充足的准备，开始发行世界上第一种由公权力担保的纸币——交子。由京朝官一二人担任监官主持交子发行，并“置抄纸院，以革伪造之弊”，严格要求印制过程。交子改由政府统一发行，每次发行的数额有限，用铁钱做后备金。这便是我国最早由政府正式发行的纸币——“官交子”。“官交子”发行初期，其形制仿照民间“私交”，面额依然是临时填写，加盖本州州印，只是分了一定等级，从1贯到10贯，并规定了流通的范围。宋仁宗时(1039年起)，一律改为5贯和10贯两种。到宋神宗时(1068年起)，又改为1贯和500文两种。发行额也有限制，规定分界发行。后来，因供应军需超额发行，交子严重贬值。1105年遂停止发行，改用“钱引”。交子的流通范围也基本上限于四川境内，后来虽在陕西、河东有所流行，但不久就废止了。

资料来源：骆志芳、许世琴，《金融学案例分析》，经济科学出版社2020年版，第6—10页。

案例思考：请搜集相关资料并结合本项目关于货币的形成知识点，谈谈我国和西方国家货币是如何产生与发展的。

项目描述

货币的本质问题是最复杂的问题，19 世纪中叶，英国有一位议员格莱顿说过这样一句话：“在研究货币本质中受到欺骗的人，比谈恋爱受欺骗的人还要多。”直到今天，学者们关于货币的本质问题仍然存在争论。

通过对本项目的学习，我们要能对货币有自己的认识，并能回答以下问题：

1. 货币的本质是什么？
2. 货币有哪些职能？
3. 货币制度包括哪些要素？

任务一　了解货币的定义及产生

一、货币的定义

关于货币定义的争论可谓源远流长。早在 19 世纪中叶，英国就有两种关于货币定义的相互独立的观点：一种是“通货派”，另一种是“银行派”。通货派认为，只有金属货币及其代表——银行券——才能构成一国的货币，而银行券以外的其他各种信用形态都不能算作货币；银行派则认为，不仅金属货币和银行券是货币，而且由于活期存款等信用形态同样发挥着交换媒介的作用，因而也应该属于货币。这是关于货币定义的第一次大争论。

马克思从劳动价值论出发，认为货币是从商品世界中分离出来的，固定地充当一般等价物的特殊商品。部分西方经济学家认为，货币是被社会公众普遍接受的、作为支付商品和劳务的手段。古典经济学家亚当·斯密认为，货币是为了便利交换的目的，他曾说“货币是流通的大轮，是商业的大工具”。米尔顿·弗里德曼认为，货币是一个共同的、被普遍接受的交换媒介，并且建立在普遍接受的传统习惯上；他还认为，货币是购买力的暂时栖息所。弗雷德里克·米什金则将货币定义为：在商品和劳务支付或债务偿还中被普遍接受的任何东西。另外，还有一些西方学者认为，如果一种物品事实上在支付中被广泛接受并普遍用于支付中介，则不论它的法律地位如何，它就是货币。

总之，关于货币的定义多种多样，随着社会经济的不断发展，货币对经济的影响也越来越深化，人们对货币的认识也在不断发展。

二、货币的产生

货币起源于商品，是商品生产和商品交换发展到一定历史阶段的必然产物。在商品交换中，人们必须衡量商品的价值，而一种商品的价值又必须用另一种商品的价值来表现。货币的产生和演变过程就是价值形式的演变过程，从交换产生到货币出现，经历了四个阶段。

（一）简单的、偶然的价值形式

在原始社会后期，随着生产力的发展，偶尔会有剩余产品开始出现。各部落除了满足自身的消费需求外，还把多余的产品拿去交换。但由于当时生产力水平低下，很少有剩余，因此交换的发生非常偶然。在交换的过程中，一种商品的价值偶然地表现在另一种商品上。如：

1 只绵羊＝2 把石斧

1头牛=5米布

……

绵羊的价值用石斧表现出来了,石斧成为绵羊的等价物。在这一关系中,等式左边的绵羊起着主动作用,等式右边的石斧处于等价状态,成为表现绵羊的价值材料,起着被动作用。由于价值的表现纯属偶然,所以这个阶段被称为简单的、偶然的价值形式。

(二)总和的或扩大的价值形式

随着社会生产力的进一步发展和第一次社会大分工的出现,剩余产品开始增多,交换越来越频繁。这时,一种商品不再是偶然地与另外一种商品相交换,而是经常地与许多种商品相交换。如:

1只绵羊 { =2把石斧
=30千克大米
=5米布
……

在扩大的价值形式中,一种商品的价值已经不是偶然地表现在某一种商品上,而是经常表现在一系列的商品上。以上两种价值形式都是物物直接交换,即绵羊与石斧交换、绵羊和大米交换、绵羊和布交换。这种交易实现的条件是交易双方在时空、供求上的双重巧合。当用于交换的商品在质量、数量、品种等方面不符合要求时,交换则不能进行。例如,有羊的人希望换石斧,但有石斧的人不需要羊而需要米,但有米的人既不需要石斧也不需要羊,却需要布。这样,交换就无法进行。这一阶段,由于一种商品的价值可由许多种商品表现出来,而许多商品可以成为表现其他商品的等价物,所以称为扩大的价值形式。

(三)一般的价值形式

物与物的直接交换有一个缺陷,就是要满足“双重巧合”的条件,即时空上和供求上的巧合,否则交易很难达成。为了克服这种巧合,人们开始自发地用自己的商品先换成一种大家都愿意接受的商品,再去交换自己所需要的商品。这种商品就从众多的商品中分离出来,表示其他商品的价值,成为一般等价物。如:

2把石斧
30千克大米
5米布
…… } =1只绵羊

一般价值形式是以某种商品为媒介的商品交换形式。一般等价物的出现使物物直接交换转化为以一般等价物为媒介的间接交换。一般等价物是不固定的,如羊、贝壳、布匹等都充当过一般等价物。

(四)货币价值形式

随着商品生产和商品交换的不断发展,人们需要选择一种商品固定地充当一般等价物,这种商品需要满足人们的要求,诸如价值含量高、价值统一、便于分割、便于携带、便于保存。最后,人们发现贵金属最适合充当这种一般等价物。当一般等价物相对稳定时,货币也就产生了。货币成为表现其他一切商品价值的固定的一般等价物,马克思将其称为货币价值形式。所以,“金银天然不是货币,但货币天然是金银”。

拓展阅读

我国古代货币的起源及其发展变化

三、货币的类型

货币是商品经济发展的必然产物，它根源于商品，并伴随着商品经济的发展而自发产生。随着科学技术的进步和人们对货币在经济发展中作用的认识深化，货币的形态也经历了一个不断从自发演化到人为掌握的发展过程。货币形态的发展演变大体经历了实物货币、金属货币、纸币和信用货币的发展历程（见图1—1）。

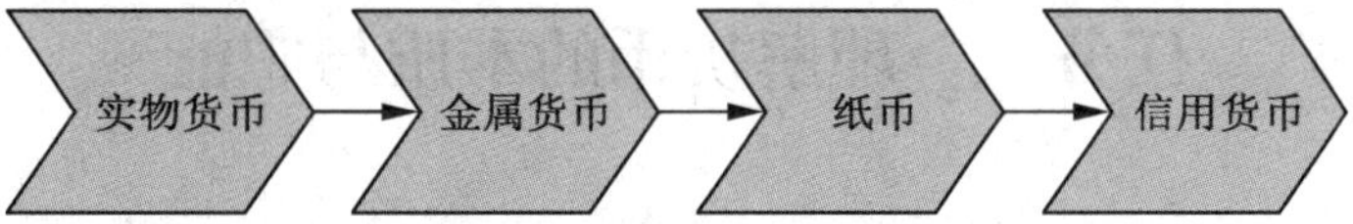

图1—1　货币形态的发展演变

（一）实物货币

实物货币是人类历史上最古老的货币。在人类经济史上，许多商品曾在不同时期、不同国家扮演货币的角色，如牲畜、贝壳、布匹、粮食、金属等都充当过货币。我国最早的货币是贝。在日本、东印度群岛及美洲、非洲的一些地方，也有用贝作为货币的历史。在古代欧洲的雅利安民族，在古波斯、印度、意大利等地方，都有用牛、羊作为货币的记载。拉丁文的"Pecunia"（意为"金钱"）来源于"Pecus"（意为"牲畜"）；印度现代货币的名称"Rupee"来源于"牲畜"的古文"Rupye"。此外，古代埃塞俄比亚曾用盐作为货币；非洲和印度等地方曾用象牙作为货币；而在美洲，曾经充当古老货币的有烟草、可可豆等。

（二）金属货币

由于金属具有价值相对稳定、易于分割和便于携带的特点，因此成为人们在长期交换活动中稳定充当一般等价物的商品。但是，因为金属尤其是贵金属的数量有限，对于大宗交易而言，携带大量金属货币交易还不是很方便，所以人们继续寻找更加合适的货币。

（三）纸币

纸币是从货币作为流通手段的职能产生的。货币作为流通手段，只是充当转瞬即逝的媒介。因此，作为流通手段的货币就不必是十足价值的货币。纸币是由国家发行并以法律手段强制流通的价值符号。我国是世界上最早使用纸币的国家。

欧洲近代纸币的产生来源于银行券，因此，西方经济学家认为，英国的金店券就是近代欧洲纸币的前驱。

（四）信用货币

信用货币是代替金属货币充当支付手段和流通手段的信用证券，它包括本票、汇票、银行券和支票等。在流通金铸币的情况下，货币数量的增加在来源上受金银采掘量的限制，难以适应流通对增加货币数量的需求。同时，随着信用制度的扩大，货币作为支付手段的职能也在扩大，这样就出现了各种形式的信用货币。信用货币主要包括以下几种：

（1）辅币。多用贱金属制造，一般由政府独占发行，由专门的铸币厂铸造。其主要功能是充当小额或零星交易中的媒介手段。

（2）现钞。多数由一国中央银行发行，其主要功能是作为人们日常生活用品的购买手段。

（3）银行存款。银行存款是存款人对银行的债权；对银行来说，这种货币又是债务货币。存款除了在银行账户的转移支付外，还要借助于支票等支付。目前在全球的经济交易中，用银行存款作支付手段的比重占绝大部分。随着信用的发展，一些小额交易，如顾客对零售商的支付、职工的工资等，也广泛使用这种类型的货币。

(4)电子货币。随着科技的飞速发展和电子计算技术的运用，货币的交易和支付方式进入一个崭新的阶段。电子货币通常是利用电脑或储值卡来进行金融交易和支付活动，如各种各样的信用卡、储值卡、电子钱包等。与此同时，还可借助于上网的电脑、自动柜员机或用电话操作来对货币存储额进行补充。这种货币运用非常方便，并且在不断完善和进一步发展。

任务二　理解货币的本质与职能

一、货币的本质

货币是起着一般等价物作用的特殊商品，这是货币的本质特征。通过对商品交换发展的历史分析，可以看到货币是从千万种商品交换中分离出来的，货币起源于商品，货币也是商品。货币商品与普通商品有共性，也有特殊性，只有把两方面统一起来，才能全面、正确地掌握马克思主义货币理论。

(一)货币是商品

货币的前身是商品，它是在交换过程中逐渐演变而成为货币商品的；商品成为货币以后，仍然具有商品的属性——价值和使用价值，如金银。货币具有价值，说明它与普通商品一样，是人类抽象劳动的凝结物。正因为货币本身具有价值，它才能用来表现和衡量其他一切商品的价值，才能与其他一切商品相交换。货币商品具有使用价值，也具有满足人们某种需要的属性。例如，金银可以用来做首饰，满足人们装饰的需要。

(二)货币是特殊商品

货币起着一般等价物的作用，主要表现在两个方面：一方面，货币是表现一切商品价值的材料，而普通商品则没有这种作用。自从货币产生以后，商品的价值不是直接由另一种商品来表现，而是通过商品同货币的交换表现出来。商品能交换到货币，就说明生产商品的私人劳动得到了社会承认，是社会劳动的一部分，从而使商品的价值有了实际表现。另一方面，货币具有一般的使用价值，即具有与其他一切商品交换的能力。有了货币，就有一般的使用价值——任何商品的使用价值，货币具有直接交换的能力，是交换的手段。货币作为一般等价物的这两个方面的表现，实质上是同一问题的两个方面。商品交换过程，也就是商品价值被表现和实现的过程。

二、货币的职能

货币是商品交换发展的结果，是从商品世界中分离出来的稳定地充当一般等价物的一种特殊的商品。我们主要从价值尺度、流通手段、支付手段、储藏手段和世界货币五个方面来阐述货币的基本职能。

(一)价值尺度

货币在表现商品的价值并衡量商品价值的大小时，便发挥价值尺度的职能。这是货币最基本、最重要的职能。作为价值尺度，货币把一切商品的价值表现为同名的量，使它们在质的方面相同，在量的方面可以比较。

货币作为价值尺度在衡量表现商品价值时，要求货币本身具有货币单位。货币单位是衡量商品价值量的单位，是人们对货币执行价值尺度所做的技术规定。如美元、英镑等。

货币在执行价值尺度职能时，具有观念性和相对性的特点。货币执行价值尺度职能，只需要有想象中或观念上的货币就可以了，不需要现实的货币。例如，估量一只手表的价值，只要在头脑中有手表值若干货币的观念就可以了，也可以将观念的价格用标签表示出来，并不需要在手表旁边摆上等量价值的货币。而货币执行价值尺度职能，只是把商品的价值间接、相对地表现出来。社会必要劳动时间是商品的内在价值尺度，但是它不能自己表现出来，必须借助于货币外化出来。

（二）流通手段

货币在商品交换过程中发挥媒介作用时，便执行流通手段职能。在这种情况下，商品交换就不再是物物直接交换，而是商品所有者先把商品换成货币，即“卖出”；再用货币换取所需要的商品，即“买进”。这样，商品的交换过程就变成买卖两个过程的统一。货币执行流通手段职能具有以下特点：(1)必须是现实的货币。因为只有商品生产者出卖商品所得到的货币是现实的货币，才能证明他的私人劳动获得社会承认，成为社会劳动的一部分。货币充当商品交换的媒介不能是观念上的，而必须是现实的货币。(2)不需要有足值的货币本体，可以用货币符号来代替。因为商品的流通是从一个所有者手里转到另一个商品所有者手里的运动，商品生产者手里的货币只是转瞬即逝的东西，货币持有者所关心的只是它能够最终换回的与其代表的价值量是否等值的商品量，所以只要有货币的象征存在就够了。

（三）支付手段

当货币作为价值的独立形态进行单方面转移时，便执行支付手段职能。例如，货币用于清偿债务，以及支付赋税、租金、工资等所执行的职能。

货币执行支付职能具有以下特点：(1)作为流通手段的货币是商品交换的媒介，而作为支付手段的货币只是补足交换的一个环节；(2)流通手段只服务于商品流通，而支付手段除了服务于商品流通外，还服务于其他经济行为；(3)就媒介商品流通而言，二者虽然都是一般的购买手段，但流通手段职能是即期购买，而支付手段职能是跨期购买；(4)流通手段是在不存在债权债务关系的条件下发挥作用，而支付手段是在存在债权债务关系的条件下发挥作用；(5)商品赊销的发展，使商品生产者之间形成了一条很长的支付链，一旦某个商品生产者不能按期还债，就会引起连锁反应，严重时还会引起大批企业破产。

（四）储藏手段

储藏手段职能是指货币退出流通而被用来积累和保存财富。货币可以作为储藏手段，帮助其拥有者实现跨期分配资源。以个人为例，在取得收入以后，大多数人不会立即花光，而是保留一部分以后再花，在这段时间里，持有的货币就是一种储藏手段。又如，年老以后，绝大多数人丧失劳动能力，即使工作挣钱，也不能满足维持生存所需要的消费资料。因此，在年轻的时候，人们便会有意识地储藏价值，以供年老时使用。储藏货币就是一种常见的方式。

货币并不是唯一的价值储藏形式。在社会经济发展的不同阶段，价值储藏的目的和形式是不同的。最初的价值储藏形式主要是一些具体的实物。随着贵金属货币的出现，铸币、贵金属条块等便成为人们储藏的对象。在现代经济条件下，随着信用工具的出现，银行存款、各种有价证券等便成为人们储藏的主要手段。

（五）世界货币

货币在国际市场上发挥一般等价物的作用时，执行世界货币职能。世界货币必须具有内在的价值(如黄金)，或是币值相对稳定的国际广泛使用的货币(如美元)。在贵金属流通的条件下，以原始条块形式出现的金银充当世界货币的职能。在现代社会，许多国家的货币在国际上发挥着支付手段、购买手段和财富转移手段的作用，如美元、英镑、欧元和日元等。

世界货币职能的主要内容有：(1)作为国际支付手段，用来支付国际收支差额；(2)作为国际购买手段，用来购买外国商品；(3)作为社会财富的代表，在各国之间进行转移，如资本转移、对外援助等。

任务三　熟悉货币制度

一、货币制度的概念

货币制度简称“币制”，是一个国家以法律形式确定的该国货币流通的结构、体系与组织形式。它是一国经济制度的重要组成部分。

目前，世界各国普遍采用的是信用货币制度。信用货币制度具有以下特点：

(1)贵金属非货币化；

(2)流通中的信用货币主要由现金和存款货币构成；

(3)现实经济中的货币均通过金融活动投入流通；

(4)中央银行代表国家对信用货币进行统一管理与调控，已成为金融和经济正常发展的必要条件。

二、货币制度的构成要素

国家开始建立的统一的货币制度，一般由以下四个要素构成：

(一)币材

即统一规定采用某种金属作为货币材料。哪种或哪几种商品一旦被规定为币材，即称该货币制度为该种或该几种商品的本位制。例如，以金币为币材的货币制度称为金本位制。确定货币金属是金属货币流通条件下整个货币制度的基础。在资本主义经济发展过程中，货币金属由贱金属向贵金属过渡，国家在制定货币制度时，往往将货币单位与某种特定的金属保持固定的关系，并将其作为衡量价值的标准。目前，世界各国都实行不兑现的货币制度，法律条文中也没有任何商品充当币材的规定。过去货币制度中最重要的一个构成因素已经消失了。

(二)货币单位

规定货币单位的名称及其所含的货币金属的重量。例如，英国的货币单位名称为“英镑”，1816 年的《金本位制度法案》规定，1 英镑含成色 11/12 的黄金 123.274 47 格令，即含纯金 113.001 6 格令；美国的货币单位为“美元”，根据规定，1 美元含成色 9/10 的黄金 25.8 格令，即含纯金 23.22 格令；我国在 1914 年的《国币条例》中规定，货币单位为“圆”，每圆含纯银为库平 0.648 两(合 23.977 克)。

(三)货币铸造、发行和流通程序

1. 金属本位币的铸造与流通

在金属货币制度下，金属本位币是按国家规定的货币金属和货币单位铸造成的铸币，是一国的法定通货，也称主币。国家允许持有货币金属的居民可以自由到铸币厂请求铸造本位币，也可以将金属铸币自由熔化为金属条块，使其退出流通领域。这是金属本位制下的金属货币自由铸造特性。另外，主币还具有无限法偿的能力，是指国家规定金属本位币具有无限的支付能力，用本位币进行支付，无论金额多大，任何人均不得拒绝接受。

2. 辅币的发行与流通

辅币是指本位币以下的小额通货，供日常零星交易和找零之用。辅币通常是用铜、镍等贱金属铸造的不足值的铸币，其名义价值高于实际价值。辅币由国家限制铸造。限制铸造可以防止实际价值较低的辅币把实际价值较高的主币排挤出市场。辅币若可以自由铸造，则不足值的辅币就会充斥流通界，而足值的主币则会被排除于流通界之外，所以辅币不能自由铸造。其流通具有有限法偿的能力，即国家规定每次交易支付的最高限额，超过限额的部分，受款人可以拒绝接受。例如，美国曾规定，10 分以上的银辅币每次支付的限额为 10 元。在流通中，辅币可以按一定比例与金属本位币自由兑换。

3. 信用货币的发行与流通

随着经济的发展，金属货币已经不能满足生产和流通的需要，于是出现了纸币和各种信用货币（如商业票据、银行券等价值符号）的流通。在不兑现信用货币制度下，中央银行发行的银行券具有无限法偿的能力，其他如商业票据、支票等则不具备这种能力。

（四）准备制度

为了稳定货币，各国货币制度中都包含准备制度的内容。在实行金本位制的条件下，准备制度主要是建立国家的黄金储备，这种黄金储备保存在中央银行或国库。目前，各国中央银行发行的信用货币虽然不能再兑换黄金，但仍然保留着发行准备制度。各国虽然准备制度不同，但归纳起来，作为发行准备金的主要有黄金、国家债券、商业票据、外汇等。

三、货币制度的演变

迄今为止，国际货币制度经历了从国际金本位制到布雷顿森林体系再到牙买加体系的演变过程。

（一）国际金本位制

世界上首次出现的国际货币制度是国际金本位制，1840—1914 年的 75 年间是国际金本位制的黄金时代。在这种制度下，黄金充当国际货币，各国货币之间的汇率由它们各自的含金量比例决定，黄金可以在各国间自由输出输入。1914 年，第一次世界大战爆发，各参战国纷纷禁止黄金输出和纸币停止兑换黄金，国际金本位制受到严重削弱，之后虽然改行金块本位制或金汇兑本位制，但因其自身的不稳定性都未能持久。在 1929—1933 年的经济大危机冲击下，国际金本位制终于瓦解，直至 1944 年重建新的国际货币制度体系——布雷顿森林体系。

（二）布雷顿森林体系

第二次世界大战爆发后，资本主义国家都出现了严重的通货膨胀。各国的经济政治实力发生了重大变化，美国登上了资本主义世界盟主地位，美元的国际地位因其国际黄金储备的巨大实力而空前稳固。这就使建立一个以美元为支柱的有利于美国对外经济扩张的国际货币体系成为可能。

在这一背景下，1944 年 7 月，在美国新罕布什尔州的布雷顿森林召开由 44 国参加的“联合国联盟国家国际货币金融会议”，通过了以“怀特计划”为基础的《国际货币基金协定》和《国际复兴开发银行协定》，总称《布雷顿森林协定》。这两份协定建立了以美元为中心的资本主义货币体系。布雷顿森林体系的主要内容是：以黄金为基础，以美元作为最主要的国际储备货币，实行“双挂钩”的国际货币体系，即美元直接与黄金挂钩，各国货币则与美元挂钩，并可按 35 美元/盎司的官价向美国兑换黄金；实行固定汇率制度；国际货币基金组织通过预先安排的资金融通措施，保证向会员国提供辅助性储备供应；会员国不能限制经常性项目的支付。这个货币体系实际上是“美元—黄金”本位制，也是一个变相的国际金汇兑本位制。

布雷顿森林体系的建立，在战后相当长一段时间内，确实带来了国际贸易空前发展和全球经济越来越相互依存的时代。但布雷顿森林体系存在着自身无法克服的缺陷，其致命的弱点是：它以一国货币（美元）作为主要储备资产，具有内在的不稳定性。因为只有靠美国的长期贸易逆差，才能使美元流散到世界各地，使其他国家获得美元供应。

20 世纪 60 年代以后，美国外汇收支逆差大量出现，黄金储备大量外流，导致美元危机不断发生。1971 年 8 月 15 日，美国公开放弃金本位，同年 12 月，美国宣布美元对黄金贬值；1972 年 6 月到 1973 年初，美元爆发两次危机；1973 年 3 月 12 日，美国政府再次将美元贬值。自 1974 年 4 月 1 日起，国际协定上正式排除货币与黄金的固定关系，以美元为中心的布雷顿森林体系彻底瓦解。

（三）牙买加体系

视频学习

劣币驱逐良币现象

布雷顿森林体系崩溃后，国际货币制度又一次陷于混乱，导致国际金融形势动荡不安。1976 年 1 月，国际货币基金组织“国际货币制度临时委员会”在牙买加举行会议，达成了著名的《牙买加协定》。牙买加体系的实行，对于维持国际经济运转、推动世界经济发展发挥了积极的作用。但是，牙买加体系并不是理想的国际货币制度，它目前仍存在一些缺陷，国际货币制度仍有待进一步改革和完善。

项目综述

货币的定义是一个颇具争议的问题。马克思和西方学者们提出了许多不同的观点。随着人们认识的深入，对什么是货币也有了进一步的深刻认识。

货币最终成为固定充当一般等价物的商品经历了一个长期的演变过程，从简单的和偶然的价值形式、总和的或扩大的价值形式、一般的价值形式，最终演变为货币价值形式。

货币的形式经历了实物货币、金属货币、纸币以及信用货币的发展历程。

货币的本质特征是起着一般等价物作用的特殊商品。货币具有价值尺度、流通手段、支付手段、储藏手段和世界货币五大职能。货币的价值尺度职能主要用于衡量商品或劳务的价值，而不是实实在在的货币；货币作为流通手段主要是充当一般等价物，用以与其他商品进行交换；储藏手段职能是指货币退出流通而被用来积累和保存财富；货币在清偿债务时充当延期支付的工具，这就是货币的支付手段职能；世界货币的职能就是货币越出一国流通领域而在世界市场上执行一般等价物的职能。

货币制度是国家以法律形式规定的货币流通结构和组织形式。货币制度有币材，货币单位，货币铸造、发行和流通，以及准备制度四个构成要素。货币制度经历了国际金本位制、布雷顿森林体系和牙买加体系三个阶段，目前仍在不断完善中。

项目技能训练

一、单选题

1. 在金属货币制度下，本位币的名义价值与实际价值（　　）。

A. 成正比　　B. 成反比　　C. 相一致　　D. 无关

2. 辅币的名义价值(　　)其实际价值。

A. 高于　B. 低于　C. 等于　D. 不确定

3. 最早实行金币本位制的国家是(　　)。

A. 美国　B. 英国　C. 法国　D. 日本

4. 辅币的特点为(　　)。

A. 是一种足值货币　B. 不能自由铸造　C. 能自由熔化　D. 是无限法偿货币

5. 世界上最早出现的货币制度是(　　)。

A. 金本位制　B. 银本位制　C. 不兑现本位制　D. 金银复本位制

6. 当人们在偿还债务、缴纳税赋、借贷款时所使用的货币的职能是(　　)。

A. 交易媒介　B. 价值尺度　C. 支付手段　D. 贮藏手段

7. 在金本位制的几种形态中,(　　)是最典型的金本位制。

A. 金铸币本位制　B. 金块本位制　C. 金汇兑本位制　D. 复本位制

8. 商品价值形式最终演变的结果是(　　)。

A. 简单价值形式　B. 扩大价值形式　C. 一般价值形式　D. 货币价值形式

9. "劣币驱逐良币"的现象出现在(　　)货币制度中。

A. 金银复本位制　B. 银本位制　C. 金本位制　D. 金汇兑本位制

10. "欧元"的钞票和硬币正式开始流通始于(　　)。

A. 1999 年　B. 2000 年　C. 2001 年　D. 2002 年

二、多选题

1. 金、银等贵金属成为最终的实物货币是因为它们具有(　　)的特性。

A. 高价值性　B. 易于携带性　C. 易于分割性　D. 易于保存性

2. 对信用货币的描述中,不正确的有(　　)。

A. 纸币与金属货币挂钩

B. 其流通依赖于人们对该货币的信心和货币发行的立法保障

C. 币值较为稳定

D. 信用卡是一种新的信用货币形式

3. 金币本位制的特点有(　　)。

A. 黄金可以自由输入和输出　B. 金币可以自由铸造和熔化

C. 价值符号可以自由兑现金币　D. 金银同时流通

4. 金本位制的形式有(　　)。

A. 金币本位制　B. 金块本位制　C. 金汇兑本位制　D. 平行本位制

5. 关于布雷顿森林体系,以下描述中正确的有(　　)。

A. 实行"双挂钩制度"

B. 实行浮动汇率制

C. 各国货币与美元的汇率可以在 1%的幅度内波动

D. 实际上是一种金汇兑制度

三、判断题

1. 货币资产是传统的、最基本的和最重要的金融资产。　(　　)

2. 中国使用最早和使用时间最长的铸币是银币。　(　　)

3. 世界上最早的货币是实物货币。　(　　)

4. 货币成为交易的媒介,提高了交易效率,降低了交易成本。　(　　)

5. 电子货币不属于信用货币。　(　　)

6. 货币在地租、借贷以及工资等方面的支付中发挥交易媒介的职能。 （ ）

7. 本位币是一国货币制度法定作为价格标准的基本货币，具有有限法偿效力。 （ ）

8. 货币是起着一般等价物作用的特殊商品，这是货币的本质特征。 （ ）

9. 主币还具有有限法偿的能力，是指国家规定金属本位币具有有限的支付能力。 （ ）

10. 货币在商品交换过程中发挥媒介作用时，便执行流通手段职能。 （ ）

四、简答题

1. 什么是劣币驱逐良币？
2. 金本位制崩溃的原因有哪些？
3. 如何才能保证信用货币的稳定？

项目一

习题答案

项目二　运用信用与信用工具

思维导图

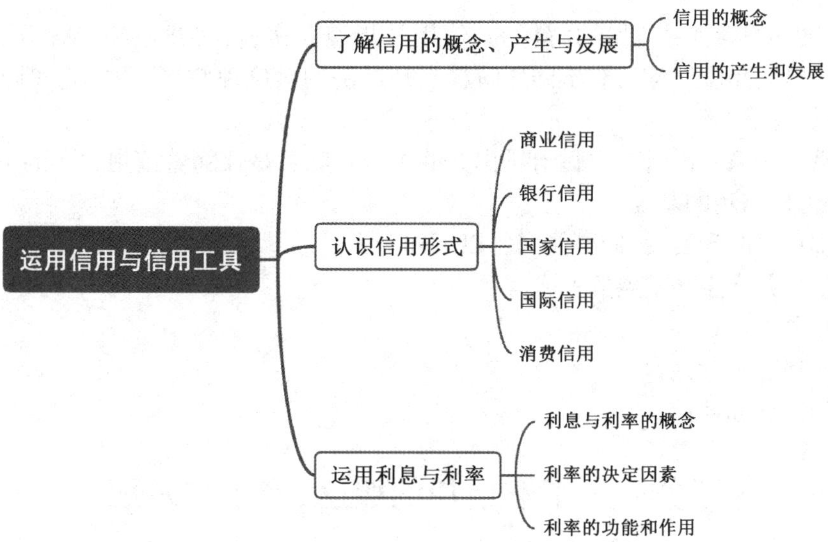

学习目标

知识与技能目标	思政教育目标
1. 掌握信用的概念 2. 理解商业信用及其特点 3. 理解银行信用及其特点 4. 理解国家信用的形式 5. 理解消费信用的类型 6. 掌握信用工具的类型及其特征 7. 能够进行利息和利率相关计算	1. 培养学生商业向善的价值观 2. 增强学生对于商业活动中的诚实守信准则的认同感 3. 树立警惕防范不良信用习惯的意识

案例导入

假设某工厂要扩大生产，投资100万元建设生产线，可使用6年，每年的收益为20万元。总收益为120元，利润为20万元。假设年利率为10%，问该企业是否应该进行这项投资？

解答：第一年末的收益现值＝20/(1＋10%)＝18.18(万元)

第二年末：16.53万元　　第三年末：15万元　　……第六年末：11.29万元

总收益＝87.08万元　　净现值＝－12.92万元

结论：不仅没有利润，而且亏损12.92万元。投资不划算，并且这还没有算上通货膨胀率。

案例思考：请你运用利率相关知识点思考如何刺激投资。

项目描述

《辞海》(1979年版)对信用的解释为：信用是指遵守诺言，实践成约，从而取得别人的信任。从不同的研究角度对信用有不同的解释。从经济的角度理解"信用"，它实际上是指"借"和"贷"的关系。

利息是借贷关系中由借入方付给贷出方的报酬。利息是伴随着信用关系的发展而产生的经济范畴，并构成信用的基础。

通过对本项目的学习，我们要能回答以下问题：

1. 信用是如何产生与发展的？
2. 信用有哪些形式？
3. 利率的功能是什么？
4. 单利和复利如何计算？

任务一　了解信用的概念、产生与发展

一、信用的概念

日常生活中，"信用"一词通常表示信守诺言、具有信誉。而金融学范畴中所研究的信用，是指以偿还本金和支付利息为条件的暂时让渡商品或货币的借贷行为。

从经济的角度理解"信用"，它实际上是指"借"和"贷"的关系。信用实际上是指"在一段限定的时间内获得一笔钱的预期"。你借得一笔钱、一批货物(赊销)，实际上就相当于得到对方的一个"有期限的信用额度"，之所以能够得到对方的这个"有期限的信用额度"，大部分是因为对方对你的信任，有时也可能是出于战略考虑和其他的因素不得已而为之。

二、信用的产生和发展

(一)信用的产生

1. 商品货币经济的产生和发展

商品货币经济是价值经济，如果没有商品货币经济的产生和发展，就不可能出现剩余产品和闲置的货币，就没有可供借贷的商品和货币。因此，信用是随着商品货币经济的产生而产生的，随着它的发展而发展的。

2. 私有制的出现

信用是在私有制基础上产生的。信用是一种以偿还和支付利息为条件的借贷活动。贷方把自己的东西借给别人使用，并且要求对方按期归还，并支付使用的报酬——利息。这说明，贷方和借方是不同的财产所有者，他们之间不能无偿占有或使用对方的财产，如果没有私有制的出现、没有财产的不同所有权，也就不需要采用这种方式解决彼此之间财产的余缺调剂问题。

3. 商品和货币分布不均

随着商品货币经济的产生和发展以及私有制的出现，作为商品经济的两大要素，商品和货币的矛盾对立也日益增强。商品和货币在所有者之间分布很不均衡，这种矛盾通过借贷进行调节便可以迎刃而解。所以，商品和货币分布不均是信用产生的又一个原因。

（二）信用的发展

信用在其发展过程中依次经历了高利贷信用和借贷资本信用两个发展阶段。

1. 高利贷信用

历史上最古老的信用形式是高利贷信用，它是通过贷出实物或货币获取高额利息的借贷行为。高利贷产生于原始社会末期，由于私有制的出现，原始社会内部出现贫富分化，大量财富被少数家族占有，而大多数不占有生产资料的家族为了维持生活和生产的正常进行，需要临时补充一些商品或货币。在剩余产品有限、可以贷出去的财产极少的情况下，借入者只有付出高额利息，才能获得自己所需的商品或货币，这是高利贷产生的历史根源。

2. 借贷资本信用

借贷资本信用是信用的高级形式。资本主义生产关系确立以后，以资本主义再生产为基础的资本主义信用取代了高利贷信用，取得了垄断地位。所谓借贷资本，就是为了获取剩余价值而暂时贷给职能资本家使用的货币资本，它是生息资本的一种形式。

拓展阅读

老商人妙选接班人

借贷资本和高利贷资本都是生息资本，除了两者的利息水平有很大的差异外，它们在以下几个方面也有较大区别：(1)从资本来源看，高利贷资本的主要来源是商人、僧侣、奴隶主、地主等少数富人，而借贷资本主要来源于货币资本家以及闲置货币资本的持有者；(2)从用途来看，高利贷的借贷者将资本用于非生产用途，而借贷资本的借贷者主要是为了追加资本、扩大生产和经营活动，是用于生产用途。

任务二　认识信用形式

信用形式是指信用的具体表现形式。信用按照不同的标准可以有不同的分类：以信用的期限为标准，可以分为即期信用、短期信用和长期信用；以有无抵押为标准，可分为担保信用和无担保信用；以信用的主体为标准，可以分为商业信用、银行信用、国家信用和消费信用。在此主要介绍最基本的信用形式：商业信用、银行信用、国家信用、国际信用和消费信用。

一、商业信用

商业信用是指工商企业间在买卖商品时，以商品形式提供的信用。商业信用的具体形式包括企业间的商品赊销、分期付款、预付货款、委托代销等。其中，与商品赊销相联系的延期付款是商业信用最基本、最典型的活动。

(一)商业信用的特点

1.商业信用的主体是商品生产者和经营者

由于商业信用是以商品形态提供的信用,所以,债权人和债务人均为商品生产者和经营者。在资本循环过程中,由于各企业的生产和流通时间不一致等原因,所以往往会出现一方有货物出售而另一方无货币购买的现象。通过商业信用,债权人提供信用给债务人,同时以货主的资格出售商品给其他企业;债务人接受商业信用,也向其他企业购买商品。

2.商业信用是一种直接信用

通过这种信用方式,交易极易达成,无须经过金融机构,只要赊销方和赊购方达成协议即可,手续极为方便。

3.商业信用是以商品形态提供的信用

在商业信用中,卖方以商品而不是货币形态向买方提供信用。这种商品不同于普通商品,而是处于产业资本循环过程最后一个阶段的商品资本,它还有待于转化为货币资本。

商业信用的优缺点可参见表2—1。

表2—1 商业信用的优缺点

商业信用的优点	商业信用的缺点
商业信用的优点在于通过厂商之间提供商业信用,卖方将商品赊销给买方实现销售,买方用延期付款和分期付款的方式取得商品,使整个社会的再生产能正常进行,提高商品流通速度,从而促进社会经济发展。	1.商业信用具有规模局限性。由于商业信用是厂商之间提供的信用,因此它的规模只能局限于提供信用的厂商所拥有的商品范围。商业信用在量上是有限的。 2.商业信用具有方向局限性。商业信用通常是由卖方向买方提供,由原材料生产企业向需要原材料的下游企业提供,而不能逆向进行。企业之间的很多信用需求无法通过商业信用得到满足。 3.商业信用具有对象局限性。由于商业信用形成于商品买卖过程中,因此它只适用于有商品交易关系的企业,并且一般是在信用能力较强、往来较多、相互信任的企业之间进行。

二、银行信用

银行信用是指银行和非银行金融机构以货币形式向社会及个人提供的信用。银行信用主要包括两个方面:一是以吸收存款等形式动员各方面的闲散资金;二是通过贷款、贴现等形式运用这些资金。

20世纪以来,银行信用发生了巨大的变化,主要表现为:(1)越来越多的借贷资本集中在少数大银行手里;(2)银行规模越来越大,贷款数不断增加,贷款期限不断延长;(3)银行信用提供的范围不断扩大。

银行信用的特点有以下几个方面:

(一)银行信用是一种间接信用

在银行信用中,一方面,银行或其他金融机构以债务人的身份广泛吸收社会上闲散的货币资金;另一方面,以债权人的身份向以企业为主的货币资金需求者提供货币资金。因此,银行信用是银行及其他金融机构集债权人与债务人于一身的一种间接信用形式。

(二)银行信用的债权人是金融机构,债务人是企业、个人和其他机构

银行在筹集资金时又作为债务人承担经济责任。这种特有的双重身份为银行信用发挥作用提供了便利条件。

(三)银行信用具有动员、分配资金的广泛性

由于银行信用所能动员的借贷资金包括整个社会各个部门的闲散资金,包括企业、家庭和政府的储蓄,因此它可以聚集小额的可贷资金满足大额资金借贷的需要,同时可把短期的借贷资金转换成长期的借贷资本,满足对较长时期的货币需求,不再受资金流转方向的约束,从而在规模、范围、期限和资金使用方向上都明显优越于商业信用。

(四)银行信用具有创造信用流通工具的功能

整个银行系统可以通过吸收存款,利用存款派生的机制,进行存款派生。这一点是其他信用形式所无法比拟的。正是由于这一功能,使银行系统可以根据整个国民经济的客观需要,有伸缩性地供应资金。

三、国家信用

国家信用又称政府信用,是以政府为主体的借贷行为,包括政府以债务人的身份取得信用和以债权人的身份提供信用两个方面。通常表现为国家或政府发行各类政府债券,由个人、企业、银行以及其他金融机构等认购。

(一)国家信用的形式

1. 公债

公债是国家信用的主要形式。所谓公债,是指政府将债券出售给债权人以获得货币,债权人或债券的持有人则凭债券到期获得本金和利息收入。在西方国家,公债的认购对象主要是银行、保险公司、股份公司以及个人。

2. 国库券

国库券是国家信用的另一种形式。国库券与公债的性质相近,不同的是,公债的期限较长,发行的目的多种多样;而国库券期限较短,发行的目的主要是应付短期内急需的预算支出。

3. 银行借款

国家财政向银行借款也是国家信用的一种形式。

(二)国家信用的作用

1. 国家信用是调节经济的重要手段

国家信用是实现宏观调控的重要杠杆。一方面,国家通过发行债券,引导社会资金的流向,促进国民经济结构更加合理化;另一方面,国家通过发行债券,用以执行经济政策,包括货币政策和财政政策。

2. 国家信用是弥补财政赤字、调节财政收支不平衡的重要手段

一旦政府的收支出现不平衡,尤其是出现赤字时,政府就会通过国家信用为财政筹集巨资,从而支持国家建设。

3. 国家信用是促进整个国民经济长期持续、稳定、协调发展的重要手段

国家信用被用于重点基础建设,如修筑道路和水利工程、发展科教事业等,更多地侧重于项目的宏观经济效益和社会效益,对经济的可持续发展起到重要的作用。这是银行信用投资功能所无法实现的。

四、国际信用

国际信用是各国官方(政府)、非官方(企业、银行)之间相互提供的信用,包括国际金融机构提供的信用,是国际贸易扩大及经济全球化的需要和国际经济关系的重要组成部分。国际

信用实际上是一国中已经存在的商业信用、银行信用、国家信用等扩展到世界范围所形成的。国际信用的具体形式主要有出口信贷、国际商业银行贷款、国际金融机构信用等。

(一)出口信贷

出口信贷是指出口商或出口方银行向进口方银行提供的信用,以解决出口贸易,特别是金额较大、订货期较长的成套设备的货款支付问题。出口信贷包括卖方信贷和买方信贷两种具体形式。

1.卖方信贷

卖方信贷是指出口方银行对本国出口商提供的信贷。当出口商对外国进口商采取赊销办法销售设备时,规定在一定时期后分期付清货款;买方在订货时,仅按照合同支付部分定金,其余部分在设备交售或设备投产后陆续偿还。卖方所需资金,向本国商业银行贷款解决。

2.买方信贷

买方信贷是指出口方银行直接向进口商或进口方银行提供的信贷,买方用以支付卖方的货款。直接向进口商提供贷款一般是由进口方银行担保。

(二)国际商业银行贷款

国际商业银行贷款是指一些大型商业银行向外国政府及其所属部门、私营工商企业或银行提供的中长期贷款。这种贷款通常没有采购限制,也不限定用途。其主要方式有独家银行贷款和银团贷款。银团贷款就是由一家银行牵头、多家银行参与组成的一个贷款团,共同向特定的客户发放贷款。

(三)国际金融机构信用

国际金融机构信用是指联合国所属的国际金融机构和区域性开发银行对其成员国提供的信贷。主要包括国际货币基金组织、世界银行、国际开发协会、国际金融公司、亚洲开发银行等。这些国际金融机构按各自的宗旨,对成员国提供各种有特定用途的贷款,信贷条件优惠,贷款对象必须是其成员国,并承担一定的义务。

五、消费信用

消费信用是企业、银行和其他金融机构向消费者个人提供的用于生活消费的信用。其主要形式有以下几种。

(一)分期付款消费信用

分期付款消费信用是指消费者所欠的购货款按周、按月或按年偿还的消费信用。最常用的分期付款消费信用是购买汽车和住房。分期付款消费信用的契约一般包括三个部分:第一次支付现款的金额、契约的期限以及利息费用。对于消费者来说,最关心的是契约的期限,因为这与消费者每次的付款额直接有关;而对于贷款人来说,最关心的是第一次支付的现款额,因为这关系到贷款的安全。

(二)消费贷款信用

消费贷款信用是指由银行或者其他金融机构直接以货币形式向消费者提供的以消费为目的的贷款。按照贷款方式的不同,消费贷款可分为信用贷款和抵押贷款;按照接受信贷对象的不同,消费贷款可分为对购买消费品的买方发放贷款和对销售企业发放贷款。

(三)信用卡

信用卡是由发卡机构(银行和信用卡公司)发行的,为资信可靠的客户提供直接消费和取得其他服务的信用凭证。信用卡的推广对于持卡人来说,可以转账结算、储蓄存款、提现消费和投资信贷等；对于特约商业单位来说，可以增加营业额；对于发卡机构来说，可以吸收存款或通过垫付客户欠款来扩大利息收入。

消费信用的作用可参见表 2—2。

表 2—2　消费信用的作用

消费信用的积极作用	消费信用的消极作用
1. 发展消费信用有利于搞活流通和生产的发展。它在一定程度上缓和了消费者购买力水平和生活需求水平的矛盾，有助于提高消费水平；同时可以发挥消费对生产的促进作用，刺激经济不断增长。 2. 发展消费信用有利于充分提高消费资金的使用效果。储蓄与消费信用相结合，当居民的收入与支出在时间上出现不平衡时，可以通过储蓄集中一部分居民闲置的货币，然后通过消费信用贷放给需要支出的另一部分居民。	1. 过度的消费信用容易形成虚假消费，导致生产扩张，加剧经济危机。消费信用是对未来购买力的预支，即期购买力的扩张包含虚假成分，如果把这种眼前的市场虚假繁荣当成扩大生产经营的信号，就会导致生产过剩，造成供求的紧张状态，容易引起通货膨胀甚至经济危机。 2. 过度的消费信用容易使债务人陷于沉重的债务负担。不管怎样，贷款人在今后一段时间内都要偿还贷款的本息。

任务三　运用利息与利率

一、利息与利率的概念

利息是借贷关系中由借入方付给贷出方的报酬。利息是伴随着信用关系的发展而产生的经济范畴，并构成信用的基础。

（一）利息的两种计算方法

1. 单利（simple pate）法

单利法只按本金计息。优点为：手续简单，计算方便，借入者利息负担较轻；适用于短期贷款。

公式为：

$$I=P\times r\times n$$
$$S=P\times(1+r\times n)$$

式中：I 表示利息，S 表示本息之和，P 表示本金，r 表示利率，n 表示期限。

2. 复利（compound rate）法

俗称利滚利。优点为：考虑了资金的时间价值，保护了贷出者的利益；适用于长期贷款。

公式为：

$$I=P\times[(1+r)n-1]$$
$$S=P\times(1+r)n$$

式中：I 表示利息，S 表示本息之和，P 表示本金，r 表示利率，n 表示期限。

课堂演练 2—1　单利与复利的计算

A 银行向 B 企业贷放一笔为期 5 年、年利率为 10%的 100 万元贷款，则到期日企业应付利息额与本利和分别为：

按单利计算：1＝100×10%×5＝50（万元）

S＝100×(1＋10%×5)＝150（万元）

按复利计算：1=100×[(1+10%)5−1]=61.051(万元)

S=100×(1+10%)5=161.051(万元)

(二)终值与现值

1.终值(future value)

终值是指一笔资金按照一定的增值率计算到未来某一时点的本金与增值之和。按照复利法计算本利和公式实际就是终值的一种计算公式。公式为：

$$\boldsymbol{S=P\times(1+r)n}$$

式中：S 表示终值，P 表示现值，r 表示贴现率，n 表示期限。

2.现值(present value)

复利的逆运算，将来的一笔钱按某一利率计算相当于现在的本金额。求现值也称为贴现，现值也称为贴现值(discount value)。公式为：

$$\boldsymbol{P=S\div(1+r)^n}$$

式中：P 表示现值，S 表示终值，r 表示贴现率，n 表示期限。

例如，3 年后需要用一笔 100 000 元的货币，按年利率 6%计算，则现在需要准备的本金为：

$P=100\ 000\div(1+6\%)^3=83\ 961.93$(元)

(三)利率的概念及其种类

利率(interest rate)，是指借贷期满形成的利息额与所贷出的本金额的比率。

利率种类有以下几种：

第一，年率(annual interest rate)，用 0/0 表示；月率(monthly rate)，用 0/00 表示；日利率(daily rate)(又称拆息，call money interest)，用 0/000 表示(按每月 30 天计)。

第二，法定利率(official rate)、公定利率与市场利率。

第三，固定利率(fixed interest rate)与浮动利率(floating rate)。

第四，一般利率(general rate)与优惠利率(preferential rate)。

第五，长期利率(long-term interest rate)与短期利率。

第六，存款利率(deposit rate)与贷款利率(lending rate)。

(四)名义利率与实际利率

名义利率与实际利率是 20 世纪 30 年代美国经济学家欧文·费雪在研究利率与价格理论中提出的。

1.名义利率(nominal interest rate)

名义利率是直接以货币表示的，市场通行使用的票面利率。我们平常所见到的借贷契约及有价证券上载明的利息率都是名义利率。

2.实际利率(real interest rate)

实际利率是名义利率剔除通货膨胀因素以后的真实利率，即在物价不变从而货币购买力不变条件下的利息率。它是表明投资者实际所得及债务人实际所付的利率。

3.名义利率与实际利率的换算

概括的计算公式为：

$$\boldsymbol{r=I+p}$$

$$\boldsymbol{I=r-p}$$

更确实的计算公式为：

$$I=(1+r)\div(1+p)-1$$

$$r=(1+i)\times(1+p)-1$$

式中：r 表示名义利率，I 表示实际利率，p 表示通货膨胀率。

实际利率对经济起实质性影响，但通常在经济管理中，能操作的只是名义利率。一般而言，正利率与零利率和负利率对经济的调节作用是互逆的，只有正利率才符合价值规律的要求。

二、利率的决定因素

利率是调节经济的重要杠杆，是影响经济生活的主要因素。利率的决定受各种因素的影响，但究竟是哪些因素在影响利率，以及如何影响利率，经济学界对此看法不一。主要考虑的因素有以下几种：

（一）平均利润率

由于利息是利润的一部分，因此在一般情况下，利率总要低于平均利润率，平均利润率是利率的上限。如果利率高于平均利润率，借款者会因无利可图而不愿意借款；相反，利率也不能低于零，利率太低则贷款者因无利可图也不愿意贷出。因此，利率浮动于平均利润率与零之间。

（二）货币资金的供求关系

利率在平均利润率与零之间究竟处于哪个具体水平，这主要是由借贷双方在金融市场上通过相互竞争来决定。这种竞争取决于预期的利润率与现实的货币资金供求状况。当预期利润率提高和当前货币资金供给紧张时，利率便会上升；反之，当预期利润率下降和当前货币资金供给偏多时，利率便会下降。总之，借贷资金的供求状况决定了现实利率水平的高低。

（三）国家经济政策

政府通过中央银行推行货币政策，影响利率达到预定水平，从而引导经济稳定发展。当国家在某一时期出现经济过热、通货膨胀时，便可能通过提高利率水平来加以控制；相反，当国家在某一时期需要刺激经济发展、谋求较高经济增长速度时，便可能通过降低利率水平、增加货币投放来实现。

（四）通货膨胀

通货膨胀所引起的物价上涨、纸币贬值，会给资本的贷出者造成损失，不仅造成借贷资本本金贬值，而且会使利息额的实际价值下降，从而造成利息贬值。物价上涨时，如果利率保持不变，必然给资本所有者造成本金和利息的损失。特别是，如果名义利率低于物价上涨率，其实际利率就是负利率。这样，资金所有者不仅得不到实际收益，甚至本金也会受到损失。而对资金使用者来说，不仅不用支付利息，而且能获得收益。因此，在这种情况下，资金供给将减少，需求将增大，最终导致利率上升。而物价下跌时情况正好相反，资金的供给将增加，需求将减少，最终导致利率下降。

（五）存贷款期限和风险

一般情况下，期限长短、风险大小与利率高低有直接关系。在金融市场上，借贷资本期限长、流动性低，不确定性因素增加，风险相应增加，对资金供应者而言，对风险大的补偿便是相应提高利率。因此，期限长的存款比短期存款利率高；相反，若借贷资本期限短、流动性高、不确定性因素较小、风险较小，则利率必然稍低一些。

(六)国际利率水平

由于世界经济的全球化趋势,因此国际经济的联系日益加强,国际利率具有很强的联动性。国际利率水平对国内利率的影响是通过资金在国际的流动实现的。由于资本增值的本性和国际商人套利的天性,所以国际资本会自发地向高利率的国家流动。此时,高利率的国家资金供给增加,在资金需求不变的情况下,利率将开始下降,而利率较低的国家情况则正好相反,在资金需求不变的情况下,资金供给减少,利率将开始上升,最终两国利率趋于一致。

三、利率的功能和作用

(一)利率的功能

一是中介功能。它联系国家、企业和个人三方面利益;沟通金融市场与实物市场;连接宏观和微观经济。

二是分配功能。利率具有对国民收入分配与再分配的功能。

三是调节功能。通过协调国家、企业和个人三者的利益,利率既可调节宏观经济,又可调节微观经济活动。

四是动力功能。利率通过全面、持久地影响各经济主体的物质利益,激发他们从事经济活动的动力,从而推动整个社会经济走向繁荣。

五是控制功能。利率可把那些关系到国民经济全局的重大经济活动控制在平衡、协调、发展所要求的范围之内。例如,通过利率的调整,控制信贷需求,进而影响投资规模、物价等。

(二)利率的作用

1.在宏观经济中的作用

(1)促进资本的积累。资本的短缺会导致生产的停滞和经济发展的迟缓。对资金支付利息,可以吸引社会公众手中的零散闲置资金集中起来投入生产,促进经济增长。

(2)调节信用规模。利率是银行体系信用调节的重要工具,在货币扩张中起着重要作用。商业银行通过调节贷款利率和贴现率,可以影响借款人的资金成本,进而影响信贷规模:一方面,当银行贷款利率上升时,企业贷款的利息成本增大,于是企业会尽量减少贷款量;当银行贷款利率下降时,企业贷款的利息成本减少,企业会抓住有利时机增大贷款量。另一方面,商业银行向中央银行申请再贴现时,中央银行对再贴现率的调整会影响基础货币,从而对社会的信用规模产生影响。

(3)抑制通货膨胀。利率的这一作用其实是通过调节信用规模来实现的。当通货膨胀压力增大时,中央银行可以通过提高银行体系的利率来收缩信用规模,从而减少货币供应量,降低通货膨胀可能性。事实上,利率是中央银行货币政策的一种重要工具。

(4)调整国民经济结构。利率可以配合产业政策,通过差别利率和优惠利率实现资源的倾斜配置,进而对国家打算扶持和重点发展的行业、企业提供良好的资本和资源支持,而对国家加以限制的行业或企业则实行较高的利率,增大其获得资金的难度。

(5)平衡国际收支。当一国从国外获得的收入小于对国外的支出时,该国可以通过提高利率水平的方法来阻止本国资金流向国外,并且吸引外国资金流向本国,从而使得国际收支获得平衡。

2.在微观经济中的作用

(1)对企业而言,促进企业加强经济核算,提高经济效益。

(2)对个人而言,一方面,能诱发和引导人们的储蓄行为,调节人们的消费倾向和储蓄倾向；另一方面，可以引导人们选择金融资产。

项目综述

可以从多种角度对信用进行理解，现代市场经济条件下的信用，是指采用借贷货币资金或延期支付方式的商品买卖活动的总称；西方国家从纯经济学角度将信用定义为，因价值交换的滞后而产生的赊销活动，是以协议和契约保障的不同时间间隔下的经济交易行为。

信用形式是指信用的具体表现形式。信用按照不同的标准可以有不同的分类：以信用的期限为标准，可以分为即期信用、短期信用和长期信用；以有无抵押为标准，可以分为担保信用和无担保信用；以信用的主体为标准，可以分为商业信用、银行信用、国家信用、国际信用和消费信用。本项目主要介绍商业信用、银行信用、国家信用、国际信用和消费信用。

利息是借贷关系中由借入方付给贷出方的报酬。利息是伴随着信用关系的发展而产生的经济范畴，并构成信用的基础。利率的决定受平均利润率、货币资金的供求关系、国家经济政策、通货膨胀、存贷款期限和风险、国际利率水平等因素影响。利率对宏观经济和微观经济都产生了深远的影响。

项目技能训练

一、单选题

1. 信用的基本特征是（　　）。
A. 无条件的价值单方面让渡　　B. 以偿还为条件的价值单方面转移
C. 无偿的赠与或援助　　D. 平等的价值交换

2. 高利贷的主要特点不包括（　　）。
A. 利息较高　　B. 利率不稳定　　C. 借方具有话语权　　D. 高风险

3. 以金融机构为媒介的信用是（　　）。
A. 银行信用　　B. 消费信用　　C. 商业信用　　D. 国家信用

4. 下列经济行为中属于间接融资的是（　　）。
A. 公司之间的货币借贷　　B. 国家发行公债
C. 商品赊销　　D. 银行发放贷款

5. 工商企业之间以赊销方式提供的信用是（　　）。
A. 商业信用　　B. 银行信用　　C. 消费信用　　D. 国家信用

6. 商业信用是企业之间由于（　　）而相互提供的信用。
A. 生产联系　　B. 产品调剂　　C. 物质交换　　D. 商品交易

7. 个人获得住房贷款属于（　　）。
A. 商业信用　　B. 消费信用　　C. 国家信用　　D. 补偿贸易

8. 国家信用的主要工具是（　　）。
A. 政府债券　　B. 银行贷款　　C. 银行透支　　D. 发行银行券

9. 我国主要实行的是（　　）利率政策。
A. 管制性　　B. 放开性　　C. 市场性　　D. 计划性

10. 在借贷关系存续期内，利率水平可随市场利率变化的利率是（　　）。
A. 固定利率　　B. 浮动利率　　C. 一般利率　　D. 优惠利率

二、多选题

1. 高利贷之所以“高利”的原因有(　　)。

A. 借贷需求具有极大的刚性　　B. 贷者具有垄断地位

C. 借贷风险高　　D. 借方处于强势地位

2. 下列选项中,属于消费信用范畴的有(　　)。

A. 企业将商品赊卖给个人　　B. 个人获得住房贷款

C. 个人持信用卡到指定商店购物　　D. 个人借款从事经营活动

3. 银行信用的特点有(　　)。

A. 买卖行为与借贷行为的统一　　B. 银行信用的主体与商业信用不同

C. 银行信用的客体主要是货币资本　　D. 属于直接信用形式

4. 利率按借贷期内是否可以浮动,可以分为(　　)。

A. 长期利率　　B. 短期利率　　C. 固定利率　　D. 浮动利率

5. 若考虑通货膨胀的因素,利率可以分为(　　)。

A. 市场利率　　B. 官定利率　　C. 名义利率　　D. 实际利率

三、判断题

1. 经济范畴的信用是以还本付息为条件的价值单方面让渡。(　　)

2. 当前,信用的主要形式有实物借贷和货币借贷。(　　)

3. 企业之间在买卖商品时,以赊销或预付款等方式提供的信用是商业信用。(　　)

4. 高利贷之所以“高利”的原因之一,是对其高风险的补偿。(　　)

5. 从整体来讲,企业是一个盈余部门,对其他部门拥有净的债权。(　　)

6. 实际利率是剔除通货膨胀因素的利率,所以实际利率也可以理解为在物价不变、货币购买力也不变的条件下的利率。(　　)

7. 风险资产的收益率等于无风险利率加上风险溢价。(　　)

8. 在多种利率并存下,起决定作用的利率是市场利率。(　　)

9. 浮动利率是指在借贷期内随市场利率的变化而随时变化的利率。(　　)

10. 利率自由化是利率改革的趋势。(　　)

四、计算题

1. 假定一笔3年期的存款10万元,年利率为5%。分别计算单利和复利计息方式下的本利和。

2. 某公司债券面值100元,票面利率为4%。若每季度计息一次,年终付息,按照复利计算其每年利息为多少?

3. 某项目初期投资1 000万元,此后5年间,每年年末的现金流入分别为100万元、200万元、300万元、400万元、500万元。假定每年贴现率为10%,求 NPV,并判断是否接受该项目。

项目二

习题答案

项目三　熟悉金融市场

思维导图

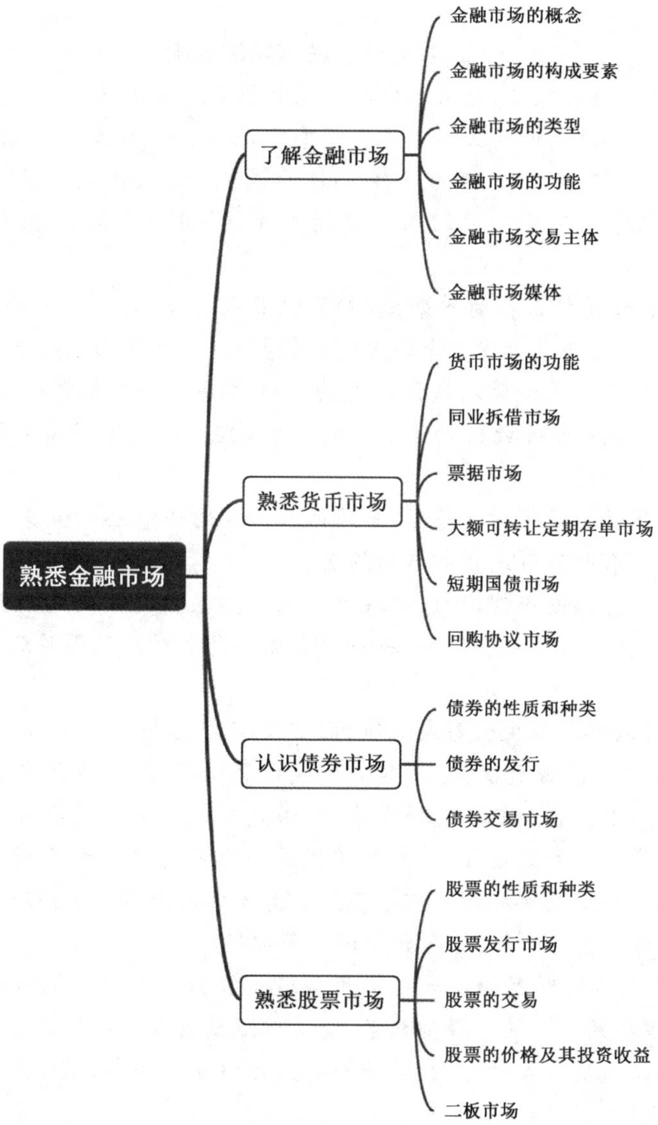

学习目标

知识与技能目标	思政教育目标
1. 掌握金融市场的概念 2. 理解金融市场的构成要素和分类 3. 理解金融市场的功能和交易主体 4. 了解金融市场的监管 5. 理解同业拆借市场、商业票据市场的概念与结构 6. 理解和掌握债券市场和股票市场的运行 7. 能够计算债券和股票收益率	1. 帮助学生理解我国金融领域取得的巨大进步，增强对社会主义制度的认同感 2. 培养学生高度的民族自信心和经世济民的责任感

案例导入

ChatGPT 对金融市场的影响

近期，一个能聊天、能写文案、能做表格的聊天机器人 ChatGPT 热度不减，引发全球高度关注。大家都认为 ChatGPT 的意义不亚于甚至高于几年前阿尔法狗(Alpha Go)战胜世界围棋冠军李世石。Chat 是“聊天”的英文单词，GPT 是“生成式预训练模型(Generative Pre-Trained)”的英文缩写。相较于以往的人工智能产品，ChatGPT 理解能力更强、逻辑思维更好、知识储备更广。

ChatGPT 主要特征是什么？简单来说，聊天机器人 ChatGPT 是一个由浮点数参数表示的深度神经网络大模型。通过至少 5 个维度的能力提升，实现了初步的智慧涌现：

第一，海量高价值信息的全量在线记忆能力。这主要体现在参数的数量上，ChatGPT 的模型参数高达 1 750 亿个，训练数据 45TB，其间数据清洗标注、模型训练都是在积累知识，呈现数字化信息爆发式增长。

第二，基于人类反馈的强化学习技术，自然语言输入的任意任务和多轮对话理解能力成倍增加，不同的用户可以有效获得适合各自的答案。

第三，复杂逻辑的思维链推理能力，寻找到不同模态数据之间的对应关系，使得生成内容与使用者需求之间存在逻辑关系。例如，将一段文本和与之对应的图片联系起来，生成更高级的逻辑语言。

第四，多角色、多风格文本生成与表达能力，实现不同模态数据间的相互转化与生成。在软件开发方面，ChatGPT 能够更快、更准确地生成计算机代码，完成脚本或软件开发工作；在客服、营销方面，ChatGPT 基于文本处理优势，提供更加优质的在线语音和文字聊天服务，例如，根据一张图片生成对应的语言描述，对图像视觉内容进行归纳和分析，使用合适的语言和词汇将其重新组织，生成新图像标题，实现智能客服和智能营销应用；在清算支付方面，ChatGPT 能够高效实现智能支付结算、智能会计记账等职能。

第五，ChatGPT 具备即时新知识学习应用与进化能力。这主要来自机器学习、神经网络以及 Transformer 模型的多种技术模型积累，能更好地捕捉人类语言的复杂性，经过多类技术路线演化后，可以快速实现人类的意图，更好地适应各种复杂任务，有学者提出“易用、好用、实用”，完美诠释 ChatGPT 的业务逻辑。

与传统认知智能需要对应的系统不同，ChatGPT 可以在不断接触新知识的过程中持续提高自身性能，不仅能完成多个场景、多轮人机对话，而且能在多轮交互中以“类人”方式交流、学习，并可以自主、快速、不间断达到人类专家水平。例如，“易用”带来了万千的客户，“好用”使得一个个好奇的测试者变成初级使用者，“实用”使得初级使用者变成坚定使用者。

目前，ChatGPT 在金融领域应用更多的是搜索引擎和智能营销，通过整合互联网平台信息方便用户进行信息检索，既可推出对话搜索模式，带动金融咨询行业、财富管理行业以及数字保险行业发展，又能替代部分脑力工作者重复性劳动，推荐普惠型金融产品、金融产品视频介绍、客服咨询、智能财富理财，缓解一部分金融从业人员的工作负担。

可以说，ChatGPT 工作能力之强已不仅仅是单一场景的人机对话，而是一个同时具备多种能力的“对话式 AI 系统”。今天，在以自然语言处理为代表的 ChatGPT，很可能重塑数字金融经营形态，改变金融领域众多产品升级样态，重构各类金融市场主体经营模式，打破时空限制，实现跨界发展，最终带来互联网金融市场商业模式大变革。显然，ChatGPT 带来的影响和想象空间是巨大的，不仅关乎实施大数据、人工智能发展问题，而且关系到金融市场未来发展和创新问题。

资料来源：腾讯新闻，2023 年 5 月 18 日。

案例思考：结合本项目知识点，什么是金融市场？金融市场的功能是什么？

项目描述

在现代经济中，商品、劳务的生产与交换都需要货币资金，而货币资金的获得除了通过企业内部自我形成以外，还要依靠企业外部的资金融通，即通过借贷方式借入资金或贷出资金，而资金的借贷需通过各种金融工具的交易来完成。这样就产生了一个市场。在这个市场中，资金就是商品，而资金的借贷就是所谓的商品交换，资金借贷的利率就是一种特殊的商品价格，金融工具就是资金的书面载体，这个市场就是金融市场。

通过对本项目的学习，我们要能够回答以下问题：

1. 金融市场有哪些构成要素？
2. 金融市场有哪些类型？
3. 各种类型的金融市场的功能和特点是怎样的？

任务一　了解金融市场

一、金融市场的概念

金融市场是资金供求双方借助金融工具进行各种货币资金交易活动的市场。金融市场的含义有广义和狭义之分。广义的金融市场泛指资金供求双方运用各种金融工具、通过各种形式进行的全部金融性交易活动，包括金融机构与客户之间、各种金融机构之间、资金供求双方所有以货币资金为交易对象的金融活动，如存款、贷款、票据抵押与贴现、信托、租赁、保险、有价证券买卖、黄金外汇交易等。狭义的金融市场则一般限定在以票据和有价证券为金融工具的交易活动、金融机构间的同业拆借、黄金外汇的交易活动等范围内。

金融市场的形态有两种：一种是有形市场，即交易者集中在有固定地点和交易设施的场所内进行交易的市场，证券交易所就是典型的有形市场；另一种是无形市场，即交易者分散在不同地点（机构）或采用网络电信手段进行交易的市场。随着经济发展、科技进步、交易手段和方式的巨大变化，许多交易活动可以在无形的市场借助科技手段瞬间完成，金融市场并不一定要有固定的工作空间和设施。例如，纳斯达克就是一种典型的场外交易。

二、金融市场的构成要素

金融市场是一个由多种元素构成的有机整体。同任何市场一样，金融市场由四个基本要素构成，即交易主体、交易对象、交易中介和交易价格。

（一）交易主体

金融市场的交易主体就是金融市场的参与者。所谓金融市场的参与者，是指以资金供给者或资金需求者的身份出现的从事投资与融资活动的人，可以是自然人，也可以是法人。按照其与资金的关系，可以划分为资金的需求者和资金的供给者两大类；按照部门划分，可以划分为企业、政府、金融机构、居民、机构投资者、国外部门和中央银行等。在这种划分方法下，每一个部门作为金融市场的参与者，有可能既是资金的需求者，也是资金的供给者。

金融市场的发展程度，除了受制于社会经济发展水平外，最主要的因素就是这个市场拥有的市场主体的数量。是否拥有大量的和多样化的买主与卖主，或者说是否拥有大量的筹资人和投资人，是决定一个金融市场繁荣程度的关键因素。

（二）交易对象

金融市场的交易对象或交易载体是货币资金。它是一种特殊的商品。作为特殊商品的货币资金在形式上具有多样化的特征，形成一系列多种多样的金融工具。无论是银行的存贷款，还是证券市场的证券买卖，最终都要实现货币资金的转移，这种转移在多数情况下只是货币资金使用权的转移。金融工具的种类繁多，金融市场上主要的金融工具有货币头寸、票据、股票、债券、基金、外汇、金融衍生品等。

（三）交易中介

金融市场交易中介是指那些在金融市场的筹资者和金融产品的购买者之间充当交易媒介的机构和个人。金融市场中介可以分为两类：一类是金融市场中介商，如证券承销人、股票经纪人、期货经纪人、外汇经纪人等。这些中介商为众多的投资者提供各项信息、咨询等服务，并代理交易双方直接从事金融市场的交易活动。另一类则是为金融市场的交易提供场地、设施、信息和服务的组织和机构，如证券交易所、期货交易所等。这些中介机构的中介活动为投资者参与金融市场的投资提供了很大的便利，对促进交易量的扩大和交易效率的提高起到了重要的作用。

（四）交易价格

在金融市场上，交易对象的价格就是货币资金的价格。但金融市场的交易价格不同于商品市场的交易价格，商品的交易价格反映交易对象的全部价值，如 1 吨大米的交易价格为 2 000 元、一辆汽车的交易价格为 20 万元等。由于金融市场上的交易对象是货币资金，交易所实现的只是货币资金使用权的转移，因此交易价格反映的是一定时期内转让货币资金使用权的报酬。由于本金不变，因此货币资金借贷时的交易价格通常表现为利率，例如，以 10%的利率出让 100 元货币资金的使用权 1 年，10%或 10 元便是 100 元货币资金使用权的交易价格。在金融市场上，货币资金借贷的交易价格和金融工具买卖的交易价格是两个不同的概念。例如，100 元的 1 年期债券，年利率为 10%，交易价格为 110 元；而一张 100 元的股票，交易价格却可能是 180 元。

三、金融市场的类型

金融市场是一个包含许多不同层次和内容的复杂复合体，包括许多相互独立又相互联系的市场。根据不同的标准，从不同的角度，金融市场可以划分为以下几种（见表 3—1）：

表 3—1　金融市场的划分

划分标准	金融市场
按照期限划分	短期金融市场
	长期金融市场
按照交割方式划分	现货市场
	期货市场
	期权市场
按照金融交易程序的不同	发行市场
	流通市场
按照金融交易场地和空间的不同	有形市场
	无形市场
按照金融交易地域的不同	国内金融市场
	国际金融市场

（一）短期金融市场

短期金融市场又称货币市场，是指专门融通一年以内短期资金的场所。短期资金多在流通领域起货币流通作用，主要解决市场参与者的短期、临时性资金需求。对于持有短期金融工具的资金供给者来说，这些短期金融工具可以在市场上灵活兑现，可视为货币的替代品或称为“准货币”，因此，短期金融市场又称货币市场。短期金融市场的主体主要包括政府、企业、家庭和银行等金融机构。短期金融市场的金融工具主要包括货币头寸、存单、票据和短期公债。

（二）长期金融市场

长期金融市场又称资本市场，是指专门融通期限在一年以上的中长期资金的市场。通过长期金融工具筹来的资金大多用于企业的创建、更新、固定资产购置等资本性投资，或满足政府兴办公共事业和保持财政收支平衡的需要。其交易期限短则数年，长的可达数十年。长期性金融工具通常是指各类有价证券，即债券和股票。

（三）现货市场

现货市场是指随交易协议达成后 1～3 天内进行交割的市场。由于现货市场每笔交易的交易日与交割日离得很近，因此交易对方不履约的风险较小。

（四）期货市场

期货市场是指交易协议虽然已经达成，交割却要在某一特定时间进行的市场。在期货市场上，成交和交割在时间上是分离的。短的相差一两个月，长的可以相差一年。期货市场上普遍采用的是保证金交易的方式，即投资者只需支付一定数量的交易保证金，就可以从事在金额上高出保证金若干倍的交易，期货市场的上述特点决定了它与现货市场相比具有较大的投机性和风险性。

（五）期权市场

期权市场即各种期权交易的市场，是期货交易市场的发展和延伸。金融期权交易是指买卖双方按一定价格达成协议，协议规定允许买方在交付一定数量的期权费用后，即取得在特定的时间内，按协议价格买进或卖出一定数量的股票、债券等有价证券或外汇的权利。期权的购买方可以行使这种权利，也可以不行使，但如果购买期权的一方在协议有效期内不行使该权利，期权合同自动失效。

（六）发行市场

发行市场又称一级市场或初级市场，是指金融工具最初发行的市场，是筹资者和初始投资者之间进行金融交易的市场，如债券发行市场和股票发行市场。一级市场是二级市场的前提和基础，证券发行者和债券投资者融通资金的多少将直接决定一级市场的规模。

（七）流通市场

流通市场又称二级市场或次级市场，是指已经发行的金融工具转让买卖的市场，是投资者之间进行金融交易的市场，如债券流通市场和股票流通市场。二级市场是一级市场存在与发展的重要条件之一，无论是从流动性还是从价格的确定上，一级市场都要受到二级市场的影响。

（八）有形市场

有形市场是指具有固定的空间和场地，集中进行有组织交易的市场。证券交易所就是一种典型的有形市场。

（九）无形市场

无形市场是指没有固定的空间和场地，而是通过电话、传真、计算机网络等现代化通信工具实现交易的市场。随着计算机和通信技术的发展，现代金融市场已经越来越无形化，金融工具及资金可以在其中迅速转移。在现实生活中，大部分金融工具交易是在无形市场上进行的。

（十）国内金融市场

国内金融市场是指在全国范围内进行融资活动的市场。在国内金融市场上进行交易的标的物必须以本国货币标价，交易活动要遵守本国的政策和法律法规。

（十一）国际金融市场

国际金融市场是指金融超出国界，在国际范围内进行融资活动的市场。国际金融市场又可分为传统的国际金融市场和新型的国际金融市场。传统的国际金融市场又称“在岸市场”，它以市场所在国货币进行融资活动，其交易活动必须受市场所在国政府政策、法律法规的管辖，如伦敦、纽约、巴黎、法兰克福和东京等国际金融市场。新型的国际金融市场又称“离岸市场”，它以非市场所在国货币（第三国货币）进行融资活动，其交易活动既不受货币发行国（第三国）政府政策、法律法规的管辖，也不受市场所在国政府政策、法律法规的管辖，如欧洲货币市场、亚洲美元市场、中国香港离岸货币市场等。

四、金融市场的功能

金融市场的功能是多方面的，其中最基本的功能是满足社会再生产过程中的投融资需求，促进资本的集中与转换。具体表现为以下几点：

（一）筹资和融资的功能

筹资和融资是金融市场最重要的功能。金融市场是一种多渠道、多层次、多形式、多功能的筹资和融资的场所。它可以通过各种金融工具的交易，为资金的供应者和需求者提供多种选择的机会，满足其不同的筹资和融资的需要。金融市场不仅可以将分散的、沉淀于居民手中的消费型货币资金聚集起来，将其转化为生产型的资金，而且可以将各企业暂时闲置的、不能形成投资规模的资金集中起来，形成具有一定规模的巨额资金，将其用来投资，推动社会经济的发展。同时，金融市场上融资形式的灵活性、交易工具的多样性，有利于加速资金周转速度，减少在途占用或闲置，对合理使用资金、用较少的资金为更多的商品生产和流通服务具有积极的意义。

（二）资源配置的功能

金融市场是一种较高层次的资金运动场所，它可以通过价格机制和利率机制来调节资金和各种金融资产的供求，实现资金在各个经济部门的重新组合和优化配置。金融市场通过利率的上下波动，通过市场上优胜劣汰的竞争以及对有价证券价格的影响，能够引导资金流向最需要的地方，流向那些经营管理好、产品畅销、有发展前途的经济单位，从而有利于提高投资效益，实现资金在各地区、各部门、各单位间的合理流动，完成社会资源的优化配置。

（三）灵活地调度和转化资金的功能

金融市场上多种形式的金融交易，形成纵横交错的融资活动，融资活动不受行业、部门、地区或国家的限制，便于各经济单位灵活地调度资金，充分利用不同性质、不同期限、不同额度的资金，同时还能转化资金的性质和期限。例如，通过股票、债券的发行能将储蓄资金转化为生产资金，将流动的短期资金转化为相对固定的长期资金。

（四）国民经济"信号系统"的功能

金融市场历来被人们称为国民经济的"信号系统"。金融市场不仅是资金融通和金融资产交易的场所，而且是信息交换的场所。上市公司和其他经济实体的业绩与经营状况都可以通过金融市场的借贷和交易活动反映出来。这些信息可以直接或间接地反映出国民经济发展中的动向和问题，便于管理层及时采取相应的对策，保证国民经济持续、稳定、健康的发展。

（五）分散社会经济风险的功能

人们在社会经济活动中，尤其是为了取得某种经济收益而进行的投资活动中，经常碰到来自各方面的风险，如经济风险、政治风险、自然风险等，使投资者遭受经济损失，严重时还会导致倾家荡产。对于这些风险，投资者不可能去消灭，而只能进行预防，预防的方法就是分散风险。金融市场为投资者分散风险提供了一个合适的机制。例如，分散投资于数个企业单位，分散投资于数个不同类别的行业，分散投资于不同经济地区或国家，分散投资于到期日不同的金融证券等，从而保证投资者的利益，这就是投资组合问题。

（六）调节宏观经济的功能

金融市场是国家进行宏观调控的重要工具。中央银行作为国家货币政策的制定者和执行者，主要是通过调整存款准备金率、贴现率和公开市场业务来实现对国民经济的宏观调控，而这些宏观调控手段的实施无一不是在金融市场上进行的。也就是说，国家有关货币金融方面的方针、政策通过中央银行的货币政策工具传导到金融市场，引起货币流通量和流动方向的变动，这种变动又会作用于各产业部门，引起国民经济局部或整体的变动，从而达到宏观调控的目的。

五、金融市场交易主体

金融市场的交易主体就是金融市场的参与者，它可以分为资金的供应者、需求者、中介者

和管理者。具体来说,它有以下几种交易主体:

(一)家庭

在世界各国,家庭都是金融市场上重要的资金供给者,或者说是金融工具的主要认购者或投资者。家庭或出于节俭,或为了预防不测,收入与支出相抵后,总是收入大于支出,因而成为经常性储蓄者。

家庭因其收入的多元化和分散特点,在金融市场上成为传统的投资者和资金供给者。家庭有时是资金需求者,最常见的是为了购房和购车,在金融市场上筹集资金;有时也是为了短期的资金需求而在次级市场出售证券。

家庭投资的分散性和多样性使得金融具有广泛的参与性和聚集长期资金的功能,使得金融市场的作用得以很好地发挥。没有家庭的参与,金融市场的作用就会大打折扣。

(二)企业

在世界上任何一个国家或地区,企业都毫无例外的是经济活动的中心,因而也是金融市场运行的基础。由于企业在生产经营过程中会发生资金余缺,资金短缺的企业要设法筹资,资金盈余的企业要寻求投资机会和对象,因此金融市场就成为满足其资金需求及投资的场所。

企业与银行之间总是保持着存贷款关系,也与其他企业或金融机构保持着筹资或投资关系。同时,企业通过在资本市场发行股票和债券而成为其筹资的主要渠道。企业以资本市场为其活动的主要领域,与它在货币市场上的活动并不矛盾。一些大的企业尤其是跨国公司,经常在财务中实行现金管理,通过压缩现金库存来进行短期投资,此外,它的季节性、临时性资金要求,一部分也要通过货币市场来满足。如果说企业在资本市场上主要是以资金需求者的身份出现,那么在货币市场上,则是以资金需求者和资金供给者的双重身份出现的。

(三)政府

政府是一国金融市场上重要的资金需求者。不论是中央政府还是地方政府,为了提供公共服务和弥补财政赤字,一般通过金融市场筹措所需资金,从而要以资金需求者的身份在金融市场上活动。

政府通过在国内外市场上发行国家债券、筹集资金以弥补赤字或者扩大建设规模;作为资金的供给者,它以自己所拥有的财政性存款和外汇储备汇集到金融市场,成为金融机构的重要资金来源。

政府在货币市场和资本市场上都是债券的发行主体。在货币市场上,政府是最活跃的主体之一,是一个主要的资金借入者。在一些国家,如美国,国库券发行总额约等于货币市场其他工具的总和。在资本市场上,许多国家的中央政府和地方政府都是最重要的资金需求者,其资金需求量仅次于企业。

在国际金融市场上,各国政府仍然是金融市场重要的活动主体。但是,与国内市场上的资金需求者身份不同,在国际金融市场上,有些国家政府是资金的供给者,有些则是资金的需求者;资金供给者多为一些发达国家,而资金需求者多为一些发展中国家。

政府除了是金融市场上的重要资金需求者外,还是重要的监管者,因而在金融市场上的身份是双重的。

(四)金融机构

金融机构是金融市场的主导力量。它既是资金的供应者,也是资金的需求者。金融机构有在间接融资领域活动的金融机构和在直接融资领域活动的金融机构之分。前者既是资金余缺双方进行金融交易的中介人,又是资金的供给者与需求者,这类金融机构包括创造存款货币的商业银行、创造货币能力较低或无创造货币能力的银行以及其他一些非银行中介机构。后者仅为资金余缺双方牵线搭桥，如证券公司、商人银行等。这里所说的金融机构仅指前者，主要包括商业银行、专业银行和非银行金融机构。

金融机构是金融市场上最重要的中介机构，是储蓄转化为投资的媒介和导向者。金融机构也是金融市场上资金的需求者。金融机构筹集资金的最终目的，是为了向市场供应资金，但有时也有以自营为特征的投资活动，这些都需要在金融市场上直接发行证券，以资金需求者的身份出现在市场上。金融机构还是金融市场上资金的供给者，它们到金融市场上购买有价证券，尤其是国家债券来调节自身的资产结构。在发达的金融市场，对金融市场的调节一般是通过金融机构传递的。货币政策就是开始作用于银行货币头寸，然后影响实际经济部门，进而通过有价证券的买卖、中央银行接受商业银行等金融机构的再贴现，来控制货币供应量，最终实现货币政策的目的。

（五）机构投资者

机构投资者是指在金融市场从事交易的机构，多为一些非银行金融机构。一般来说，主要包括保险公司、投资基金公司、信托投资公司以及养老基金等。这些机构是金融市场的重要投资者，也是保持金融市场繁荣的重要因素。

机构投资者活动范围主要是资本市场，在资本市场上买卖公司和政府债券，也买卖公司股票。它们最初是从私人手里购买证券，尤其是公司债券和股票，经过长期的积累，年复一年地取得证券，现在机构投资者在金融市场上已占有相当重要的地位。

（六）海外投资者

在当今经济全球化、金融国际化的浪潮中，海外投资者逐步成为国内市场的重要参与者。随着金融市场对外开放程度的不断加大，有越来越多的海外投资者来国内投资和筹资，从事存贷款活动和其他投资活动。当在岸、离岸金融市场和资本市场进一步开放之后，还会有更多的海外投资者参与到国内金融市场的投资活动中来。

六、金融市场媒体

一个成熟而完善的金融市场，除了有主体和客体外，也少不了媒体的参与，金融媒体的存在对于促进主体之间的交易、加快金融工具的流通具有非常重要的意义。金融市场媒体分为两类：一类是经纪人和券商，另一类是金融中介机构和金融市场组织。

（一）经纪人

经纪人是指市场上为买卖双方成交撮合并从中收取佣金的商人或商号。经纪人一般对其经手中介的交易业务具有专业知识，谙熟市场行情和交易程序，对交易双方的资信有深入了解。因此，许多交易主体喜欢通过经纪人进行交易。经纪人是市场运行中不可缺少的中间环节。

（二）证券公司

证券公司是专门从事有价证券买卖的法人企业。它是非银行金融机构的一种，是从事证券经营业务的法定组织形式。

在我国，设立证券公司必须经国务院证券监督管理机构审查批准。证券公司的组织形式必须是依照我国的《公司法》的规定成立的有限责任公司或者股份有限公司。依据我国《公司法》的规定，证券公司从它成立的时候起就按照现代企业制度来规范管理，以使证券公司能够成为具有一定规模的、产权清晰、风险自负、权责分明、管理科学的现代企业，担负起证券公司在证券发行与交易中的责任。

世界各国对证券公司的划分和称呼不尽相同,美国的通俗称谓是投资银行,在法律上统称为"经纪人—交易商",英国则称商人银行。以德国为代表的一些国家实行银行业与证券业混业经营,通常由银行设立公司从事证券经营业务。日本等一些国家同我国一样,把专营证券业务的金融机构称为证券公司。

证券公司的业务内容十分广泛,主要可分为五类,即承销业务、代理买卖业务、自营买卖业务、投资咨询业务和融资融券业务。

1. 承销业务

承销业务又称代理证券发行业务,即证券公司承销证券发行人的有价证券。至于承销是采取包销方式还是代销方式,或者介于二者之间,需根据承销证券的风险、责任、收益、市场行情等多种因素而定。

2. 代理买卖业务

代理买卖业务是指证券公司作为客户的代理人,或受客户的委托,代行买卖有价证券的业务。这是证券公司最重要的日常业务之一。证券公司代理客户买卖证券通常有两种途径:一是通过证券交易所进行交易;二是通过证券公司自身的柜台完成交易。

3. 自营买卖业务

自营买卖业务是指为了谋取利润,证券公司作为投资者而给自己买卖证券并自担风险的业务。自营买卖业务是一种投资活动,必须对收益、风险及流动性进行通盘考虑,从中做出最佳选择。

4. 投资咨询业务

投资咨询业务是指充当客户的投资顾问,并向客户提供各种证券交易的情况、市场信息,以及其他有关资料等方面的服务,对客户提出具体的投资建议。

5. 融资融券业务

融资融券业务又称证券信用交易,是指投资者向证券公司提供担保物,借入资金买入上市证券或借入上市证券并卖出的行为。主要包括券商对投资者的融资、融券和金融机构对券商的融资、融券。

小资料 3—1

融资融券

融资是借钱买证券,证券公司借款给客户购买证券,客户到期偿还本息。客户向证券公司融资买进证券称为"买空";

融券是借证券来卖,然后以证券归还,证券公司出借证券给客户出售,客户到期返还相同种类和数量的证券并支付利息。客户向证券公司融券卖出称为"卖空"。

目前,国际上流行的融资融券模式有四种:证券融资公司模式、投资者直接授信模式、证券公司授信的模式以及登记结算公司授信的模式。

(三)证券交易所

证券交易所是指证券买卖双方公开交易的场所,是一个有组织、有固定地点、集中进行证券交易的市场。证券交易所本身并不买卖证券,也不决定证券的价格,而是为证券交易提供一定的场所和设施,配备必要的管理和服务人员,并对证券交易进行周密的组织和严格的管理。

视频学习

Breif Introduction of SSE

我国内地目前有 3 家证券交易所，分别是上海证券交易所、深圳证券交易所和北京证券交易所。

（四）投资银行

投资银行是指主营业务为资本市场业务的金融机构。投资银行的内涵在不断发展，就目前而言，投资银行的业务主要包括证券承销、证券交易、企业兼并与收购、基金管理、风险投资、理财顾问、项目融资、资产证券化、金融衍生工具业务等。投资银行是证券和股份公司制度发展到特定阶段的产物，是发达证券市场和成熟金融体系的重要主体，在现代社会经济发展中发挥着沟通资金供求、构造证券市场、推动企业并购、促进产业集中和规模经济形成、优化资源配置等重要作用。

投资银行的名称通用于欧洲大陆及美国等工业化国家。英国称为商人银行，法国称为实业银行，日本称为证券公司。尽管名称不同，但从其业务与功能来看，都具有现代银行的性质。投资银行在资本市场上承担了金融中介的重要角色，使得资本供给者与资本需求者的交易得以顺利进行。投资银行作为直接融资的中介，仅充当中介人的角色，它为筹资者寻找合适的融资机会，为投资者寻找合适的投资机会。一般情况下，投资银行不介入投资者和融资者之间的权利与义务之中，仅收取佣金，投资者和融资者直接拥有相应的权利与承担相应的义务。

任务二　熟悉货币市场

一、货币市场的功能

货币市场是指融资期限在一年以内的短期资金市场。货币市场的交易对象是短期金融工具，主要包括货币头寸、商业票据、银行承兑汇票、大额可转让定期存单、短期国债等。就其结构而言，货币市场包括同业拆借市场、票据贴现市场、短期政府债券市场、证券回购市场等。

货币市场产生和发展的初始动力是为了保持资金的流动性，它借助于各种短期资金融通工具将资金需求者与资金供应者联系起来，既满足了资金需求者的短期资金需要，又为资金有余者的暂时闲置资金提供了获取盈利的机会。但这只是货币市场的表面功用，将货币市场置于金融市场甚至市场经济的大环境中，可以发现，货币市场的功能不止于此。货币市场既从微观上为银行、企业提供灵活的管理手段，使其在对资金的安全性、流动性、营利性相统一的管理上更方便灵活，又为中央银行实施货币政策以调控宏观经济提供手段，对保证金融市场的发展发挥巨大作用。

（一）短期资金融通功能

市场经济条件下的各种经济行为主体客观上有资金盈余方和资金不足方之分，从期间上可分为一年期以上的长期性资金余缺和一年期以内的短期性资金余缺两大类，相对于资本市场（capital market）为中长期资金的供需提供服务，货币市场（money market）则为季节性、临时性资金的融通提供了可行之径。相对于长期投资性资金需求来说，短期性、临时性资金需求是微观经济行为主体最基本的也是最经常的资金需求，因为短期的临时性、季节性资金不足是由于日常经济行为的频繁性所造成的，是必然的、经常的，所以这种资金缺口如果不能得到弥补，就连社会的简单再生产也不能维系，或者只能使商品经济处于初级水平，短期资金融通功能是货币市场的一个基本功能。

（二）管理功能

货币市场的管理功能主要是指通过其业务活动的开展，促使微观经济行为主体加强自身管理，提高经营水平和盈利能力。

1. 同业拆借市场、证券回购市场等有利于商业银行业务经营水平的提高和利润最大化目标的实现

同业拆借和证券回购是商业银行在货币市场上融通短期资金的主渠道。充分发展的同业拆借市场和证券回购市场可以适时有度地调节商业银行准备金的盈余和亏缺，使商业银行无须为了应付提取或兑现而保有大量的超额准备金，从而使各种可用于高收益的资产得以充分运用，可谓“一举两得”。为此，商业银行要运用科学的方法进行资金的流动性管理，使商业银行资产负债管理迈上一个新的台阶。

2. 票据市场有利于以营利为目的的企业加强经营管理，提高自身信用水平

票据市场按票据行为可以分为票据发行市场、票据承兑市场和票据贴现市场；按签发主体可以分为普通企业票据和银行票据。只有信誉优良、经营业绩良好的主体才有资格签发票据，并在发行、承兑、贴现各环节得到社会的认可和接受。不同信用等级的主体所签发和承兑的票据在权利、义务关系上有明显的区别，如利率的高低、票据流动能力的强弱、抵押或质押的金额的大小等。所以，试图从票据市场上获得短期资金来源的企业必须是信誉优良的企业，而只有管理科学、效益优良的企业才符合这样的条件。

（三）政策传导功能

货币市场具有传导货币政策的功能。市场经济国家的中央银行实施货币政策主要通过再贴现政策、法定存款准备金政策、公开市场业务等的运用来影响市场利率和调节货币供应量，以实现宏观经济调控目标，在这个过程中，货币市场发挥了基础性作用。同业拆借市场是传导中央银行货币政策的重要渠道，票据市场为中央银行提供了宏观调控的载体和渠道，国库券等短期债券是中央银行进行公开市场业务操作的主要工具。

（四）促进资本市场尤其是证券市场发展的功能

货币市场和资本市场作为金融市场的核心组成部分，前者是后者规范运作和发展的物质基础。首先，发达的货币市场为资本市场提供了稳定充裕的资金来源。从资金供给角度看，资金盈余方提供的资金层次是由短期到长期、由临时性到投资性的，因此货币市场在资金供给者和资本市场之间搭建了一个“资金池”。资本市场的参加者必不可少的短期资金可以从货币市场得到满足，而从资本市场退出的资金也能在货币市场找到出路。因此，货币市场和资本市场犹如一对“孪生兄弟”，不可偏废于任何一方。其次，货币市场的良性发展减少了由于资金供求变化对社会造成的冲击。从长期市场退下来的资金有了出路，短期游资对市场的冲击力大减，投机活动得到了最大可能的抑制。最后，只有货币市场发展健全了，金融市场上的资金才能得到合理的配置，从世界上大多数发达国家金融市场的发展历程中可以总结出“先货币市场，后资本市场”是金融市场发展的基本规律。

知识拓展 3—1

货币市场的特点

1. 交易主体以机构投资者为主

货币市场因其短期流动性较强，因此市场参与者主要是各类机构投资者，如商业银行、政府、保险公司、社保基金，个人投资者交易的份额很小。

2. 融资工具具有较强的流动性

由于在货币市场上交易的金融资产期限较短、转手容易、变现能力强、收益较稳定，因此市场的参与者较多，每笔交易的金额也较大，少则几十万元，多则几千万元甚至上亿元，资金的周转量也是相当可观的。

3. 市场价格波动较小

由于货币市场的交易都是即期交易，市场的参与者从事交易活动的目的主要是进行短期融资，因此不存在期货市场那样的投机活动，一般情况下不会出现金融资产价格大幅涨跌的现象，因此市场的交易价格波动不大，交易额也比较平稳。

4. 投资收益有保障

由于通过货币市场融通的资金绝大部分是用于短期资金周转，偿还期很短，加上短期金融工具(如国库券、银行承兑汇票)等的发行人信誉一般较高，因此投资者的收益比较有保障，投资风险较小。

二、同业拆借市场

同业拆借市场是指各类金融机构之间进行短期资金拆借活动所形成的市场。换句话说，同业拆借市场是金融机构之间的资金调剂市场。同业拆借市场主要是满足金融机构之间在日常经营活动中经常发生的头寸盈缺调剂的需要。同业拆借市场的参与者是各类金融机构。

同业拆借市场的拆借期限一般以 1～2 天最为常见，最短期的为隔夜拆借，这些时间很短的拆借又称头寸拆借，因为其拆借资金主要用于弥补借入者头寸资金的不足。其他还有拆借期限比较长的，如 7 天、14 天、28 天等，也有 1 个月、2 个月、3 个月期的，最长的可达 1 年，但通常不会超过 1 年。时间较长的拆借又称同业借贷，拆借的资金主要用于借入者的日常经营，以获得更多收益，如银行的短期放贷等。

(一)同业拆借市场的分类构成

同业拆借市场主要有两种类型:银行同业拆借市场和短期拆借市场。

银行同业拆借市场是指银行同业之间短期资金的拆借市场。各银行在日常经营活动中经常发生头寸不足或盈余的情况，银行同业间为了相互支持对方业务的正常开展，并使多余资金产生短期收益，就会自然产生银行同业间的资金拆借交易。这种交易活动一般没有固定的场所，主要通过电信手段成交。期限有 1 日、2 日、5 日不等，一般不超过 1 个月。期限最短的甚至只有半日，如日本的“半日拆”，从上午票据交换清算后到当日营业终了为限。拆借的利息称为“拆息”，其利率由交易双方自定，通常低于中央银行的再贴现率而高于银行的资金成本。拆息变动频繁，灵活地反映资金供求状况。同业拆借每笔交易的数额较大，以适应银行经营活动的需要。日拆一般无抵押品，单凭银行间的信誉进行。期限较长的拆借常以信用度较高的金融工具作为抵押品。

短期拆借市场又称通知放款，主要是商业银行与非银行金融机构(如证券公司)之间的一种短期资金拆借形式。其特点是利率多变，拆借期限不固定，可以随时拆出、随时偿还。交易所经纪人多采用这种方式向银行借款。具体做法是银行与客户间订立短期拆借协定，规定拆借幅度和担保方式，在幅度内随用随借，担保品大多是股票、债券等有价证券。借款人在接到银行还款通知的次日即须偿还，如果到期不能归还，银行则有权出售其担保品。

(二)同业拆借的特点

1. 融通资金的期限比较短

同业拆借市场的资金拆借最初多为隔夜拆借(1 日)或几日的资金临时调剂，目的是解决临时性的资金头寸不足问题或对多余头寸进行融通。然而，同业拆借市场发展到今天，已经成为各金融机构弥补短期资金不足和进行短期资金运用的场所。目前，同业拆借的期限一般为1～7天，也可以是1个月、3个月、6个月，最长期限为1年。同业拆借市场也从临时性的资金调剂市场变成了参与者以银行业为主的短期的融资市场。

2. 交易金额较大

同业拆借市场的交易金额较大，一般少则上百万元，多则几千万元；并且多数情况下不需要担保或抵押，完全是一种信用交易，交易双方都以自己的信用作为担保，严格按协议的规定执行。这主要是因为同业拆借市场的参与者都是银行或其他金融机构，信誉较高，自律性较强，并且金融监管部门对同业拆借市场的监管也较为严格。

3. 拆借利率由交易双方议定

同业拆借市场的利率一般采用随行就市、由交易双方议定的方法，可由双方协商、讨价还价，最后议价成交。拆入方或拆出方可以同时向几家询价，选择其中最优惠的价格成交。通常来说，同业拆借利率低于中央银行同期的贴现利率而高于同期的银行存款利率。同业拆借市场的利率是一种市场化程度较高的利率，能够比较真实地反映市场资金供求状况及变化。

4. 交易手段比较先进

同业拆借市场发展到今天，其交易手段越来越先进，交易手续比较简便，成交较为快捷。同业拆借市场以无形市场为主，其交易主要通过电话、电报、传真等方式进行。交易双方达成协议后，就可以通过各自在中央银行开立的存款账户进行划账清算。随着计算机、网络和通信技术的迅速发展，目前同业拆借市场的融资活动已经可以通过网上交易的方式来完成。

音频学习

什么是LIBOR

（三）同业拆借市场的作用

同业拆借市场的重要作用在于，它使金融机构在不用保持大量超额准备金的前提下，满足存款支付及汇兑、清算的需要。在现代金融制度体系中，金融机构为了实现较高的利润和收益，必然要扩大资产规模，但同时面临准备金减少、可用资金不足的问题，甚至出现暂时性支付困难。但准备金过多、可用资金闲置过多又使金融机构利润减少、收益降低。金融机构需要在不影响支付的前提下，尽可能地降低准备金水平，以扩大能获取高收益的资产规模，使利润最大化。同业拆借市场使准备金多余的金融机构可以及时拆出资金，保证获得较高收益，准备金不足的金融机构可以及时借入资金保证支付，有利于金融机构实现其经营目标。

同业拆借市场还是中央银行实施货币政策、进行金融宏观调控的重要场所。同业拆借市场的交易价格即同业拆借市场利率，是资金市场上短期资金供求状况的反映。中央银行根据其利率水平，了解市场资金的松紧状况，运用货币政策工具进行金融宏观调控，调节银根松紧和货币供应量，实现货币政策目标。

三、票据市场

票据是具有法定形式，表明债权债务关系的一种有价凭证，是一种商业证券。商业票据有两种：本票（期票）和汇票。票据市场也是货币市场的重要组成部分，是以各种票据作为交易媒介进行资金融通的市场。商业票据是由一些资金雄厚、财务健全、信誉卓著的著名公司发行的，到期按票面金额向持票人付现的一种无抵押担保承诺凭证。商业票据市场是指在商品交易和资金往来过程中产生的以汇票、本票和支票的发行、担保、承兑、贴现、转贴现、再贴现实现短期资金融通的市场。美国的商业票据属于本票性质，英国的商业票据则属于汇票性质。商业票据市场就是对这些信誉卓著的大公司所发行的商业票据进行交易的市场。

票据市场按票据发行主体，可分为银行票据市场、商业票据市场；按资金属性，可分为商业票据市场和融资票据市场；按交易方式，可分为票据发行市场、票据承兑市场和票据贴现市场。这里主要介绍票据承兑市场和票据贴现市场。

（一）票据承兑市场

目前在票据市场上流通的票据主要可以分为商业票据和银行承兑汇票两类。

商业票据又称公司票据，是商业活动中最古老的一种信用方式。商业票据一般是由信誉较高的大公司为筹措短期资金而发行的短期债务凭证，主要有商业本票和商业汇票两种类型。商业本票又称期票，是债务人向债权人发出的、要求债务人向指定的收款人或持票人支付一定金额款项的支付命令。商业汇票按付款日的不同，又分为即期汇票和远期汇票，远期汇票必须经过承兑才具有法律效力。承兑是指在票据到期前，由付款人在票据上做出承认付款的文字记载及签名的一种手续。

商业票据的期限一般为30～60天，最长不超过270天。利率水平一般略高于国库券的利率。商业票据经过背书可以流通转让。背书即票据的收款人或持票人在转让票据时在票据背面签名的行为。经过背书的票据可以充当流通手段和支付手段，用来购买商品或偿还债务。

银行承兑汇票是在国内商品交易和国际贸易中广泛使用的一种重要的结算工具。它是指银行应进口商（或债务人）的请求，由进口商（或债务人）开出的，由银行在汇票上签字盖章，承诺在汇票到期日付款的远期汇票。银行承兑汇票实质上是商业票据的一种，并非银行票据；但由于银行承兑汇票是用银行信用代替了原有的商业信用，这样就使其在安全性和流动性方面都大大高于一般的商业票据，因此成为票据市场上一种优良的信用工具。

银行承兑汇票的期限一般为30～180天，以90天的最为常见。银行承兑汇票可以在票据市场上买卖和转让。银行承兑汇票持有人在多数情况下不会将汇票持有至到期日才收回欠款，而是在票据市场上将其转让或向承兑银行办理票据贴现，以此来融通短期资金，加速资金的周转。

由于银行承兑汇票一般以真实的商品买卖作为基础，又有付款人和银行对付款的双重保证，因此具有很高的安全性，在某些情况下可以代替货币来使用。目前，银行承兑汇票不仅成为货币市场上一种非常重要的金融工具，而且在商品交易市场上也是一种很受欢迎的、重要的支付手段。

（二）票据贴现市场

票据贴现市场是通过对未到期的票据进行贴现，为客户提供短期融资的市场。所谓贴现，是指票据的持有人在需要资金时，将未到期的票据经过背书后转让给银行，银行（或贴现行）按贴现利率从票面金额中扣除贴现日至到期日的利息后将余款支付给持票人的一种融资方式。贴现是融通短期资金的一种重要方式，其实质是一种以票据为抵押的短期贷款。贴现市场的参与者有企业、个人、商业银行、贴现公司（或贴现行）、中央银行等，贴现的票据主要有政府国库券、短期债券、银行承兑汇票和商业承兑汇票，贴现利率一般高于银行贷款利率。

知识链接3—1

票据贴现的计算公式为：

票据贴现付款额＝票据面额×（1－年贴现率）×未到期天数/365

贴现市场的存在和发展对于汇票持有人、商业银行以及中央银行都有重要作用。对于汇票持有人来说，通过汇票贴现为其提前兑取现款提供了方便条件，满足了临时资金的需要；对于商业银行来说，贴现市场既是运用资金的有力场所，又是获取资金的有效渠道；对于中央银行来说，贴现市场为其实现宏观调控创造了条件，中央银行通过提高或降低再贴现率，以达到影响商业银行信贷规模、紧缩信用或扩张信用、实现对信用总量调控的目的。贴现、转贴现、再贴现的关系如图 3—1 所示。

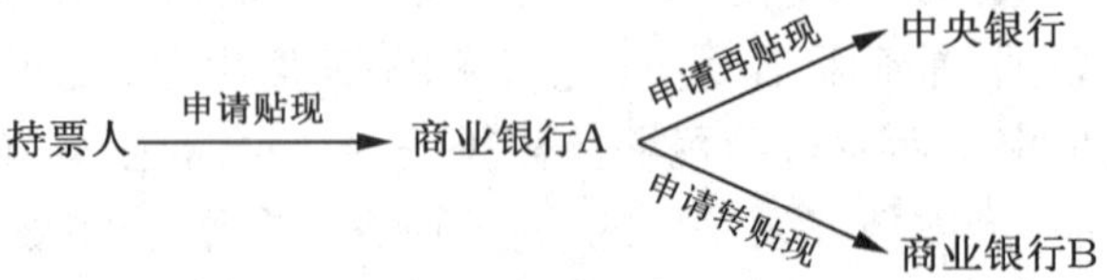

图 3—1　贴现、转贴现与再贴现的关系

四、大额可转让定期存单市场

大额可转让定期存单简称 CDs，是在银行定期存款的凭据上注明存款金额、期限、利率，到期持有人提取本金和利息的一种债务凭证。它是商业银行用来吸收大额定期存款的一种新型的金融工具。由于这种存单是不记名的，可以在二级市场上自由转让，因此称为大额可转让定期存单。

（一）大额可转让定期存单的特点

在我国，可转让大额定期存单是银行发行的一种固定面额、固定期限、可转让的大额存款凭证。

1. 固定面额

大额可转让定期存单有固定面额，是指存单的面额有法律的限定，不得任意变更。一般的存折或存单可以根据具体的情况来确定存款金额，且随支取情况的变化，存单面额可以发生改变。但是，我国的《大额可转让定期存单管理办法》规定，大额存单对个人发行部分，其面额不得低于 500 元（见图 3—2）；对单位发行部分，其面额不得低于 5 万元。原因在于，发行大额存单的目的是吸收市场上的大额短期流动资金。

图 3—2　大额可转让定期存单

2. 固定期限

固定期限是指大额存单有法定的期限档次，不得自行变更，而且与一般定期存款不同，不得提前支取。对一般存单来说，存款人可以根据具体需要来决定存款期限的长短，但是，大额存单的期限大多为一年或更短时间。一般大额存单的期限为 1 个月、3 个月、6 个月、9 个月和 12 个月。大额存单不得提前支取，不分段计息，而是到期后一次性还本付息，不计付逾期利息。

3. 可转让性

大额可转让定期存单最大的特点是可转让性。可转让的意思是，存单的购买者可于存单到期日之前在货币市场上把它们售出以回收资金，或者可以用来作为债务抵消工具，或者进行质押来获得流动资金，在到期日银行将对任何一个持有该存单的人付款。

小资料 3—2

大额可转让定期存单与一般存单的差别

1. 不记名

大额可转让定期存单不记名，自由转让，持有者需用现款即可在市场上转让出售。

2. 金额固定，面额大

美国的大额可转让定期存单最低起价为 10 万美元。存单的期限通常不少于 2 周，大多为 3～6 个月，一般不超过 1 年。大额可转让定期存单的利率略高于同等期限的定期存款利率，与当时的货币市场利率基本一致。

3. 允许买卖、转让，使它集中了活期存款和定期存款的优点

对于银行来说，它是定期存款，未到期不能提前支取，故可作为相对稳定的资金用于期限较长的放款；对于存款人来说，既有较高的利息收入（国外活期存款一般没有利息），又能在需要时转让出售、迅速变现，因此是一种理想的金融工具。

（二）我国的大额可转让定期存单

我国商业银行于 1986 年才开始发行大额可转让定期存单。中国人民银行 1996 年颁布的《大额可转让定期存单管理办法》规定，我国商业银行对城乡居民个人发行的大额可转让定期存单，面额为 1 万元、2 万元、5 万元；对企业、事业单位发行的大额可转让定期存单，面额为 50 万元、100 万元、500 万元。大额可转让定期存单的期限为 3 个月、6 个月、12 个月（1 年），利率由中国人民银行制定。我国的大额可转让定期存单市场发展起步较晚、规模较小、发育不成熟。目前，大额可转让定期存单的交易主要限于一级市场，二级市场的交易极其清淡。为了进一步完善银行的负债结构，为银行吸引更多、更稳定的信贷资金，有必要加速培育我国的大额可转让定期存单市场。这也是我国金融业特别是银行业业务发展的需要。

五、短期国债市场

短期国债市场又称国库券市场，是指期限在 1 年以内的政府债券流通和交易的场所。国库券的期限一般分为 3 个月、6 个月、9 个月和 1 年。各国政府发行国库券，主要是为了弥补因财政先支后收造成的临时性资金短缺。由于短期国债是以国家信用作担保的，不存在信用风险，而且期限较短，具有安全性好、流动性强、可享受税收优惠等优点，同时还可以获得高于同期银行存款的利息，因此国库券已成为各国金融市场上十分抢手的投资工具。目前，短期国债已成为许多国家货币市场上交易量最大的交易品种，其持有者包括政府、银行、基金、保险公司、个人等，而商业银行和中央银行是短期国债的最大持有者。商业银行投资短期国债是将其作为银行的二级准备，这样既可以保证资产的安全性和流动性，又能获得相对较高的收益。中

央银行则把短期国债作为进行公开市场业务操作的重要工具之一，通过对国债的直接买卖和回购等方式向市场投放或回收货币，从而调控货币供应量，实现其货币政策目标。

（一）短期国债市场的特征

1. 安全性高

国库券由财政部发行，一般不存在违约风险。因此，国库券利率往往被称为无风险利率，成为确定其他利率的依据。

2. 流动性强

极高的安全性以及组织完善、运行高效的市场赋予国库券极强的流动性，使持有者可随时在市场上转让变现。

3. 税收优惠

政府为增强国库券的吸引力，通常给予购买者税收方面的优惠，如豁免州和地方所得税、交易税等。此外，国库券市场具有其他货币市场不可替代的作用：它有助于协调商业银行经营“三性”的矛盾，有助于弥补财政临时性、季节性收支短缺，有助于中央银行进行宏观调控。

（二）短期国债的发行

1. 发行动机

财政部发售国库券主要是为政府筹措短期资金以弥补季节性、临时性财政赤字或应付其他短期资金需求，如偿还到期国库券。

2. 发行方式

国库券的发行一般采用招投标方式。国库券的投标分为竞争性和非竞争性两种。竞争性投标者应在标书中列明购买的价格和数量，投标人可能因出价太低而失去购买机会，或者因投标价格太高而造成损失，因此风险较高；非竞争投标者应在投标书中标明参加非竞争性投标，他们不提出投标价格，而以竞争性投标者的平均价格作为买入价格，但购买数量会受到限制。

（三）短期国债的流通

在国库券的流通市场上，市场的参与者主要有商业银行、中央银行、证券交易商、企业、个人投资者。国库券市场行情的变动主要受到国家宏观经济形势、市场利率水平、债券供求关系等诸多因素的影响。从世界各国的情况看，美国的国库券市场最发达，多年来从国库券的发行到流通已经形成了一个完备的系统和制度，不仅国库券的发行数量非常大、发行十分频繁，而且国库券流通市场的交易十分活跃。

在流通市场购买国库券有两种途径：一是通过银行购买国库券。这是最方便的方法。某些大银行往往既是国库券的投资者，也是国库券的承销商。二是通过证券交易商购买国库券。但不同交易商的收费有所不同。大交易商收费较少，小交易商因需要向银行或大交易商购买国库券，收费较高。银行和交易商主要是从买进和卖出的微小价差中获利，因而较为关注大宗交易，对于零散交易常常提高其手续费标准。此外，投资者还可向财政部直接购买国库券，可以免交差价和手续费，但手续麻烦。

（四）短期政府债券的收益计算

由于采取贴现发行，因此短期政府债券的收益是面值与实际购买价格之间的差额。计算短期政府债券的收益率有两种不同的情况：

第一种是计算短期政府债券的名义收益率，公式为：

$$\text{短期政府债券名义收益率}=\frac{\text{面值}-\text{发行价格}}{\text{面值}}\times\frac{360}{\text{期限}}\times 100\%$$

课堂演练 3—1

某一期限为 60 天的短期政府债券，面额为 1 000 美元，实际出售价格为 980 美元，则其名义收益率为：

$$\frac{1\ 000-980}{1\ 000}\times\frac{360}{60}\times 100\%=12\%$$

第二种是计算短期政府债券的真实收益率，公式为：

$$\text{短期政府债券真实收益率}=\frac{\text{面值}-\text{发行价格}}{\text{发行价格}}\times\frac{365}{\text{期限}}\times 100\%$$

课堂演练 3—2

上例中，短期政府债券的真实收益率为：

$$\frac{1\ 000-980}{980}\times\frac{365}{60}\times 100\%=12.41\%$$

从计算中可以看出，真实收益率反映了投资者在付出购买价格成本基础上所获得的收益，并且在数值上要高于名义收益率。短期政府债券的真实收益率可用于同其他货币市场工具的收益率进行比较。

拓展阅读

最初的短期国债

六、回购协议市场

回购协议市场又称证券回购协议市场，是指通过回购协议进行短期资金融通交易的场所，市场活动由回购与逆回购组成。这里的回购协议是指资金融入方在出售证券的同时，与证券购买者签订的、在一定期限内按原定价格或约定价格购回所卖证券的协议。

从本质上看，回购协议是一种质押贷款协议。虽然回购交易是以签订协议的形式进行交易的，但协议的标的物是有价证券。另外，我国回购协议市场上回购协议的标的物是经中国人民银行批准的、可用于在回购协议市场进行交易的政府债券、中央银行债券及金融债券。

回购协议市场吸引投资者的原因主要有：首先，该市场为剩余资金的短期投资提供了现成的工具。实际上，大量的回购协议交易是在一个晚上的时间进行的，称为隔夜回购。隔夜回购的利率通常比一国的基准利率低，尽管利率很低，但因为隔夜时间短，因此可以获得一定的利息回报。其次，在剩余资金数量每日不定的情况下，投资者可通过滚动隔夜回购的办法有效地管理可能的剩余资金。

（一）按交易场所不同，可以分为场内回购和场外回购

场内回购是指在证券交易所、期货交易所、证券交易中心、证券交易报价系统内，由其设计并经主管部门批准的标准化回购业务。例如，上海证券交易所开展的证券回购业务，就对回购业务的券种、期限结构、回购合约标的金额、交易竞价方式、清算与结算的相关制度等内容做了较为详细的规定。目前，在我国开展证券回购业务的场所主要有上海证券交易中心、天津证券交易中心以及一些中心城市的证券交易中心等。

场外回购是指在交易所和交易中心之外的证券公司、信托投资公司证券部、国债服务中心、商业银行证券部及同业之间进行的证券回购交易。在西方国家，证券回购通常是一个无形

市场，而非中心交易场所交易，即通过电话系统达成回购协议。从长期趋势来看，我们应当以非中心交易场所开展的证券回购为重点。

(二)按交易期限不同，可以分为隔日回购和定期回购

隔日回购是指最初出售者在卖出债券的第二天即将同一品种的债券购回的交易行为。定期回购是指最初出售者在卖出债券时，与其购买者约定，在两天以后的某一特定日，再将该债券买回的交易行为。在美国，一般为7天，最长不超过1个月；在我国，最长不得超过1年。目前，全国各主要证券市场为开展国债回购业务均开设了各自的交易品种。例如，上海证券交易所不分国债券种，统一按面值计算持券量的标准化回购交易品种。这种对应标准国债开设的回购交易分别为7天、14天、28天、91天和182天(对应名称为R007、R014、R028、R091和R182)五个回购品种。从近年来我国证券回购市场发展的现实状况来看，有相当一部分回购主体不按协议书上规定的期限进行逆回购交易，有的已逾期三五年了，仍无逆回购的意向，从而影响各经济主体资金的正常运行。

(三)按交易标的物不同，可以分为国债回购、金融债回购和公司债回购

由于受公司信誉的影响，在美、日、英等资本主义国家，以公司债券为依托的证券回购交易量并不大。至于以股票、权证、法人股、大额可转让定期存单和商业票据为依托的证券回购交易，则更为少见。1995年3月13日，上海证券交易所(以下简称"上交所")又以创新的方式推出"综合债券回购"。根据上交所的说明，可进行"综合债券回购"交易的债券，限于在上交所挂牌上市的各类金融债券、建设债券和企业债券。参照国债回购交易办法，上交所将上述债券按种类进行合并，并据此开立了28天(RC028)、91天(RC091)和182天(RC182)三个挂牌品种。

(四)按交易方式不同，可以分为证券公司回购、委托回购和直接回购

证券公司回购是指证券公司为筹措资金而以附买回条件的方式卖出自己手持的债券。证券公司为了发挥其"零售商机能"，通常要在自己的账户上保有一定数量的债券，但作为补充或调节在库资金的主要手段，证券公司又会通过回购交易(卖出债券)来筹措资金。所以，简单地讲，证券公司回购就是其为了自己筹措资金而进行的证券回购交易。

委托回购是指证券公司以外的债券保有者为筹措资金而通过证券公司以回购交易的形式卖出自己持有的债券。也就是说，债券卖出者以附买回条件的方式将自己持有的债券卖给证券公司，证券公司买了这些债券之后又以附买回条件的方式在当天就将这些债券卖给购买者——事业法人、资金充裕的金融机构等。因此，在委托回购的场合，证券公司的在库债券余额不会发生任何变化。

直接回购是指商业银行等资金不足的金融机构不通过证券公司和证券交易场所而直接以附买回条件的方式将自己持有的债券卖给债券购买者的行为。

任务三　认识债券市场

一、债券的性质和种类

(一)债券的定义

债券是发行人依照法定程序发行，并约定在一定期限还本付息的有价证券。

知识链接3—2

债券包括四个方面的含义：

1. 发行人是借入资金的经济主体；
2. 投资者是出借资金的经济主体；
3. 发行人需要在一定时期付息还本；
4. 债券不仅反映了发行者和债权人的债务关系，而且是这一关系的法律凭证。

债券具有以下基本性质：

1. 债券属于有价证券

首先，债券反映和代表一定的价值。债券本身有一定的面值，通常它是债券投资者投入资金的量化表现；另外，持有债券可按期取得利息，利息也是债券投资者收益的价值表现。其次，债券与其代表的权利联系在一起，拥有债券也就拥有了债券所代表的权利，转让债券也就将债券代表的权利一并转移。

2. 债券是一种虚拟资本

资本债券尽管有面值，代表了一定的财产价值，但它也只是一种虚拟资本，而非真实资本。因为债券的本质是证明债权债务关系的证书，在债权债务关系建立时所投入的资金已被债务人占用，债券是实际运用的真实资本的证书。债券的流动并不意味着它所代表的实际资本也同样流动，债券独立于实际资本。

3. 债券是债权的表现

债券代表债券投资者的权利，这种权利不是直接支配财产权，也不以资产所有权表现，而是一种债权。拥有债券的人是债权人，债权人不同于财产所有人。以公司为例，在某种意义上，财产所有人可以视作公司的内部构成分子，而债权人是与公司相对立的。债权人除了按期取得本息外，对债务人不能做其他干预。

（二）债券的票面要素

债券作为证明债权债务关系的凭证，一般以有一定格式的票面形式来表现。通常来说，债券票面有四个基本要素：

1. 债券的票面价值

在债券的票面上，首先要规定票面价值的币种，即以何种货币作为债券价值的计量标准。确定币种主要考虑债券的发行对象。一般来说，在国内发行的债券通常是以本国货币作为面值的计量单位；在国际金融市场筹资，则通常以债券发行地所在国家的货币或以国际通用货币作为计量标准。此外，确定币种还应考虑债券发行者本身对币种的需要。币种确定后，还要规定债券的票面金额。票面金额大小不同，可以适应不同的投资对象，也会产生不同的发行成本。票面金额定得较小，有利于小额投资者购买，持有者分布面广，但债券本身的印刷及发行工作量大，费用可能较高；票面金额定得较大，有利于少数大额投资者认购，且印刷费用等也会相应减少，但使小额投资者无法参与。因此，债券票面金额的确定也要根据债券的发行对象、市场资金供给情况及债券发行费用等因素综合考虑。

2. 债券的偿还期限

债券的偿还期限是指债券从发行之日起至偿清本息之日止的时间。各种债券有着不同的偿还期限，短则几个月，长则几十年，习惯上有短期债券、中期债券和长期债券之分。发行人在确定债券期限时，要考虑多种因素的影响，主要有：

(1)资金使用方向。债务人借入资金可能是为了弥补自己临时性资金周转之短缺，也可能是为了满足对长期资金的需求。在前者情况下可以发行一些短期债券，在后者情况下可以相应地发行中长期债券。这样安排的好处是，既能保证发行人的资金需要，又不因占用资金时间过长而增加利息负担。

(2)市场利率变化。债券偿还期限的确定应根据对市场利率的预期,相应选择有助于减少发行者筹资成本的期限。一般来说,当未来市场利率趋于下降时,应选择发行期限较短的债券,这样可以避免市场利率下跌后仍支付较高的利息;而当未来市场利率趋于上升时,应选择发行期限较长的债券,这样就能在市场利率趋高的情况下保持较低的利息负担。

(3)债券变现能力。这一因素与债券流通市场的发育程度有关,流通市场发达,债券容易变现,长期债券的销路就可能好一些;如果流通市场不发达,投资者买了长期债券而又急需资金时不易变现,长期债券的销售就可能不如短期债券。

3. 债券的票面利率

债券票面利率是债券年利息与债券票面价值的比率,通常年利率用百分数表示。因此,利率成为债券票面要素中不可缺少的内容。在实际经济生活中,债券利率有多种形式,如单利、复利和贴现利率等。债券利率也受到很多因素影响,主要有:

(1)借贷资金市场利率水平。市场利率普遍较高时,债券的票面利率也相应较高,否则,投资者会选择其他金融资产投资而舍弃债券;反之,市场利率较低时,债券的票面利率也相应较低。

(2)筹资者的资信。如果债券发行人的资信状况好、债券信用等级高、投资者的风险小,债券票面利率就可以定得低一些;如果债券发行人的资信状况差、债券信用等级低、投资者的风险大,债券票面利率就需要定得高一些。此时,利率差异反映了信用风险的大小,高利率是对高风险的补偿。

(3)债券期限长短。一般来说,期限较长的债券,流动性差,风险相对较大,票面利率应该定得高一些;而期限较短的债券,流动性强,风险相对较小,票面利率就可以定得低一些。不过,债券票面利率与期限的关系较为复杂,它们还受其他因素的影响,所以有时也可能见到短期债券票面利率高而长期债券票面利率低的现象。

4. 债券发行者名称

这一要素指明了该债券的债务主体,也为债权人到期追索本金和利息提供了依据。

上面四个要素虽然是债券票面的基本要素,但它们也并非一定在债券上印制出来。在许多情况下,债券发行者是以公布条例或公告的形式向社会公开宣布某债券的期限与利率,只要发行人具备良好的信誉,投资者也会认可接受。此外,债券票面上有时还包含一些其他要素,如还本付息方式等。

知识拓展3—2

债券市场的功能

发达的债券市场是一个成熟的金融市场的重要组成部分,债券市场有以下几个重要的功能:

1. 融资功能

作为金融市场的一个重要组成部分,债券市场具有调剂闲散资金以及为企业、政府等资金不足者筹集资金的功能。与股票市场一样,债券市场为资金需求者提供了一个直接融资的渠道。

2. 资金流动导向功能

效益好的企业发行的债券通常较受投资者的欢迎,因而发行利率低、筹资成本低;相反,效益差的企业所发行的债券风险相对较大,受投资者欢迎的程度较低,筹资成本较大。因此,债券市场可使得资金向效益好的企业流动,从而有利于资源的优化配置。

3. 宏观调控功能

作为一种间接宏观调控的重要手段,公开市场业务是中央银行通过在证券市场上买卖国债或发行央行票据来调节货币的供应量。在经济过热、需要减少货币供应量时,中央银行卖出债券或发行央行票据收回基础货币,从而控制经济的过热运行;当经济萧条需要增加货币供应量时,中央银行便买入债券,增加基础货币的供应。

4. 防范金融风险

一个较为完备的债券市场可以有效地降低一国金融系统的风险。金融债券的发行可以极大地补充银行的附属资本,并且在股东之外增加了债权人的约束,有利于银行的稳健经营。在债券融资的背景下,公司一旦出现不履行债务的情况,会迅速导致公司在投资者群体中的名誉损失,并且通过债券市场信息披露使广大社会公众知悉公司的信誉,使这种惩罚自动扩散到整个社会。

(三)债券的分类

1. 根据发行主体不同,可分为政府债券、金融债券、公司债券和国际债券

政府债券的发行主体是政府。政府债券是指政府部门为了筹措资金,向投资者出具的承诺在一定时期支付利息和到期偿还本金的债务凭证。

政府债券是有价证券的一种形式,具备有价证券的一般特征。发行政府债券的目的主要是解决政府的临时性资金短缺问题、财政赤字问题和增加金融工具品种与数量以满足国家进行宏观经济调控的需要等。政府债券按发行主体不同,可分为中央政府债券和地方政府债券;按发行期限不同,可分为短期政府债券(国库券)和长期政府债券(公债)。

金融债券的发行主体是银行或非银行的金融机构。金融机构一般有雄厚的资金实力,信用度较高,因此,金融债券往往也有良好的信誉。银行和非银行金融机构是社会信用的中介,它们的资金来源主要依靠吸收公众存款。它们发行债券的目的主要有两个:一是筹资用于某种特殊用途;二是改变了本身的资产负债结构。对于金融机构来说,吸收存款和发行债券都是它的资金来源,构成了它的负债。但存款的主动性在储户,金融机构只能通过提供服务条件来吸引存款,而不能完全控制存款。发行债券则是金融机构的主动负债,金融机构有更大的主动权和灵活性。金融债券的期限以中期较为多见。

公司债券是指公司依照法定程序发行的、承诺在未来的特定日期偿还本金并按事先规定的利率支付利息的一种有价证券,又称企业债券。公司债券体现了发债公司与债券投资者之间的债权债务关系,广义的公司债券包括工商企业债券和金融债券。

国际债券是一国借款人在国际金融市场上发行的长期债务凭证。国际债券的发行主体是各国政府、政府所属机构、银行或其他金融机构、企业和一些国际组织等。

2. 按计息与付息方式分类

承诺支付利息是债券发行者筹借资金的条件之一,但计算利息的方式可以不同。根据计算方式上的差异,有单利债券、附息债券、贴现债券、零息债券和累进利率债券等。在计算利息时一般以年为单位。

单利债券是指在计算利息时,不论期限长短,仅按本金计息,所生利息不再加入本金计算下期利息的债券。

附息债券又称息票债券,是按照债券票面载明的利率及支付方式定期分次付息的债券。

贴现债券是指在票面上不规定利率,发行时按某一折扣率,以低于票面金额的价格发行,

到期时仍按面额偿还本金的债券。贴现债券属于折价方式发行的债券，其发行价格与票面金额(偿还价格)的差额，构成了实际的利息。

零息债券是指在存续期内不支付利息，投资者以低于面值的价格购买，购买价格是票面值的现值，投资者的收益是债券面值与购买价格的差额。由于零息债券的期限一般大于1年，因此它实际上是一种以复利方式计息的债券。

累进利率债券是指以利率逐年累进方法计息的债券。与单利债券或附息债券在偿付期内利率固定不变不同，累进利率债券的利率随着时间的推移而递增，后期利率比前期利率高，呈累进状态。这种债券的期限往往是浮动的，但有最短持有期和最长持有期的规定。

3.根据债券票面利率固定与否的特点，可分为固定利率债券和浮动利率债券

固定利率债券是指在偿还期内利率固定的债券。在该偿还期内，无论市场利率如何变化，债券持有人只能按债券票面载明的利率获取债息。这种债券有可能为债券持有人带来风险。当偿还期内的市场利率上升且超过债券票面利率时，债券持有人就要承担收益率相对降低的风险。当然，在偿还期内，如果利率下降且低于债券票面利率，债券持有人也就获得了由于利率下降而带来的额外收益。

浮动利率债券是指利率可以变动的债券。这种债券的利率与基准利率挂钩，一般高于基准利率一定的百分点。当市场利率上升时，债券的利率也相应上浮；反之，当市场利率下降时，债券的利率就相应下调。这样，浮动利率债券就可以避开因市场利率波动而产生的风险。

4.根据债券券面形态，可以分为实物债券、凭证式债券和记账式债券

实物债券是一种具有标准格式实物券面的债券。在标准格式的债券券面上，一般印有债券面额、债券利率、债券期限、债券发行人全称、还本付息方式等各种债券票面要素。

凭证式债券的形式是债权人认购债券的一种收款凭证，而不是债券发行人制定的标准格式的债券。我国近年来通过银行系统发行的凭证式国债，券面上不印制票面金额，而是根据认购者的认购额填写实际的缴款金额，是一种国家储蓄债券，可记名、挂失，以“凭证式国债收款凭证”记录债权，不能上市流通，从购买之日起计息。

记账式债券是没有实物形态的票券，只在电脑账户中做记录。在我国，上海证券交易所和深圳证券交易所已为证券投资者建立了电脑证券账户，因此，可以利用证券交易所的交易系统来发行债券。我国近年来通过沪、深交易所的交易系统发行和交易的记账式国债就是这方面的实例。

二、债券的发行

债券发行是发行人以借贷资金为目的，依照法律规定的程序向投资人要约发行代表一定债权和兑付条件的债券的法律行为，债券发行是证券发行的重要形式之一，是以债券形式筹措资金的行为过程(见图3—3)。通过这一过程，发行者以最终债务人的身份将债券转移到它的最初投资者手中。

债券发行市场是指发行人以发行债券方式募集资金的市场，又称一级市场或初级市场。债券发行市场是金融市场的一个重要组成部分，是债券交易市场的基础。债券发行市场在现代经济生活中发挥着独特的作用。一方面，通过利用债券发行市场，政府部门、金融机构和一些企业能够筹集到长期、稳定的资金；另一方面，债券发行市场为筹资者和投资者提供了资金融通的场所，有利于实现资金营利性和流动性的统一。

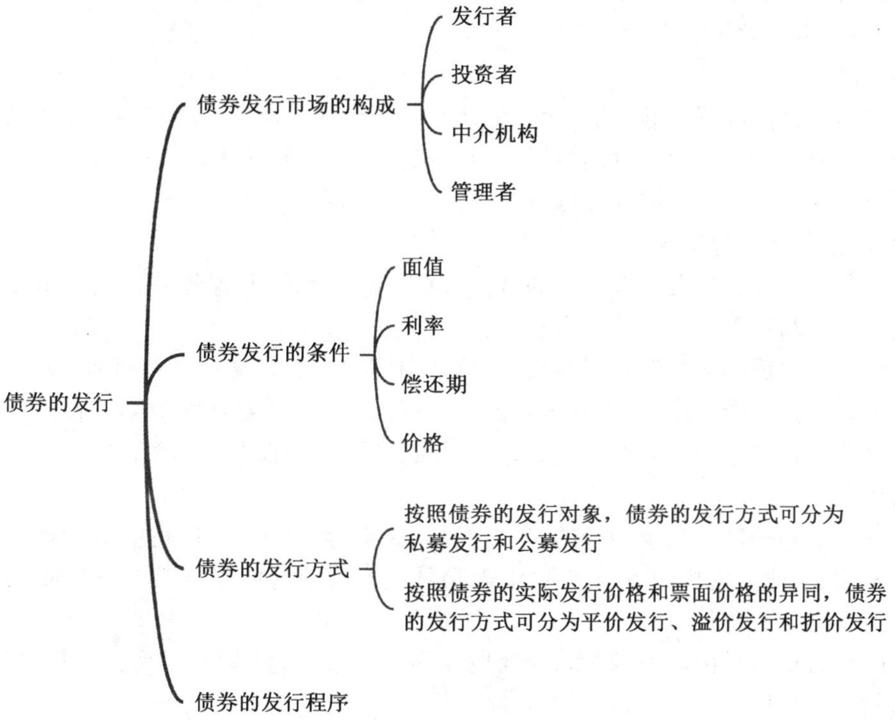

图3—3　债券的发行

(一)债券发行市场的构成

1.发行者

债券的发行者是指以发行债券形式筹措资金的企业、政府或金融机构。企业为了弥补资金的不足，可以通过发行企业债券来筹集资金；政府为了解决临时性资金需要、弥补财政赤字、扩大政府开支刺激经济增长等，可以通过发行政府债券的形式来筹集资金；金融机构为了补充资本金，可以通过发行金融债券的形式筹集资金。

2.投资者

投资者是指债券的购买者，主要包括个人、企业、机构投资者、政府和中央银行。

个人是债券发行市场主要的资金供应者，个人购买债券主要是为了调整自己的金融资产结构，追求消费的最佳效果和收入的最大化。

一般来说，企业是资金的需求者，但有时在生产经营中也会形成一部分暂时闲置的货币资金，这时可以把没有特定用途的货币资金的一部分投资于债券市场，当有了新的用途时再卖出债券以获取现款。

机构投资者是指集聚社会闲散资金投资于各类证券，以降低投资风险和提高投资收益的专门机构，包括商业银行、投资银行、储蓄机构、信托投资公司、保险公司、养老基金、共同基金公司、持股公司等。机构投资者的优势在于，它一般拥有经验丰富、精通投资业务的专门人才，由这些专家进行理财，一般可以避免投资风险，弥补个人不能承担较大风险的缺陷。

当政府的财政出现盈余时，也会把盈余的一部分资金投资于各种企业债券和金融债券，或政府为了支持某些行业的发展而购买这些行业的债券。

中央银行参与债券市场的目的与个人、企业、机构投资者的目的有着本质的区别。它购买债券不是因为出现了临时剩余资金，也不是为了获得利息收入，而是为了调节社会资金的供求量，以发挥公开市场操作的作用。

3. 中介机构

中介机构不直接进行证券投资，而是为债券发行者和投资者牵线搭桥，帮助发行者把债券卖给投资者。债券发行的中介机构包括承销公司、受托人、财务代理人和担保人等。

承销公司的职能是接受债券发行人的委托，办理债券的承购和分销业务。承销的方式有推销承销、助销承销和包销承销。

受托人主要是按照与发行人签订的合同，负责印制债券、办理各种有关募集债券的手续、保护投资者的权利和办理债券偿还事宜等。

财务代理人主要是接受发行者的委托，负责向债券投资者支付本金和利息。

企业为了增强债券信用，吸引投资者购买，在发行债券时需要一个第三者出面担保，以保证债券按时还本付息。担保人通常是银行、非银行金融机构以及政府等。

4. 管理者

管理者主要是指针对从事债券的募集、发行、买卖等经营行为进行监督管理的机构，包括政府监管机构、行业监管机构等。在我国，对债券发行行使管理监督权的是中国人民银行。

（二）债券发行的条件

债券的投资价值是由面值、利率、偿还期限和发行价格这四个要素决定的，这四个要素也称为债券的发行条件。

面值、利率和偿还期是债券发行的基本要素，这三个要素决定债券的基本投资价值。由于市场利率水平经常变动，为使发行条件的决定具有一定的弹性，故保留发行价格这一要素，可以根据发行时的市场利率水平进行微调，通过市场决定债券的发行价格。若以发行价格为面值时，称为平价发行，发行价格在面值以下的称为折价发行，发行价格在面值以上的称为溢价发行。

1. 面值

面值即债券的票面价值。它载明债券的面值单位、数额和币种。面值有三个含义：

（1）对于付息债券，面值是债券偿还本金时的数额依据；

（2）对于贴现国债，面值是表明到期偿还额；

（3）对于二手债券，面值是计算收益率的主要依据。

2. 利率

利率即年利息额对票面金额的比率。大多数债券都是固定利率债券。固定利率债券在整个债券期限内不变。因此，利率的确定应该根据市场情况和发展趋势做全面考虑。

票面利率又称名义利率，是年利息和票面金额的比率。债券的票面利率主要包括以下几个内容：

（1）利率水平。利率水平主要受银行同期存款利率水平、其他债券的利率水平、债券期限长短、发行人信用级别等因素的影响。发行者应综合各种因素，确定合理的票面利率，既保证债券的顺利发行，又减轻利息负担。

（2）计息方法。主要有以下三种：

①单利计息。即仅按本金逐期计算，债券未偿还前所产生的利息不加入本金重复计算。其计算公式如下：

$$\text{利息}=\text{本金}\times\text{利息率}\times\text{期限}$$

$$\text{本息合计}=\text{本金}\times(1+\text{利息率}\times\text{期限})$$

②复利计息。即将债券未到期之前所产生的利息加入本金，逐期滚算。计算公式如下：

$$本息合计=本金\times(1+利息率)^n$$

式中：n 表示期限。

③贴现计息。即投资者按债券票面额和约定的应收利息的差价买进债券，债券到期偿还时按票面额收回本息。计算公式如下：

$$贴现利息=票面额-发行价格$$

$$贴现利率=\frac{票面额-发行价格}{票面额\times期限}\times100\%$$

3. 偿还期

从发行到兑付的期间称为偿还期。债券期限分为长期、中期和短期三种情况。通常来说，短期为1年以内，中期为1～5年，长期为5年以上。有的国家还有超长期国债，超长期国债是指10年以上的国债。

4. 价格

债券的价格是债券价值的表现形式。发行价格有以下四种情况：

(1)票面价发行，以票面价格发行债券；

(2)折价发行，以低于票面额的价格发行债券；

(3)溢价发行，以高于票面额的价格发行债券；

(4)贴现发行，从票面金额中扣除贴现额后发行。

(三)债券的发行方式

债券的发行是指债券从发行者手中转移到购买者手中的过程。

1. 按照债券的发行对象，可分为私募发行和公募发行

私募发行是指面向少数特定的投资者发行债券，一般以少数关系密切的单位和个人为发行对象，不对所有的投资者公开出售。具体发行对象有两类：一类是机构投资者，如大的金融机构或是与发行者有密切业务往来的企业等；另一类是个人投资者，如发行单位自己的职工，或是使用发行单位产品的用户等。私募发行大多采取直接销售的方式，不经过证券发行中介机构，不必向证券管理机关办理发行注册手续，可以节省承销费用和注册费用，手续比较简便。但是，私募债券不能公开上市，流动性差，利率比公募债券高，发行数额一般不大。

公募发行是指公开向广泛不特定的投资者发行债券。公募债券发行者必须向证券管理机关办理发行注册手续。由于发行数额一般较大，所以通常要委托证券公司等中介机构承销。公募债券信用度高，可以上市转让，因而发行利率一般比私募债券利率低。公募债券采取间接销售的具体方式又可分为三种：(1)代销。发行者和承销者签订协议，由承销者代为向社会销售债券。承销者按规定的发行条件尽力推销，如果在约定期限内未能按照原定发行数额全部销售出去，那么债券剩余部分可退还给发行者，承销者不承担发行风险。采用代销方式发行债券，手续费一般较低。(2)余额包销。承销者按照规定的发行数额和发行条件，代为向社会推销债券，在约定期限内推销债券。如果有剩余，须由承销者负责认购。采用这种方式销售债券，承销者承担部分发行风险，能够保证发行者筹资计划的实现，但承销费用高于代销费用。(3)全额包销。首先由承销者按照约定条件将债券全部承购下来，并且立即向发行者支付全部债券价款，再由承销者向投资者分次推销。采用全额包销方式销售债券，承销者承担了全部发行风险，可以保证发行者及时筹集到所需要的资金，因而包销费用也较余额包销费用更高。

西方国家以公募方式发行国家债券一般采取招投标的办法。投标又分为竞争性投标和非竞

争性投标。竞争性投标是先由投资者(大多是投资银行和大证券商)主动投标,然后由政府按照投资者自报的价格和利率,或是从高价开始,或是从低价开始,依次确定中标者名单和配额,直到完成预定发行额为止。非竞争性投标是政府预先规定债券的发行利率和价格,由投资者申请购买数量,政府按照投资者认购的时间顺序,确定各自的认购数额,直到完成预定发行额为止。

2.按照债券的实际发行价格和票面价格的异同,可分为平价发行、溢价发行和折价发行

平价发行是指债券的发行价格和票面额相等,因而发行收入的数额和将来还本数额也相等。前提是债券发行利率和市场利率相同,这在西方国家比较少见。

溢价发行是指债券的发行价格高于票面额,以后偿还本金时仍按票面额偿还。只有在债券票面利率高于市场利率的条件下,才能采用这种方式发行。

折价发行是指债券发行价格低于债券票面额,而偿还时要按票面额偿还本金。折价发行是因为规定的票面利率低于市场利率。

(四)债券的发行程序

中国证监会依法对公司债券的发行及其交易或转让活动进行监督管理。证券自律组织依照相关规定对公司债券的发行、上市交易或挂牌转让、登记结算、承销、尽职调查、信用评级、受托管理及增信等进行自律管理。证券自律组织应当制定相关业务规则,明确公司债券发行、承销、报备、上市交易或挂牌转让、信息披露、登记结算、投资者适当性管理、持有人会议以及受托管理等具体规定,报中国证监会批准或备案。

公开发行公司债券应当符合下列条件:

第一,具备健全且运行良好的组织机构;

第二,最近三年平均可分配利润足以支付公司债券一年的利息;

第三,具有合理的资产负债结构和正常的现金流量;

第四,国务院规定的其他条件。

公开发行公司债券由证券交易所负责受理、审核,并报中国证监会注册。

知识拓展3—3

影响债券发行价格的因素

1.债券票面金额

债券票面金额是发行价格的决定因素。因为债券到期要偿还本金,本金的偿还是按票面金额进行的,而发行价格是投资人投入的本金额,所以,从理论上讲,债券的发行价格应与票面金额一致。但在实际操作中,债券的发行价格与票面金额经常出现偏离现象,但这种偏离总是以票面金额为中心,且偏离的幅度不大。

2.债券票面利率

作为一种投资工具,对于投资者而言最重要的指标就是收益率,因而票面利率的高低会给投资者一个很直观的投资收益印象。因此在无风险贴水的条件下,当票面利率高于银行利率时,债券会溢价发行;反之,当票面利率低于银行利率时,债券会折价发行;当票面利率等于银行利率时,债券会平价发行。

3.债券有效期限

对投资者而言,投资对象的收益与风险是否均衡是一定要权衡的问题。一般来说,债券的有效期限越长,其不可测的市场风险就越大,这种风险一般用较高的票面利率来弥补,有时也用较低的债券发行价格来弥补。

4.债券的信用级别

债券信用级别是机构通过对债券发行公司的综合考察所评定的质量级别，它标明了债券按期还本付息的保证程度的大小。信用级别低，说明风险较高，如果不在较高的利率上弥补或弥补不足，发行价格就必须降低；反之，如果信用级别很高、风险极小，其售价也可能比较高。

5. 新发债的发行量

债券发行的市场价格也同样受供求关系的影响。在某段时期内，如果各种债券的发行数量很小，不能满足投资者购买新发债券的需求，其发行价格就可以高一些；反之，如果各种债券的发行数量相当大，超过投资者的需求，为保证筹集到资金，发债人就可能降低发行价格以吸引投资者。

三、债券交易市场

债券交易市场是指债券买卖、转让、流通的场所，又称流通市场或二级市场。与债券发行市场的本质区别在于，债券交易市场上买卖流通的债券，只代表现有债券债权的转移，债券所有权和资金的易位与原发行者无关，并不创造新的实际资产或金融资产，也不代表社会总资本存量的增加。

债券交易市场的功能包括：(1)促进短期闲散资金转化成长期建设资金；(2)通过市场竞价，维持债券的合理价格；(3)通过债市行情变动，调节资金供求，引导资金流向，保证社会资金的最佳使用；(4)为国家宏观经济政策的制定提供依据。

（一）债券交易市场类型

债券交易市场主要有四种类型，即证券交易所、场外交易市场、第三市场和第四市场。

1. 证券交易所

证券交易所是具有严格管理规则、高度专业化和有组织地进行证券交易的场所。在债券流通市场中，证券交易所交易占据核心地位。证券交易所能够为债券交易提供固定场所、人员和设施，并对债券交易进行严格的管理。证券交易所交易具有集中性、公平性、公开性、有组织性等特征。只有经过主管部门批准的债券才能进入证券交易所进行交易，又称上市。各证券交易所对债券的上市交易都制定了一定的标准。一般情况下，国债无须经过审核部门审核就可直接上市；金融债券和公司债券必须达到一定条件并经过证券交易所批准后才能上市。对于已上市的债券，若不能达到上市条件，证券交易所有权停止其上市交易。

债券在证券交易所交易是采用公开竞价方式进行的。公开竞价对于债券买卖双方来说是一种双向竞价，即存在买方之间的竞争、卖方之间的竞争和买卖双方之间的竞争。在双向竞价过程中，买方申报价格不断提高，卖方申报价格不断压低直至买卖双方申报价格达成一致，即宣告成交。

在证券交易所进行债券交易要按"价格优先"和"时间优先"原则进行，即以较高价格的买入申报优先于以较低价格的买入申报成交；以较低价格的卖出申报优先于以较高价格的卖出申报成交。在同等申报价格条件下，按委托指令发出时间的先后顺序成交。

视频学习

上海证券交易所债券交易系统

2. 场外交易市场

场外交易市场又称店头交易或柜台交易，是指在证券交易之外进行的债券交易。由于债券在证券交易所挂牌上市交易必须要达到相应的条件，并且经过严格的审核程序，而有些债券根本无法达到交易所的有关规定，因此为了提高这类债券的流动性，就形成了债券场外交易市场。在西方国家的债券市场，大部分公司债券是通过场外交易市场进行的。

场外交易市场交易方式灵活、交易网点多、覆盖面广、交易成本低，能够满足不同类型、不同层次投资者的需求。与证券交易所交易相比，债券的场外交易主要有以下几个特点：

(1)场外交易市场的交易对象是未上市的债券；

(2)场外交易市场是一个分散的市场，交易场地不固定，交易者可以通过面谈、电话、电传和计算机网络等方式进行交易；

(3)通过协商方式达成成交价格。

3.第三市场

第三市场是指在柜台市场上从事已在交易所挂牌上市的证券交易。严格地讲，第三市场既是场外交易市场的一部分，又是交易所市场的一部分，即“正上市证券的场外交易市场”。

4.第四市场

第四市场是指各种机构投资者和很富有的个人投资者完全绕开通常的证券商，相互间直接进行的债券交易。第四市场目前只在美国有所发展。

(二)债券交易的方式

债券交易方式主要有现货交易、期货交易、期权交易和回购协议交易等。

1.现货交易

现货交易是指在达成成交协议后立即交割或在较短的期限内交割的交易方式。交割是指买卖双方一手交钱、一手交券，钱券两清的行为，又称交收。

在债券的实际交易过程中，由于种种原因，现货交易中的交割又分为当日交割、次日交割、例行日交割和特约日交割等。当日交割是指债券买卖双方在债券交易达成后，于成交当日进行债券和价款的收付，完成交收的行为。次日交割是指债券买卖双方在债券交易达成后，于下一个营业日进行债券和价款的收付，完成交收的行为。例行日交割是指债券买卖双方在债券交易达成之后，按照证券交易所的规定，在成交日后的某一个营业日进行交收的行为。特约日交割是指债券交易双方在达成交易后，由双方根据具体情况商定，在成交之日起15天以内的某一特定契约日进行交收的行为。

2.期货交易

期货交易是指债券交易双方在成交后按照合约规定的条件在未来某一确定远期进行交割的方式。期货交易是以期货合约为交易对象的一种交易方式。债券期货合约是由期货交易所设计，经国家监督机构审批上市，规定交易双方在将来某一确定的时间和地点交收一定数量债券的标准化合约。

期货交易主要有以下几个特点：

(1)期货合约是标准化的。期货合约标准化是指除价格外，期货合约其他条款都是事先由期货交易所规定的、标准化的。

(2)集中化交易。这是指期货交易只能在期货交易所内进行。

(3)具有对冲交易机制。所谓对冲，是指卖出或买进已买进或卖出的合约。即在债券期货交易中，大多数交易者并不是通过合约到期时进行实物交收来履行合约，而是通过与前期交易方向相反的交易来结清履约责任。

(4)杠杆效应。债券期货交易实行部分保证金制，即交易者在进行债券交易时只需要缴纳相当于交易合约价值3%左右的保证金。期货交易具有以少量保证金就可以进行较大价值期货合约交易的特点，一般被形象地称为杠杆效应。

(5)实施每日交易结算制度。期货交易在每个交易日结束后,都要对交易者当天的盈亏进行结算,确定其盈亏状况。如果某个交易者某一交易日亏损严重,交易所将要求其于下一日开盘前追加保证金或采取强行平仓措施。

3.期权交易

期权又称选择权,是指在未来某一特定时间或时期内买进或卖出一定数量的相关资产的权利。为了获得这一权利,期权合约的买方必须向卖方支付一定数量的费用,即期权费。债券期权交易是以债券期权合约为对象进行交易的一种方式,期权交易的买方在期权的有效期限内可以行使期权,也可以放弃期权,因此,承担的风险是有限的,而获利潜力可能是巨大的。

4.回购协议交易

回购协议交易是指以债券回购协议为交易对象进行的交易。回购协议是指债券卖方在出售债券进行融资的同时,与债券买方签订的承诺在约定的时间、按约定价格重新买回该债券的一种交易合同。

这种有附加条件的债券交易实质上是一种以债券为抵押品的资金融通行为。从卖方角度来看,回购交易是卖出现货、买进期货的交易行为。以买方角度来看,回购交易是买进现货、卖出期货的交易行为,这种交易又称逆回购交易。回购协议的期限有长有短,最短的为1天,又称隔夜回购交易,最长的可达1年。回购协议的利率由协议双方根据回购期限、货币市场行情以及回购债券的信用级别等因素来议定,与债券票面利率无直接关系。债券回购交易的主体为中央银行、商业银行、企业、非银行金融机构和地方政府部门等。

(三)债券的市场价格

债券交易的理论价格由现值理论得出,债券的投资收益来自每期的利息收入和到期时的债券面值,因此债券的价格在理论上等于用当前的市场利率将未来的债息收入和债券面值折算成现在的价值。

债券的市场价格是指债券在市场中某一时点上的债券价值。债券的市场价格是随着市场利率的波动而波动的。一般来说,债券的市场价格与市场利率成反比例关系,即当市场利率上升时,债券的市场价格会下降;当市场利率下降时,债券的市场价格会上升。

1.到期一次还本付息的债券价格

公式如下:

$$P=\frac{V(1+r)}{(1+i)^n}$$

式中:P 表示债券理论价格,也是债券的现值;V 表示债券面值;r 表示债券票面利率;i 表示市场利率;n 表示债券持有年限。

2.分次支付利息的债券价格

(1)单利计息的债券价格公式如下:

$$P=\frac{V(1+nr)}{1+ni}$$

(2)复利计息的债券价格公式如下:

$$P=\frac{V(1+r)^n}{(1+i)^n}$$

因此,债券的理论价格主要取决于债券面额、债券票面利率、市场利率及债券持有年限等因素。

债券的市场价格是在包括上述因素的诸多因素的影响和作用下,使某一具体债券的实际收益率不断趋近市场收益率(即市场利率)的过程中形成的,并围绕着债券理论价格这一中心上下波动。

(四)影响债券价格的因素

债券理论价格决定债券市场价格,而市场价格又经常背离理论价格而波动。除了市场利率和市场供求关系这两个最基本的因素外,债券市场价格的波动还受到以下因素的影响:

1.社会经济发展状况

经济发展的不同阶段会影响社会资金的供求变化,从而引起债券价格的变化。一般而言,在经济景气阶段,企业会增加投资,通过出售持有的国债、金融债券、其他公司债券,或者发行新的企业债券来获得资金,从而减少对债券的需求,债券供给相对增加,引起债券价格下降;反之,在经济衰退阶段,企业和金融机构都出现资金过剩,它们会将闲置资金投资于债券,并且减少自身债券的发行,从而引起债券需求相对增加、供给减少,债券价格上升。

2.宏观经济政策

宏观经济政策的松紧程度会对金融市场产生巨大影响,从而影响债券价格的变化。例如,一国实行宽松的货币政策时,整个社会资金供应偏松、利率下降,债券价格会上升;反之,债券价格则下降。

3.财政收支状况

财政收支状况也对债券价格产生重大影响。财政资金宽松时,会增加银行存款和对金融债券、企业债券的持有,以提高资金效益,这样会增加债券需求并推动债券价格的上升;反之,财政资金紧张或有赤字时,会减少银行存款并发行巨额政府债券以弥补赤字,此时会带动债券供应增加和社会资金紧张,从而促使债券价格下跌。

4.其他因素

诸如国际利差和汇率的影响等,也会对开放型金融市场中的债券价格变化产生影响。

(五)债券的收益率

债券的收益率是指债券的投资收益与投资额的比率。通常用年率表示。决定债券收益率的因素主要有票面利率、期限、面值和购买价格。公式如下:

$$\text{债券购买者的收益率}=\frac{(\text{到期本利和}-\text{买入价格})\div\text{剩余年限}}{\text{买入价格}}\times 100\%$$

$$\text{债券出售者的收益率}=\frac{(\text{卖出价格}-\text{发行价格})\div\text{持有年限}}{\text{发行价格}}\times 100\%$$

$$\text{债券持有期间的收益率}=\frac{(\text{卖出价格}-\text{买入价格})\div\text{持有年限}}{\text{买入价格}}\times 100\%$$

课堂演练 3—3

某人以124元的单价于2023年2月20日购买了一张面值100元、利率8%的2018年12月20日发行的5年期国库券,如果保存到2023年12月20日,则:

$$\text{购买者的收益率}=\frac{(140-124)\div(10\div12)}{124}\times100\%=15.48\%$$

$$\text{出售者的收益率}=\frac{(124-100)\div(50\div12)}{100}\times100\%=5.76\%$$

课堂演练 3—4

某人于2020年10月11日以115元购买了面值100元的2019年发行的5年期国库

券，并持有到2023年10月11日以138元卖出，则：

$$持有期间的收益率=\frac{(138-115)\div 3}{115}\times 100\%=6.67\%$$

任务四　熟悉股票市场

一、股票的性质和种类

（一）股票与股票市场的概念

股票是一种有价证券，是股份有限公司为筹集资金而发行给股东作为持股凭证并借以取得股息和红利的凭证。

第一，股票是一种出资证明，当一个自然人或法人向股份有限公司参股投资时，便可获得股票作为出资的凭证。

第二，股票的持有者凭借股票来证明自己的股东身份，参加股份有限公司的股东大会，对股份有限公司的经营发表意见。

第三，股票持有者凭借股票参加股份有限公司的利润分配，也就是通常所说的分红，以此获得一定的经济利益。

股票作为一种所有权凭证，有一定的格式。从股票的发展历史看，最初的股票票面格式既不统一，也不规范，由各发行公司自行决定。随着股份制度的发展和完善，许多国家对股票票面格式做了规定，提出票面应载明的事项和具体要求。我国的《公司法》规定，股票采用纸面形式或国务院证券管理部门规定的其他形式。股票应载明的事项主要有：公司名称、公司登记成立的日期、股票种类、票面金额及代表的股份数、股票的编号。股票由董事长签名、公司盖章。发起人的股票，应当标明“发起人股票”字样。

由于电子技术的发展与应用，我国沪、深股市股票的发行和交易都借助电子计算机及电子通信系统进行，上市股票的日常交易已实现了无纸化，所以现在的股票仅仅是由电子计算机系统管理的一组组二进制数字而已。但从法律上来说，上市交易的股票都必须具备上述内容。我国发行的每股股票的面额均为1元人民币，股票的发行总额为上市的股份有限公司的总股本数。

视频学习

我国股票市场的发展

股票市场是资本市场最活跃、最重要的市场，其发达与否直接关系到一个国家金融市场的发达程度。股票市场是股票发行与流通市场的统称，是各市场参与主体以股票为交易对象而进行的发行、流通、买卖转让的金融市场。完整的股票市场由股票发行市场和股票流通市场构成。股票发行市场是整个股票市场的起点和股票交易的基础，股票流通市场是股票发行市场存在和发展的条件。股票发行市场的规模决定了股票流通市场的规模，并在一定程度上影响股票流通市场上股票交易的价格。而只有股票流通市场的存在才能够吸引大量的投资者进入股票市场，这样又推动了股票发行市场的发展。因此，股票发行市场与股票流通市场相互依存、互为补充，共同构成了完整的金融市场。

（二）股票的性质

1. 股票是有价证券

有价证券是财产价值和财产权利的统一表现形式。持有有价证券，一方面表示拥有一定价值量的财产，另一方面表明有价证券持有人可以行使该证券所代表的权利。

2. 股票是要式证券

股票应记载一定的事项，其内容应全面真实，这些事项往往通过法律形式加以规定。在我国，股票应具备《公司法》规定的有关内容，如果缺少规定的要件，股票就无法律效力。而且，股票的制作和发行须经证券主管机关的审核和批准，任何个人或者团体不得擅自印制发行股票。

3. 股票是证权证券

证券可以分为设权证券和证权证券。设权证券是指证券所代表的权利本来不存在，而是随着证券的制作而产生，即权利的发生是以证券的制作和存在为条件的。证权证券是指证券是权利的一种物化的外在形式，它是权利的载体，权利是已经存在的。

4. 股票是资本证券

股份公司发行股票是一种吸引认购者投资以筹措公司自有资本的手段，对于认购股票的人来说，购买股票就是一种投资行为。因此，股票是投入股份公司资本份额的证券化，属于资本证券。

5. 股票是综合权利证券

股票不属于物权证券，也不属于债权证券，而是一种综合权利证券。物权证券是指证券持有者对公司的财产有直接支配处理权的证券。债权证券是指证券持有者为公司债权人的证券。股票持有者作为股份公司的股东，享有独立的股东权利。

（三）股票的特征

1. 收益性

收益性是股票最基本的特征，它是指持有股票可以为持有人带来收益的特征。持有股票的目的在于获取收益。股票的收益来源可分为两类：一是来自股份公司。认购股票后，持有者即对发行公司享有经济权益，这种经济权益的实现形式是从公司领取股息和分享公司的红利。二是来自股票流通。股票持有者可以持股票到市场上进行交易，当股票的市场价格高于买入价格时，卖出股票就可以赚取差价收益。这种差价收益称为资本利得。

2. 风险性

风险性是指持有股票可能产生经济利益损失的特性。股票风险的内涵是预期收益的不确定性。股票可能给股票持有者带来收益，但这种收益是不确定的，股东能否获得预期的股息红利收益，完全取决于公司的盈利情况：利大多分，利小少分，无利不分；公司发生亏损时股东要承担有限责任；公司破产时可能血本无归。

3. 流动性

流动性是指股票可以依法自由地进行交易的特性。股票持有人虽然不能直接从股份公司退股，但可以在股票交易市场上很方便地卖出股票来变现，在收回投资（可能大于或小于原出资额）的同时，将股票所代表的股东身份及其各种权益让渡给受让者。所以，股票是流动性很高的证券。

4. 永久性

永久性是指股票所载有的权利的有效性是始终不变的，因为它是一种无期限的法律凭证。股票的有效期与股份公司的存续期间相联系，两者是并存的关系。这种关系实质上反映了股东与股份公司之间比较稳定的经济关系。股票代表着股东的永久性投资，当然股票持有者可以出让股票而转让其股东身份，而对于股份公司来说，由于股东不能要求公司退股，所以通过发行股票筹集到的资

视频学习

“李老汉存钱遭鼠害”

金,在公司存续期间是一笔稳定的自有资本。

(四)股票的种类

股票种类有很多,可谓五花八门、形形色色。这些股票名称不同,形式和权益各异,因此分类方法也是多种多样的。常见的股票类型有以下几种:

1.普通股和优先股

普通股是随着企业利润变动而变动的一种股份,是股份有限公司资本构成中最普通、最基本的股份,是股份公司资金的基础部分。

普通股的基本特点是:其投资收益(股息和分红)不是在购买时约定的,而是事后根据股票发行公司的经营业绩来确定。公司的经营业绩好,普通股的收益就高;反之,若经营业绩差,普通股的收益就低。普通股是股份有限公司资本构成中最重要、最基本的股份,也是风险最大的一种股份,但又是股票中最基本、最常见的一种。在我国沪、深交易所上市的股票都是普通股。

优先股是普通股的对称,是股份有限公司发行的在分配红利和剩余财产时比普通股具有优先权的股份。优先股也是一种没有期限的有权凭证,优先股股东一般不能在中途向公司要求退股(少数可赎回的优先股除外)。优先股通常预先确定股息收益率。由于优先股股息率事先固定,所以优先股的股息一般不会根据公司经营业绩而增减,而且一般也不能参与公司的分红,但优先股可以先于普通股获得股息,对公司来说,由于股息固定,因此它不影响公司的利润分配。但是,优先股股东一般没有选举权和被选举权,对股份有限公司的重大经营无投票权。

如果公司股东大会需要讨论与优先股有关的索偿权,即优先股的索偿权先于普通股,而次于债权人。优先股的优先权主要表现在两个方面:一是股息领取优先权。股份有限公司分派股息的顺序是优先股在前、普通股在后。股份有限公司不论其盈利多少,只要股东大会决定分派股息,优先股就可按照事先确定的股息率领取股息,即使普遍减少或没有股息,优先股也应照常分派股息。二是剩余资产分配优先权。股份有限公司在解散、破产清算时,优先股具有公司剩余资产的分配优先权,不过,优先股的优先分配权在债权人之后、普通股之前。只有在还清公司债权人债务之后,有剩余资产时,优先股才具有剩余资产的分配权;只有在优先股索偿之后,普通股才参与分配。

2.记名股和无记名股

股票按是否记载股东姓名,可以分为记名股票和无记名股票。

记名股票是指在股票票面和股份公司的股东名册上记载股东姓名的股票。很多国家的公司法都对记名股票的有关事项做出了具体规定。一般来说,如果股票是归某人单独所有,则应记载持有人的姓名;如果股票是以国家授权投资的机构或者法人所持有,则应记载国家授权投资的机构或者法人的名称;如果股票持有者因故改换姓名或者名称,就应到公司办理变更姓名或者名称的手续。

投资者认购记名股票,不仅要在股票票面上记载其姓名,而且必须把姓名和住址记入发行该股票的股份有限公司的股东名册。

无记名股票是指股票票面不记载股东姓名的股票。此类股票与记名股票相比较,在股东权益内容上没有差别,只是股票记载方式不同。

3.有票面额股与无票面额股

有票面额股票与无票面额股票的分类,是以股票是否用票面金额加以表示为根据的。有票面额股票是指在股票票面上记载一定金额(票面价值)的股票。此类股票的票面金额计算方法是资本总额除以股份数，一般来说，有票面额股票的股息是用其票面金额的百分比来表示的。

二、股票发行市场

股票发行市场又称一级市场，是指股票发行人向投资者通过出售股票而筹集资金的市场，是新股票发行的场所。

(一)股票发行的条件

股票的发行是指股份有限公司出售股票以筹集资本的过程。我国的《公司法》明确规定，只有股份有限公司才能发行股票，而有限责任公司是不能发行股票的。股份有限公司发行股票必须符合一定的条件，还要经过一定的程序。并且，在股票发行工作开始前，要确定股票的发行价格，选择一定的发行方式。

股票发行人必须是具有股票发行资格的股份有限公司，股份有限公司发行股票必须符合一定的条件。我国的《股票发行与交易管理暂行条例》对新设立股份有限公司公开发行股票、原有企业改组设立股份有限公司公开发行股票、增资发行股票及定向募集公司公开发行股票的条件分别做出了具体的规定。

(二)股票发行的方式

在各国不同的政治、经济、社会条件下，特别是金融体制和金融市场管理的差异使股票的发行方式也多种多样，可以概括如下：

1.根据发行的对象不同，可分为公开发行与不公开发行

公开发行又称公募，是指事先没有特定的发行对象，向社会广大投资者公开推销股票的方式。采用这种方式，可以扩大股东的范围，分散持股，防止囤积股票或被少数人操纵，有利于提高公司的社会性和知名度，为以后筹集更多的资金打下基础；也可以增加股票的适销性和流通性。公开发行可以采用股份公司自己直接发售的方法，也可以支付一定的发行费用通过金融中介机构代理。

不公开发行又称私募，是指发行者只对特定的发行对象推销股票的方式。通常在两种情况下采用：一种是股东配股，又称股东分摊，即股份公司按股票面值向原有股东分配该公司的新股认购权，动员股东认购。这种新股发行价格往往低于市场价格，事实上成为对股东的一种优待，一般股东都乐于认购。如果有的股东不愿认购，他可以自动放弃新股认购权，也可以把这种认购权转让他人，从而形成认购权的交易。另一种是私人配股，又称第三者分摊，即股份公司将新股票分售给股东以外的本公司职工、往来客户等与公司有特殊关系的第三者。采用这种方式往往出于两种考虑：一是为了按优惠价格将新股分摊给特定者，以示照顾；二是当新股票发行遇到困难时，向第三者分摊以求支持，无论是股东还是私人配售，由于发行对象是既定的，因此，不必通过公募方式，这不仅可以节省委托中介机构的手续费、降低发行成本，而且可以调动股东和内部的积极性，巩固和发展公司的公共关系。这种方式的缺点是，不公开发行的股票流动性差，不能公开在市场上转让出售，而且会降低股份公司的社会性和知名度，还存在被杀价和控股的风险。

2.根据发行者推销出售股票的方式不同，可分为直接发行与间接发行

直接发行又称直接招股，是指股份公司自己承担股票发行的一切事务和发行风险，直接向认购者推销出售股票的方式。采用直接发行方式时，要求发行者熟悉招股手续，精通招股技术并具备一定的条件。如果认购额达不到计划招股额，新建股份公司的发起人或现有股份公司

的董事会必须自己认购未出售的股票。因此，这种方式只适用于有既定发行对象或者发行风险少、手续简单的股票。在一般情况下，不公开发行的股票、因公开发行有困难（如信誉低所致的市场竞争力差、承担不了大额的发行费用等）的股票，或是实力雄厚、有把握实现巨额私募以节省发行费用的大股份公司股票，才采用直接发行的方式。

间接发行又称间接招股，是指发行者委托证券发行中介机构出售股票的方式。这些中介机构作为股票的推销者，办理一切发行事务，承担一定的发行风险并从中提取相应的收益。

股票的间接发行有以三种方法：

(1)代销，又称代理招股，推销者只负责按照发行者的条件推销股票，代理招股业务，而不承担任何发行风险，在约定期限内能销多少算多少，期满仍销不出去的股票退还给发行者。由于全部发行风险和责任都由发行者承担，证券发行中介机构只是受委托代为推销，故代销手续费较低。

(2)承销，又称余股承购，股票发行者与证券发行中介机构签订推销合同。合同明确规定，在约定期限内，如果中介机构实际推销的结果未能达到合同规定的发行数额，其差额部分由中介机构自己承购。这种发行方法的特点是，能够保证完成股票发行额度，一般较受发行者的欢迎，而中介机构因需承担一定的发行风险，故承销费高于代销的手续费。

(3)包销，又称包买招股，当发行新股票时，证券发行中介机构先用自己的资金一次性地把将要公开发行的股票全部买下，再根据市场行情逐渐卖出，中介机构从中赚取买卖差价。若有滞销股票，中介机构减价出售或自己持有，由于发行者可以快速获得全部所筹资金，而推销者要承担全部发行风险，故包销费高于代销费和承销费。

股票间接发行时究竟采用哪一种方法，发行者和推销者考虑的角度是不同的，需要双方协商确定。一般来说，发行者主要考虑自己在市场上的信誉、用款时间、发行成本和对推销者的信任程度；推销者则主要考虑所承担的风险和所能获得的收益。

3. 按照投资者认购股票时是否缴纳股金，可分为有偿增资、无偿增资和搭配增资

有偿增资是指认购者必须按股票的某种发行价格支付现款才能获得股票的一种发行方式。一般公开发行的股票和私募中的股东配股、私人配股都采用有偿增资的方式，采用这种方式发行股票，可以直接从外界募集股本，增加股份公司的资本金。

无偿增资是指认购者不必向股份公司缴纳现金就可获得股票的发行方式，发行对象只限于原股东。采用这种方式发行的股票，不能直接从外部募集股本，而是依靠减少股份公司的公积金或盈余结存来增加资本金，一般只在股票派息分红、股票分割和法定公积金或盈余转作资本配股时采用无偿增资的发行方式，按比例将新股票无偿交付给原股东，其目的主要是让股东分享收益，以增强股东信心和公司信誉，或者为了调整资本结构。由于无偿发行要受资金来源的限制，因此，不能经常采用这种方式发行股票。

搭配增资是指股份公司向原股东分摊新股时，仅让股东支付发行价格的一部分就可获得一定数额股票的方式，例如，股东认购面额为 100 元的股票，只需支付 50 元就可以了，其余部分无偿发行，由公司的公积金充抵。这种发行方式也是对原有股东的一种优惠，只能从他们那里再征集部分股金，便利实现公司的增资计划。

音频学习

《上市公司证券发行管理办法》介绍

上述这些股票发行方式，各有利弊和条件约束，股份公司在发行股票时，可以采用其中的某种方式，也可以兼采几种方式。各公司都是从自身的实际情况出发，择优选用。当前，世界各国采用最多、最普遍的方式是公开发行和间接发行。

三、股票的交易

股票交易市场是已经发行的股票按时价进行转让、买卖和流通的市场，包括交易所市场和场外交易市场两部分。由于它是建立在发行市场基础上的，因此又称二级市场。目前，发达国家的股票流通市场基本有两个层次，即场内交易市场和场外交易市场。场内交易市场是证券交易所组织的有固定的交易场所和交易时间的集中交易市场，在许多国家它还是唯一合法的证券交易场所。

(一)证券交易所

证券交易所是有组织地进行证券交易的固定场所，同时具有经济学和法学的双重性质。证券交易所是依据国家有关法律，经政府证券主管机关批准设立的集中进行证券交易的有形场所。

1. 证券交易所的组织形式

世界各国证券交易所的组织形式大致可分为两类：一种是公司制证券交易所，另一种是会员制证券交易所。见表3—2所示。

表3—2　证券交易所组织形式

公司制证券交易所	会员制证券交易所
公司制证券交易所是由银行、证券公司、投资信托机构及各类民营公司等共同投资入股建立起来的公司法人。公司制的证券交易所对在本所内的证券交易员有担保责任，因此通常设有赔偿基金，或向国库缴纳营业保证金，以赔偿因该所成员违约而遭受损失的投资者。公司制的证券交易所通常规定，证券商及其股东或经理人不得担任证券交易所的董事、监事或经理，以保证交易所经营者与交易参与者的分离。目前，世界上实行公司制证券交易所的国家或地区主要有：加拿大、澳大利亚、日本、中国香港、马来西亚、新加坡、印度、阿根廷、智利和哥伦比亚。瑞士的日内瓦证券交易所、美国的纽约证券交易所也实行公司制。公司制证券交易所大多是营利性组织，但加拿大、日本的证券交易以及美国的纽约证券交易所和印度的一些证券交易所是非营利性的。	会员制证券交易所是以会员协会形式成立的不以营利为目的的组织，主要由证券商组成。只有会员及享有特许权的经纪人才有资格在交易所中进行证券交易，会员对证券交易所的责任仅以其缴纳的会费为限。会员制证券交易所通常也是法人，属于社团法人，但也有一些会员制证券交易所不是法人组织，其原因主要是避免司法部门对它的内部规定进行干预。法人证券交易所的会员包括法人和自然人会员两种，而非法人证券交易所的会员仅限于自然人。目前，美国、欧洲的大多数国家以及巴西、泰国、印度尼西亚、南非等国的证券交易所均实行会员制，中国上海、深圳的证券交易所也属于会员制。1993年，国务院证券委员会发布的《证券交易所管理暂行办法》规定：证券交易所是不以营利为目的，为证券的集中和有组织的交易提供场所、设施，并履行相关职责，实行自律性管理的会员制事业法人。

2. 证券交易所的参与者

不论是公司制证券交易所还是会员制证券交易所，其参加者都是证券经纪人和自营商。

(1)会员。会员包括股票经纪人、证券自营商及专业会员。

股票经纪人主要是指佣金经纪人，即专门替客户买卖股票并收取佣金的经纪人。交易所规定，只有会员才能进入大厅进行股票交易。因此，非会员投资者若想在交易所买卖股票，就必须通过经纪人。

证券自营商是指不是为顾客买卖股票，而是为自己买卖股票的证券公司。根据其业务范围，可以分为直接经营人和零数交易商。直接经营人是指在交易所注册的、可直接在交易所买卖股票的会员，这种会员无须支付佣金，其利润来源于短期股票价格的变动。零数交易商是指专门从事零数交易的交易商(零数交易是指不够一单位所包含的股数的交易)，这种交易商不能收取佣金，其收入主要来源于以低于整份交易的价格从证券公司客户手中购入证券，然后以高于整份交易的价格卖给零数股票的购买者所赚取的差价。

专业会员是指在交易所大厅专门买卖一种或多种股票的交易所会员，其职责是就有关股票保持一个自由的、连续的市场。专业会员的交易对象是其他经纪人，按规定不能直接与公众买卖证券。在股票交易时间，专业会员既可以经纪人身份，也可以自营商身份参与股票的买卖业务，但他不能同时身兼两职参与股票买卖。

(2)交易人。交易人进入交易所后，就被分为特种经纪人和场内经纪人。

特种经纪人是交易所大厅的中心人物，每位特种经纪人都身兼数职。主要有：充当其他股票经纪人的代理人；直接参加交易，以轧平买卖双方的价格差距，促成交易；在大宗股票交易中扮演拍卖人的角色，负责对其他经纪人的出价和开价进行评估，确定一个公平的价格；负责本区域交易，促其成交；向其他经纪人提供各种信息。

场内经纪人主要有佣金经纪人和独立经纪人。佣金经纪人上文有述，此处不再介绍。独立经纪人主要是指一些独立的个体企业家。一家公司如果没有自己的经纪人，就可以成为独立经纪人的客户，每做一笔交易，公司须支付一笔佣金。在实践中，独立经纪人都会竭力按公司要求进行股票买卖，以获取良好的信誉和丰厚的报酬。

(3)客户与经纪人之间的关系。在股票投资交易活动中，客户与经纪人是相互依赖的关系，见表3—3。

表3—3　　客户与经纪人之间的关系

授权人与代理人的关系	客户作为授权人，经纪人作为代理人，经纪人必须为客户着想，为其利益提供帮助。经纪人所得收益为佣金。
债务人与债权人的关系	这是在保证金信用交易中客户与经纪人之间关系的表现。客户在保证金交易方式下购买股票时，仅支付保证金若干，不足的数额向经纪人借款。不论该项借款是由经纪人贷出还是由商业银行垫付，这时的经纪人均为债权人，客户均为债务人。
抵押关系	客户在需要款项时，须持股票向经纪人做抵押借款，客户为抵押人，经纪人为被抵押人，待以后股票售出时，经纪人可从其款项中扣除借款数目。在经纪人本身无力贷款的情况下，可以客户的股票向商业银行再抵押。
信托关系	客户将资金和证券交由经纪人保存，经纪人为客户的准信托人。经纪人在信托关系中不得使用客户的财产为自身谋利。客户若想从事股票买卖，须先在股票经纪人公司开立账户，以便获得各种必要资料，再行委托；而经纪人则不得违抗或变动客户的委托。

3.证券交易所的管理

在我国，证券交易所由所在地的人民政府管理，中国证券监督管理委员会监督。证券交易所的管理主要包括下列内容：

(1)证券交易所的设立和解散。设立证券交易所，由中国证券监督管理委员会审核，报国务院批准。在实践中，申请设立证券交易所应当向中国证券监督管理委员会提交下列文件：申请书；章程和主要业务规则草案；拟加入委员会名单；理事会候选人名单及简历；场地、设备及资金情况说明；拟任用管理人员的情况说明；等等。其中，证券交易所章程的事项主要有：设立目的；名称；主要办公及交易场所和设施所在地，职能范围；会员资格和加入、退出程序；会员的权利和义务；对会员的纪律处分；组织机构及其职权；高级管理人员的产生、任免及其职责；资本和财务事项；解散的条件和程序等。

如果证券交易所出现章程规定的解散事由，由会员决议解散的，经中国证券监督管理委员会审核同意后，报国务院批准解散。如果证券交易所有严重违法行为，则由中国证券监督管理委员会做出解散决定，报国务院批准解散。

(2)证券交易所的职能。证券交易所应当创造公开、公平的市场环境，提供便利条件，从而保证股票交易的正常运行。证券交易所的职责主要包括：提供股票交易的场所和设施；制定证券交易所的业务规则；审核批准股票的上市申请；组织、监督股票交易活动；提供和管理证券交易所的股票市场信息；组织、监督证券交易；对会员进行监管；对上市公司进行监管；设立证券登记结算机构；管理和公布市场信息；证监会许可的其他职能。

证券交易所不得直接或者间接从事的业务有：以营利为目的的业务；新闻出版业；发布对证券价格进行预测的文字和资料；为他人提供担保；未经证监会批准的其他业务。证券交易所上市新的证券交易品种，应当报证监会批准。证券交易所以联网等方式为非本所上市的证券交易品种提供证券交易服务，应当报证监会批准。证券交易所应当在其职能范围内制定和修改业务规则。证券交易所制定和修改业务规则由证券交易所理事会通过，报证监会批准。

(3)证券交易所的业务规则。证券交易所的业务规则包括上市规则、交易规则以及其他与股票交易活动有关的规则。具体来说，应当包括下列事项：股票上市的条件、申请程序以及上市协议的内容和格式；上市公告书的内容和格式；交易股票的种类和期限；股票的交易方式和操作程序；交易纠纷的解决；交易保证金的缴存；上市股票的暂停、恢复和取消交易；证券交易所的休市及关闭；上市费用、交易手续费的收取；该证券交易所股票市场信息的提供和管理；对违反证券交易所业务规则行为的处理等。

(4)证券交易所的组织。证券交易所设会员大会、理事会和专门委员会。

会员大会为证券交易所的最高权力机构，每年至少召开一次。会员大会的职权主要有：制定证券交易所章程；选举和罢免理事；审议、通过理事会、总经理的工作报告；审议、通过证券交易所财务预算、决算报告；决定证券交易所的其他重大事项。

理事会对会员大会负责，是证券交易所的决策机构，每届任期 3 年。理事会的职责主要包括：执行会员大会的决议；拟订、修改证券交易所的业务规则；聘任总经理和根据总经理的提名聘任副总经理；审定总经理提出的工作计划、财务预算及决算方案；审定对会员的接纳与处分；根据需要决定专门委员会的设置等。证券交易所设总经理 1 人、副总经理 1～3 人；总经理与副总经理的任期为 3 年。总经理在理事会的领导下负责证券交易所的日常管理工作，是证券交易所的法定代表人。总经理因故不能履行职责时，由副总经理代其履行职责。

专门委员会主要有上市委员会和监察委员会。上市委员会由 13 名委员组成(律师、注册会计师、证券交易所所在地会员和外地会员代表各 2 人；中国证券监督管理委员会和证券交易所所在地人民政府授权的机构各委派 1 人；证券交易所理事长、总经理；证券交易所其他理事 1 人)，其职责主要有审批股票的上市及拟订上市规定和提出修改上市规则的建议。监察委员会由 9 名委员组成(证券交易所所在地会员 2 名；外地会员 4 名；律师、注册会计师各 1 名；理事 1 名)，每届任期 3 年。其主要职责有：监察理事、总经理等高级管理人员执行会员大会、理事会决议的情况；监察理事、总经理及其他工作人员遵守法律、法规和证券交易所章程、业务规则的情况；监察证券交易所的财务情况；等等。

4. 对股票交易的监管

证券交易所对股票交易活动的监管主要包括下列内容：

(1)证券交易所应当即时公布行情，并按日制作股票行情表，记载并以适当方式公布下列事项：上市股票的名称；开盘、最高、最低及收盘价格；与前一交易日收盘价比较后的涨跌情况；成交量、值的分计及合计；股票指数及其涨跌情况；等等。

(2)证券交易所应当就市场内的成交情况编制日报表、周报表、月报表和年报表，并及时向社会公布。

(3)证券交易所应当监督上市公司按照规定披露信息。

(4)证券交易所应当与上市公司订立上市协议，以确定相互间的权利和义务关系。

(5)证券交易所应建立上市推荐人制度，以保证上市公司符合上市要求。

(6)证券交易所应当依照股票法规和证券交易所的上市规则、上市协议的规定，或者根据中国证券监督管理委员会的要求，对上市股票做出暂停、恢复或者取消其交易的决定。

(7)证券交易所应当设立上市公司的档案资料，对上市公司的董事、监事及高级管理人员持有上市股票的情况进行统计，并监督其变动情况。

(8)证券交易所的会员应当遵守证券交易所的章程、业务规则，依照章程、业务规则的有关规定向证券交易所缴纳席位费和手续费等费用，并缴存交易保证金。

(9)证券交易所的会员应当向证券交易所和中国证券监督管理委员会提供季度、中期及年度报告，并主动报告有关情况；证券交易所有权要求会员提供有关报表、账册、交易记录及其他文件。

5.对证券交易所的管理与监督

(1)证券交易所不得以任何方式转让其依照股票交易法规取得的设立及业务许可。

(2)证券交易所的非会员理事及其他工作人员不得以任何形式在证券交易所会员公司兼职。

(3)证券交易所的理事、总经理、副总经理及其他工作人员不得以任何方式泄露或者利用内幕信息，不得以任何方式从证券交易所的会员、上市公司获取利益。

(4)证券交易所的高级管理人员及其他工作人员在履行职责时，凡有与本人有亲属关系或者其他利害关系情形时，应当回避。

(5)证券交易所应当建立符合股票监督管理和实施监控要求的系统，并根据证券交易所所在地人民政府和中国证券监督管理委员会的要求，向其提供股票市场信息。

(6)证券交易所所在地人民政府授权机构和中国证券监督管理委员会有权要求证券交易所提供会员和上市公司的有关材料。

(7)证券交易所应当于每一年财政年度终了后3个月内，编制经具有股票从业独立核算资格的会计师事务所审计的财务报告，报证券交易所所在地人民政府授权机构和中国证券监督管理委员会备案。

(8)证券交易所遇不可预料的偶发事件导致停市，或者为维护证券交易所正常秩序而采取技术性停市措施，必须立即向证券交易所所在地人民政府和中国证券监督管理委员会报告。

(9)证券交易所所在地人民政府授权机构和中国证券监督管理委员会有权要求证券交易所提供有关业务、财务等方面的报告和材料，并有权派员检查证券交易所的业务、财务状况以及会计账簿和其他有关资料。

(10)证券交易所应当按照国家有关规定将其会员缴存的交易保证金存入银行专门账户，不得擅自使用。

(11)证券交易所、证券交易所会员涉及诉讼，以及这些单位的高级管理人员因履行职责涉及诉讼或者依照股票法规应当受到解除职务的处分时，证券交易所应当及时向证券交易所所在地人民政府授权机构和中国证券监督管理委员会报告。

(二)股票交易

股票交易根据交易场所的不同,可划分为交易所交易(场内交易)和场外交易。

交易所交易程序大致是:(1)选择证券经纪商;(2)开户,与经纪商签订买卖股票的契约;(3)着手股票交易,投资者可随时通知受托经纪商办理股票交易;(4)经纪商接到委托通知后,即与派驻在交易大厅的代表人联系,代为完成交易,并将“成交通知单”送达客户;(5)交易成交后,投资者应在规定时间完成交割;(6)过户,即办理变更股东名簿记载。

以股票流转买卖的时间差异,即股票交易的双方当事人从订约到履约期限长短作为标准,股票交易方式可以划分为现货交易、期货交易、信用交易和期权交易。

1. 现货交易

现货交易是指股票的买卖双方在谈妥一笔交易后,马上办理交割手续的交易方式,即卖出者交出股票,买入者付款,当场交割,钱货两清。它是证券交易中最古老的交易方式,最初证券交易均采用这种方式进行。之后,由于交易数的增加等多方面的原因使得当场交割有一定困难。因此,在以后的实际交易过程中采取了一些变通的做法,即成交之后允许有一个较短的交割期限,以便大额交易者备款交割。各国或地区对此规定不一,有的规定成交后第二个工作日交割;有的规定得长一些,允许成交后四五天内完成交割。究竟成交后几日交割,一般是按照证券交易所的规定或惯例办理,各国不尽相同。

现货交易有以下几个显著的特点:(1)成交和交割基本上同时进行。(2)实物交易,即卖方必须实实在在地向买方转移证券,没有对冲。(3)在交割时,购买者必须支付现款。由于在早期的证券交易中大量使用现金,所以,现货交易又称现金现货交易。(4)交易技术简单,易于操作,便于管理。一般来说,现货交易是投资,它反映了购入者有进行较长期投资的意愿,希望能在未来的时间内,从证券中获取较稳定的利息或分红等收益,而不是为了获取证券买卖差价的利润而进行的投机。

2. 期货交易

期货交易是指买卖双方成交后,按契约中规定的价格延期交割,期限一般为15～90天。期货交易是相对于现货交易而言的,现货交易是成交后即时履行合约的交易,期货交易则将订约与履行的时间分隔开。在期货交易中,买卖双方签订合约,并就买卖股票的数量、成交的价格及交割日期达成协议,买卖双方在规定的交割日期履行交割。例如,买卖双方今日签订股票买卖合约而于30日后履约交易就是期货交易。在期货交易中,买卖双方签订合约后不用付款,也不用交付证券,只有到了规定的交割日,买方才交付货款,卖方才交出证券。结算时是按照买卖契约签订时的股票价格计算的,而不是按照交割时的价格计算。在实际生活中,由于种种原因,股票的价格在契约签订时和交割时常常是不一致的。当股票价格上涨时,买方会以较小的本钱带来较大的利益;当股票价格下跌时,卖方将会取得较多的好处。所以,这种本小利大的可能性,对卖方和卖方具有强烈的吸引力。

期货交易根据合约清算方式的不同,可分为两种:(1)在合约到期时,买方须交付现款,卖方则须交出现货即合约规定的股票;(2)在合约到期时,双方都可以做相反方向的买卖,并准备冲抵清算,以收取差价而告终。上述第一种方法通常称为期货交割交易,第二种方法通常称为差价结算交易。这两种交易方法的总和又称清算交易。

投资者进行期货交易的目的也可以分为两种:(1)以投机为目的。在这种条件下,买方与卖方都是以预期价格的变动为基础或买或卖,买方期望到期价格上升,准备到期以高价卖出,谋取价差利润；卖方期望证券价格下跌，以便到期以较低的价格买进，冲销原先卖出的期货合约，并赚取价差利润。(2)以安全为目的。在这种情况下的期货交易，就是买卖双方为避免股票价格变动的风险而进行的期货股票买卖。

3. 信用交易

信用交易又称垫头交易，是指证券公司或金融机构供给信用，使投资人可以从事买空、卖空的一种交易制度。在这种方式下，股票的买卖双方不使用自己的资金，而是通过交付保证金得到证券公司或金融机构的信用，即由证券公司或金融机构垫付资金进行的买卖交易。各国因法律不同，保证金数量也不同，大多在30%左右。一些股票交易所把这种交付保证金、由证券公司或金融机关垫款进行股票买卖的方式，称为保证金交易。

4. 期权交易

股票期权交易是西方股票市场中相当流行的一种交易策略。期权又称选择权。期权实际上是一种与专门交易商签订的契约，规定持有者有权在一定期限内按交易双方所商定的"协定价格"，购买或出售一定数量的股票。对购买期权者来说，契约赋予他的是买进或卖出股票的权利，他可以在期限内任何时候行使这个权利，也可以到期不执行，任其作废。但对出售期权的专门交易商来说，则有义务按契约规定出售或购进股票。股票的期权交易并不是以股票为标的物的交易，而是以期权为中介的投机技巧。

期权交易需要考虑的因素大致有三方面：一是期权的期限，即期权的有效期，它是期权交易的重要内容，一般为3个月左右，各交易所对此都定有上限；二是交易股票的种类、数量和协定价格；三是期权费，又称保险费，是指期权的价格。

期权交易最显著的特点是：(1)交易的对象是一种权利，是一种关于买进或卖出证券权利的交易，而不是任何实物。这种权利具有很强的时间性，它只能在契约规定的有效日期内行使，一旦超过契约规定的期限，就被视为自动弃权而失效。(2)交易双方享受的权利和承担的义务不同。对期权的买入者，享有选择权，他有权在规定的时间内，根据市场情况决定是否执行契约。(3)期权交易的风险较小。对于投资者来说，利用期权交易进行证券买卖的最大的风险仅仅是购买期权的费用。

四、股票的价格及其投资收益

(一)股票的价值与价格

1. 股票的价值

从本质上讲，股票自身并没有价值，也不可能有价格。它仅仅是用以证明持有人具有的财产权利的法律凭证，并不具备普通商品所包含的使用价值，也没有形成价格的劳动价值。然而，股票在实际生活中却存在着价值，因为它代表着获取收益的权利，能够给持有人带来股息和红利收入。所以，股票的价值就是用货币来衡量的作为获利手段的价值。股票流通转让的实质就是这种获利凭证的让渡，作为一种虚拟资本。股票价值有以下四种形式：

(1)票面价值。通常指面值，是股份有限公司在其发行的股票上标明的票面金额。

(2)账面价值。又称净值，是股票所包含的实际资产价值。

(3)清算价值。是股份有限公司进行清算时，股票每股所代表的实际价值。

(4)市场价值。是股票在股票市场进行交易过程中所具有的价值。

2. 股票的价格

狭义的股票价格通常是指股票的交易价格。广义的股票价格则包括股票的发行价格和交易价格。还有一种外延更为宽泛的股票价格，它包括股票的票面价值、账面价值、清算价格、理论价格和发行价格、交易价格。在股票投资活动中，经常采用的是狭义的股票价格概念。

股票的价格常见的有以下几种：

(1)股票票面价。简称股票面值，是指股票票面标明的价值。目前，我国股票面值均为1元。

(2)股票发行价。是在发行市场上出售股票时的价格，可能与股票面值不同。

(3)股票账面价。又称每股净值，是指每股所代表的净资产数量。公式如下：

股票账面价＝(总资产－总负债)÷股本＝净资产÷股本

(4)股票市场价。简称市价，又称股票的交易价格，即股票在交易市场上流通转让时的价格。

股票价格一般是指股票的市场价格。市场价格在每个交易日过程中是时刻变化的，同一只股票的每一笔成交价有可能不同。在观看市场价格时，需要注意开盘价、最高价、最低价和收盘价等，见表3－4所示：

表3－4 股票市场价格

开盘价	开盘价是指每个交易日第一笔成交的价格，这是传统的开盘价的定义。由于存在人为地造出不合理的开盘价的弊端，目前我国证券市场采用集合竞价的方式产生开盘价，减少了传统开盘价的缺陷。
最高价	最高价是在每个交易日中，成交价格曾经出现的最高的价格。
最低价	最低价是在每个交易日中，成交价格曾经出现的最低的价格。
收盘价	收盘价是指一只股票在每个交易日中最后一笔成交价。为避免人为操纵，增加参考性，我国采取的是最后一分钟成交的加权平均价。它是多方和空方经过一天的争斗最终达成的共识，是供需双方最后的暂时平衡点，具有指明当前价格位置的重要功能。

股票交易价格的最大特点，表现为其事先的不确定性，总是处在不断变动之中，而且这种变动是连续性的、非间断性的。这与其票面价值、账面价值、清算价格和发行价格显然不同。股票的票面价值、账面价值、清算价格和发行价格一般是事先确定的，即使在不同时期、不同条件下会有所变化，这种变化也只是非连续性的、间断性的。股票交易价格的这一特点，正是股票最吸引人之处。因为，只有交易价格的不断变化，投资者才有可能通过不停地买卖股票来获得差价收益。

(5)股票的理论价格。股票代表的是持有者的股东权，这种股东权的直接经济利益，表现为股息、红利收入。而所谓的股票理论价格，就是为获得这种股息、红利收入的请求权而付出的代价(机会成本)，是股息资本化的表现。

股息收入与利息收入具有同样的意义，对于投资者来说，是把资金投资于股票还是存入银行，首先取决于哪一方的投资收益率高。按照等量资本获得等量收入的理论，如果股息率高于利息率，人们对股票的需求就会增加，股票价格就会上涨，从而股息率就会下降，一直降到股息率与市场利息率基本一致为止。按照这种分析，可以得出股票的理论价格公式为：

股票理论价格＝股息红利收益÷利息率

股票的理论价格不等于股票的市场价格(实际交易价格)，甚至两者有相当大的差距。但是，它为预测股票市场价格的变动趋势提供了重要依据，也是股票市场价格形成的一个基础性因素。

（二）股票价格的形成基础

股票有两种基本价格：一是发行价格，二是流通价格。影响这两种价格变化的因素是不完全相同的。而一般所讲的股票价格是指股票在流通市场上的交易价格，因为最能反映股票特性，投资者最关心的也是股票交易价格。

股票价格是指股票在流通市场上买卖的价格。在股票发行市场上，其发行价格也可能高于或低于股票面值，但不会偏离面值过大。而在股票流通市场上，股票的价格与原来的面值或发行价格往往发生较大的偏离。股票价格的最大特点是波动性较强，有时可能出现暴涨或暴跌。

从股票的本质上讲，形成股票价格的基础，是股票的价值或其所代表的所有者权益（公司资产净值）。但对于股票认购者来说，其最初的动机是为了获取股息、红利收入，是否投资股票取决于认购者对股票预期股利收益与当前市场利率的比较。这样，股票价格的形成就主要取决于两个因素：一个是预期股利收益，另一个是市场利率。

小资料 3—3

股票价格的形成

股票价格与预期股利收益成正比，而与市场利率成反比。用一个非恒等、非规范的公式表示为：

股票价格＝预期股利收益÷市场利率

这个等式关系表明：在预期股利收益一定的情况下，市场利率较高，意味着以同样的本金存入银行可以取得较高利息收入，要获得同样收益水平，就得提高预期股利收益水平，在股利收益一定的情况下，只能降低股票价格，以较少的本金购买股票；反之，如果市场利率（包括存款利率）较低，要获得同银行一样的收益率，就得降低股利收益率，在股利收益率一定的情况下，就只有提高股票价格，以较高的本金取得与存款同样利息收入的股利收入。当预期股利率高于当前市场利率时，人们就会选择购买股票，从而增加对股票的需求，推动股票价格的上涨；反之，就会推动股价下跌。

（三）股票价格变动的影响因素

证券市场上股票的价格受到各种因素的影响，有国际的、国内的因素，也有政治的、经济的因素，只要一些因素的变化能影响某些地区或某个国家的经济，则必然对该地区或该国家的股票市场产生直接影响。下面我们从经济因素、市场因素、非经济因素三个方面，全面地考察影响我国股票市场价格波动的基本因素。

1. 宏观经济因素

宏观经济因素对各种股票价格具有普遍的、不可忽视的影响，它直接或间接地影响股票的供求关系，进而影响股票的价格变化。宏观经济因素主要包括经济增长、经济周期、通货膨胀、国际收支、国际金融市场状况、财政收支、利率及汇率等。

(1)经济增长主要是指一国在一定时期内国民生产总值的增长率。一般来说，股票价格是与经济增长同方向运动的。对经济增长的预期，是对经济景气的预期，在一定程度上也是对社会需求的预期。经济增长加速，社会需求日益旺盛，从而推动股票价格的上涨。

(2)经济周期表现为扩张和收缩的交替出现，在经济的收缩、复苏、繁荣和衰退四个阶段内，股市也随之呈现周期性波动，成为决定股价长期走势的最重要因素。通过对国内生产总值

(GDP)、经济增长率、通货膨胀率、失业率、利率等指标的分析,判断出经济周期的发展阶段。有实证分析表明,我国股市波动比宏观经济周期的波动超前4～6个月。

(3)通货膨胀对经济的影响是多方面的,总的来看会影响收入和财产的再分配,改变人们对物价上涨的预期,影响社会再生产的正常运行。因此,通货膨胀对股价的影响也是复杂的。而通货紧缩则会对经济产生负面影响。就我国股市而言,通货膨胀在适度范围内发生,股价波动与之成正相关关系,但通货膨胀严重时,股价波动与之成反比例变动。

(4)国际收支差额通过影响一国国内资金供应量,从而对股价产生间接影响。经常项目和资本项目保持顺差,出现了大量的外汇储备,国内资金供应量增加,使可用于购买股票的资金来源扩大,促使股价上升。

(5)国际金融市场的剧烈动荡,一方面直接使我国投资者产生心理恐慌,影响股票市场;另一方面,从宏观面和政策面间接影响股票市场的发展。

(6)财政收支因素主要是指财政增加或减少支出,增加或降低税收,对股价上涨或下降所产生的影响。一般来说,财政支出增加,社会总需求也会相应增加,从而促进经济扩张、推动股价上涨;反之,如果财政支出紧缩,社会需求也将相应萎缩,经济景气度下降,由此导致股价下跌。财政税收增加或下降,会产生与此相反的影响。

(7)利率对股价变动影响最大,也最直接。利率上升时,一方面会增加借款成本,减少利润,降低投资需求,导致资金从股票市场流入银行存款市场,减少对股票的需求;另一方面,股票市场供求出现新的变化和新的失衡,股票价格开始跌落。另外,利率上升也使投资者评价股票价值所用的折现率上升,从而促使股票价格下降。而当利率下降时,会出现与上述相反的变化,从而推动股票价格上涨。同时要指出,利率也是一国货币政策变化的重要标志。

2.宏观经济政策因素

宏观经济政策因素对股票市场起着极为重要的作用。

(1)货币政策。货币政策按照调节货币供应量的程度,可分为紧缩性的货币政策和扩张性的货币政策。在实行紧缩性的货币政策时,货币供给减少,利率上升,对股价形成向下压力;而实行扩张性的货币政策,意味着货币供给增加和利率下调,使股价水平趋于上升。我国中央银行具体的货币政策工具主要有利率、存款准备金率、贷款规模控制、公开市场业务、汇率等。

(2)财政政策。财政政策根据其对经济运行的作用,可分为扩张性的财政政策和紧缩性的财政政策。财政收入政策和支出政策主要有国家预算、税收、国债等。

作为政府的基本财政收支计划,国家预算能够全面反映国家财力规模和平衡状态,并且是各种财政政策手段综合运用结果的反映。扩大财政支出是扩张性财政政策的主要手段,其结果往往促使股价上扬。

通过税收政策,能够调节企业利润水平和居民收入。减税将增加居民的收入,扩大股市的潜在资金供应量,减轻上市公司的费用负担,增加企业的利润,股价趋于上升。对股市影响最直接的税种主要是印花税和证券交易所得税。我国自开征股票交易印花税以来,根据股市的实际情况对印花税加以调整,对股市进行调控,以刺激或抑制股市。

国债作为国家以有偿信用原则筹集财政资金的一种形式,可以调节资金供求和货币流通量。在不带来通货膨胀的情况下,缓解了建设资金的需求,有利于总体经济向好,有利于股价上扬。

(3)产业政策。行业股价的波动受政府产业政策的影响较强。政府的产业政策会鼓励特定行业发展,该行业的经营状况和盈利将可能增加,从而使该特定行业股价上涨;否则将使之下跌。

(4)监管政策。管理层对股市的监管政策对我国股市的中短期走势具有极大的影响。监管政策的工具主要有管理层对证券市场的定位、规范市场主体行为的法律法规、信息披露制度以及舆论导向等。

3.微观经济因素

在影响股价波动的微观经济因素中,上市公司是决定自身股价的主要因素。

(1)公司的经营业绩。公司业绩反映当前企业的经营水平,体现为股票的现价;而公司成长性则反映企业未来发展前景,决定股价的长期走势。

公司业绩集中表现在公司的各种财务指标上,影响股价的公司业绩方面的因素主要有以下几个:

①公司净资产。股票作为资产所有权和投资效益的凭证,每一股代表一定数量的净资产值。一般而言,公司资产净值增加,股价上扬;资产净值减少,股价下跌。

②盈利水平。每股税后利润表示公司的盈利水平,市盈率则是股票市价与每股税后利润的比值,两者集中反映了公司业绩的好坏。

③公司的派息。公司采取什么样的派息方式对股价有重要影响,体现了公司的经营能力和发展潜力。

④股票拆分和股本扩张。股票拆分和股本扩张一般会刺激股价上升。在我国股市中,股本扩张对股价波动具有很大影响,一直是二级市场炒作的题材。

⑤增资和减资。公司因业务需要增加资本额和发行新股,将使每股净资产下降,促成股价下跌,但对高成长性公司而言,增资意味着增强公司实力,带来更多回报,股价可能还会上涨。

⑥营业额。营业额增加,表明公司销售能力增强,利润增加,促使股价上涨。

公司所处行业的成长性及行业的发展阶段是公司成长性的基础条件,行业的兴衰在很大程度上决定了上市公司的发展前途与成长空间。公司在行业竞争中所处的地位,直接关系到它的生存及盈利的稳定增长。企业竞争能力强弱及竞争地位高低是由技术水平、管理水平、市场开拓能力及占有率、资本与规模效益、新产品开发能力决定的。公司经营效率主要表现为生产能力、经营能力的利用程度是否充分。

(2)资产重组与收购。上市公司为了实现规模效益或扭亏为盈,采取兼并重组的方式,对公司进行重大的组织变动。我国许多亏损或微利的国有大中型上市公司通过资产重组,实现了产业结构的调整和转型。目前,资产重组的模式主要有资产置换、优质资产注入和不良资产的剥离。上市公司的收购是股市最具有活力的现象,举牌收购往往伴随着股价的飙升。

(3)行业。上市公司所属的行业对股价波动有较大的影响。从行业生命周期看,一般在初创期盈利少、风险大、股价较低;成长期利润剧增、支持行业总体股价水平上升;成熟期盈利相对稳定、股价平稳;而衰退期盈利普遍减少,股价则呈跌势。我国产业生命周期处于初创期或成长期的朝阳产业主要有电子信息产业(如电子计算机及软件、通信)、高科技(如新材料、新能源、环保、海洋工程、新型建材、光电机一体化)以及生物医药工程等。

4.市场因素

市场是反映股票供求的环境,且使供求相交,最终形成股票价格的条件。影响股份的市场因素主要有以下几种:

(1)市场供求。股票市场的供求关系决定了股价的中短期走势。我国股票市场上,股价主要由股市本身的供求决定,即由股票的总量和股市资金总量决定。公布新股发行上市规模和掌握上市节奏已成为管理层调控二级市场供求关系、影响股价总体水平的重要手段。在股票供给一定的情况下,股市的资金总量在价格形成中起主导作用,我国股市的资金总量对价格波动有决定性影响,且两者之间成正相关关系。

(2)市场投资者的构成。我国股票市场的投资者包括个人投资者和机构投资者。个人投资者和机构投资者的资金结构、股票投资者的职业背景、文化程度、月收入构成等对股价波动会产生影响。

(3)市场总体价格波动。股票市场总体价格波动对特定股票的影响是指特定股票价格与股市行情的相关关系,我国股市价格波动的特点是齐涨齐跌,个股之间的风险差异小,市场的总体风险占主导地位,个股股价的市场影响占股价变动因素的50%以上。

(4)交易制度和工具。我国的股市由于起步晚,可以根据国外股市发展的历史经验选择交易制度,可直接采用最先进的交易和通信技术。连续竞价、电脑撮合的交易制度并未增加股价的波动幅度,无形席位制加快了交易速度、减少了股价扰动。

(5)市场操纵。市场操纵者主要是实力雄厚的大机构,它们通过控制个股涨跌方向和程度,甚至联手操纵板块的走势进而影响大盘走势,使股价过高或过低,从中获得额外收益。

(6)市场心理预期。投资者的心理因素是买卖股票的重要因素,众多投资者的心理预期交互影响形成市场心理预期,对股价的走势产生较强的影响。

5.影响股价波动的非经济因素

就股市而言,一般意义上的非经济因素主要是指自然灾害、战争以及政治局势变动等。这些事件一旦发生,就会影响股价的波动。这种影响有两个特点:一是暂时性,二是通过对经济的影响间接实现。

(1)自然灾害。自然灾害对股价影响产生于灾害对实物资产的损害。灾害发生时,影响了生产,股价随之下跌;但是,灾后的重建将刺激生产的扩张,相关行业的股价会有一定程度的上升。

(2)战争。战争期间社会生产力严重破坏,所有经济活动都得围绕战争展开,造成对股市极大的影响。

(3)政治局势变动。政治局势变动因素包括国家主要领导人的更替、政府换届、国际重大政治活动等。

(四)股票市盈率

市盈率又称股份收益比率或本益比,是股票市价与其每股收益的比值。市盈率是衡量股价高低和企业盈利能力的一个重要指标。由于市盈率把股价和企业盈利能力结合起来,因此其水平高低更真实地反映了股票价格的高低。其计算公式如下:

市盈率=当前每股市场价格÷每股税后利润

例如,股价同为50元的两只股票,其每股收益分别为5元和1元,则其市盈率分别是10倍和50倍;也就是说,其当前的实际价格水平相差5倍。若企业盈利能力不变,则说明投资者以同样50元价格购买的两只股票,要分别在10年和50年以后才能从企业盈利中收回投资。但是,由于企业的盈利能力是会不断改变的,投资者购买股票更看重企业的未来,因此,一些发展前景很好的公司即使当前的市盈率较高,投资者也愿意去购买。

预期利润增长率高的公司,其股票的市盈率也会比较高。例如,对两家上年每股盈利同为1元的公司来讲,如果A公司今后每年保持20%的利润增长率,B公司每年只能保持10%的增长率,那么到第10年时A公司的每股盈利将达到6.2元,B公司只有2.6元,因此A公司当前的市盈率必然应当高于B公司。投资者若以同样价格购买这家公司的股票,对A公司的投资能更早地收回。

影响一个市场整体市盈率水平的因素很多，最主要的有两个，即该市场所处地区的经济发展潜力和市场利率水平。一方面，一个新兴证券市场中的上市公司普遍有较好的发展潜力，利润增长率比较高，因此，新兴证券市场的整体市盈率水平会比成熟证券市场的市盈率水平高。欧美等发达国家股市的市盈率一般保持在15倍左右，而亚洲一些发展中国家的股市正常情况下的市盈率在30倍左右。另一方面，市盈率的倒数相当于股市投资的预期利润率。因此，由于社会资金追求平均利润率的作用，一国证券市场的合理市盈率水平还与其市场利率水平有倒数关系。例如，同为发达国家的日本股市，由于其国内的市场利率水平长期偏低，所以其股市的市盈率也一直居高不下，长期处于60倍左右的水平。

市盈率除了作为衡量二级市场中股价水平高低的指标外，在股票发行时，也经常被用作估算发行价格的重要指标。根据发行企业的每股盈利水平，参照市场的总体股价水平，确定一个合理的发行市盈率倍数，二者相乘即可得出股票的发行价格。从我国多年来的新股发行情况看，新股发行时的平均市盈率水平维持在15～20倍。

我国市盈率和平均市盈率通常遵循以下几个原则：

第一，营利性上市公司全部纳入计算范围，亏损公司除外；

第二，上市公司送股、配股和派发现金红利时，先对每股盈利予以相应调整，再计算市盈率；

第三，新股上市后，统一按前一年会计年度每股盈利(按新发行价后总股本予以摊薄)计算每股市盈率。

(五)股票价格指数

股票价格指数是指用以反映整个市场上各种股票市场价格的总体水平及其变动情况的指标。在股票市场上，成百上千种股票同时交易，股票价格的涨落各不相同，因此，需要有一个总的尺度标准(即股票价格指数)来衡量整个市场的价格水平，观察股票市场的变化情况。股票价格指数一般是由一些有影响的机构编制，并定期公布。国际市场上比较著名的指数有道琼斯工业股价平均指数、标准普尔500指数、伦敦《金融时报》指数等。

我国主要的股票价格指数有以下几种：

1. 中证指数有限公司及其指数

中证指数有限公司成立于2005年8月25日，是由上海证券交易所和深圳证券交易所共同出资发起设立的一家专业从事证券指数及指数衍生产品开发服务的公司。

(1)沪深300指数。沪深300指数是沪、深证券交易所于2005年4月8日联合发布的反映A股市场整体趋势的指数。沪深300指数的编制目标是反映中国证券市场股票价格变动的概貌和运行状况，并能够作为投资业绩的评价标准，为指数化投资和指数衍生产品创新提供基础条件。中证指数有限公司成立后，沪、深证券交易所将沪深300指数的经营管理及相关权益转移至中证指数有限公司。

沪深300指数简称沪深300，成分股数量为300只，指数基日为2004年12月31日，基点为100点。

(2)中证规模指数。中证规模指数包括中证100指数、中证200指数、中证500指数、中证700指数、中证800指数和中证流通指数。这些指数与沪深300指数共同构成中证规模指数体系。其中，中证100指数定位于大盘指数，中证200指数为中盘指数，沪深300指数为大中盘指数，中证500指数为小盘指数，中证700指数为中小盘指数，中证800指数则由大中小盘指数构成。中证规模指数的计算方法、修正方法、调整方法与沪深 300 指数相同。

2. 上海证券交易所的股份指数

由上海证券交易所编制并发布的上证指数系列是一个包括上证 180 指数、上证 50 指数、上证综合指数、A 股指数、B 股指数、分类指数、债券指数、基金指数等指数系列，其中，最早编制的为上证综合指数。

(1)成分指数类。

①上证成分股指数。简称上证 180 指数，是上海证券交易所对原上证 30 指数进行调整和更名产生的指数。

上证成分股指数的样本股共有 180 只股票，选择样本的标准是遵行规模(总市值、流通市值)，流动性(成交金额、换手率)和行业三项指标，即选取规模较大、流动性较好且具有行业的股票作为样本，建立一个反映上海证券市场概貌的运行状况、能够作为投资评价尺度及金融衍生产品基础的基准指数。上证成分股指数依据样本稳定性和动态跟踪的原则，每年调整一次成分股，每次调整比例一般不超过 10%，特殊情况下也可能对样本股进行临时调整。

②上证 50 指数。2004 年 1 月 2 日，上海证券交易所发布了上证 50 指数。上证 50 指数根据流通市值、成交金额对股票进行综合排名，从上证 180 指数样本中挑选上海证券市场规模大、流动性好的最具代表性的 50 只股票组成样本股，以综合反映上海证券市场最具影响力的一批龙头企业的整体状况。

③上证 380 指数。上海证券交易所和中证指数有限公司于 2010 年 1 月 29 日发布上证 380 指数。上证 380 指数样本股的选择主要考虑公司规模、盈利能力、成长性、流动性和新兴行业的代表性，侧重反映在上海证券交易所上市的中小盘股票的市场表现。

(2)综合指数类。

①上证综合指数。上海证券交易所从 1991 年 7 月 15 日起编制并公布上海证券交易所股份指数，它以 1990 年 12 月 19 日为基期，以全部上市股票为样本，以股票发行量为权数，按加权平均法计算。

②新上证综合指数。简称新综指，指数代码为 000017，于 2006 年 1 月 4 日首次发布。新综指选择已完成股权分置改革的沪市上市公司组成样本，实施股权分置改革的股票在方案实施后的第二个交易日纳入指数。新综指是一个全市场指数，它不仅包括 A 股市值，而且对于含 B 股的公司，其 B 股市值同样计算在内。

上证综合指数系列还包括 A 股指数、B 股指数及工业类指数、商业业指数、地产类指数、公用事业类指数、综合类指数、中型综指、上证流通指数等。

上海证券交易所按全部上市公司的主营范围、投资方向及产出分别计算工业类指数、商业类指数、地产类指数、公用事业类指数和综合类指数。上证工业类指数、商业类指数、地产类指数、公用事业类指数、综合类指数均以 1993 年 4 月 30 日为基期，基期指数设为 1 358.78 点，于 1993 年 6 月 1 日正式对外公布。以在上海证券交易所上市的全部工业类股票、商业类股票、地产类股票、公用事业类股票、综合类股票为样本，以全部发行股数为权数进行计算。

上海证券交易所编制和发布的指数还有上证行业指数系列、策略指数系列、上证风格指数系列、上证主题指数系列等。

3. 深圳证券交易所的股价指数

(1)成分指数类。

①深证成分股指数。深证成分股指数由深圳证券交易所编制，通过对所有在深圳证券交

易所上市的公司进行考察，按一定标准选出 40 家有代表性的上市公司作为成分股，以成分股的可流通股数作为权数，采用加权平均法编制而成。

②深证 100 指数。深圳证券信息有限公司于 2003 年年初发布深证 100 指数。深证 100 指数成分股的选取主要考察 A 股上市公司流通市值和成交金额两项指标，从在深圳证券交易所上市的股票中选取 100 只 A 股作为成分股，以成分股的可流通 A 股数作为权数，采用派许综合法编制。根据市场动态跟踪和成分股稳定性原则，深证 100 指数每半年调整一次成分股。

(2)综合指数类。深证系列综合指数包括深证综合指数、深证 A 股指数、深证 B 股指数、行业分类指数、中小板综合指数、创业板综合指数、深证新指数、深市基金指数等全样本类指数。

①深证综合指数。以在深圳证券交易所主板、中小板、创业板上市的全部股票作为样本股。深证系列综合指数均为派式加权股价指数，即以指数样本股计算日股份数作为权数进行加权逐日连锁计算。

②深证 A 股指数。以在深圳证券交易所主板、中小板、创业板上市的全部 A 股作为样本股，以样本股发行总股本作为权数，进行加权逐日连锁计算。

③深证 B 股指数。以在深圳证券交易所上市的全部 B 股作为样本股，以样本股发行总股本作为权数，进行加权逐日连锁计算。

④行业分类指数。以在深圳证券交易所主板、中小板、创业板上市的按行业进行划分的股票作为样本股。行业分类指数依据《上市公司行业分类指引》中的门类划分，编制 13 个门类指数；依据制造业门类下的大类划分，编制 9 个大类指数，共有 22 条行业分类指数。行业分类指数以样本股发行总股本作为权数，进行加权逐日连锁计算。

⑤中小板综合指数。以在深圳证券交易所中小企事业板上市的全部股票作为样本股。中小企业板指数权可流通股本数作为权数，进行加权逐日连锁计算。中小板综合指数以 2005 年 6 月 7 日为基日，基日指数为 1 000 点，2005 年 12 月 1 日开始发布。

⑥创业板综合指数。以在深圳证券交易所企业板上市的全部股票作为样本股。创业板指数以可流通股本数作为权数，进行加权逐日连锁计算。创业板综合指数以 2010 年 5 月 31 日为基日，基日指数为 1 000 点，2010 年 8 月 20 日开始发布。

拓展阅读

国际上几种比较著名的股票价格指数

⑦深证新指数。以在深圳证券交易所主板、中小板、企业板上市的正常交易的且已完成股改的 A 股作为样本股。深证新指数以可流通股本数作为权数，进行加权逐日连锁计算。

(六)股票投资收益

一般情况下，股票投资的收益主要有两类：一类是货币收益；另一类是非货币收益。货币收益是投资者购买股票后在一定的时期内获得的货币收入，它由两部分组成：一是投资者购买股票后成为公司的股东，他以股东的身份，按照持股的多少，从公司获得相应的股利，包括股息、现金红利和红股等，在我国的一些上市公司中，有时还可以得到一些其他形式的收入，如配股权证的转让收入等；二是因持有的股票价格上升所形成的资本增值，也就是投资者利用低价进、高价出所赚取的差价利润，这正是目前我国绝大多数投资者投资股票的直接目的。非货币收益的形式多种多样。例如，投资者购买股票成为股东后，可以参加公司的股东大会，查阅公司的有关数据资料，获取更多的有关企业的信息，在一定程度上参与企业的经营决策，在企业重大决策中有一定的表决权，这在一定程度上可以满足投资者的参与感；大额投资者购买到一定比例的公司股票后，可以进入公司的董事会，可以影响甚至决定公司的经营活动。

衡量一项股票投资收益的多少,一般用投资收益率来说明,也就是投资收益与最初投资额的百分比率。由于股票与其他证券的收益不完全一样,因此,其收益率的计算也有较大的差别。计算股票的收益,通常有以下两种类型:股票收益率和持有期收益率。通过这些收益率的计算,能够充分把握股票投资收益的具体情况。

股票收益率又称本期股利收益率,也就是股份有限公司以现金派发股利与本期股票价格的比率。用公式表示为:

本期股利收益率=年现金股利÷本期股票价格×100%

式中:本期股票价格是指证券市场上该股票的当日收盘价;年现金股利是指上一年每一股股票获得的股利;本期股利收益率是指以现行价格购买股票的预期收益。

持有期收益率是指投资者买入股票持有一定时期后又卖出该股票,在投资者持有该股票期间的收益率。用公式表示为:

持有期收益率=(出售价格-购买价格+现金股利)÷购买价格×100%

五、二板市场

二板市场(second board)是相对于主板市场(main board)而言,为创新型中小企业服务的股票市场。世界上最著名的二板市场是美国的纳斯达克(National Association of Securities Dealers Automated Quotation,NASDAQ),其次是欧洲的伊斯达克(EASDAQ)。除此之外,不少国家或地区都有自己的创新板块(即二板市场),中国香港创业板市场于1999年第四季度开业。

(一)美国的纳斯达克(NASDAQ)市场

美国场外交易市场——纳斯达克市场——成立于1971年,是世界上第一个电子化股票市场,也是美国成长最快的市场。1996年,纳斯达克市场股票交易量突破1 012亿美元,日均交易量达4.01亿美元,成为世界第二大股票交易市场。

纳斯达克市场可分为两个层次:全国市场和小型资本市场。一般来说,资本规模较大的公司的证券在全国市场上市交易;资本规模较小的新兴公司的证券则在小型资本市场上交易,原因是该市场的上市规则不如全国市场那么严格。但美国证券交易委员会对这两个市场的监管范围并无区别。

纳斯达克市场是美国最主要的支持高新技术公司发展壮大和支持创业资本"撤出"的市场。这一市场由于规模巨大、做市商支持、上市标准较低和服务良好,因此成为美国硅谷高新技术公司上市的首选之地。

从产业结构来看,在纳斯达克市场中,计算机、生物科技、电子通信、医药等上市公司的股票市值占绝对比重。纳斯达克市场的投资者既有个人,也有机构。

(二)伦敦证券交易所的二板市场(AIM)

为满足小型、新兴和成长型企业进入公开资本市场的需要,1995年6月,伦敦证券交易所设立了二板市场(Alternative Investment Market,AIM)。该二板市场最主要的特点是,上市标准较低。二板市场的公司资本规模通常在200万~2 000万英镑,也接受低于200万英镑资本的公司。此外,该市场交易的品种主要为普通股,但也接受优先股和企业债券等证券品种的交易。该二板市场附属于伦敦证券交易所,但它有其独立的运作规则和管理机构,交易所主要是提供各种"硬件"设施。

(三)欧洲新市场

欧洲新市场是由德国、法国、比利时、荷兰四国证券交易所的新市场所组成的网络市场。

创立欧洲新市场的宗旨是，为具有创新精神的高成长的中小企业提供上市融资机会，并为投资者提供买卖这些股票的交易场所。作为连接这些成员的网络，欧洲新市场为成员国的高成长中小企业提供了融资窗口，使它们能够接触到欧洲范围甚至更广范围的投资者。

1.法国的新市场

新兴证券市场是法国证券交易所开设的新市场，成立于1996年2月14日，同年3月20日开始交易。法国新兴证券市场主要面向下述各类公司：

(1)年轻、管理良好的中小公司，其已有的融资安排不能满足发展需要，但又不能出具业绩记录；

(2)公司拥有前沿技术或在某个创新推动的领域内工作，初创成本较高；

(3)拥有高增长潜力的公司；

(4)作为创办人的董事和合伙人或者创业投资公司控制着公司的资本，而他们希望寻找新的合伙人；

(5)准备进入发展新阶段的公司。

2.德国的新市场

新兴市场是位于法兰克福的德国证券交易所开设的新市场，设立于1997年3月10日。最早的两家上市公司分别为移动电话公司和动力引擎公司，它们的市值已超过6亿欧元。

德国新市场主要吸收高成长的、具有创新精神的中小公司。在产业分布上，这些公司主要属于电信、多媒体、遗传工程、生物科技和环境工程等新兴产业。对于传统产业公司，如果它们能够提供新产品或新服务，或者使用创新的生产流程，也可以向德国新兴市场申请上市。无论申请公司属于哪个产业，它们均须具有高成长潜力。

(四)亚洲二板市场

1.深圳证券交易所创业板市场

2009年10月23日，中国创业板启动；10月30日，第一批创业板上市公司上市进行交易。2020年8月24日，创业板实施注册制的首批上市企业上市进行交易。创业板积极服务国家创新驱动发展战略，支持创新型、成长型企业发展，60%以上的公司属于战略性新兴产业，80%以上拥有自主研发核心能力，90%以上为高新技术企业，是全球成长最快的服务创业创新的市场，创业板市值及成交金额在全球创业板市场居领先地位。

创业板激励创业、引领创新，有效结合科技与资本，引导各类要素流入高新技术产业，打造中国创新资本形成的生态体系，不断为中国经济创新发展注入新动能。

2.中国香港的创业板市场

中国香港的创业板(二板)股票市场是于1999年第四季度开业的为创新中小企业服务的新兴股票市场。该创业板市场是主板市场以外的一个完全独立的新的股票市场，与主板市场具有同等的地位，不是一个低于主板或与之配套的市场，在上市条件、交易方式、监管方法和内容上都与主板市场有很大差别。其宗旨是，为新兴有增长潜力的企业提供一个筹集资金的渠道。它的创建对中国内地和香港经济都产生重大的影响。从长远来说，香港创业板目标是发展成为一个成功自主的市场——亚洲的纳斯达克。

与现有主板市场相比，创业板市场具有以下特色：以高增长公司为目标，注重公司增长潜力及业务前景；市场参与者须自律及自发地履行其责任；买者风险自负；适合有风险容量的投资者；以信息披露为本的监管理念；要求保荐人具有高度专业水平及诚信度。

该市场以有增长潜力公司为目标，行业及规模不限。创业板的主要目标是，为在中国香港及内地营运的大量有增长潜质的企业，提供方便而有效的渠道来筹集资金，以扩展业务，其中包括为在内地投资的中国香港和中国台湾的增长公司、大量的“三资”企业，以及内地的一些有发展前景的大中型国有科技企业和中小型民营科技企业，提供一个集资市场。另外，综合企业可把个别增长项目分拆在创业板上市，投资经理及创业资本家可以将他们所投资的公司在创业板上市。

创业板市场监管的基本原则是：保护投资者利益及确保市场持正操作；推行严谨的监管、监察和执法措施；依循严格的信息披露标准及“买者自负”原则。监管机构只负责确保上市公司所提供的有关文件及重要资料的完整性和真实性，但不会对投资的利弊做出评论，或就所发售的证券或所提供的投资做出判断，无论有关判断是好是坏，上市申请人或其业务在商业上的可行性，并非香港证监会或联交所的关注所在。

3. 新加坡的二板市场

根据1986年修订的《证券业法》，新加坡开始发展市场交易的程序自动化，新加坡证券交易所的交易自动报价系统（SASDAQ）于1987年12月18日正式启动，从而形成了新加坡证券交易所的第二证券市场。该市场类似于美国的纳斯达克市场，是一种通过电子计算机屏幕进行交易的系统，由一些注册的做市商通过双向报价负责维持该市场。

SASDAQ市场主要是为那些尚不符合主板市场上市要求的公司而设立的市场，在该市场上市的公司可以在经交易所认为已符合主板的要求并同意之后移至主板上市。

项目综述

金融市场是资金供求双方借助金融工具进行各种货币资金交易活动的市场。在现代经济中，商品、劳务的生产与交换都需要货币资金，而货币资金的获得除了通过企业内部自我形成以外，还要依靠企业外部的资金融通，即通过借贷方式借入资金或贷出资金，而资金的借贷需通过各种金融工具的交易来完成。

金融市场是一个由多种元素构成的有机整体。同任何市场一样，金融市场由四个基本要素构成，即交易主体、交易对象、交易中介和交易价格。

金融市场的功能是多方面的，其中最基本的功能是满足社会再生产过程中的投融资需求，促进资本的集中与转换。具体表现为：筹资和融资的功能、资源配置的功能、灵活地调度和转化资金的功能、国民经济“信号系统”的功能、分散社会经济风险的功能以及调节宏观经济的功能。

货币市场是指融资期限在一年以内的短期资金市场。货币市场的交易对象是短期金融工具，主要包括货币头寸、商业票据、银行承兑汇票、大额可转让定期存单、短期国债等。就其结构而言，货币市场包括同业拆借市场、票据贴现市场、短期政府债券市场和证券回购市场等。

债券是发行人依照法定程序发行，并约定在一定期限还本付息的有价证券。债券市场是发行和买卖债券的场所，是金融市场的一个重要组成部分。债券市场是一国金融体系中不可或缺的部分。

股票市场是股票发行和流通的场所，股票的发行与交易都是通过股票市场来实现的。股票市场一般可以分为一级市场和二级市场。一级市场又称股票发行市场；二级市场又称股票交易市场，也可以说是对已发行的股票进行买卖和转让的场所。

项目技能训练

一、单选题

1. 按期限的不同,金融市场可分为（　　）。

A. 债券市场和股权市场　　B. 一级市场和二级市场

C. 货币市场和资本市场　　D. 场内交易市场和场外交易市场

2. 下列有关债务和股权工具的表述中,正确的是(　　)。

A. 它们可以是短期金融工具　　B. 债券持有者享有剩余索取权

C. 债券收入的波动性要小于股权工具　　D. 债券支付红利

3. 对已发行的证券进行买卖,转让的市场称为(　　)。

A. 一级市场　　B. 二级市场　　C. 现货市场　　D. 资本市场

4. 如果你计划的投资期限不超过1年,你最可能投资的市场是(　　)。

A. 一级市场　　B. 资本市场　　C. 货币市场　　D. 场外市场

5. (　　)的主要功能是为公司的流动资本需求融资,为政府提供短期资金以代替征税。

A. 货币市场　　B. 资本市场　　C. 股权市场　　D. 场外交易市场

6. 长期金融工具交易市场又称为(　　)。

A. 货币市场　　B. 资本市场　　C. 初级市场　　D. 次级市场

7. 金融市场按照交易工具(　　)的不同,可以分为资本市场和货币市场。

A. 发行方式　　B. 契约性质　　C. 交易场所　　D. 到期时间

8. (　　)是提供金融服务和产品的企业。

A. 金融市场　　B. 金融体系　　C. 金融中介　　D. 金融工具

二、多选题

1. 在金融市场中,主要的资金筹资主体包括（　　）。

A. 政府　　B. 中央银行　　C. 企业　　D. 居民

2. 关于货币市场,下列描述中正确的有(　　)。

A. 风险低　　B. 期限在1年以内

C. 具有批发性特点　　D. 流动性强

3. 金融市场的参与者有(　　)。

A. 居民个人　　B. 商业性金融机构

C. 政府　　D. 企业

E. 中央银行

4. 与货币市场相比,资本市场(　　)。

A. 流动性更强　　B. 交易期限较长的金融工具

C. 价格波动较大　　D. 收益率较高

E. 上述选项都正确

5. 股票发行市场与流通市场的关系是(　　)。

A. 发行市场是基础,是前提

B. 流通市场是基础,是前提

C. 没有发行市场,就不会有流通市场

D. 没有流通市场,就不会有发行市场

E. 流通市场不是无足轻重、可有可无的,它对发行市场有着重要的促进或推动作用

三、判断题

1. 金融市场都是有形的市场，即都在固定的交易场所进行。 （ ）

2. 狭义的金融市场指的是包括直接融资和间接融资在内的所有金融投资活动。 （ ）

3. 金融市场的发展降低了金融交易的成本。 （ ）

4. 当前世界上最大的外汇交易中心是纽约。 （ ）

5. 1 年以内的短期资金市场又称为货币市场。 （ ）

四、问答题

1. 简述金融市场的一般功能。

2. 简述“一级市场”和“二级市场”的相互关系。

项目三

习题答案

项目四　理解金融业务

思维导图

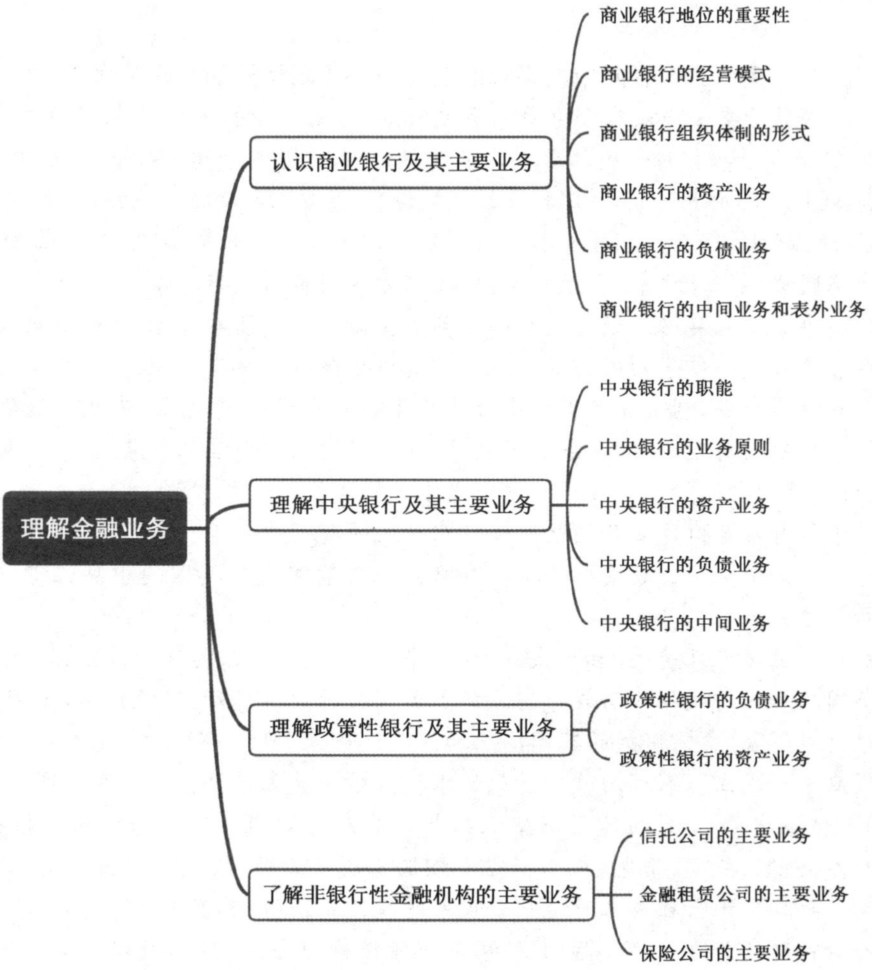

学习目标

知识与技能目标	思政教育目标
1. 掌握商业银行的定义及组织形式 2. 掌握商业银行的资产业务、负债业务及中间和表外业务 3. 掌握中央银行的定义及职能 4. 掌握中央银行和政策性银行的主要业务 5. 了解非银行金融机构 6. 能够在金融实践活动中灵活运用所掌握的专业知识和技术解决金融实际问题	1. 通过金融业务的介绍，培养学生实事求是、勇于创新的科学态度 2. 熟悉国内外金融发展，坚持制度自信、文化自信 3. 通过金融服务实体经济的介绍，帮助学生树立高质量发展理念

案例导入

英格兰银行向中央银行的演变——放眼世界的金融革命

18 世纪是英国历史上一段非常重要的历史时期。1688 年的“光荣革命”标志着剧烈动荡的革命时代结束，英国进入相对平稳的历史发展时期。18 世纪中后期，英国率先拉开了工业革命的序幕，进入现代经济增长时期，并以特许经营股份公司（如东印度公司）的形式不断进行海外扩张，最终征服南亚帝国——印度，进而打败当时的东方巨人——中国，成为“日不落帝国”。

在近代英国崛起的过程中，由于同法国、西班牙等国不断进行战争，产生了巨额财政赤字，为解决财政困难而设立英格兰银行成为触发英国金融革命的关键事件。英格兰银行的建立，打破了高利贷者在英国信用领域的垄断地位。英格兰银行大举发行国债，并借鉴荷兰的经验，形成了高效的债券市场，利用资本市场有效动员了当时全社会的力量，为政府提供贷款，由此有效地缓解了政府的财政危机，也压低了利率，促进了国内工商业的发展。在英国近代崛起的过程中，英格兰银行也开始逐步履行英国中央银行的职能。

英格兰银行并不是自建立开始就是现代意义上的英国中央银行，而是直到 18 世纪末才具备了现代意义上的中央银行的某些特征。英格兰银行演变成为英国的中央银行，经历了一个漫长而曲折的过程。

早期的英格兰银行只是政府的“钱袋子”。早在 300 多年前，英法激战正酣，庞大的战争开支早已将英国政府的财政收入消耗一空。加上英国当时贪污盛行、税收短绌，英国财政陷入困境。为筹集更多军费，急需用钱的英国国王和议会迅速采纳了一位名叫威廉·佩特森的苏格兰商人的提议——成立一家可向政府贷款的银行。根据英王特许，1694 年 7 月 27 日，伦敦城 1 268 位商人合股出资，正式组建了英格兰银行。此后的短短 11 天内，英格兰银行就为政府筹措到 120 万英镑巨款，按年息 8% 贷款给英国国王威廉三世，极大地支持了英国在欧洲大陆的军事活动。英格兰银行在成立时是一家较大的股份制银行，其实力和声誉高于其他银行，并且与政府有着特殊的关系，但它所经营的仍是一般银行业务，如对一般客户提供贷款、存款以及贴现等。

发行货币是英格兰银行的传统业务，但是其垄断货币发行权经历了一个很长的发展过程。英格兰银行成立之初，英国政府就给予其他商业银行所没有的一项特权，即允许英格兰银行成为第一家无发行保证却能发行银行券的商业银行，但这种发行特权只限于伦敦及周围 65 英里的地区。1826年,英国国会通过法案,准许其他股份银行设立,并可以发行钞票,但限制在65英里外,以避免与英格兰银行的发行权相冲突。在之后的发展中,英格兰银行不断补充资本,同时降低对政府的放款利率,并以此为条件,促使英国国会通过法案,限制其他银行的发行权,从而加强了英格兰银行货币发行的特权地位。直到1928年英国通过了《通货与银行钞票法》,英格兰银行才最终成为英国唯一的发行银行。

19世纪,英国的商业银行发生了多次银行危机,尤其以1825年和1837年的两次危机最为严重。由于银行过分放款,导致许多银行债权无法按时收回,有些银行因此破产。严重的银行危机引起了社会的广泛关注。在1837年的银行危机中,英格兰银行采取行动帮助有困难的银行,开始充当"最终贷款人"的角色。19世纪30年代,英格兰银行凭借其日益提高的地位,承担商业银行间债权债务关系的划拨冲销、票据交换的最后清偿等业务,在经济繁荣之时接受商业银行的票据再贴现,而在经济危机的打击中则充当商业银行的"最终贷款人",由此取得了商业银行的信任,并最终确立了"银行的银行"的地位。

随着伦敦成为世界金融中心,应实际需要,英格兰银行形成了有伸缩性的再贴现政策和公开市场活动等调节措施,成为近代中央银行理论和业务的样板与基础。1933年7月设立"外汇平准账户"稳定外汇市场。到1946年,英国议会通过《英格兰银行法》,赋予英格兰银行更为广泛的权力,使它可以按照法律对商业银行进行监督和管理,英格兰银行终于名正言顺地成为英国的中央银行。

英格兰银行的最高权力机构是董事会。英格兰银行在1946年被国有化,仍为中央银行,并隶属于财政部,掌握国库、贴现公司、银行及其余的私人客户的账户,承担政府债务的管理工作,其主要任务仍然是按政府要求决定国家金融政策。英格兰银行总行设于伦敦,职能机构分政策和市场、金融结构和监督、业务和服务三个部分,设15个局(部),同时设有8个分行。英格兰银行国有化后,政府成为英格兰银行的最大股东,现在,银行的董事都由政府提名、女王任命。董事会每周和每月都举行例会,讨论并制定相关的重大战略和政策。日常事务则主要由执行董事负责。在金融史上,英格兰银行占据重要的地位,它是绘就中央银行历史的最具代表性的素材。英格兰银行大楼早已成为当地的一大标志性建筑,里面还有一座专门介绍英格兰银行历史的博物馆,游客可以到此参观,领略"历史最悠久的中央银行"的风情。

资料来源:安月雷,《从私人银行到中央银行》,华东师范大学2009年硕士学位论文。

案例思考:请结合本项目知识点回答中央银行有哪些职能。

项目描述

金融机构是指国务院金融管理部门监督管理的从事金融业务的机构,主要有中央银行(即中国的中央银行——中国人民银行),银行业金融机构(包括政策性银行、商业银行、银行业专营机构等),非银行金融机构(包括保险公司、证券公司、投资银行、财务公司、第三方理财公司等)。他们有各自的地位和功能。

通过对本项目的学习,我们要能够回答以下问题:

1. 商业银行的功能及主要业务有哪些?
2. 中央银行的功能及主要业务有哪些?
3. 政策性银行的功能及主要业务有哪些?
4. 非银行性金融机构的功能及主要业务有哪些?

任务一 认识商业银行及其主要业务

商业银行是以经营金融资产和负债为主要业务，以利润最大化为经营目标的多功能、综合性金融企业。在现代金融体系中，商业银行处于主导地位，金融市场中的大多数金融交易活动都直接或间接地经由商业银行进行，商业银行也是信用货币的创造者之一。商业银行的资产业务和负债业务关系到整个经济社会的发展，商业银行的发展水平既反映了一个国家金融业的发展水平，又促进了一个经济体整个金融业的发展。

一、商业银行地位的重要性

在介绍影响货币运行的金融中介机构时，从商业银行开始，原因在于：第一，从历史上看，商业银行产生和成长的时间最长，是整个金融业演化的主流，其组织管理和业务经营均较为全面和成熟。因此，只要理解了商业银行，就不难理解和掌握其他影响货币运行的组织和机构。第二，在当今世界各国的金融体系中，商业银行规模最庞大，其活动对整个金融业和社会经济的影响是其他任何金融机构难以比拟的。第三，商业银行经营业务范围广泛、综合性强，与广大的工商企业发生联系，素有“金融百货公司”之称，有别于其他多数金融组织的专业经营。第四，商业银行是唯一能够办理用支票提取活期存款业务并提供交换和支付媒介、创造货币和信用的机构，这就把商业银行活动和中央银行货币运行以及整个社会活动紧密地联系起来。

二、商业银行的经营模式

在历史上，商业银行的演化和发展主要遵循两种形式。

一种是英国式的融通短期商业资金的形式。其特点为：放款的偿还期短、流动性高，对银行来说比较安全可靠。最典型的例证是国际贸易中的进出口押汇和国际贸易中的票据贴现与产销放款，厂商为购买储备原料和支付工资向银行借款周转，一旦产销完成，贷款就可从销售收入中得到偿还。

另一种是德国式综合银行的形式。其特点为：银行不仅提供短期商业或周转资金，而且融通长期固定资本。此外，还直接投资于新兴企业，并在技术革新、地区选择、合并增资方面为企业提供咨询；换言之，并不将商业银行与投资银行做严格区分，是经营一切银行业务的综合银行。

关于以上两种形式孰优孰劣，历史上存在过争议，但从近40年，特别是20世纪70年代以后的情况看，所谓英国式商业银行和德国式综合银行的区别已经逐渐消失，以至于整个欧洲金融界大多采用了所谓“混业经营”的模式，即银行与保险机构、投资银行等机构业务可以相互交叉，以展开充分竞争。1997年以后，世界范围的金融改革浪潮已使美国、日本这类历来采取“分业管理”模式的国家也改弦更张，提出了采取混业经营的金融改革一揽子计划。

三、商业银行组织体制的形式

(一)分支行制度

目前，世界上大多数国家的商业银行采用分支行制。其特点为：在首都或位于经济中心的大城市设立总行，在国内或国外根据业务需要设立不同级别的分支机构，组成银行体系。

(二)单元制

目前，单元制仅存在于美国。其特点为：银行业务完全由总行经营，不设任何分支机构，每家银行都必须注册。赞同分支行制的人认为，分支行制有利于吸收更多资金，实现大规模经营的效益，资金调度（包括准备金）比较方便，可以让更多的资金投入使用以获得收益，有利于提高管理水平，有利于放款分散达到风险分散，较能适应大企业的资金需要，便于中央银行对信用实行调节与管理。反对分支行制而赞同单元制的人则认为，分支行制容易形成垄断，易受外地经济不景气的影响，在决定业务方针等重大问题时需向总行请示，不够灵活及时。

（三）集团银行制

这一制度在美国最为流行，其特点是：由一个集团成立一家股权公司，再由该公司控制或收购两家或两家以上的银行。这种方式无疑是逃避对开设分支行种种限制的一种策略。

（四）连锁银行制

与集团银行制相似，其区别在于：连锁银行与股权公司无关，而是指两家（或两家以上）独立的以公司形式组织起来的银行，通过相互持有股份而由同一人或同一集团所控制。

除上述四种国内银行业务的基本组织体制外，近年来在国际业务中又出现了另外一种流行的组织形式——财团银行，这是指不同国家的大商业银行合资成立的银行，其目的在于专门经营境外美元市场及国际资金存放业务。

四、商业银行的资产业务

在分业管理模式下，商业银行的基本业务就是传统的资产、负债和中间业务。

商业银行的资产业务主要是放款和证券投资。银行的收益主要来自存贷款之间的利息差额，为了偿付存款利息、各项开支以及增加盈利，银行要通过贷款、投资等资金运用渠道，充分有效地使用资金。

（一）贷款

1. 贷款的种类

根据不同的划分标准，商业银行的贷款也多种多样，具体见图 4－1。

- 商业银行贷款种类
  - 按用途和对象划分
    - 工商贷款
    - 农业贷款
    - 不动产贷款
    - 消费贷款
  - 按期限划分
    - 活期贷款
    - 定期贷款
      - 短期贷款
      - 中期贷款
      - 长期贷款
    - 透支
  - 按有无担保品划分
    - 抵押贷款
    - 信用贷款
  - 按偿还方法划分
    - 一次还清贷款
    - 分期偿还贷款
  - 按发放贷款的银行的家数划分
    - 单独贷款
    - 联合贷款

图 4－1　商业银行贷款种类

下面对图 4—1 中的部分概念做解释。

(1)活期贷款。这是一种偿还期限不固定,但银行可以随时通知借款人在一定期限内归还的贷款,故又称通知放款。此种贷款适宜于借款人短期周转使用,对银行来说,是相当灵活便利的。

(2)定期贷款。即规定偿还期限的贷款。根据偿还期限的长短,它又可以分为:短期贷款,在美国一般为 1 年以下;中期贷款,一般为 5～7 年;长期贷款,一般高于 6 年或在 10 年以上。

(3)透支。当活期存款客户账户上的资金用完时,银行同意在规定的额度内,客户可以继续签发支票,向银行暂时借用资金;而当客户的存款账户上收入资金时,可随时用来归还以前的借款。这种业务又称活存透支。根据有无抵押品,透支可分为信用透支(又称往来透支)和抵押透支。透支实际上是一种临时融通资金的贷款,但它又不同于一般的贷款,这表现在办理贷款的程序、手续、归还贷款以及贷款利息的计算等方面。

(4)抵押贷款。银行为了贷款的安全而要求借款人提供抵押品的贷款称为抵押贷款。在发放抵押贷款前,要注意抵押品的质量和易售性,并需要办理抵押贷款的设定手续。

(5)信用贷款。即银行只凭借款人或第三者的信用而无须借款人提供抵押品所发放的贷款。信用贷款按有无保证人担保,可分为有保证人的信用贷款和无保证人的信用贷款。目前,银行贷款大部分属于有保证人的信用贷款。对于无保证人的信用贷款,银行必须对借款单位的经营财务状况有相当程度的了解。

(6)联合贷款。这是指因贷款项目巨大,一家银行无力承办或为了分散风险等目的,两家或两家以上银行共同提供的贷款。

2. 贷款原则及对借款者信用的分析和审查

商业银行的贷款原则是安全性、营利性和流动性。为了保证实现这三项原则的最佳组合,特别是为了保证贷款的安全,商业银行的信贷人员在贷款前后都必须对借款人的经营情况和信用程度进行详尽的事前调查分析以及事后跟踪总结。其主要内容包括:

(1)审查放款的标准。商业银行对借款人的审查非常严格、全面,标准相当高,概括起来,这些标准有 5C、5P 等,其中,C、P 是有关标准的英文首字母。5C 是指:①借款能力(capacity to borrow)。银行贷款时,不仅关心借款人的偿还能力,而且要关心其法定借款能力,例如对合伙企业放款,有时要求所有合伙人都在合同上签字负责;向公司贷款时,银行有时要求公司董事会通过决议授权借款。②借款人的品质(character)。这是指借款人要有强烈归还借款的愿望,借款人要诚实、可靠、辛勤工作和讲信用。要特别注意借款人过去偿还借款的记录。③资本(capital)。对银行来说,借款人的资本越多越好,资本越多,银行的风险就相对越小。资本的状况可以参考借款人财务报表上的总资产与总负债的情况。④放款的担保(collateral)。担保品应是易于确定价值、易于变现、不易损坏的财产。放款的金额要按担保品的市价打折扣。⑤经营情况(condition of business)。这是指借款人、企业以及行业在整个经济中的趋势,企业的管理经营水平等。

除 5C 标准外,还有人提出信用调查分析的 5P 和 3F 因素。5P 因素是指:①借款人因素(personal factor),即个人的信誉、人格、能力等;②目的因素(purpose factor),即放款有无增加生产的积极意义;③偿债因素(payment factor),即偿还资金是否具有自偿性和如何安排最好的偿还时间;④债权保证因素(protect factor),即放款的抵押品和收回贷款的保障措施;⑤展望因素(prospective factor),即对授信的评价和对银行盈利及风险的评价。除此以外,还要考虑其他经济因素,包括政局变动、景气循环、经济状况、同业竞争、劳资关系等。

(2)对企业财务报表的审查分析。主要包括:①应收账款分析,因为这一科目最接近于现金科目,例如应收账款集中在少数大客户上,则其风险比应收账款分散在中小账户要大;在很多情况下,对应收票据、企业存款也应具体分析。如果贷款是中期或长期的,则应考虑企业的固定资产情况。②对负债及净值科目的分析。如果企业的应付款项大于其业务规模,该企业就得增资或向外借款。企业的长期负债——包括抵押借款、债券、票据,中期借款和1年以上的负债——以及这些负债的性质、期限、合同规定等情况都应详细审查。③对企业收支明细表的分析,其目的是了解企业的业务经营是否稳定以及管理水平等。

(二)贴现

票据持有人请求银行对其未到期的票据提前付给现金而给银行一定利息报酬的业务,称为贴现。贴现实质上是银行一种放款性的资产业务,但它又不同于普通的放款。其优越性表现在以下几点:

(1)普通放款是银行与借款人之间的借款契约关系,而贴现则为银行向客户购买未到期票据的行为。

(2)票据到期的期限一般比较短,故银行办理贴现比发放贷款收回资金时间要快,而且票据在到期前可以在市场上流通转让,随时收回资金。

(3)普通贷款的责任人仅有借款人和保证人,而票据贴现的责任人有发票人、承兑人和背书人等,故用于贴现的资金比较安全。

(4)普通贷款的利息须到期才能收取,而贴现的利息则由银行预先扣取。如果贷款利率与贴现率相同,贴现金额与贷款金额也相等,那么银行办理贴现比发放贷款可以获得更多的利息收入。

贴现利息是根据贴现票据上的金额、贴现率和贴现天数计算出来的。贴现率可分为市场贴现率和再贴现率,市场贴现率即普通贴现率,它主要由短期的资金供求情况和利率高低等因素所决定。再贴现率又称银行率或官定率,根据各国经济和信用制度发展程度的不同,再贴率高于或者低于市场贴现率。客户向银行申请贴现的票据主要有商业承兑汇票、银行承兑汇票、商业期票以及政府债券本息票等。商业承兑汇票在贴现市场上采用得比较普遍,银行承兑汇票的信用程度高,故收取的贴现率较低。银行在办理商业期票的贴现时,要注意防止融通票据混杂其中。

(三)投资

"投资"一词有多种含义。商业银行投资是指商业银行购买有价证券作为资金运用的一种途径。投资与贷款都是银行的主要资产业务,但它们之间仍有不少区别:

(1)贷款一般由借款人主动申请才由银行发放,在确定贷款条件时(利率、期限和担保品等),决定权操纵在银行手中,而投资则是由银行买卖证券,在买卖中将会遇到来自证券交易商的竞争,故银行在投资时所处的地位不如发放贷款时有利。

(2)银行用于贷款的资金,通常要等贷款到期后才能收回,而银行投资于有价证券的资金,可以随时在公开市场出售而收回,但证券的价格要受市场供求关系的影响。

(3)银行贷款可以增加借款人在银行的派生存款,因而可以增加银行的准备金,而银行投资所支付的资金往往被提取,因而可能减少银行的准备金。

(4)为了安全起见,银行投资多半购买比较稳定的政府债券,但政府债券的利息通常要比贷款利息低,因此,银行贷款的盈利通常要比投资政府债券所获的盈利多。

商业银行投资所购买的有价证券,主要是指各级政府的债券、公司债券以及股票。商业银行投资的主要对象是短期国库券。银行买卖股票容易助长投机活动，故各国政府往往对银行购买股票的活动在法令上加以限制。

(四)消费信贷与房地产贷款

1.消费信贷

消费信贷是贷放给个人用来购买消费品或支付劳务费用的。金融机构中，原来以信用联合和财务公司为主要发放消费者贷款的机构，近年来由于竞争激烈，商业银行也开始经营这项业务。

20世纪30年代的商业银行是不能经营消费者贷款的。因为那时银行家们认为放款用于消费而不是用于生产，因而放款本身不会产生偿还贷款所需要的资金。之后，随着经济形势的发展，一方面工业生产过剩，为了推销产品，需要办理赊销；另一方面，由于广大消费者改变传统消费习惯，开始利用消费信贷，用明天的收入来购买今天的商品(也是为了逃避通货膨胀)，这样，银行就加入办理消费信贷的行列，或直接贷款给消费者或间接地以资金融通给工商业，向他们购买赊销合同。

2.房地产贷款

这是一种以房地产作抵押的借款。通常购买房屋的人，自己只要有一部分款项用于购买房屋，不足的部分可以用房屋作为抵押品借款支付。

房地产贷款也不是商业银行的传统业务。银行法最初禁止银行从事这项业务，是因为这种贷款期限长、流动性差，后来法律限制逐渐放宽，银行存款结构也变为储蓄和定期存款占较大比重，资金来源变了，银行也开始经营这项业务。

这种放款的金额大、期限长，因此对借款人的信用调查是很重要的。此外，还要对房地产进行评估，这是一项技术性、业务性很强的工作，一般由有专业经验的人来办理。房地产抵押贷款几乎都是按分期付款方式偿还的。

五、商业银行的负债业务

商业银行负债业务是形成商业银行主要资金来源的业务，是其最基本、最主要的业务。在商业银行的全部资金来源中，90%以上来自负债。商业银行负债业务的类型主要包括资本、存款和借入负债业务。银行负债的规模和结构决定了整个银行的经营规模和经营方向，而负债结构和成本的变化则极大地影响着银行盈利水平和风险状况。

(一)存款负债业务

根据不同的标准，存款可以划分为不同的种类，具体见图4—2。

- 存款
  - 按所有权划分
    - 私人存款
    - 机构、政府存款
  - 按来源划分
    - 原始存款
    - 派生存款
  - 按性质划分
    - 活期存款
    - 定期存款
    - 储蓄存款

图4—2 存款的分类

图 4—2 的三种分类中，最常用的是按性质划分。其内容如下：

1. 活期存款

存户可以随时到银行取款，由于存户凭支票提取存款，故又称支票活期存款。存户提取资金的支票有记名支票、不记名支票（来人支票）、普通划线支票和保付支票等。

2. 储蓄存款

银行为了鼓励人们储蓄而吸收的一种有息的定期存款；储蓄存款的存户多半是职工、居民。其特点是：存款金额小、存期较长，一般凭存折办理存取手续。

3. 定期存款

这是指规定了一定期限的存款，到期前一般不能支取。但习惯上银行也往往给存户以通融，允许存户提前取款，定期存款的利率高低与期限长短成正比。过去，定期存单是不能转让流通的，从 20 世纪 60 年代起，美国纽约的大商业银行开始发行可转让的大面额定期存单，借此来吸收国内外的闲散资本。

除上述三种存款外，还有两种存款的概念。

1. 通知存款

该种存款的存期不固定，但取款前必须通知银行，通知的期限越长，存款利率越高。

2. 同业存款

这是指其他银行存入本行的资金，供同业之间资金结算使用。同业存款的处理手续与活期存款基本相同。

（二）商业银行的资本

资本对于商业银行非常重要。充足的资本金既是商业银行维持业务运行、满足金融监管当局要求的资金基础，也是社会公众判断银行是否可信的依据，可以使债权人及社会公众加强对银行的信任感。

商业银行资本金的内涵不同于一般公司的资本金内涵。一般公司的资本金是根据会计学定义理解，即资本金等于资产总值减去负债总额后的净值，这个净值称为所有者权益或产权资本。按照《巴塞尔协议》的规定，商业银行资本由核心资本和附属资本构成。核心资本也称一级资本，由股本金和盈余留存组成；附属资本也称二级资本，由未公开储备、重估准备、普通呆账准备金、带有债务性质的资本债券、长期次级债券组成。

核心资本是银行的所有权资本，代表了银行真实的资本实力。为此，《巴塞尔协议》规定：核心资本至少应该占全部资本的 50%，其余部分则列为附属资本。

1. 股本金

股本金是银行资本中最基本、最稳定的，包括普通股和优先股。普通股构成银行资本的核心部分，它不仅代表对银行的所有权，而且具有永久性质。优先股兼有普通股和债券的特点。一般而言，银行优先股持有人按固定利率取得利息，对银行清算的剩余资产的分配权优于普通股股东，但不拥有对银行经营的管理权。

2. 盈余留存

盈余也是银行资本的重要组成部分，包括资本盈余和留存盈余。资本盈余主要是由投资者超缴资本和资本增值所形成。留存盈余是银行尚未动用的税后利润部分，是银行所有者权益的一个项目。留存盈余的大小主要取决于银行营利性大小、股息政策及税率等因素。

3. 债务资本

债务资本是 20 世纪 70 年代起被西方发达国家的银行广泛使用的一种外源资本。按《巴塞尔协议》的要求,这类资本被列为附属资本。债务资本所有者的求偿权排在各类银行存款所有者之后,并且其原始加权平均到期期限较长。债务资本主要有资本票据和资本债券两类。

4.储备金

储备金是为了防止意外损失而从收益中提留的资金,包括资本准备金、放款储备金与证券投资损失准备金。储备金在应付因优先股赎回等造成的股权资本减少或因贷款坏账损失等资产损失方面起到重要作用。但储备金在银行资本中的比重不会太大,银行收益规模、股利政策及金融管理部门的管制均对这类资本进行约束,因此银行不能大量筹集该类资本。

资本项目一般在商业银行的资金来源中所占比重很少,但它是银行实力强弱的标志之一,也是银行发展经营和业务扩展的基础和前提,特别是在保护存款人利益和保持银行业务持续发展方面具有重要作用。

(三)借入负债业务

虽然存款构成银行的主要资金来源,但当吸收的存款无法满足贷款和投资增长需求时,银行便需要寻求存款以外的其他资金来源。

1.同业拆借

同业拆借指的是金融机构之间的短期资金融通,主要用于支付日常性的资金周转,它是商业银行为解决短期资金余缺、调剂法定准备金头寸而融通资金的重要渠道。同业拆借一般是短期的,如日拆或隔夜拆借;如果借贷双方同意续借,利息则按日计算,利率根据市场资金供求状况而定。同业拆借一般不需要抵押品,全凭银行信誉。

2.中央银行借款

商业银行为满足资金需要,还可以从中央银行借款,主要有再贴现和再贷款两种方式。再贴现是指商业银行将自己办理贴现业务时所买进的未到期票据再卖给中央银行,即再次申请贴现,又称间接借款。再贷款是指中央银行向商业银行提供的信用放款,又称直接借款。在市场经济发达的国家,由于商业票据和贴现业务广泛流行,再贴现就成了商业银行向中央银行借款的主要渠道;而在商业票据信用不普及的国家,则主要采取再贷款的形式。

3.回购协议

回购协议是指商业银行在出售证券等金融资产时签订协议,约定在一定期限后按约定价格购回所卖证券,以获得即时可用资金的交易方式。回购协议最常见的交易方式有两种:一种是证券卖出和购回采用相同的价格,协议到期时以约定的收益率在本金外再支付费用;另一种是购回证券的价格高于卖出证券时的价格,其差额就是即时资金提供者的收益。

4.欧洲货币市场借款

除了在本国货币市场上取得借款外,商业银行还可以从国际金融市场筹资以补充银行资金的不足,最典型的就是欧洲货币市场借款。欧洲货币市场是一个不受任何国家管制与纳税限制、完全自由开放的市场,借款银行凭借其在国际金融市场中的资信取得借款,短期借款一般不签协议,无须提供担保,借款利率有固定的,也有浮动的。欧洲货币市场借款对各国的商业银行具有很强的吸引力,成为银行在国际市场融资的重要渠道。

5.发行中长期债券

发行中长期债券是指商业银行以发行人身份,通过承担债券利息的方式,直接向货币所有者举借债务的融资方式。商业银行发行的中长期债券通常称为金融债券,它又可分为资本性金融债券、一般性金融债券和国际金融债券。通过发行金融债券融资,可以拓宽商业银行负债渠道,促进负债来源多样化,增强负债的稳定性。但是,发行金融债券融资筹资成本较高,债券的流动性受到市场发达程度的制约，管理当局的限制也较为严格。

六、商业银行的中间业务和表外业务

（一）商业银行的中间业务

商业银行的中间业务是指商业银行不需要运用自己的资金，不列入资产负债表内，利用自身技术、信息、机构网点、资金和信誉等方面的优势，以中间人的身份为客户提供各类金融服务并收取手续费的业务。随着商业银行之间竞争的加剧，商业银行的存贷利差不断缩小，中间业务显得十分重要，成为商业银行利润的重要来源。在国外，商业银行的中间业务发展得相当成熟。美国、日本、英国等国家商业银行的中间业务收入占全部收益的比重均在40%左右，美国花旗银行收入的80%来自中间业务。

知识拓展4—1

中间业务的特点

1.代理性强

商业银行一般是以接受客户委托的形式开展中间业务的。在办理担保、代理等业务时，其代理性的特点更加明显。如代交交通违法罚款，商业银行只是接受交通管理局的委托代其收取的费用，商业银行无须承担风险。

2.资产性弱

商业银行在办理中间业务时，一般不需要运用或直接运用自己的资金，也不构成银行自身的资产。如商业银行在开展结算业务时的重要原则就是“银行不垫付”原则。

3.风险性低

由于商业银行中间业务是为客户提供各类金融服务并收取手续费的业务，所以中间业务的发展会为商业银行带来大量的手续费收入和佣金收入。西方发达国家商业银行中间业务收入占总收入的比重一般在40%左右。

商业银行中间业务主要包括结算业务、代理业务、信托业务、租赁业务、银行卡业务和信息咨询业务等。

1.结算业务

结算业务是银行接受客户的委托，根据各种收付凭证，为客户办理各种货币收付。它是在商业银行的存款负债业务基础上产生的一种业务，客户到银行存款（尤其是活期存款）除了安全保值的目的外，很大程度上是为了利用银行在转账结算方面的便利。结算业务主要有以下几种：

（1）汇兑业务。汇兑业务是银行接受客户委托，把款项支付给异地收款人的业务。根据通知承兑行付款的方式不同，汇兑业务分为票汇、信汇和电汇三种。承汇行开出汇票，由客户寄给异地收款人，再由持票人向承兑行取款，称为票汇；承汇行以邮信方式寄送支付委托书通知承兑行付款，称为信汇；承汇行以电报或电传方式通知承兑行付款，称为电汇。

（2）信用证业务。信用证是银行应客户的要求和指示，向受益人开立的具有一定金额、在一定期限内凭规定的单据在指定地点付款的书面保证文件。信用证结算方式就是付款人根据贸易合同，请当地银行开立以收款人为受益人的信用证，银行经审核同意并收取一定保证金后即开具信用证，收款人接到信用证后履行合同，开证银行接到有关单据后付款，付款人再向开证银行付款的结算方式。银行经办信用证业务，除了可以从中收取手续费外，还可占用一部分客户资金。

(3)托收结算。托收结算是由债权人或销货人向银行提出委托收款申请,由银行通知债务人或购货人所在地的本行分支机构或有代理行关系的他行代收款项,委托银行收到被委托行收妥款项的通知后,即将托收款项付给委托人。根据委托人是否提交托收款的依据,托收业务有光票托收和跟单托收之分。光票托收是指委托人开立的汇票不附带货运单据;跟单托收是指委托人将附有货运单据的汇票送交托收代收款项的托收方式。目前,国内的托收结算有托收承付和委托收款两种方式。

(4)支票结算。支票结算是由付款人根据其在银行的存款和透支限额开出支票,交给收款人,再由收款人持票向银行提取现金或办理转账的结算方式,属于同城结算方式之一。支票结算可分为现金支票和转账支票两种方式。现金支票可以提取现金,也可以办理转账;转账支票只能通过银行办理款项划拨,不能提取现金。

2.代理业务

代理业务是指商业银行接受政府、企业单位、其他银行或金融机构,以及居民个人的委托,以代理人的身份代表委托人办理一些经双方议定的经济事务的业务。主要包括以下几种业务:

(1)代理收付款业务。这是商业银行利用自己的结算便利,接受客户的委托代为办理指定款项的收付事宜。如代理发放工资、代理收付款项、代理医疗保险业务、代理个人分期付款业务等。

(2)代理融通业务。又称代收账款,是指由商业银行或专业代理融通公司接受他人的委托,以代理人的身份代为收取应收账款,并为委托人提供资金融通的一种代理业务。

(3)代理买卖业务。这是指商业银行接受客户的委托,代替客户买卖有价证券、贵金属和外汇的业务。这项业务的风险较小,银行除了可以取得手续费收入外,还可以吸收保证金存款。

(4)其他代理业务。商业银行的代理业务种类繁多,除了上述业务外,还有代理承销与兑付债券、代理清欠、代理监督、代理会计事务、代理保管、代购代销、代客理财、代办集资等。

3.信托业务

信托业务是指商业银行作为受托人接受客户委托,代为经营、管理或处理有关受托的资财或其他事项,为信托人谋取利益的业务。银行信托按其服务对象,可分为个人信托和公司信托两种;按信托财产的形态,可分为实物财物财产信托、货币资金信托和无形财产信托。

4.租赁业务

租赁业务是指商业银行作为出租人,向承租人提供某种设备(或其他物件)的使用权并收取租金的一种业务。其特点是设备的所有权与使用权分离,承租人定期缴纳租金,而在整个租赁期内拥有设备的使用权,设备的所有权仍归出租人所有。租赁期满,由出租人收回,也可作价由承租人留购。以供出租的可以是昂贵的设备,如机床、汽车、飞机、轮船、电子计算机等,也可以是耐用消费品,甚至是大型成套设备。

5.银行卡业务

银行卡是由银行发行、供客户办理存取款业务的新型服务工具的总称,包括信用卡、支票卡、记账卡、自动出纳机卡、智能卡等。因为各种银行卡是由塑料制成的,又用于存取款的转账支付,所以也称为“塑料货币”。银行卡的出现是银行业务与飞速发展的科学技术相结合的产物,它使银行业务有了崭新的面貌。

(1)信用卡。信用卡是银行或公司签发的证明持有人信誉良好,可以在指定的商店或场所进行记账消费,如购买商品、支付劳务,或在指定地点支取现金的一种信用凭证。信用卡是所有银行卡中数量最多的一种,具有"先消费、后付款"的特点。

(2)支票卡。又称支票保证卡,是供客户签发支票时证明其身份的卡片。支票卡在欧洲比较通行。支票卡与一般信用卡的区别是,支票卡只起证明作用,而无授信功能。卡片上载明客户的账号、签名和有效期。使用时客户要出示卡片,并当着收款人的面签署支票,经检验卡片在有效期内,支票的账号和签名与卡片相符,银行即可付现,也可给商店支付货款。

(3)记账卡。记账卡是一种可以在与银行电子计算机总机相连的各种终端机上使用的塑料卡。它与信用卡的不同之处在于,使用时立即借记往来或储蓄账户,而不能获得银行授信。

(4)智能卡。又称智慧卡,是一种携带方便、具有某些智能的卡片。其中一种叫灵光卡,又称记忆卡。在卡上装有一个微型集成电路,可以存储大量数据,并有计算功能,可以单独使用,不必与终端机相连。每张卡上储存一定金额,每用一次就减去所用金额,用完后再到银行去补充金额。还有一种叫激光卡,又称光卡。这是一种运用激光技术的全息摄像卡。它把全息像与磁性记录结合起来,在其磁性记录中存入安全照片,从而还可作其他多种用途。智能卡的最大优点是保密性强、使用安全、可脱机交易,但造价较高。

6.信息咨询业务

信息咨询业务是指商业银行运用自身积累的大量信息资源,以专业的知识、技能和经验为客户提供所需信息和多项智力服务的一种中间业务。商业银行利用其联系面广、网点多、信息灵通和先进的通信设施开展信息咨询业务,能充分利用和挖掘银行固有的资源优势、拓宽银行业务领域、增加银行收益,因而成为银行新的利润增长点。

(二)商业银行的表外业务

自20世纪80年代以来,商业银行业务创新的一个重要标志就是表外业务的迅猛发展。

根据巴塞尔委员会提出的判定标准,表外业务可分为广义和狭义两种。

1.广义表外业务

广义表外业务包括所有不在资产负债表中反映的业务,它由中间业务和狭义表外业务构成。中间业务又称金融服务类业务,与狭义表外业务相比,它只为银行带来服务性收入,而不影响表外业务的质量。

2.狭义表外业务

狭义表外业务是指商业银行所从事的按国际会计准则不计入资产负债表,因而不影响资产负债总额,但能改变银行损益和营运资金状况的业务。狭义表外业务就是通常所说的表外业务的代表形式。

巴塞尔委员会将狭义表外业务分为以下四类:

(1)贷款承诺(loan commitment)。贷款承诺是银行在未来特定时期内,向客户按事先约定的条件发放一定数额贷款的诺言。承诺分为可撤销承诺(revocable commitment)和不可撤销承诺(irrevocable commitment)。可撤销承诺附有客户在取得贷款前必须履行的特定条款,一旦在银行承诺期间及实际贷款期间发生客户信用等级降低的情况,或客户没有履行特定条款,银行可撤销该项承诺。有些可撤销承诺的协议对双方不具有法律上的约束力。不可撤销承诺是指银行不经客户同意不得私自撤销的承诺,是有法律约束力的。

可撤销承诺包括透支、信用额度;不可撤销承诺包括商业票据信用额度、备用信用额度、循环信用额度、相互存款协议、回购协议、票据发行便利。

(2)担保。担保是商业银行以证人和保人的身份接受客户的委托,对国内外的企业提供信用担保服务的业务。即商业银行为交易活动的双方中的某一方(委托人)对另一方出具书面担保,以保证委托人的债务或应履行的合同义务,并承担损失的赔偿责任。

担保包括银行承兑汇票、备用信用证、跟单或商业信用证、货物偿还担保、有追索权的债权转让、背书、对分支机构的财务支持。

(3)金融衍生工具。金融衍生工具是目前在西方商业银行中最为流行的表外业务。它是指以股票、债券或货币等资产的交易为基础派生出来的金融工具。它们依附于股票、债券、货币等资产的交易而存在,是从原始的证券或资产衍生而来的,其本身不能独立存在。金融衍生工具包括远期外汇合约、货币互换、货币期货、货币期权、利率互换、利率期权、利率上限和下限、股票指数期货和期权等。

(4)投资银行业务。投资银行业务即以前由投资银行和证券公司经营的各种业务。西方金融监管当局从20世纪70年代末陆续放松和取消对金融机构业务范围和活动领域的限制。随着金融业务的自由化,商业银行和投资银行以及其他金融机构之间的业务分工和界限变得越来越模糊不清。商业银行目前承担了许多投资银行业务。投资银行业务包括证券包销、证券代理和分销、证券做市等。

任务二 理解中央银行及其主要业务

中央银行是一国金融体系的核心,通过实施货币政策和金融监管,在稳定一国金融体系和调控国民经济活动等方面发挥着重要的作用。因此,目前世界主要国家除极少数特殊情况外,都设有中央银行或类似于中央银行的金融管理机构。

一、中央银行的职能

(一)中央银行是"发行的银行"

这是指国家赋予中央银行集中与垄断货币发行的特权,中央银行是国家唯一的货币发行机构(在有些国家,硬辅币的铸造与发行由财政部门负责)。这是中央银行最基本、最重要的标志,也是中央银行发挥其全部职能的基础。几乎在所有国家,垄断货币发行权都与中央银行的产生和发展直接相连。在商业银行逐步演变为中央银行的进程中,货币发行权的独占或垄断是其性质发生质变的根本标志。而从国家直接设立的中央银行看,垄断货币发行权是国家赋予的最重要的特权之一,是所有授权中首要的也是最基本的特权。一部中央银行史,首先是一部货币发行权逐渐集中、垄断和独占的历史。

(二)中央银行是"银行的银行"

这是指中央银行一般不与企业和个人发生直接的信用关系,而主要是与商业银行和其他金融机构发生业务往来,并且其业务活动仍然具有银行固有的办理存款、贷款业务的特征,为商业银行和其他金融机构提供支持、服务。这一职能也是由中央银行的性质所决定的。一方面,中央银行是特殊的金融机构,并且垄断了货币发行权,因而成为商业银行资金的最后来源;另一方面,中央银行是特殊的行政机构,受国家委托,对商业银行和其他金融机构的业务活动进行监督和管理,以维护整个金融业的安全。

(三)中央银行是"政府的银行"

这是指中央银行根据国家法律授权制定实施货币政策,负有保持货币币值稳定和保障金融业稳健运行的责任，并且为政府代理国库，办理政府所需的银行业务，提供各种金融服务。此外，许多国家中央银行的主要负责人由政府任命，绝大多数国家的中央银行的资本金为国家所有或由国家控制股份，有些国家的中央银行本身就是政府的组成部门。

二、中央银行的业务原则

（一）中央银行不经营一般的银行业务

中央银行作为“银行的银行”，不与一般企业发生业务往来，只与商业银行发生业务关系。具体表现为：(1)中央银行是商业银行的现金准备中心；(2)中央银行是商业银行票据的结算中心；(3)中央银行对商业银行提供信贷。

（二）不以营利为目的

中央银行在金融体系中居于领导地位，它虽然与商业银行或非银行金融机构发生业务，但其业务经营的目的不是营利，而是实现特定的社会经济目标，如防止通货膨胀、促进经济增长、保障充分就业、平衡国际收支等。

（三）不支付存款利息

中央银行的存款主要是财政存款、准备金存款和往来户存款。财政存款是中央银行代理国家金库，属于保管性质；准备金存款和往来户存款是中央银行集中存款准备，属于调节和服务性质，不以营利为目的，所以不支付利息。我国中央银行为了加强资金管理，对准备金存款和往来户存款支付较低的利息。

（四）业务活动公开化

拓展阅读

各国的中央银行

中央银行为了达到宏观调控的目的，使社会各界了解其所制定的金融政策和经营方针等，必须定期向社会公布其资产负债情况和业务状况，并提供有关统计资料。

（五）资产具有较大流动性

中央银行为了使资金能够灵活调度、及时运用，必须保持自身资产具有较大的流动性，其业务活动基本是贴现、再贷款等短期性资产业务，而不易于投放长期性资产。另外，中央银行的业务活动也有严格的限制，如不得从事不动产抵押放款、不得从事不动产买卖业务等。

三、中央银行的资产业务

（一）再贴现和再贷款业务

1. 再贴现业务

中央银行的再贴现业务是指中央银行按照一定的再贴现率，买进商业银行已贴现未到期的商业票据的行为。全国商业银行缴存在中央银行的存款准备金，构成中央银行吸收存款的主要部分。当商业银行资金短缺时，可以从中央银行取得借款。其方式是把工商企业贴现的票据向中央银行办理再贴现，或以票据或有价证券作为抵押向中央银行借款。例如，意大利银行再贴现的额度相当于商业银行负债额的3%～5%；德意志联邦银行对金融机构发放的抵押放款期限最长为3个月。

2. 再贷款业务

中央银行的再贷款业务主要有以下几类：(1)对商业银行和非银行金融机构的贷款，主要是为了解决金融机构短期资金周转的困难；(2)对财政的贷款，是为了解决财政收支困难；(3)其他放款，包括对外国银行和国际金融机构的贷款，以及对国内企业少量的直接贷款等。

（二）证券业务

证券业务又称公开市场业务，是指中央银行在金融市场上买卖有价证券的业务，是中央银行执行货币政策的重要手段，中央银行在公开市场上买卖的有价证券一般是政府债券、国库券及流通性非常高的有价证券。中央银行在公开市场上买卖有价证券不是为了进行证券投资，而是为了维护金融市场的稳定、调节货币流通。在需要紧缩银根时，卖出中央银行持有的有价证券，回笼货币；在需要扩张信用规模时，则在公开市场上买入所需要的有价证券，发放货币。

（三）黄金与外汇储备业务

中央银行担负着为国家管理外汇和黄金储备的责任，而黄金与外汇储备是中央银行重要的资产，对外可发展对外经济关系，对内可保持国内货币流通。截至 2023 年年底，我国的外汇储备规模为 32 380 亿美元。

四、中央银行的负债业务

中央银行的负债业务主要包括货币发行、代理国库及集中存款准备金等。

（一）货币发行

当今世界各国中央银行均享有垄断货币发行的特权，货币发行业务是中央银行独有的负债业务。

中央银行的货币通过再贴现、贷款、购买证券、收购金银与外汇等方式投入市场，形成流通中的货币，以满足国民经济发展对流通手段和支付手段的需要，促进商品生产的发展和商品流通的扩大。但是，投入市场的每张货币都是中央银行对社会公众的负债，而现代中央银行对所发行的货币并不承担兑现义务。因此，这种负债在一般情况下，事实上成为长期的无须清偿的债务。

中央银行所发行的货币主要是银行券，即信用货币，此外还有一小部分为现钞纸币和用作辅币的金属铸币。这些货币之所以能流通，主要原因有两点：一是这些货币信用能力高，中央银行的支付能力、清偿能力是商业银行不可比拟的；二是国家行政力量的维护，国家强制人们接受这些支付与流通工具。

知识拓展 4—2

人民币的发行

我国人民币的具体发行是由中国人民银行设置的发行基金保管库（简称“发行库”）来办理的。所谓发行基金，是指中国人民银行保管的已印好但尚未进入流通的人民币票券。发行库在中国人民银行总行设总库，下设分库和支库。各商业银行对外营业的基层行、处设立业务库。业务库保存的是银行办理日常收付业务的备用金。为避免业务库过多存放现金，通常由上级中国人民银行为业务库核定库存限额。

人民币发行的具体操作程序是：当商业银行基层行、处现金不足以支付时，可以开出支票，到当地中国人民银行在其存款账户余额内提取现金。于是，人民币从发行库转移到商业银行基层行、处的业务库，意味着这部分人民币进入流通领域。当商业银行基层行、处收入的现金超过其业务时，超过的部分应主动送交中国人民银行，该部分人民币进入发行库，意味着退出流通领域。

中国人民银行人民币（钞票）发行程序如图 4—3 所示。

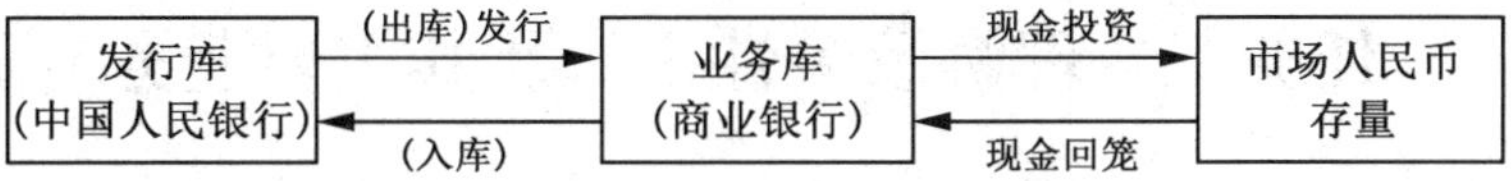

图 4—3　中国人民银行人民币发行程序

(二)代理国库

中央银行作为“政府的银行”,一般由政府赋予代理国库的职责,国家财政的收入与支出都由中央银行代理。由于财政支出一般总要集中到一定的数量再拨付使用,且一般使用单位也是逐渐使用的,因此,收支之间存在一定的时间差,收大于支的数量形成了一个可观的余额。同时,那些依靠国家拨给行政经费的行政事业单位的存款也都由中央银行办理。这样,金库存款、行政事业单位存款就构成了中央银行的重要资金来源。

(三)集中存款准备金

集中存款准备金是中央银行制度形成的重要原因之一。存款准备金本来是各商业银行和其他金融机构为了应付客户随时提现而在其所吸收的存款中按照一定的比例提取的现款。这部分现款一开始是由各商业银行和其他金融机构分散保存的。在正常情况下,每家金融机构所保存的这些现款,数量显得较多,因此出现了资金的闲置,这与其追求最大盈利的初衷是相悖的。但在非正常的情况下,例如客户集中提现,保存再多的现款也显得不足。这样一来,由中央银行把各商业银行和其他金融机构分散保存的准备金集中起来就显得很有必要,这既可以在一定程度上节省准备金的数量,又可以在特殊的情况下满足客户挤提存款的需要,从而保证了银行业的清偿能力和金融业的稳定。

五、中央银行的中间业务

中央银行的中间业务主要是对各商业银行在中央银行的资金进行划拨和清算。由于各商业银行都有法定存款准备金存在中央银行,并在中央银行设有活期存款账户,这样就可以通过存款账户,在全国范围内划拨、清算银行之间的债权债务关系。中央银行的清算业务大体可分为以下两项:

(一)集中票据交换和资金清算

这项业务是通过票据交换所进行的。票据交换所是同一城市内银行间清算各自应收应付票据款项的场所。票据交换所一般每天交换两次或三次,根据实际需要而定。所有银行间的应收应付款项都可以相互轧抵,之后收付其差额。各行交换应收应付差额后,即可通过在中央银行开设的往来存款账户进行转账收付,不必收付现金。

(二)办理异地资金转移

各城市、各地区间的资金往来,通过银行汇票传递,汇进汇出,最后形成异地间的资金划拨问题。这种异地间的资金划拨,必须通过中央银行统一办理。办理异地资金转移,各国的清算方法有很大的不同,一般有两种类型:一种是先由各金融机构内部自成联行系统,最后各金融机构的总管理处通过中央银行总行办理转账结算;另一种是将异地票据统一集中送到中央银行总行办理轧差转账。

目前,各国做法不一,英国以伦敦为全国清算中心;美国各联邦储备银行代收外埠支票,并以华盛顿为全国最后结算中心;德国、法国则利用遍布全国的中央银行机构,建立转账账户,为银行界服务。

任务三　理解政策性银行及其主要业务

作为国家重要金融工具的政策性银行，在我国已经有二十多年运营的历史。各大政策性银行为中国的经济发展和金融改革做出了不可否认和无可替代的贡献。政策性银行在我国社会经济生活中发挥着独特而重要的作用，构成我国金融体系两翼中的一部分。

一、政策性银行的负债业务

政策性银行作为政府的金融机构，有着既区别于中央银行又区别于商业银行的特殊的资产和负债业务。

（一）政策性银行经营的原则

政策性银行作为直接办理金融业务的政府金融机构，它的经营原则不同于商业银行，具有能够呈现自身特征的经营原则（见表4－1）。它要贯彻政府的政策意图，决定了它必须坚持政策性原则，而它以银行的形式存在，是特殊的金融企业，又决定了它必须贯彻安全性和效益性原则，即“让小利、取大利”。所谓“小利”，是指政策性银行自身的财务效应；所谓“大利”，是指国家长远利益和全局利益。政策性银行只有坚持这种经营方针，才能履行自己的职责，完成自己所担负的任务。

表4－1　政策性银行经营的原则

政策性原则	政策性原则是指政策性银行在一切经营活动中，以国家政策为导向，服务和服从于国家的各项方针政策，坚持为经济发展服务的原则。政策性原则是政策性银行经营管理的前提，但并不意味着政策性银行只是被动地为政策项目提供资金，而是要积极参与项目决策，使国家的信贷政策与产业政策相互衔接。
安全性原则	安全性原则是指政策性银行在经营活动中要规避各种风险，避免资产损失，保证资金的安全，顺利收回本金和利息的原则。虽然政策性银行与商业银行在经营目标上不相同，但二者在注重资产经营安全上是一致的。政策性银行作为特殊金融企业，一方面承担的是商业银行不愿支持的低盈利业务或弱质产业；另一方面还要受政府管理，有时还会受地方政府的行政干预。因此，政策性银行在经营中更需要遵循安全性原则，要正确地识别风险、度量风险和规避风险，保证资产的安全。
效益性原则	效益性原则是指政策性银行在业务经营活动中，既要追求社会效益，又要取得经济效益，实现保本经营的原则。由于政策性银行的业务主要是给有关国家产业政策和区域经济政策的项目进行贷款或投资，因此不以盈利为主要目的，但不等于不讲经济核算、不求经济效益。政策性银行既然是银行，就应该按照银行效益性原则来运行，否则政策性银行就失去了生存的基础和发展的条件。

（二）政策性银行的负债业务

政策性银行的负债业务受其性质影响，具有低费用甚至无须偿还的特征，而且是期限较长、规模较大的资金。这种特征要求基本决定了政策性银行资金来源的主要渠道和方式。一般来说，政策性银行通常有以下几种负债业务：取得政府供给资金、与社会保障体系及邮政储蓄银行合作、金融市场融资和国际融资等。

1. 政府供给资金

政策性银行是由政府创立和倡导的，因此，政府供给的资金是政策性银行的启动资金和重要资金来源，形成政策性银行的资本金或最初创始资金。有些政策性银行的资本金是由政府全额拨付的，有些虽然是部分拨付，但也占相当比重。这充分表明政府对政策性银行所具有的金融出资人的地位。政府供给资金的方式主要有无偿拨付和有偿借入两种。此外，还包括一些专项资金划拨和对政策性经营亏损的补贴或贴息。

2. 与社会保障体系及邮政储蓄银行合作

与社会保障体系合作主要是指向社会保险系统、养老基金或退休基金、医疗基金、就业基金、住房公积金借款。社会保险系统、养老基金、退休基金、医疗基金、就业基金、住房公积金等，大多是在政府的倡导和推进下形成的，甚至带有政府或立法强制建立的成分，有些还具有政府资金的性质，这些机构资金吸收费用较低，而且量大集中，所以在保证本身正常运用的前提下，其沉淀的余额部分最适合作为政策性银行的负债。

2007 年 3 月 6 日，中国邮政储蓄银行有限责任公司成立。2006 年以来，银监会不断督促指导政策性银行、邮政储蓄机构认真贯彻国家宏观调控政策，积极引导政策性银行和邮政储蓄机构在对农村地区业务拓展上的合作。邮政储蓄银行和政策性银行均改由财政部主管，邮政储蓄银行的财政化定位可以校正全社会资金异动，使政策性银行取得稳定的信贷资金来源。邮政储蓄银行吸收的存款可以采取内部定价方式转给政策性银行。协议存款业务方面，邮政储蓄银行突出加强与全国性商业银行和区域性金融机构的合作，积极扩大开展与政策性银行的业务往来，为政策性银行的资金来源提供保障。同时，邮政储蓄银行也是政策性银行债券承销团的主要成员，成为政策性银行债券融资的重要合作伙伴。

3. 金融市场融资

政策性银行在金融市场筹集资金，即向国内金融市场发行债券和向商业银行等金融机构借款。

在国内金融市场发行债券，是政策性银行在金融市场筹资的主要方式。其方式除一般地向社会公众募集以外，还可以采取定向筹集的方式，即向商业银行和其他融资机构发行金融债券。我国目前即采取这种做法。这也是政策性银行向商业银行等融资机构借款的主要方式。

金融市场融资与向社会保障体系及邮政储蓄银行借款相比，筹资成本较高，与政府供给资金更无法相比，因此，这种融资原则上应在政策性银行负债中居于次要地位。但由于各国经济、金融体制的差异，市场发达程度不同，因而无法绝对地确定各项负债在总资产中的主次轻重。

拓展阅读

我国的政策性银行及其发展历程

4. 国际融资

国际融资也是政策性银行的负债之一。政策性银行从国际上融资，包括在国际金融市场发行金融债券和从国际金融机构取得借款。在国际金融机构借贷中，既包括从全球性国际金融机构（如世界银行）借款，又包括从区域性国际金融机构（如亚洲开发银行等机构）借款，还可以向外国政府借款。

二、政策性银行的资产业务

政策性银行的资产业务是指政策性银行用于资金的业务，包括贷款业务、投资业务和担保业务。政策性银行代表的是政府利益，自身利益摆在次要的位置，所以政策性银行资金运用的目的是实现社会经济效益，资金运用的目标是通过合理引导资金的流向和流动，促进生产力的合理布局和资源的优化配置，调整产业结构，促进区域经济发展，保证社会经济的协调、平稳、持续和健康发展。

（一）贷款业务

贷款业务是政策性银行的主要业务活动，以中长期贷款为主，且多为资本性用途，其贷款对象的选择以社会效益为标准，贷款条件较为优越。具体包括普通贷款和特别贷款。

1. 普通贷款

普通贷款是指政策性银行承担的、一般性金融机构也能发放的贷款。这种普通贷款具有以下特点：(1)不具有政策性，是在一定条件下、一定限额内发放；(2)要求提供担保或不动产抵押。

2. 特别贷款

即政策性贷款，是指政策性银行发放的、一般性金融机构不能或不愿从事、政府给予补贴或担保的贷款，如产业开发贷款、基础设施贷款、扶贫开发贷款等。特别贷款具有利息低、期限长、贯彻国家经济与社会发展政策的特点。

(二)投资业务

投资业务是指政策性银行从事投资活动的业务，其投资目的不是持股或盈利，而是一种诱导性和过渡性的手段。投资业务主要包括股权投资和证券投资。股权投资是指为贯彻政府社会经济发展战略意图而对必须进行控制的行业或企业进行的直接投资；证券投资是指政策性银行购买符合政府产业和地区政策的企业所发行的中长期债券的投资行为。投资业务虽然是一项重要的资产业务，但与贷款业务相比，处于政策性银行资产业务的次要地位，并且从事投资业务的主要是开发性金融机构。

(三)担保业务

担保业务是指政策性银行为其所支持的领域融通资金提供信用保证。一方面，对其他银行所发放的符合政府意图的贷款给予偿还性保证；另一方面，对业务对象的债务进行保证，当借款人到期无力偿还贷款时，由政策性银行负责偿还全部或部分贷款。政策性银行担保的种类主要包括出口信贷担保、补偿贸易担保、透支担保、延期付款担保、租赁担保、投标担保和承包工程担保等。

任务四　了解非银行性金融机构的主要业务

银行性金融机构和非银行性金融机构都是一国金融机构体系的重要组成部分，它们共同为社会提供全面完善的金融服务。银行性金融机构在整个金融机构体系中居主导地位，而非银行性金融机构的存在则丰富了金融业务，充分满足了现代经济对金融的多样化需要，因此，非银行金融机构的发展程度是一国金融机构体系是否成熟的重要标志。

一、信托公司的主要业务

信托投资公司又称信托公司，它是以资金及其他财产为信托标的，根据委托者的意愿，以受托人的身份管理及运用信托资财的金融机构。

现代信托业务源于英国，但历史上最早办理信托业务的经营机构产生于美国。在西方国家，美国、英国、日本、加拿大等国信托业比较发达，这些国家除专营信托公司外，各商业银行的信托部也经营着大量的信托业务。当今，信托公司的业务活动范围相当广泛，几乎涉足所有金融领域的业务。就其信托业务而言，主要包括两大类：一类是货币信托，包括信托存款、信托贷款、委托存款、委托贷款、养老金信托、投资信托、养老金投资基金信托等；另一类是非货币信托，包括有价证券信托、债权信托、动产与不动产信托、事业信托、私人事务信托等。除信托业务外，一些国家的信托公司还兼营银行业务，大多数国家的信托公司兼营信托之外的服务性业务，即其他业务，如财产保管(遗嘱的财产保护、父母双亡的未成年子女的财产保护、罪犯的财产保护等)，不动产买卖及货币借贷之媒介，公债、公司债及股票的募集，债款、息款及税款的代收代付，股票过户及债务清算等。

1979年10月，经国务院批准，成立了中华人民共和国成立后第一家信托投资机构——中国国际信托投资公司。从此，金融信托业在全国范围内迅猛发展起来。首先是各家银行纷纷设立信托机构、开办信托业务，接着以省为代表的各级政府、各类经济主管部门以及一部分国有大中型企业为推动改革开放、扩大招商引资、拓展融资渠道，以筹集资金支持地方建设，相继设立了信托投资公司。信托投资公司主要办理委托、租赁、鉴证、担保、咨询等金融业务。

目前，我国各类信托机构开展的业务种类很多，既有传统的委托业务，又有适合我国国情的代理业务、租赁业务和咨询业务等。

(一)委托业务

信托机构作为受托人，按照约定的条件和目的，为委托人或受益人管理财产，处理与财产管理有关的一切经济事务，主要类型有资金信托、财产信托和其他信托。例如，资金信托是指信托机构接受委托人的委托，将委托人存入的资金，按其指定的对象、用途、期限、利率等发放贷款，并负责到期收回贷款本息。我国规定，信托投资公司接受由其代为确定管理方式的信托资金时，信托期限不少于1年，单笔信托资金不低于人民币5万元。

(二)代理业务

代理业务是指信托机构接受顾客委托，代为办理财产保管、资金收付、监督合同执行、执行保险、会计事务，以及受托代发国债、政策性银行债券、企业债券等各类经济事项。

(三)租赁业务

租赁是出租人将财物出租给承租人使用，并按规定收取租金的一种信用形式。信托机构开展的租赁业务有以下两类：

1.信托机构自营租赁业务

该业务是指信托机构根据客户申请，用所吸收的资金或经营结余资金购入客户选定的所需设备，出租给客户使用，并分期收取租金。

2.代理租赁业务

信托机构根据委托人要求，用委托人存入的信托资金购入客户选定的所需设备，出租给客户使用，并代委托人分期收取租金；或者将委托人委托出租的设备租给客户并收取租金。

(四)金融咨询业务

金融咨询业务是第二次世界大战后迅速发展起来的金融服务业务。改革开放后，我国各类金融机构也纷纷开展各种形式的金融咨询服务业务。信托机构提供的金融咨询业务包括市场咨询、信用鉴证、资信调查及技术咨询业务。

(五)投资基金业务

信托投资公司可以受托经营投资基金业务，即委托人将资金事先存入信托投资机构作为投资基金，委托信托机构向其指定的联营单位进行投资，并对资金的使用情况、投资单位的经营状况及利润分红等进行管理和监督。信托投资公司也可以作为投资基金或者基金管理公司的发起人从事投资基金业务。

(六)公益信托业务

该业务是信托投资公司接受以救贫、救灾、助残或发展科教文卫事业、保护环境及发展社会公益事业为目的的信托业务。

二、金融租赁公司的主要业务

金融租赁公司是专门经营租赁业务的公司，是租赁设备的物主，通过提供租赁设备而定期向承租人收取租金。金融租赁公司开展业务的过程是：租赁公司根据企业的要求，筹措资金，提供以“融物”代替“融资”的设备租赁；在租期内，作为承租人的企业只有使用租赁物件的权利，而没有所有权，并要按照租赁合同规定，定期向租赁公司交付租金。租期届满时，承租人向租赁公司交付少量的租赁物件的名义货价（象征性的租赁物件残值），双方即可办理租赁物件的产权转移手续。

金融租赁公司的主营业务有以下几个方面：

第一，公司自担风险的融资租赁业务包括典型的融资租赁业务（简称“直租”）、转租式融资租赁业务（简称“转租赁”）和售后回租式融资租赁业务（简称“回租”）三个类别。

第二，公司同其他机构分担风险的融资租赁业务有联合租赁和杠杆租赁两类。联合租赁是指多家有融资租赁资质的租赁公司对同一个融资租赁项目提供租赁融资，由其中一家租赁公司作为牵头人。杠杆租赁是指某融资租赁项目中的大部分租赁融资是由其他金融机构以银团贷款的形式提供的，但是，这些金融机构对承办该融资租赁项目的租赁公司无追索权，同时，这些金融机构按所提供的资金在该项目的租赁融资额中的比例直接享有回收租金中所含的租赁收益。

第三，公司不承担风险的融资租赁业务是委托租赁。委托租赁是指融资租赁项目中的租赁物或用于购买租赁物的资金是一个或多个法人机构提供的信托财产。租赁公司以受托人的身份，同作为委托人的法人机构订立由后者将自己的财产作为信托财产委托给租赁公司以融资租赁方式运用和处分的信托合同。该融资租赁项目的风险和收益全部归委托人，租赁公司则依据该信托合同的约定收取由委托人支付的报酬。该信托合同受《中华人民共和国信托法》管辖。租赁公司与出卖人之间的买卖合同以及与用户企业之间的融资租赁合同及自担风险的融资租赁业务中的同类合同毫无差别。

知识拓展 4—3

融资租赁的发展

融资租赁在20世纪50年代初最先出现于美国。目前在发达国家，融资租赁业已成为与银行信贷、证券并驾齐驱的三大金融工具之一。其融资租赁市场渗透率（租赁交易总额/固定资产投资总额）平均水平在15%～30%。我国的融资租赁业起源于1981年4月，最早的租赁公司以中外合资企业的形式出现，其原始动机是引进外资。1981年7月，成立了首家由中资银行组成的非银行金融机构——中国租赁有限公司；到1997年，经中国人民银行批准的金融租赁公司共有16家。

为了进一步推动我国金融租赁行业的发展，2007年银监会修订《金融租赁公司管理办法》，拟在试点成功的基础上，允许合格金融机构参股或设立金融租赁公司，允许合格外资机构在华设立或参股金融租赁公司，鼓励金融租赁公司为企业设备改造、设备销售和技术改造提供金融支持。融资租赁在我国经济发展中的作用和地位将越来越重要，融资租赁业在我国经济中的分量也将越来越大。随着我国经济的持续发展，依托越来越强大的实体经济，融资租赁行业在2014—2018年迅速发展，自2019年开始趋于稳定，并进入一个新的发展阶段。中国银行业协会于2024年7月9日发布的《中国金融租赁行业发展报告（2024）》显示，截至2023年末，中国金融租赁公司总资产规模达4.18万亿元，在培育新质生产力、推动行业可持续发展、提升金融服务等方面发挥了重要作用。

三、保险公司的主要业务

(一)保险的概念

“保险”是在我们日常生活中出现频率很高的名词,一般是指办事稳妥或有把握。但是,在保险学中,保险是指投保人根据合同约定,向保险人支付保险费,保险人对于合同约定的、可能发生的事故因其发生所造成的财产损失承担赔偿保险金责任,或者当被保险人死亡、伤残、疾病或者达到合同约定的年龄、期限时,承担给付保险金责任的商业保险行为。

作为一种社会经济制度,保险是一种社会化的安排。面临风险的人即广大被保险人,通过保险公司组织起来,保险公司将风险损失资料进行集中分析管理,用统计方法预测风险带来的损失,并用所有风险转移者缴纳的保险费建立起保险基金,集中承担被保险人因发生风险事故而造成的经济损失。这样,通过保险制度,被保险人个人的风险得以转移和分散。

(二)保险公司的主要业务

现代保险业务基本由财产保险、人身保险、责任保险和再保险四部分组成。

1.财产保险业务

财产保险是以财产及其相关利益为保险标的,对因保险事故的发生导致的财产损失,以货币或实物进行补偿的一种保险业务。财产保险业务种类主要包括以下几种:

(1)火灾保险。简称火险,是指保险人对于保险标的因火灾所导致的损失负责补偿的一种财产保险。

(2)海上保险。简称水险,是指保险人对于保险标的物因海上危险所导致的损失或赔偿责任提供经济保障的一种保险。

(3)机动车辆保险。简称汽车保险。汽车保险的内容包括汽车损失保险和汽车责任保险。

(4)航空保险。航空保险是一个统称,在国际保险市场上,其保障范围包括一切与航空有关的风险,其保障对象有财务和人身之分,以财务为保险标的的航空保险,主要有飞机保险和空运货物保险;以责任为保险标的的航空保险,主要有旅客责任险、飞机第三者责任险和机场责任险等。

(5)工程保险。这是指对进行中的建筑工程项目、安装工程项目及工程运行中的机器设备等面临的风险提供经济保障的一种保险,它在性质上属于综合保险,既有财产保险的保障,又有责任风险的保障。

(6)利润损失保险。利润损失保险是一种附加险。它承保由于火灾等自然灾害或意外事故使被保险人在一定时期内停产、停业或营业受到影响所造成的间接经济损失(包括利润损失和灾后营业中断期间仍需要开支的必要费用等损失)。它是依附在火灾或财产基本保单上的一种扩大责任的保险。

(7)农业保险。农业保险是以种植业和养殖业为保险标的,对其生长、哺育、成长过程中因遭受自然灾害或意外事故导致的经济损失提供补偿的一种保险。

2.人身保险业务

人身保险是以人的身体或生命为保险标的的一种保险。根据保障范围的不同,人身保险可分为以下几种:

(1)人寿保险。这是以人的寿命为保险标的,当发生保险事故时,保险人对被保险人履行给付保险责任的一种人身保险,包括死亡保险和生存保险。

(2)意外伤害保险。这是指被保险人在保险有效期内因遭遇非本意的、外来的、突发的意外事故,致使身体蒙受伤害因而残废或死亡时,保险人按照合同约定给付保险金的一种人身保险。该险种既可单独办理,也可作为其他人身合同的一种附加险。

(3)健康保险。这是指对被保险人因疾病或意外伤害事故所发生的医疗费用损失或导致工作能力丧失所引起的收入损失,以及因年老、疾病或意外伤害事故导致需要长期护理的损失提供经济补偿的保险。健康保险包括医疗保险、失能保险和护理保险。

3.责任保险业务

责任保险是指被保险人依法对第三人负责赔偿责任时,由保险人负补偿责任的保险,也就是以被保险人依法应当对第三人承担的损伤赔偿责任为标的的保险。责任保险按其承保的内容不同,可分为以下几种:

(1)公众责任保险。公众责任保险承保被保险人在固定场所或地点从事生产、经营或其他活动时,因意外事故而造成他人财产损失或意外伤害时依法应承担的赔偿责任。

(2)产品责任保险。产品责任保险承保因产品缺陷引起的事故,导致消费者、用户或其他人遭受财产损失或人身伤害,制造者、销售者、修理者依法应承担的赔偿责任。

(3)雇主责任保险。雇主责任保险承保雇主对雇员在受雇期间的人身伤害依法律或劳动(雇用)合同所应担负的经济赔偿责任。

(4)职业责任保险。职业责任保险承保各种专业技术人员因职业(或工作)上的疏忽或过失造成他人损害所应承担的赔偿责任。

(5)环境责任保险。环境责任保险承保被保险人污染环境造成第三者人身或财产损害,而应承担的经济赔偿责任以及依法应由被保险人承担的治理污染的责任,是公众责任保险的一种特殊形态。

(6)第三者责任保险。第三者责任保险如果是在财产保险中提到的,它通常采用附加承保方式承保。它承保被保险人的运输工具、建筑安装工程等因意外事故而造成第三者财产损失或人身伤害引起的赔偿责任。

4.再保险业务

再保险又称分保,是指保险人将其承担的保险业务,以承保形式,部分转移给其他保险人,以控制损失、稳定经营。再保险是在原保险合同的基础上建立的。在再保险关系中,直接接受保险业务的保险人称为原保险人,又称再保险分出人;接受分出保险责任的保险人称为再保险接受人,又称再保险人。再保险是指投保人根据合同约定,向保险人支付保险费,保险人对于合同约定的、可能发生的事故因其发生所造成的财产损失承担赔偿保险金责任,或者当被保险人死亡、伤残、疾病或达到合同约定的年龄、期限时,承担给付保险金责任的商业保险行为。

项目综述

商业银行是以经营金融资产和负债为主要业务,以利润最大化为经营目标的多功能、综合性金融企业。在现代金融体系中,商业银行处于主导地位,金融市场中的大多数金融交易活动直接或间接地经由商业银行进行,商业银行也是信用货币的创造者之一。

商业银行的资产业务主要是放款和证券投资。商业银行负债业务是形成商业银行主要资金来源的业务,是其最基本、最主要的业务。在商业银行的全部资金来源中,有90%以上来自负债。商业银行的负债业务的类型主要包括资本、存款和借入负债业务。商业银行中间业务是指商业银行不需要运用自己的资金，不列入资产负债表内，利用自身技术、信息、机构网点、资金和信誉等方面的优势，以中间人的身份为客户提供各类金融服务并收取手续费的业务。

中央银行是一国金融体系的核心，通过实施货币政策和金融监管，在稳定一国金融体系和调控国民经济活动等方面发挥着重要的作用。中央银行作为政府的银行，一般由政府赋予代理国库的职责，国家财政的收入与支出都由中央银行代理。

中央银行的资产业务主要是再贴现和再贷款业务。中央银行的中间业务主要是对各商业银行在中央银行的资金进行划拨和清算。中央银行的负债业务主要包括货币发行、代理国库以及集中存款准备金等。

政策性银行作为直接办理金融业务的政府金融机构，它的经营原则不同于商业银行，具有能够呈现自身特征的经营原则。政策性银行的负债业务受其性质影响，具有低费用甚至无需偿还的特征，而且是期限较长、规模较大的资金。政策性银行的资产业务是指政策性银行用于资金的业务，包括贷款业务、投资业务和担保业务。

信托投资公司又称信托公司。它是以资金及其他财产为信托标的，根据委托者的意愿，以受托人的身份管理及运用信托资财的金融机构。

金融租赁公司是专门经营租赁业务的公司，是租赁设备的物主，通过提供租赁设备来定期向承租人收取租金。

保险是指投保人根据合同约定，向保险人支付保险费，保险人对于合同约定的、可能发生的事故因其发生所造成的财产损失承担赔偿保险金责任，或者当被保险人死亡、伤残、疾病或达到合同约定的年龄、期限时，承担给付保险金责任的商业保险行为。现代保险业务基本由财产保险、人身保险、责任保险、再保险四部分组成。

项目技能训练

一、单选题

1. 信托与租赁属于商业银行的（　　）。

A. 资产业务　　B. 负债业务　　C. 中间业务　　D. 表内业务

2. 政策性银行是由（　　）创立和倡导的。

A. 中央银行　　B. 政府　　C. 企业　　D. 私人

3.（　　）是指政策性银行在业务经营过程中，既要追求社会效益，又要取得经济效益，实现保本经营的原则。

A. 效益性原则　　B. 安全性原则　　C. 营利性原则　　D. 政策性原则

4. 政策性银行在金融市场筹资的主要方式是（　　）。

A. 政府供给资金　　B. 与社会保障体系及邮政储蓄银行合作

C. 在国内金融市场发行债券　　D. 国际融资

5. 商业银行的投资业务是指银行（　　）的活动。

A. 贷款　　B. 购买证券　　C. 投资工业企业　　D. 投资房地产

6. 世界上最早的中央银行是（　　）。

A. 英格兰银行　　B. 法兰西银行　　C. 美联储　　D. 德意志联邦银行

7. 货币发行业务是中央银行的（　　）。

A. 资产业务　　B. 负债业务　　C. 中间业务　　D. 清算业务

8. 中央银行通常被称为“最后贷款人”，这是因为（　　）。

A. 其贷款利率最低

B. 在银行无能为力的情况下，可以向客户发放贷款

C. 可以向陷入困境的银行发放贷款

D. 监管银行贷款

9. 中央银行的业务对象是（　　）。

A. 一国政府与工商企业　　B. 一国金融机构与工商企业

C. 工商企业与家庭个人　　D. 一国政府与金融机构

10. 中央银行的（　　）是指中央银行按照一定的再贴现率，买进商业银行已贴现未到期的商业票据的行为。

A. 再贴现业务　B. 再贷款业务　C. 证券业务　D. 集中票据交换

二、多选题

1. 在分业管理模式下，商业银行的基本业务有（　　）。

A. 负债业务　B. 资产业务　C. 派生业务　D. 中间业务

2. 商业银行的资产业务按期限划分主要有（　　）。

A. 现金资产　B. 活期贷款　C. 定期贷款　D. 透支

3. 商业银行中间业务的特点有（　　）。

A. 代理性强　B. 资产性弱　C. 风险性低　D. 收益性高

4. 商业银行的中间业务有（　　）。

A. 结算业务　B. 信托业务　C. 汇兑业务　D. 租赁业务

5. 根据巴塞尔委员会提出的判定标准，商业银行狭义表外业务有（　　）。

A. 贷款承诺　B. 担保　C. 金融衍生工具　D. 投资银行业务

6. 政策性银行经营的原则有（　　）。

A. 安全性原则　B. 效益性原则　C. 政策性原则　D. 营利性原则

7. 政策性银行的负债业务有（　　）。

A. 政府供给资金　　B. 与社会保障体系及邮政储蓄银行合作

C. 金融市场融资　　D. 国际融资

8. 我国主要的政策性银行有（　　）。

A. 国家开发银行　B. 中国农业发展银行　C. 中国银行　D. 中国进出口银行

9. 下列选项中，属于政策性银行的资产业务的有（　　）。

A. 政府供给资金　B. 贷款业务　C. 投资业务　D. 担保业务

10. 下列关于政策性银行贷款业务的说法中，正确的有（　　）。

A. 贷款业务是政策性银行的主要业务活动

B. 以短期贷款为主

C. 多为资本性用途

D. 贷款对象的选择以社会公益为标准

三、判断题

1. 商业银行负债业务是形成商业银行主要资金来源的业务。（　　）

2. 银行是一种高杠杆的企业，自有资本低，所需资金来源主要依靠外部负债。（　　）

3. 目前，世界上各国的商业银行普遍采用单一银行制。（　　）

4. 商业银行的资产业务属于表内业务，负债业务属于表外业务。（　　）

5. 商业银行的证券投资属于资产业务。（　　）

6. 依据《巴塞尔协议》的规定，商业银行的核心资本充足率不得低于8%。（　　）

7. 担保属于商业银行的中间业务。（　　）

8. 中央银行的存款主要是财政存款、准备金存款和往来户存款。（　　）

9. 中央银行担负着为国家管理外汇和黄金储备的责任。（　）

10. 中央银行是“银行的银行”是指国家赋予中央银行集中与垄断货币发行的特权，中央银行是国家唯一的货币发行机构。（　）

四、问答题

1. 简述商业银行的资产业务及其种类。
2. 简述商业银行的负债业务及其内容。
3. 简述商业银行的中间业务和表外业务的区别。
4. 简述央行作为“银行的银行”的职能主要体现在哪些方面。
5. 列举我国主要的政策性银行及其特征。

项目四

习题答案

项目五　理解国际金融

思维导图

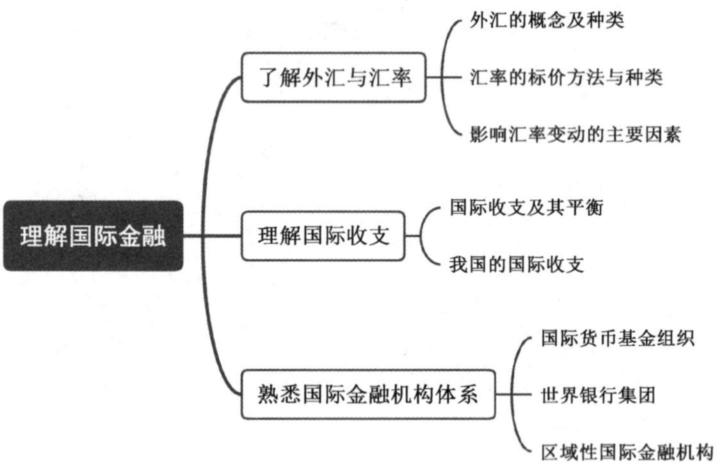

学习目标

知识与技能目标	思政教育目标
1. 掌握外汇的概念及种类 2. 掌握汇率的标价方法 3. 理解影响汇率变动的主要因素 4. 掌握国际收支的概念和国际收支不平衡的调节方法 5. 了解国际金融机构体系	1. 学习亚投行成立的过程，让学生了解习近平总书记提出的“一带一路”倡议，培养学生的家国情怀 2. 帮助学生解读国家方针政策，树立高度的民族自信心

案例导入

中国进出口银行与高质量推动“一带一路”建设

2023 年是共建“一带一路”倡议提出 10 周年。10 年来，“一带一路”倡议给世界带来了什么？

在马尔代夫，第一座跨海大桥连通岛屿；在黑山共和国，第一条高速公路穿越群山；在阿根廷，最大光伏电站点亮千家万户；在老挝，陆锁国“与海相连”的梦想终成现实……

山积而高，泽积而长。从夯基垒台、立柱架梁到落地生根、开花结果，历经10年耕耘，共建“一带一路”倡议得到越来越多的国家和国际组织的积极响应，成为深受欢迎的国际公共产品和国际合作平台。数据显示，截至2023年1月，中国已同151个国家和32个国际组织签署了200余份共建“一带一路”合作文件。

“连心桥”“繁荣港”“幸福路”，在共建“一带一路”框架下，一项项实实在在的成果，造福当地民众，带来发展希望，更留下坚实的支持足迹。2023年1月5日，在被尼泊尔誉为“国家荣耀工程”的博克拉国际机场项目投入运营当天，尼泊尔政府向一家中国的金融机构发出感谢信——“感谢进出口银行对该项目的卓越贡献”。

相似的支持足迹遍布“一带一路”沿线各国。中国进出口银行董事长吴富林表示：“10年来，中国进出口银行紧密围绕共建‘一带一路’的融资需求，持续加大金融支持力度，有力支持了中老铁路、匈塞铁路、中巴经济走廊等一批具有深远影响的标志性项目。”

数据显示，截至2022年年末，中国进出口银行“一带一路”贷款余额达2.2万亿元，已是“一带一路”建设的主力融资银行。

从纽带到网络——推动“硬联通”迈上新台阶

习近平总书记在出席第三次“一带一路”建设座谈会时强调，把基础设施“硬联通”作为重要方向，把规则标准“软联通”作为重要支撑，把共建国家人民“心联通”作为重要基础，推动共建“一带一路”高质量发展，取得实打实、沉甸甸的成就。

2023年1月4日，在中菲两国元首的共同见证下，吴富林与菲律宾财政部长本杰明·迪奥克诺签署菲律宾帕西格河桥梁项目贷款协议，通过建设新的桥梁，缓解大马尼拉地区严重的交通拥堵问题。

搭建一座桥、畅通一条路、连接一片海，中国进出口银行不断在“通”上发力。仅在2022年，进出口银行先后与印度尼西亚、坦桑尼亚、柬埔寨、蒙古国等多个国家签署贷款协议，重点支持上述国家道路、桥梁、机场等基础设施建设。

“今天是一个值得自豪的时刻，老挝各族人民终于梦想成真。”2021年，在由中国进出口银行提供支持的中老铁路正式通车当天，老挝国家主席通伦高兴地表示。中老铁路并不是一条普通的铁路，它的开通承载着交通便利、贸易发展的民众期盼。如今期盼渐成现实，开通一年多来，中老铁路累计发送旅客超1 000万人次，进出口货运总量超252万吨。

不仅如此，作为泛亚铁路中段的一个重要组成部分，中老铁路还是连接东南亚各国的陆上交通枢纽，助推着贯通欧亚大陆的货运铁路网络形成。一张更大的互联互通网络正在形成，越来越多由中国进出口银行融资支持的基础设施建设项目不断织就着这张“网”，为更多国家的发展提供机遇。

从民生到民心——促进“心联通”取得新进展

“注意实施雪中送炭、急对方之所急、能够让当地老百姓受益的民生工程。”习近平总书记在推进“一带一路”建设工作5周年座谈会上指出。

200多口水井、约1 800公里管线，塞内加尔乡村打井项目的落地可解决该国七分之一的吃水用水问题。巴林村村民迪奥姆说：“很感谢中国朋友为我们村里带来幸福，感谢‘一带一路’倡议，衷心希望塞中友谊地久天长。”

民心相通既是“一带一路”倡议的重要内容，也为“一带一路”高质量发展提供了必不可少的社会和人文基础。据了解,围绕民心相通,中国进出口银行始终以高标准、可持续、惠民生作为目标,聚焦重点领域、重点地区、重点项目,持续推进民生工程、民心项目。在具体项目选择上,坚持标志性项目和“小而美”并重,积极支持接地气、聚人心、见效快的“小而美”项目。

涓涓细流汇成大海,点点星光映照银河。在卢旺达南部,达胡耶66公里公路的修建,解决了当地居民的出行难题,因此又被称为“一条改善生活的幸福路”;随着悠长的火车鸣笛,哈萨克斯坦优质面粉随着中欧班列“长安号”来到中国,种植户因此有了更多出口收入;在孟加拉国达卡地区,帕德玛水厂保障了400万民众的饮水安全。正是在中国进出口银行的支持下,众多“一带一路”沿线国家民众的获得感和幸福感得到提升。

根据世界银行预测,到2030年,共建“一带一路”有望使相关国家760万人摆脱极端贫困、3 200万人摆脱中度贫困。通过推动一个个项目落地,进出口银行助力越来越多共建国家的民众从中受益,靠双手改变了自己和家人的命运。这是一组令人印象深刻的数据。在德国杜伊斯堡,中欧班列吸引上百家物流企业落户,创造出成千上万个就业岗位;在肯尼亚,内罗毕快速路的修建,为当地创造了6 000多个就业岗位;在特立尼达岛,特立尼达和多巴哥工业园区投入运营后,预计可为当地提供超过4 500个就业岗位。

从产品到服务——聚焦“谋共赢”发挥强支撑

习近平总书记强调,中国追求的是共同发展,我们既要让自己过得好,也要让别人过得好。

“一带一路”沿线多为发展中国家,融资需求规模大、层次多。中国进出口银行针对项目的不同特点,结合东道国的发展水平和财政状况,合理设计融资方案,优化提升产品组合,灵活运用多种融资工具,充分发挥资金综合效益。从发放“一带一路”贷款到超额完成50亿美元自非洲进口贸易融资专项资金投放,再到设立中国—东盟投资合作基金,10年来,中国进出口银行积极发挥政策性金融独特优势,守正创新,不断拓展金融服务的深度和广度。

在传统信贷产品基础上,进出口银行还持续推广出口融信通、跨境福费廷等多种贸易金融产品,满足项目差异化的融资需求。比如,通过贸易项下风险参与合作方式,为中国电建集团江西省电力设计院承建项目越南富美330MWP光伏电站办理国际福费廷业务,成为总分行联动支持“一带一路”建设的示范项目。此外,进出口银行还充分利用发起设立或参股的多支投资合作基金,发挥“投贷联动”优势,在不增加东道国债务负担的同时,为项目提供稳定、可持续的中长期融资支持。

今天,在支持的道路上,伙伴越来越多,合作越来越实。为更好地实现多方共赢发展,中国进出口银行不断加强与国际金融同业、多双边金融机构和国际组织合作,开展第三方市场合作,形成多方联动合力,实现优势互补、利益共享、风险共担。例如,与日本瑞穗银行、渣打银行、意大利裕信银行、欧亚开发银行、印度尼西亚进出口银行、卡塔尔多哈银行、乌兹别克斯坦外经银行等多家金融同业建立合作关系,与联合国工业发展组织围绕设施升级改造、工业发展规划等签署合作备忘录。就在2023年2月,中国进出口银行与沙特阿拉伯国家银行成功落地首笔人民币贷款合作,贷款资金将优先满足中沙贸易项下的资金需求。中国进出口银行相关负责人表示,与国际金融同业广泛开展合作,为更多国家提供优质金融服务,有助于高质量推动“一带一路”建设。

资料来源:中国金融新闻网,2023年5月26日。

案例讨论:学习习近平总书记提出的“一带一路”倡议的具体内容,结合本项目相关知识点思考传统金融机构在“一带一路”建设中的作用。

项目描述

现代世界是开放的世界,随着世界经济的一体化、金融的全球化,各国的经济活动早已跨越国界,按照国际统一的游戏规则运行。在开放的经济中,国际金融占据十分重要的地位,而国际收支和外汇又是国际金融中最基本和最重要的内容。学习完本项目内容,我们要能够回答以下问题:

1. 外汇的种类有哪些?
2. 汇率如何换算?
3. 什么是国际收支?
4. 国际收支不平衡是如何调节的?
5. 你能说出几种国际金融机构的名字及其功能吗?

任务一　了解外汇与汇率

一、外汇的概念及种类

(一)外汇的概念

外汇的含义有动态和静态之分。动态意义上的外汇是指一国货币兑换或折算为另一国货币的运动过程;静态意义上的外汇是指以外国货币表示的用于国际结算的支付手段。

国际货币基金组织(IMF)给外汇下的定义是:外汇是货币行政当局(中央银行、货币管理机构、外汇平准基金及财政部)以银行存款、财政部库券、长短期政府债券等形式所保有的在国际收支逆差时可以使用的债权。根据IMF的定义,我国对外汇做了更为明确的规定。《中华人民共和国外汇管理条例》(2008年8月1日国务院第20次常务会议修订通过)第三条规定,我国的外汇是指以外币表示的可以用作国际清偿的支付手段和资产,主要有外币现钞,包括纸币、铸币;外币支付凭证或者支付工具,包括票据、银行存款凭证、银行卡等;外币有价证券,包括债券、股票等;特别提款权;其他外汇资产。

(二)外汇的种类

1. 按能否自由兑换,可分为自由外汇和记账外汇

自由外汇是指无须货币发行当局批准,就可以自由兑换为其他国家货币的外汇。自由外汇在国际结算中被广泛使用,是各国可以选择的国际储备资产。

记账外汇又称清算外汇、协定外汇,是指两国政府间支付协定下的,只能用于双边清算的外汇。记账外汇未经外汇管理当局批准,不能兑换为其他货币或对第三国进行支付。

2. 按外汇的来源和用途,可分为贸易外汇和非贸易外汇

贸易外汇是指来源于或用于进出口贸易的外汇,即由于国际商品流通所形成的一种国际支付手段。贸易外汇是一国外汇收入的主要来源。

非贸易外汇是指贸易外汇以外通过其他方式所收付的外汇,如劳务外汇、侨汇和捐赠外汇等。

拓展阅读

常见外汇货币符号

3. 按交割期限,可分为即期外汇和远期外汇

即期外汇又称现汇,是指外汇买卖成交后在两个营业日内交割完毕的外汇。

远期外汇是指外汇买卖成交后不马上进行实际交割，而是约定在将来某一日期再进行交割的外汇。

二、汇率的标价方法与种类

(一)汇率及其标价

1. 汇率的定义

汇率是指一国货币折算为他国货币的比率，它是两种不同货币之间的折算比价，也就是用一种货币所表示的另一种货币的价格。用公式表示为：汇率＝A 货币/B 货币；或汇率＝B 货币/A 货币。

2. 汇率的标价

(1)直接标价法(direct quotation)。简单来说，就是用若干数量的本币表示一定单位的外币，或是以一定单位的外币为标准，折算成若干单位本币的一种汇率表示方法。在这一标价法下，外国货币好似“商品”，称为单位货币；本国货币好似货币，称为计价货币，两者对比后的直接标价法，则表示银行买卖一定单位的外币应付或应收多少本币。

特点有：①外币的数量固定不变，折合本币的数量则随着外币币值和本币币值的变化而变化。②汇率的涨跌都以本币数额的变化来表示。如果一定单位的外币折算成本币的数额比原来多，则说明外汇汇率上升、本币汇率下跌。在这种方式下，外汇汇率的涨跌与本币标价额的增减是一致的；更准确地说，本币标价额的增减“直接”地表现了外汇汇率的涨跌。

(2)间接标价法(indirect quotation)。即指用若干数量的外币表示一定单位的本币，或是以一定单位的本币为标准，折算成若干单位外币的一种汇率表示方法。在这一方式下，本币好似“商品”，作为单位货币，外币好似“货币”，作为计价货币，两者对比后的汇率，表示银行买卖一定单位的本币应收或应付多少外汇。目前只有极少数国家采用间接标价法。

特点有：①本币的数量固定不变，折合成外币的数额则随着本币和外币币值的变动而变动。②汇率的涨跌都以相对的外币数额的变化来表示。如果一定单位的本币折成外币的数量比原来多，则说明本币汇率上升、外币汇率下跌。

(3)美元标价法。即指以一定单位的美元为标准来计算应兑换多少其他货币的汇率表示方法。

特点有：美元的单位始终不变，美元与其他货币的比值是通过其他货币量的变化体现出来的。它是随着国际金融市场之间外汇交易量的猛增，为了便于国际交易，而在银行之间报价时采用的一种汇率表示法，目前被各大国际金融中心普遍使用。

(二)汇率的种类

1. 按汇率制定的方法，可分为基本汇率和套算汇率

(1)基本汇率(basic rate)。这是本国货币与关键货币之间的汇率。所谓关键货币，是指在国际贸易中使用最多、在各国外汇储备中所占比重最大，可以自由兑换，并被各国普遍接受的货币。目前，各国一般把美元作为制定汇率的关键货币，本币同美元的汇率即该国基本汇率。

(2)套算汇率(cross rate)。这是根据基本汇率套算出来的本国货币与非关键货币之间的汇率。目前，各国外汇市场上每天公布的汇率都是各种货币与美元之间的汇率，非美元之间的汇率均需通过美元汇率套算出来。

2. 按国际货币制度演变，可分为固定汇率和浮动汇率

(1)固定汇率(fixed rate)。这是指因某种限制而在一定的幅度内进行波动的汇率。该汇率在规定幅度内相对固定，具有相对稳定性。在历史上存在两种固定汇率：一种是金本位制下的固定汇率，另一种是布雷顿森林体系下的固定汇率。

(2)浮动汇率(floating rate)。这是指各国货币之间的汇率波动不受限制，而主要根据市场供求关系自由涨落的汇率。外币供过于求，意味着外币贬值，相对来说本币升值，呈现外汇汇率下浮；反之，外币供不应求，则意味着外币升值和相对的本币贬值，呈现外汇汇率上浮。

浮动汇率的划分参见表5—1。

表5—1　浮动汇率的划分

按其浮动过程是否受到干预	自由浮动(free floating)	这是指货币当局对汇率上下浮动不采取任何干预措施，汇率完全随外汇市场供求变化而自由涨落。它是一种纯理论分析，事实上并不存在。
	管理浮动(managed floating)	这是指货币当局以各种不同的方式来干预和影响汇率的变动。
按浮动方式	单独浮动(single floating)	这是指一国货币不与其他国家货币发生固定联系，而是按市场供求变化独立实行浮动，如美元、日元、英镑等。
	钉住浮动(pegged floating)	这是指一种货币钉住另一种货币，或特别提款权，或一篮子货币(basket of currencies)，并随其汇率的变化而变动。
	联合浮动(joint floating)	又称共同浮动或集体浮动，是指某些国家组成货币集团，集团内各种货币间实行固定汇率，而对集团外的货币汇率实行共同浮动。

3. 按银行买卖外汇的角度，可分为买入汇率、卖出汇率、中间汇率和现钞汇率

(1)买入汇率(buying rate)。又称买入价，是指银行向同业或客户买入外汇时使用的汇率。采用直接标价法时外币折合本币较少的那个汇率，或采用间接标价法时本币折合外币较多的那个汇率，即为买入价。

(2)卖出汇率(selling rate)。又称卖出价，是指银行向同业或客户卖出外汇时所使用的汇率。采用直接标价法时外币折合本币较多的那个汇率，或采用间接标价法时本币折合外币数额较少的那个汇率，即为卖出价。

(3)中间汇率(middle rate)。又称中间价，是买入价与卖出价的平均数，公式表示为：

中间汇率＝(买入价＋卖出价)÷2

(4)现钞汇率(bank notes rate)。一般来说，外国现钞不能在本国流通，只有将外钞兑换成本币，才能够购买本国的商品和劳务。把外币现钞换成本币，就出现了买卖外币现钞的兑换率，即现钞汇率。

4. 按对外汇管理的宽严程度，可分为官方汇率和市场汇率

(1)官方汇率(official rate)。官方汇率是指国家机构确定、调整和公布的汇率，一切外汇交易都必须以这一汇率为准。我国外汇管理局公布的外汇牌价，就属于官方汇率。官方汇率又可分为：①单一汇率；②多重汇率，包括双重汇率和多重汇率。

(2)市场汇率(market rate)。市场汇率是指在外汇市场上进行外汇买卖的实际汇率。

另外，按外汇买卖交割期限划分，有即期汇率(spot rate)和远期汇率(forward rate)；按外汇银行营业起讫时间划分，有开盘汇率(opening rate)和收盘汇率(closing rate)；按银行外汇汇付方式划分，有电汇汇率(telegraphic transfer rate，T/T rate)、信汇汇率(mail transfer rate，M/T rate)和票汇汇率(demand draft rate，D/D rate)；按汇率计算方法划分，有基本汇率

(base rate)和套算汇率(cross rate);按汇率在经贸金融往来中的重要性划分,有实际汇率(real rate)和有效汇率(effective rate)。

三、影响汇率变动的主要因素

一般来说,市场汇率是指在自由外汇市场买卖汇率的实际汇率,外汇市场的供求关系决定了汇率波动的过程。而影响外汇供给和需求的因素又有许多,这些因素既有经济的,也有非经济的;既有客观的,也有主观的;各因素之间相互联系、相互制约、错综复杂。

(一)国际收支

国际收支是一国或地区对外经济交往活动的综合反映,它对一国或地区之间的汇率变动有着直接的影响。当一国国际收支出现长期持续性逆差时,则该国外汇收入减少,进而国际储备减少,会引起本国对外汇需求的增长,以及外国货币供给的减少,导致在外汇市场引起外汇汇率上升,即本币汇率下降。反之,一国或地区的国际收支长期持续性顺差,则该国外汇收入相应增多,国际储备随之增加,会引起外国对该国货币需求增长和外国货币供给的增加,导致外汇汇率下降和本币汇率上升。

(二)通货膨胀

通货膨胀意味着货币贬值、物价上升、购买力水平下降。它影响汇率的传导机制有三条途径:(1)从贸易角度看,假如一国通货膨胀高于其他国家,意味着该国出口商品、劳务的国内成本提高,必然提高其商品、劳务的国际价格,则该国出口竞争力减弱,而外国商品在该国市场上的竞争力增强,会引起该国贸易收支逆差,导致外汇供不应求、外汇汇率上升、本币汇率下降。(2)从资本角度看,实际利率等于名义利率减去通货膨胀率,一国通货膨胀率的长期持续上升会使该国实际利率下降,促使资本流出,引起资本项目逆差和本币汇率下降。(3)从预期角度看,当通货膨胀成为公众的预期时,它会演变成公众对本币汇率下降的预期,在这种预期心理的影响下,为避免本币贬值带来的损失,公众会在外汇市场上抛售本币、抢购外汇,而此类行为会引起本币汇率的进一步下降。

(三)经济增长

经济增长对汇率的影响有两个方面:一方面,经济增长带来国民收入提高,会引起进口增加,这样容易造成该国的贸易收支逆差并引起该国货币汇率下降;另一方面,经济增长往往伴随着劳动生产率的提高,在增长过程中生产成本下降、产品价格下降且产品质量提高,从而使得该国产品在国际市场上的竞争力增强、出口增加、贸易收支顺差,该国货币汇率往往会上升。净影响取决于这两方面作用的力量对比。经济增长也会对资本流动产生影响,一国经济增长较快时,国内对资本的需求较大,国外投资者也愿意将资本投入该国,于是资金流入增加。一般来说,一国在经济高速增长的初期,会引起本币汇率下降,但长期来看,持续高速的经济增长会对本国币值起到有力的支撑作用。

(四)利率因素

国际金融市场上的资本会根据各国利率水平的差异而流动,流动的方向是从利率水平低的国家流向利率水平高的国家。如果一国提高利率,则对国际金融资本具有吸引力,导致资本内流、外币供大于求,从而促使本币汇率上升;反之,如果一国降低利率,使之低于其他国家利率水平,则本币汇率会趋于下跌。另外,一国利率提高,意味着信用紧缩,会使本国居民消费减少、国内投资需求降低、国内有效总需求水平下降,导致进口减少,从而减少外汇需求,有助于本币汇率升值。

(五)中央银行对外汇市场的干预

各国货币管理部门都会通过各种途径直接或间接地干预汇率。货币管理部门干预汇率的直接形式是通过中央银行在外汇市场上买卖外汇,改变外汇供求关系,从而影响外汇汇率或本币汇率;间接形式是以发表声明等方式来影响人们对外汇变动的心理预期,从而影响汇率。货币管理部门采取汇率政策的目的一般是稳定本币汇率,抑制外汇投机行为,减少汇率波动对国际贸易和国际金融活动造成的风险;也有可能是使汇率水平有利于本国的经济发展或服务于某种战略目标。

(六)心理预期因素

视频学习

有关汇率的小故事

在外汇市场上,人们是买进还是卖出某种货币,与交易者对该种货币未来汇率的趋势预期有着很大的关系。如果交易者预期某种货币的汇率在未来可能下跌,他们为了避免损失或获取额外的收益,便会大量抛出该种货币,该货币汇率下降;相反,如果交易者预期某种货币未来汇率可能上升,则会大量买进,该货币汇率上升。因此,外汇交易者对某种货币的预期心理,是决定这种货币短期汇率的主要因素,它主要表现为外汇市场的投机力量。

除了上述基本因素之外,还有许多其他因素也能影响汇率,如政治局势、突发事件、自然灾害、经济结构、经济周期等,这些因素和上述基本因素相互交织、相互制约或相互抵消,形成了一个复杂的影响外汇市场供求关系的系统。

任务二　理解国际收支

一、国际收支及其平衡

(一)国际收支的概念

国际收支(balance of payment)有广义与狭义之分。狭义的国际收支概念,指的是一国的外汇收支,各种国际经济交易只要涉及外汇收支,都属于国际收支的范畴。第二次世界大战后,国际经济、政治和文化等交往日益广泛,各种国际资本流动频繁,国际贸易形式及其结算方式越来越多样化,经济交易的内容也越来越多样化。没有外汇收支的交易、无偿援助、补偿贸易等在国际经济中的地位也越来越重要,于是出现了广义的国际收支概念,也就是由IMF制定的,目前被各国所普遍采用的国际收支概念,即指在一定时期内(通常是1年),一国居民与非居民之间经济交易的系统记录。

国际收支概念的内涵非常丰富,可从以下三方面加以理解和把握。

1.国际收支是一个流量概念

当人们提及国际收支时,总是需要指明是属于哪一段时期的。这一报告期可以是一年,也可以是一个季度或一个月等,但通常以一年作为报告期。国家间发生了债权债务关系后,就需要在一定时期内进行清算,一国对其他各国的国际结算所引起的货币收支,就构成了该国的国际收支。因此,国际收支是一个流量概念。

2.正确理解国际收支概念中居民与非居民的含义

所谓居民,是指在一个国家或地区的居住期限达一年以上的经济实体;否则,该经济实体就称为该国或该地区的非居民。需要指出的是,"居民"是一个经济概念,与法律概念的"公民"不同,居民与非居民都包括个人、企业、政府和非营利团体四类。个人居民一般是根据其居住地点和居住时间来判断，凡是在一国（或地区）保有住所满一年及一年以上的自然人，无论国籍，都是该国的居民。据此，移民属于其工作所在国的居民；逗留时间在一年以上的留学生、旅游者也属所在国的居民。但身在外国且代表本国政府的个人（如官方外交使节、驻外军事人员）一般被认为是他们自己国家的居民，是所在国的非居民。

一国的企业居民是指在该国成立、注册、从事生产经营活动的企业，它包括国内企业及外资、合资、合作企业等。国内企业设在国外的分支机构是本国的非居民、所在国的居民。政府机构，包括在其境内的各级政府机构及设在境外的大使馆、领事馆和军事机构等都是本国居民，凡设在该国的外国使领馆和国际组织机构都是该国的非居民。联合国、IMF、世界银行等是任何国家的非居民。

3. 在国际收支概念中，经济交易是指经济价值从一个经济实体向另一个经济实体的转移

经济交易可分为以下五种类型：(1)金融资产与商品劳务之间的交换；(2)商品与商品及商品与劳务之间的交换；(3)金融资产之间的交换；(4)无偿的商品劳务转移；(5)无偿的金融资产转移。

（二）国际收支平衡表

1. 国际收支平衡表的定义

国际收支平衡表是反映一定时期一国与外国的全部经济往来的收支流量表。它是对一个国家与其他国家进行经济技术交流过程中所发生的贸易、非贸易、资本往来以及储备资产的实际动态所做的系统记录，是国际收支核算的重要工具。国际收支平衡表可以综合反映一国的国际收支平衡状况、收支结构及储备资产的增减变动情况，为制定对外经济政策、分析影响国际收支平衡的基本经济因素、采取相应的调控措施提供依据，并为其他核算表中有关国外部分提供基础性资料。

国际收支平衡表是一种统计表，它以特定的形式记录、分类、整理一个国家或地区国际收支的详细情况。

国际收支平衡表的编制原理是复式记账。记账方法有以下几种：

第一，凡是引起本国外汇收入的项目，记入贷方，记为“＋”(可省略)。

第二，凡是引起本国外汇支出的项目，记入借方，记为“－”。

(1)贸易往来，即各种物质商品的输出和输入。出口列为贷方金额，进口列为借方金额。

(2)非贸易往来，主要包括劳务收支、投资所得等。收入列为贷方金额，支出列为借方金额。

(3)无偿转让。从外国转入本国列为贷方金额，从本国转向外国列为借方金额。

(4)资本往来，分为长期和短期。从外国流入本国的资本列为贷方金额，从本国流向外国的资本列为借方金额。

(5)储备。包括本国作为IMF的成员国分配得到的特别提款权，以及作为国际储备的黄金和外汇等。储备本身是存量，其增减额是流量。本年度储备增加额列为借方金额，其减少额列为贷方金额，二者相抵得出储备净增额或净减额。

国际收支平衡总表虽然平衡，但各类项目经常是不平衡的。商品输出大于输入，则贷方金额大于借方金额，形成外贸顺差；反之，则形成外贸逆差，或称外贸赤字。资本项目中流入大于流出，则贷方金额大于借方金额，形成资本净流入；反之，则形成资本净流出。储备项目中本年度增加额大于减少额，则借方金额大于贷方金额，形成借方净增金额，即本国的国际储备增加；反之，则形成借方净减金额，即本国的国际储备减少。

2. 国际收支平衡表的主要内容

(1)经常项目。该项目主要反映一国与他国之间实际资源的转移，是国际收支中最重要的项目。经常项目包括货物(贸易)、服务(无形贸易)、收益和单方面转移(经常转移)四个项目。经常项目顺差表示该国为净贷款人，经常项目逆差表示该国为净借款人。

(2)资本与金融项目。该项目反映的是国际资本流动，包括长期或短期的资本流出和资本流入。它是国际收支平衡表的第二大类项目。

资本项目包括资本转移和非生产、非金融资产的收买或出售，前者主要是投资捐赠和债务注销；后者主要是土地和无形资产(如专利、版权、商标等)的收买或出售。

金融账户包括直接投资、证券投资(间接投资)和其他投资(包括国际信贷、预付款等)。

(3)净差错与遗漏。为了使国际收支平衡表的借方总额与贷方总额相等，编表人员人为地在平衡表中设立该项目，以抵消净的借方余额或净的贷方余额。

(4)储备与相关项目。该项目包括外汇、黄金和分配的特别提款权(SDR)。

特别提款权是以IMF为中心，利用国际金融合作的形式而创设的新的国际储备资产。它是IMF按各会员国缴纳的份额，分配给会员国的一种记账单位，1970年正式由IMF发行，各会员国分配到的特别提款权可作为储备资产，用于弥补国际收支逆差，也可用于偿还IMF的贷款。特别提款权又称“纸黄金”。

国际收支平衡表中各项内容的关系及计算公式可以表示为：

国际收支总差额＝经常账户差额＋资本与金融账户差额＋净差错与遗漏

国际收支总差额＋储备资产变化＝0

各项差额＝该项的贷方数字－借方数字

3. 编制国际收支表的用途

(1)进行国际收支平衡状况分析。国际收支平衡状况分析，重点是分析国际收支差额并找出原因，以便采取相应对策，扭转不平衡状况。

(2)进行国际收支结构分析。通过对国际收支结构进行分析，可以揭示各个项目在国际收支中的地位和作用，从结构变化中发现问题、找出原因，为指导对外经济活动提供依据。

①周期性不平衡。这是指由于各国所处的阶段不同而造成的不平衡。经济周期一般包括四个阶段：危机—萧条—复苏—繁荣。当一国处于繁荣阶段而贸易伙伴国处于衰退阶段时，易造成本国的贸易收支赤字。

②结构性不平衡。这是指由于国际市场对本国的出口和进口的需求条件发生变化，本国贸易结构无法进行调整所导致的国际收支不平衡。

拓展阅读

国际收支平衡表的编制

③货币性不平衡。这是指由于一国的价格水平、成本、汇率、利率等货币性因素而造成的国际收支不平衡。

④收入性不平衡。这是指由于一国国民收入相对快速增长，导致进口增长超过出口增长而引起的国际收支失衡。

(三)国际收支不平衡的调节

一国国际收支状况是反映在国际收支平衡表中的。但按国际收支平衡表的总额对比并不能判断出一国国际收支的失衡状况。一国的国际收支状况不论是从一段时期来看，还是从某一时刻来看，均处于不平衡状态。如果一个国家的国际收支长期顺差或逆差，且数额较大，则必须及时加以调节，否则会对该国经济政策产生严重影响。

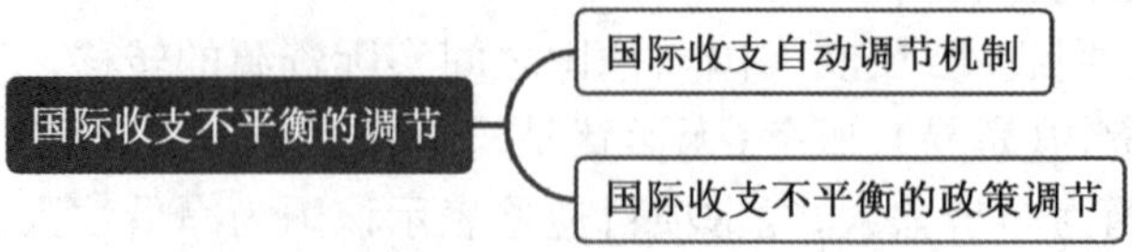

图 5－1　国际收支不平衡的调节方法

1. 国际收支自动调节机制

国际收支自动调节机制是指市场经济各种因素与国际收支相互制约、相互作用、自动调节国际收支平衡的过程。国际收支失衡必然直接或间接地引起其他经济变量的变化，后者又反过来引起国际收支失衡缩小的趋势。

国际收支自动调节机制主要表现在以下三个方面：

(1)国际金本位制下的国际收支自动调整机制。在金本位下，国际收支差额会引起黄金的国际流动，导致该国货币供应量相应变动；这会改变各国的物价水平和商品的国际竞争力，并最终使国际收支趋于平衡。

如果一国国际收支出现赤字，意味着本国黄金净输出，由于黄金外流，国内黄金存量下降，货币供给减少，从而引起国内物价水平下降，因此，本国商品在国外市场竞争力提高，外国商品在本国市场上竞争力下降，于是出口增加、进口减少，使国际收支赤字减少或消除。同样地，国际收支盈余也会通过相同机制使出口减少、进口增加，从而使盈余趋于消失。价格—铸币流动机制具体如下：国际收支逆(顺)差→黄金外(内)流→货币供应量减少(增加)→商品国内价格下降(上升)→出(进)口增加→逆(顺)差得到纠正。

(2)固定汇率制下的国际收支自动力调节机制。在固定汇率制下，当一国国际收支失衡时，可通过收入机制和货币机制的调节，使国际收支趋于平衡。

一国国际收支出现赤字时，为了维持固定汇率，一国货币当局就必须减少外汇储备，造成本国货币供应量的减少。一方面，这会对该国的资本账户带来影响，货币供应量减少使市场银根紧张、利率上升，利率上升会导致本国资本外流的减少、外资流入的增加，结果使资本账户收支改善；反之，国际收支盈余则会通过利率下降导致本国资本流出的增加、外国资本流入的减少，使盈余减少或消除。另一方面，会影响该国的经常账户，货币供应量减少，公众为恢复现金余额水平，就会直接减少支出，其中一部分用于进口花费，因此会减少进口需求，使赤字消失。同样地，盈余也可以通过该机制削减得失。货币调节机制具体如下：逆(顺)差→储备减少(增加)→进口减少(增加)→逆(顺)差得到改变。

(3)在浮动汇率制下的国际收支自动调节机制。在浮动汇率制下，一国当局不对外汇市场进行干预。如果一国国际收支出现赤字，外汇需求大于外汇供给，外汇价格即汇率就会上升；反之，如果一国国际收支出现盈余，外汇需求小于外汇供给，外汇价格就会下跌。通过汇率随外汇供求变动而变动，国际收支失衡就会在一定程度上得以消除。调节机制具体如下：逆(顺)差→对外汇需求增加(下降)→外币升(跌)本币跌(升)→进口(出口)产品贵→进口减少(出口增加)→逆(顺)差得到改变。

2. 国际收支不平衡的政策调节

各国政府可以选择的国际收支调节手段包括财政政策、货币政策、汇率政策、直接管制和其他奖出限入措施等。这些政策措施不仅改变国际收支，而且给国民经济带来其他影响。各国政府根据本国的国情采取不同措施对国际收支进行调节。

(1)财政政策。当一国出现国际收支顺差时,政府可以通过扩张性财政政策促使国际收支平衡。首先,减税或增加政府支出。通过税收乘数或政府支出乘数成倍地提高国民收入,由于边际进口倾向的存在,导致进口相应增加。其次,需求带动的收入增长通常伴随着物价水平上升,后者具有刺激进口、抑制出口的作用。此外,在收入和物价上升的过程中,利率有可能上升,后者会刺激资本流入。一般来说,扩张性财政政策对贸易收支的影响超过它对资本项目收支的影响,因此有助于一国在国际收支顺差的情况下恢复国际收支平衡。

(2)宏观货币政策。宏观货币政策是指一国政府和金融当局通过调整货币供应量,实现对国民经济需求管理的政策。在发达的资本主义国家,政府一般通过改变再贴现率、改变法定准备金率和进行公开市场业务来调整货币供应量。由于货币供应量变动可以改变利率、物价和国民收入,所以货币政策成为国际收支调节手段。

(3)汇率政策。汇率政策是指一国通过调整本币汇率来调节国际收支的政策。当一国发生国际收支逆差时,政府实行货币贬值(devaluation)可以增强出口商品的国际竞争力并削弱进口商品的竞争力,从而改善该国的贸易收支。当一国长期存在国际收支顺差时,政府可以通过货币升值(revaluation)来促使国际收支平衡。为了保证国际汇率相对稳定,IMF 曾规定各会员国只有在国际收支出现基本不平衡时才能够调整汇率。

(4)直接管制政策。直接管制政策是指政府直接干预对外经济往来,实现国际收支调节的政策措施。上述国际收支调节政策都有较为明显的间接性,更多地依靠市场机制来发挥调节作用。直接管制可分为外汇管制、财政管制和贸易管制。

(5)国际收支调节政策的国际协调。各国政府调节国际收支都以本国利益为出发点,它们采取的调节措施可能对别国经济产生不利影响,并使其他国家采取相应的报复措施。为了维护世界经济的正常秩序,第二次世界大战后,各国政府加强了对国际收支调节政策的国际协调。

二、我国的国际收支

在我国,国际收支平衡实质上是外汇收支的平衡。中华人民共和国成立以来,特别是改革开放以来,我国根据国际收支的一般原则,结合我国的具体情况,摸索出一套基本适合我国的国际收支管理理论和管理方法。

(一)外汇平衡的基本原则

我国外汇平衡总的管理原则是把外汇收支平衡当作整个国民经济的综合平衡的一个有机组成部分来考虑。具体把握以下两点:

1. 国民经济综合平衡是外汇收支平衡的根本保证

我国国民经济的综合平衡,包括财政、信贷、物资和外汇四个方面的平衡,实质上是社会总供给与社会总需求之间的平衡。总供给与总需求之间的失衡,必然导致外汇收支的失衡。因此,整个国民经济的综合平衡是实现我国外汇收支平衡的前提条件和根本保证。

2. 外汇收支平衡是保障国民经济健康发展,维持和促进国民经济平衡不可缺少的环节

外汇收支平衡作为国民经济综合平衡的一个组成部分,受国民经济综合平衡的影响,同时反过来又影响国民经济的综合平衡。外汇收支平衡作为国民经济综合平衡的一个环节,不仅直接影响着国民经济的综合平衡,而且,由于它与其他三个方面的平衡——财政、信贷和物资平衡——此三者之间有着极为密切的联系,因此它还可以通过影响各个平衡关系对综合平衡起作用。

（二）我国外汇收支平衡的政策手段

1. 计划手段

中华人民共和国成立以来，一直坚持“以收定支、量入为出、收支平衡、略有节余”的外汇平衡方针，实行外汇的计划管理，把贸易外汇收支和非贸易外汇收支都纳入计划管理，统一编制全国性的外汇收支计划。

2. 集中管理和统一经营

为了保证外汇收支按计划进行，我国实行严格的外汇管理制度，执行集中管理、统一经营的方针。

3. 严格的外汇收支管理

长期以来，我国一直采取扩大外汇收入和控制外汇支出的做法。通过外贸政策、财政税收政策和信贷货币政策来刺激国内企业扩大出口，增加外汇收入；同时，根据“量入为出”的原则，控制外汇支出。另外，资本项目下的外汇支出实施严格控制。

4. 利用外资的管理

利用外资包括四个方面：一是利用外国贷款；二是吸收国外直接投资；三是鼓励国内企业和机构在国际资本市场上进行直接筹资，如发行股票或债券；四是吸收国外资金直接进入国内资金市场。近年来，我国在上述方面已经制定了一系列政策法规，进行了一系列尝试，但总的来说还处于起步阶段，有待进一步的改革和完善。

任务三　熟悉国际金融机构体系

国际金融机构是维持国际货币制度正常运转及国际货币合作、协调各国货币政策或从事国际金融服务的金融机构。随着国际性金融机构的不断改革与完善，它们在国际经济和国际金融领域中将发挥更为重要的作用。

国际金融机构可分为两种类型：(1)全球性金融机构。最重要的首推 IMF 和世界银行集团。(2)区域性金融机构。具体包括两类：一类是联合国附属的区域性金融机构，可称为准全球性金融机构，如亚洲开发银行、泛美开发银行、非洲开发银行等；另一类是真正意义上的地区性金融机构，如欧洲投资银行、阿拉伯货币基金组织、伊斯兰开发银行、国际经济合作银行、国际投资银行、加勒比开发银行、亚洲基础设施投资银行等。

一、国际货币基金组织

图 5—2　国际货币基金组织图标

国际货币基金组织(International Monetary Fund,IMF)是根据布雷顿森林会议通过的《国际货币基金协定》成立的全球性国际金融机构。1944 年 7 月 1—22 日,44 个国家的代表在美国新罕布什尔州的布雷顿森林举行了“联合与联盟国家货币金融会议”,签订了《布雷顿森林协定》,决定成立 IMF 与国际复兴开发银行。1946 年 3 月,IMF 成立,1947 年 3 月 1 日开始活动,1947 年 11 月 15 日成为联合国所属专营国际金融业务的机构,总部设在华盛顿,会员包括 150 多个国家和地区,其中 39 个国家为创始会员国。

(一)国际货币基金组织的宗旨

《国际货币基金协定》中明确该组织的宗旨是:(1)为会员国提供一个常设的国际货币机构,促进国际货币合作;(2)促进国际贸易均衡发展,以维持和提高就业水平及实际收入,发展各国的生产能力;(3)促进汇率的稳定和维持各国有秩序的外汇安排,以避免竞争性的货币贬值;(4)协助建立各国间经常性交易的多边支付制度,并设法消除妨碍世界贸易发展的外汇管制;(5)在临时性基础上和具有充分保障的条件下,为会员融通资金,使之在无须采取有损于本国(地区)及国际经济繁荣措施的情况下,纠正国际收支的不平衡;(6)努力缩短和减轻国际收支不平衡的持续时间及程度。

IMF 的主要业务是向成员国政府提供贷款,以调整成员国暂时性的国际收支不平衡,避免国际收支失衡的成员国采取有损于本国经济和世界经济的政策和措施。

IMF 贷款的特点有:

第一,贷款对象只限于成员国的中央银行、财政部、外汇平准基金等政府部门。

音频学习

特别提款权

第二,贷款用途仅限于解决成员国的国际收支不平衡。

第三,贷款方式是成员国用等值的本国(地区)货币向 IMF 申请购买外汇或特别提款权。还款则用等值的外汇或特别提款权购回本国(地区)货币。

第四,成员国的贷款数额受基金份额的限制,贷款期限一般为 5～10 年。

我国是 IMF 的创始会员国之一,1980 年 4 月 17 日,IMF 正式通过决议恢复我国合法席位。1980 年 5 月末,我国政府向该组织先后委派了正副理事,正副理事分别由中国人民银行行长和国家外汇管理局副局长兼中国银行副行长担任。同年 9 月,我国政府第一次派代表担任 IMF 的执行董事,使执行董事的董事名额从 21 人扩大到 22 人。

(二)国际货币基金组织结构

IMF 的最高权力机构为理事会,由各成员派正副理事各 1 名组成,一般由各国的财政部长或中央银行行长担任。每年 9 月举行一次会议,各理事会单独行使本国(地区)的投票权(各国投票权的大小由其所缴基金份额的多少决定);执行董事会负责日常工作,行使理事会委托的一切权力,由 24 名执行董事组成,其中 8 名由美国、英国、法国、德国、日本、俄罗斯、中国、沙特阿拉伯指派,其余 16 名执行董事由其他成员分别组成 16 个选区选举产生;中国为单独选区,亦有一席。执行董事每两年选举一次;总裁由执行董事会推选,负责基金组织的业务工作,任期 5 年,可连任,另外还有 3 名副总裁。

该组织临时委员会被看作世界两大金融机构之一——IMF——的决策和指导机构。该委员会将在政策合作与协调,特别是在制定中期战略方面充分发挥作用。委员会由 24 名执行董事组成。IMF 每年与世界银行共同举行年会。

IMF 设 5 个地区部门(非洲、亚洲、欧洲、中东、西半球)和 12 个职能部门(行政管理、中央银行业务、汇兑和贸易关系、对外关系、财政事务、国际货币基金学院、法律事务、研究、秘书、司库、统计、语言服务局)。

二、世界银行集团

图 5—3 世界银行图标

世界银行集团(World Bank Group)目前由世界银行、国际开发协会、国际金融公司、多边投资担保机构和解决投资争端国际中心 5 个成员机构组成。

(一)世界银行

世界银行(World Bank,WB)又称国际复兴开发银行(International Bank for Reconstruction and Development,IBRD),是 1944 年 7 月布雷顿森林会议后与 IMF 同时产生的另一个国际金融组织。它于 1945 年 12 月正式建立,1946 年 6 月开始营业,总部设在美国华盛顿,并在纽约、日内瓦、巴黎、东京等地设有办事处。它是联合国的专门机构,世界银行与 IMF 是紧密联系、相互配合的国际金融组织,每年这两个机构的理事会联合召开年会。

世界银行建立之初,只有 39 个成员国,截至 2023 年 7 月,已有 189 个成员国,我国于 1980 年 5 月恢复了在世界银行的合法席位。按该行规定,凡参加世界银行的国家,首先必须是 IMF 的成员国,但 IMF 的成员国不一定都参加世界银行。

1. 世界银行的宗旨

对用于生产目的的投资提供便利,以协助成员国复兴与开发,并鼓励不发达国家生产和资源的开发;通过保证或参与私人贷款和私人投资的方式,促进私人对外投资;鼓励国际投资以开发成员国生产资源的方法,促进国际贸易的长期平衡发展,维持国际收支平衡;与其他方面的国际贷款配合,提供贷款保证。

2. 世界银行的组织机构

世界银行的组织机构由理事会和执行董事会组成。

理事会是世界银行的最高权力机关,由成员国选派 1 名理事和 1 名副理事组成,一般委派财政部长、中央银行行长或其他地位相当的高级官员担任,任期均为 5 年,可连选连任。副理事只有在理事缺席时才有投票权。理事会的主要职权是:负责讨论批准接纳新会员;决定普通增缴或调整缴纳股本;决定停止成员国资格;决定银行净收入的分配及其他重大问题。

世界银行负责处理日常业务的机构也是执行董事会。执行董事会有 24 人,其中 5 人由美国、英国、德国、法国、日本 5 个国家各自指派,其余 19 人由其他成员国按地区联合推选。中国、俄罗斯和沙特阿拉伯各自构成一个单独的选区,单独选派 1 名,其他成员国分别联合为多国选区。执行董事会选举 1 人为行长,行长即执行董事会主席,任期 5 年,可连任。行长无投票权,只在执行董事会表决中双方票数相等时有决定性的一票。行长下设有副行长,辅佐行长工作。

3. 世界银行的主要业务

(1)供给成员国经济重建或经济开发所需要的长期贷款。

(2)调解投资争端,提供投资担保。

(3)应成员国的要求,派遣调查团协助成员国拟订适当的长期经济开发计划,并于计划实施时,经常派遣专家予以协助指导。

中国是世界银行的创始国之一,中华人民共和国成立后,中国在世界银行的席位长期为台湾当局所占据。1980 年 5 月 15 日,中国在世界银行和所属国际开发协会及国际金融公司的合法席位得到恢复。世界银行的重要事项都需成员国投票决定,投票权的大小与成员国认购的股本成正比。世界银行每一成员国拥有 250 票基本投票权,每认购 10 万美元的股本即增加 1 票。美国认购的股份最多,有投票权 226 178 票,占总投票数的 17.37%,对世界银行事务与重要贷款项目的决定起着重要作用。我国认购的股金为 42.2 亿美元,有投票权 35 221 票,占总投票数的 2.71%。2010 年 4 月 25 日,世界银行发展委员会通过了世界银行新一阶段投票权改革方案,中国在世界银行的投票权从 2.7%提高到 4.42%,仅次于美国(15.85%)和日本(6.84%)。

我国从 1981 年起开始向世界银行借款。此后,我国与该行的合作逐步展开、扩大,世界银行通过提供期限较长的项目贷款,推动我国交通运输、行业改造、能源、农业等国家重点建设以及金融、文卫环保等事业的发展,同时还通过本身的培训机构,为我国培养了大批了解世界银行业务、熟悉专业知识的管理人才。

(二)国际开发协会

图 5—4　国际开发协会图标

国际开发协会(International Development Association,IDA)成立于 1960 年,是世界银行集团成员。

1. 宗旨

世界银行集团的无息贷款(软贷款)和赠款窗口,通过向生产性项目提供贷款,促进欠发达国家的经济社会发展。截至 2023 年 7 月,有 173 个成员国。总部设在美国华盛顿。

2. 组织结构

理事会是最高决策机构,由捐款国组成的董事会负责处理日常业务。

3. 主要活动

同国际复兴开发银行每年同期举行一次春季例会和一次年会。

国际开发协会股份的认缴:每个成员国在接受会员资格时,应按分配给它的数额负担认缴股金。分配给每个创始成员国的首次认股金额，以美元表示(此项美元以1960年1月1日美元的含金量和成色为准)。每个创始成员国首次认股的10%部分，应以黄金或可自由兑换的货币缴付。其余90%的部分，如果其属于第一部分的成员国(贷款国)，则应以黄金或可自由兑换的货币缴付；如果其属于第二部分的成员国(借款国)，则可用认股成员国的本国货币缴付；并且该部分股金应分5期逐年缴付。

国际开发协会根据创始会员国首次认股缴款的完成情况，可对其资金是否充足进行检查，如果认为有必要时，可批准普遍增加认股额。追加认股一经批准，各会员国在国际开发协会确定的条件下，可认购一定数额的股份，使其能保持相应的投票权。但会员国并无必须认股的义务。

协会的宗旨是向符合条件的低收入国家提供长期优惠价贷款，帮助这些国家加速经济发展，达到提高劳动生产率和改善人民生活的目的。因此，国际开发协会的贷款是低收入发展中国家获得发展经济所需资金的一个很重要的来源。

(三)国际金融公司

图5—5 国际金融公司图标

国际金融公司(International Finance Corporation，IFC)是世界银行集团下属机构之一。1956年7月正式成立，总部设于华盛顿。它虽然是世界银行集团的附属机构，但其本身具有独立的法人地位。

1. 成立及宗旨

1956年7月25日，国际金融公司首任总裁罗伯特·加纳在其就职演说的开场白中谈到，国际金融公司是首个将推动私营企业发展作为其主要目标的政府间组织。

国际金融公司的宗旨主要是：配合世界银行的业务活动，向成员国特别是其中的发展中国家的重点私人企业提供无须政府担保的贷款或投资，鼓励国际私人资本流向发展中国家，以推动这些国家的私人企业的成长，促进其经济发展。

组织机构：国际金融公司的组织机构和管理办法与世界银行相同，其最高权力机构是理事会；理事会下设执行董事会，负责处理日常事务，正副理事、正副执行董事也就是世界银行的正副理事和正副执行董事。

2. 资金来源

国际金融公司的资金来源主要有三个方面：(1)会员国缴纳的股金；(2)从世界银行和其他来源借入的资金；(3)国际金融公司业务经营净收入。

3. 业务内容

(1)国际金融公司致力于促进发展中国家私营部门的可持续发展，尤其注重通过促进成员国生产企业和高效资本市场的成长来推动经济发展。

(2)国际金融公司在新兴市场公司和金融机构的投资能够创造就业、增强经济并带来税收。其也认识到，经济增长只有在保障环境和社会福祉、改善发展中国家人民生活质量的前提下才具有可持续性。

(3)国际金融公司利用自有资源以及在国际金融市场上筹集的资金为项目融资，同时它还向政府和企业提供技术援助和咨询。

(4)国际金融公司是世界上为发展中国家提供股本金和贷款最多的多边金融机构。它提供长期的商业融资。

(5)国际金融公司的资本金来自其184个成员国，并由这些国家的政府共同制定政策、审批投资。

(6)国际金融公司与发起公司和融资伙伴共同承担风险，但不参与项目的管理。在项目投资总额当中，国际金融公司只承担部分融资。国际金融公司每投资1美元，便能带来其他投资者和债权人5美元的投资。

(7)国际金融公司的章程规定它按照商业原则运作，获取利润。自从成立之日起，公司每年都在盈利。

(8)国际金融公司投资不需要政府担保。由国际金融公司参与的项目，通常能在增强各方(如外国投资者、当地合作伙伴、其他债权人和政府机构)信心的同时，平衡各方的利益。

三、区域性国际金融机构

(一)亚洲开发银行

图5—6　亚洲开发银行图标

亚洲开发银行(Asian Development Bank，ADB)，简称亚行，是类似于世界银行，但只面向亚洲和太平洋地区各国的区域性政府间的金融开发机构。它于1965年3月根据联合国亚洲及远东经济委员会(即今“联合国亚洲及太平洋地区经济社会委员会”)第21届会议签署的《关于成立亚洲开发银行的协议》而创立。1966年11月，亚洲开发银行在日本东京正式成立，同年12月开始营业，总部设在菲律宾首都马尼拉。

亚洲开发银行刚建立时有34个成员国，截至2023年7月，已经发展到68个成员国。我国于1986年3月10日正式成为亚洲开发银行成员国，认缴114 000股，约13亿美元。我国目前已成为除日本、美国之外的第三大认股国和最大的发展中国家认股国，在亚洲开发银行的业务活动中发挥着越来越重要的作用。

1. 亚洲开发银行的宗旨

亚洲开发银行的宗旨是，为亚太地区发展中国家和地区的经济发展筹集资金，提供技术援助，帮助恢复协调成员在经济、贸易和开发事务方面的政策，以促进亚太地区的经济增长。

2. 亚洲开发银行的组织机构

亚洲开发银行设有理事会、董事会及办事机构。理事会是亚洲开发银行的最高决策机构，负责接纳新会员国、确定银行股金、修改章程、选举董事和行长、决定亚行储备金及纯收益的分配等。它由每个会员国委派的理事、副理事（各 1 名）组成，每年至少召开一次会议。董事会是亚洲开发银行理事会的执行机构，负责全面管理亚行的日常业务。它由理事会选举的 12 名董事组成，任期 2 年，可以连任，其中 8 名产生于区内会员国，4 名产生于区外会员国。行长任执行董事会主席，由理事会选举产生，任期 5 年，可以连任。行长可以参加理事会，但无表决权；行长任董事会主席时一般不参加投票，只有在表决权出现赞成与反对票数相等的情况下，才可以投决定性的一票。亚行的主要职能部门有农业和乡村发展部、基本建设部、工业和开发银行部和预算部等。

3. 亚洲开发银行的业务

（1）提供贷款。亚行的贷款分为普通贷款（用普通基金发放的贷款）和特别基金贷款。前者的贷款条件是：期限 12～15 年，利率随金融市场的变化而调整，主要贷给比较富裕的发展中国家。后者的贷款条件是：期限 25～30 年，贷款利率 1%～3%，主要贷给比较贫穷的发展中国家，具有经济援助性质。按规定，归还贷款时需用贷出时所贷货币偿还。

（2）股本投资。即通过购买私人企业股票对发展中国家私人企业融资，它是亚洲开发银行 1983 年以来开办的一项服务。

（3）技术援助。包括项目准备技术援助、项目执行技术援助、咨询性技术援助、区域活动技术援助 4 项。亚洲开发银行的技术援助项目一般由董事会批准，但金额在 35 万美元以下的技术援助项目也可由行长批准，但事后须通报董事会。

（二）亚洲基础设施投资银行

AIIB ASIAN INFRASTRUCTURE INVESTMENT BANK

图 5—7 亚洲基础设施投资银行图标

亚洲基础设施投资银行（Asian Infrastructure Investment Bank，AIIB），简称亚投行，是一个政府间性质的亚洲区域多边开发机构，重点支持基础设施建设，总部设在北京。亚投行法定资本 1 000 亿美元。2013 年 10 月 2 日，习近平主席提出筹建倡议，2014 年 10 月 24 日，包括中国、印度、新加坡等在内的 21 个首批意向创始成员国的财长和授权代表在北京签约，共同决定成立亚洲基础设施投资银行。2015 年 3 月 12 日，英国正式申请加入亚投行，成为首个申请加入亚投行的主要西方国家。

1. 创立意义

亚洲基础设施投资银行不仅将夯实作为经济增长动力引擎的基础设施建设，而且将提高亚洲资本的利用效率以及对区域发展的贡献水平。基础设施投资是经济增长的基础，在各类商业投资中潜力巨大，增长带动力强。

“研究如何将亚洲的高储蓄变成高投资”是筹建亚投行的任务之一。中国提倡筹建亚投行，一方面能继续推动 IMF 和世界银行的进一步改革，另一方面是补充当前亚洲开发银行在亚太地区的投融资与国际援助职能。

亚投行的建立，将弥补亚洲发展中国家在基础设施投资领域存在的巨大缺口，减少亚洲区内资金外流，投资于亚洲的“活力与增长”。

2. 投资方向

作为由中国提出创建的区域性金融机构，亚投行的主要业务是援助亚太地区国家的基础设施建设。在全面投入运营后，亚投行将运用一系列支持方式为亚洲各国的基础设施项目提供融资支持——包括贷款、股权投资以及提供担保等，以振兴包括交通、能源、电信、农业和城市发展在内的各个行业投资。

3. 运行机制

亚投行采用股份制银行的治理模式，组织框架由理事会、董事会和银行总部组成。其中，由所有成员国代表组成的理事会是其最高权力和决策机构；董事会由理事会选举的总裁主持，负责对日常事务的管理决策；银行总部下设银行各主要职能部门，包括综合业务部、风险管理部等，分别负责亚投行日常业务的开展。

亚投行是一个政府间性质的亚洲区域多边开发机构，按照多边开发银行的模式和原则运营，重点支持亚洲地区基础设施建设。

（三）欧洲投资银行

European Investment Bank

图 5—8　欧洲投资银行图标

欧洲投资银行(European Investment Bank，EIB)，是根据 1958 年 1 月 1 日生效的关于建立欧洲经济共同体的《罗马条约》而创建的，是欧洲经济共同体的一个金融机构。其成员都是欧洲共同体的会员国，行址设在卢森堡。欧洲投资银行的最高权力机构是理事会，执行机构是董事会。

欧洲投资银行的宗旨是，为了欧洲共同体的利益，利用国际资本市场和共同体本身的资金，促进共同市场平衡而稳定地发展。其资金来源主要是向欧洲货币市场借款。该行的主要业务活动是，在非营利的基础上，提供贷款和担保，以资助欠发达地区的发展项目，改造和使原有企业现代化及开展新的活动。

1. 欧洲投资银行的组织机构

该行是股份制性质的金融机构。董事会是其最高权力机构，由成员国财政部长组成的董事会负责制定银行总的方针政策，董事长由各成员国轮流担任；理事会负责主要业务的决策工作，如批准贷款、确定利率等，管理委员会负责日常业务的管理。此外，还有审计委员会。

2. 欧洲投资银行的资金来源

（1）成员国认缴的股本金，初创时法定资本金为 10 亿欧洲记账单位。

（2）借款，通过发行债券在国际金融市场上筹资，是该行主要的资金来源。

3. 欧洲投资银行的业务活动

（1）对工业、能源和基础设施等方面促进地区平衡发展的投资项目，提供贷款或贷款担保。

（2）促进成员国或共同体感兴趣的事业的发展。

(3)促进企业现代化。其中,提供贷款是该行的主要业务,包括两种形式:一是普通贷款,即运用法定资本和借入资金办理的贷款,主要向共同体成员国政府私人企业发放,贷款期限可达 20 年;二是特别贷款,即向共同体以外的国家和地区提供的优惠贷款,主要根据共同体的援助计划,向与欧洲保持较密切联系的非洲国家及其他发展中国家提供,贷款收取较低利息或不计利息。

(四)非洲开发银行

图 5—9 非洲开发银行图标

非洲开发银行(African Development Bank,ADB),简称非行,是在联合国非洲经济委员会的赞助下于 1964 年 9 月正式成立,并于 1966 年 7 月开始营业的一个面向非洲的区域性政府间国际金融组织。行址设在科特迪瓦首都阿比让。

非洲开发银行的宗旨是,为会员国的经济和社会发展提供资金,协调各国发展计划,促进非洲经济一体化。其资金来源主要是会员国认缴的股本以及向国际金融市场借款。为解决资金来源问题,非行先后成立了 4 个机构,即非洲开发基金、非洲投资与开发国际金融公司、尼日利亚信托基金和非洲再保险公司。非行经营的业务分为普通贷款和特别贷款。

(五)美洲开发银行

图 5—10 美洲开发银行图标

美洲开发银行(Inter-American Development Bank,IADB)于 1959 年 12 月 30 日正式成立,1960 年 11 月 1 日开始营业,行址设在美国首都华盛顿。泛美开发银行的宗旨是:动员美洲内外资金,为拉丁美洲国家的经济和社会发展提供项目贷款和技术援助,以促进拉美经济的发展。其资金来源主要是会员国认缴的股金、向国际金融市场借款和较发达会员国的存款。其贷款主要有普通贷款、特别业务基金贷款、社会发展信托基金贷款等。

(六)阿拉伯货币基金组织

阿拉伯货币基金组织(Arab Monetary Fund,AMF)成立于 1977 年 2 月 2 日,总部设在阿

图 5—11　阿拉伯货币基金组织图标

拉伯联合酋长国首都阿布扎比，主要会员国均为阿拉伯联盟的成员国。

阿拉伯货币基金组织的宗旨是：通过制定会员国金融合作的方针和方式，稳定会员国之间的汇率；取消彼此之间的经常性支付限制，促进各会员国经济和贸易的发展，调整国际收支的失衡；推广使用作为记账单位的阿拉伯第纳尔，为发行统一的阿拉伯货币创造条件；促进阿拉伯经济一体化的进程和各会员国的经济发展。

项目综述

外汇的含义有动态和静态之分。动态意义上的外汇是指一国货币兑换或折算为另一国货币的运动过程；静态意义上的外汇是指以外国货币表示的用于国际结算的支付手段。外汇的标价方法主要有直接标价法、间接标价法和美元标价法。

汇率是指一国货币折算为他国货币的比率，它是两种不同货币之间的折算比价，也就是用一种货币所表示的另一种货币的价格。

国际收支有狭义与广义之分。狭义的国际收支概念是指一国的外汇收支，各种国际经济交易只要涉及外汇收支，都属于国际收支的范畴。第二次世界大战后，国际经济、政治和文化等交往日益广泛，各种国际资本流动频繁，国际贸易形式及其结算方式越来越多样化，经济交易的内容也越来越多样化。没有外汇收支的交易、无偿援助、补偿贸易等在国际经济中的地位也越来越重要，于是出现了广义的国际收支概念，也就是由国际货币基金组织制定的，目前被各国所普遍采用的国际收支概念，即国际收支是指在一定时期内（通常是 1 年），一国居民与非居民之间经济交易的系统记录。

在我国，国际收支平衡实质上是外汇收支的平衡。中华人民共和国成立以来，特别是改革开放以来，我国根据国际收支的一般原则，结合我国的具体情况，摸索出一套基本适合我国的国际收支管理理论和管理方法。

国际金融机构是维持国际货币制度正常运转及国际货币合作、协调各国货币政策或从事国际金融服务的金融机构。随着国际性金融机构的不断改革与完善，它们在国际经济和国际金融领域中将发挥更为重要的作用。

国际货币基金组织是根据布雷顿森林会议通过的《国际货币基金协定》成立的全球性国际金融机构。

目前，世界银行集团由世界银行、国际开发协会、国际金融公司、多边投资担保机构和解决投资争端国际中心 5 个成员机构组成。

区域性国际金融机构主要有亚洲开发银行、亚洲基础设施投资银行、欧洲投资银行、非洲开发银行、泛美开发银行、阿拉伯货币基金组织。

项目技能训练

一、单选题

1. 以下选项中错误的是(　　)。
A. 外汇是一种金融资产
B. 外汇必须以外币表示
C. 用作外汇的货币不一定具有充分的可兑性
D. 用作外汇的货币必须具有充分的可兑性

2. (　　)是指各国货币之间的汇率波动不受限制,而是主要根据市场供求关系自由涨落的汇率。
A. 固定汇率　B. 买入汇率　C. 卖出汇率　D. 浮动汇率

3. 浮动汇率制度下,汇率是由(　　)决定的。
A. 货币含金量　B. 波动不能超过规定幅度
C. 中央银行　D. 市场供求

4. 购买力平价理论表明,决定两国货币汇率的因素是(　　)。
A. 含金量　B. 价值量　C. 购买力　D. 物价水平

5. 金本位制下,(　　)是决定汇率的基础。
A. 货币的含金量　B. 物价水平　C. 购买力　D. 价值量

6. (　　)主要反映一国与他国之间实际资源的转移,是国际收支中最重要的项目。
A. 资本与金融项目　B. 经常项目　C. 净差错与遗漏　D. 储备与相关项目

7. 下列选项中,属于储备相关项目的是(　　)。
A. 货物　B. 服务　C. 直接投资　D. 特别提款权

8. 国际收支平衡表是一种统计表,其编制原理是(　　)。
A. 复式簿记　B. 单式簿记　C. 简单平均指数　D. 加权平均指数

9. 下列选项中,属于金融账户项目的是(　　)。
A. 外汇　B. 黄金　C. 特别提款权　D. 直接投资

10. 下列说法中正确的是(　　)。
A. 储备本身是存量,其增减额是流量
B. 商品输出大于输入,则形成外贸逆差
C. 资本项目中流入大于流出,则形成资本净流出
D. 储备项目中本年度增加额大于减少额,则本国的国际储备减少

二、多选题

1. 我国规定外汇包括(　　)。
A. 外国钞票　B. 外国铸币
C. 外币有价证券　D. 外币支付凭证
E. 特别提款权

2. 一国货币对外币的汇率是(　　)。
A. 两种货币的兑换　B. 两种货币之间的交换比率
C. 国内物价水平的体现　D. 本币内部价值的外在表现

3. 下列选项中,属于全球性的国际金融机构的有(　　)。
A. 世界银行　B. 国际货币基金组织
C. 亚洲开发银行　D. 亚洲基础设施投资银行

4. 亚洲开发银行的业务有(　　)。

A. 提供贷款　　B. 股本投资　　C. 技术援助　　D. 促进企业现代化

5. 国际金融公司的宗旨主要有(　　)。

A. 配合世界银行的业务活动

B. 向成员国特别是其中的发展中国家的重点私人企业提供无须政府担保的贷款或投资

C. 鼓励国际私人资本流向发展中国家

D. 推动发展中国家的私人企业的成长

三、判断题

1. 对外长期投资的利润汇回,应当计入资本和金融项目内。(　　)

2. 经常项目主要反映一国与他国之间实际资源的转移,是国际收支中最重要的项目。(　　)

3. 国际收支平衡是反映一定时期同外国的全部经济往来的收支存量表。(　　)

4. 外汇是货币行政当局以银行存款、财政部库券、长短期政府债券等形式所保有的在国际收支逆差时可以使用的债券。(　　)

5. 汇率是指一国货币折算为他国货币的比率,它是两种不同货币之间的折算比价,也就是用一种货币所表示的另一种货币的价格。(　　)

6. 基本汇率是指本国货币与关键货币之间的汇率。所谓关键货币,是指在国际贸易中使用最多、在各国外汇储备中所占比重最大、可以自由兑换并被各国普遍接受的货币。(　　)

7. 固定汇率是指根据基本汇率套算出来的本国货币与非关键货币之间的汇率。(　　)

8. 市场汇率是指在自由外汇市场买卖汇率的实际汇率,外汇市场的供求关系决定汇率波动的过程。(　　)

9. 通货膨胀意味着货币贬值、物价上升、购买力水平上升。(　　)

10. 亚洲开发银行的建立将弥补亚洲发展中国家在基础设施投资领域存在的巨大缺口,减少亚洲区内资金外流,投资于亚洲的“活力与增长”。(　　)

四、问答题

1. 什么是外汇？汇率的标价方法有哪几种？

2. 简述汇率的种类。

3. 影响汇率变动的主要因素有哪些？

4. 简述国际收支的概念。

5. 国际收支不平衡的调节手段有哪些？

6. 简述国际金融机构的概念。

7. 简述国际货币基金组织的宗旨。

8. 简述世界银行集团的构成。

项目五

习题答案

项目六　领会金融市场理论

思维导图

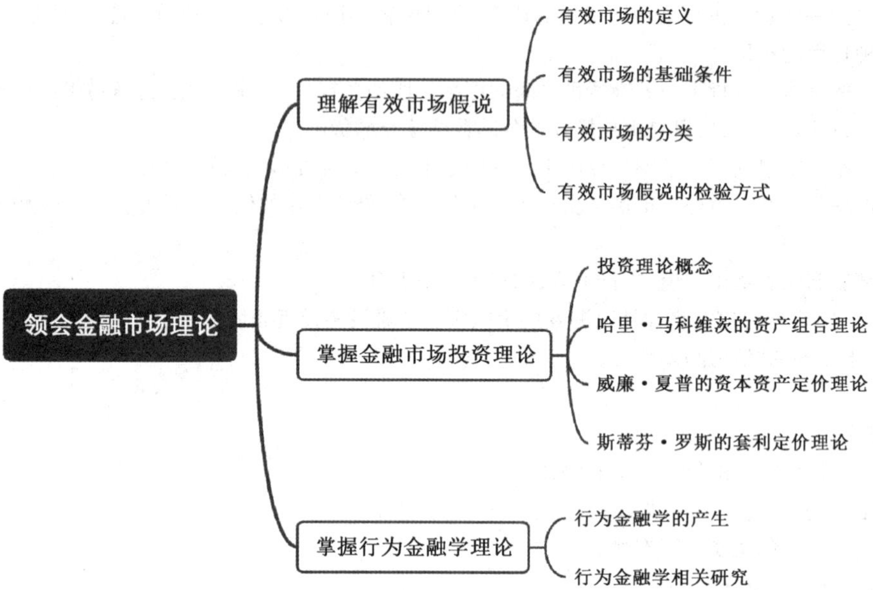

学习目标

知识与技能目标	思政教育目标
1. 掌握有效市场假说的含义和分类，以及对现实的指导意义 2. 了解现代投资组合理论，正确把握资产组合理论、资本资产定价模型和套利定价模型的内容 3. 了解行为金融学的主要代表人物及他们发展的理论和模型	1. 结合股市信息披露的重要性、内幕交易的危害性对学生进行法制教育，树立学生法治意识 2. 引导学生对高水平社会主义市场经济体制的认识 3. 培养学生用发展辩证的观点探索人的投资心理规律，与时俱进

案例导入

有效市场与有为政府结合的中国故事

经济学理论可以说是华美的经济学理论大厦。如何简单清晰地把握理论的框架和逻辑，中国银行首席研究员、世界金融论坛高级研究员宗良建议从三个角度来思考。他认为，综合来看，经济学理论大厦看似复杂，其实无外乎就几个方面：一个关系、两只手，再加一个假设。

1. 把握住一个关系，即市场与政府关系。

从亚当·斯密开始，西方经济学理论学派林立，焦点是政府和市场的关系。大家普遍把政府和市场对立起来，只是不同时期对立的程度有所差异而已。像亚当·斯密的《国富论》、凯恩斯的《就业利息和货币通论》等著作都体现了这一点。用一位专家的话来表达："政府与市场"关系，可谓经济学中的哥德巴赫猜想。可见市场与政府关系的特殊性和重要性。

政府和市场的关系是不断发展演进的关系，在不同阶段，有时候政府作用更大，有时候市场作用更强。一个很现实的问题是，西方国家十分强调市场经济，所以政府作用很有限，但现在经常采取制裁手段，这种制裁本身就是政府干预，如果把它纳入市场是不合理的，反映其市场经济化程度正在明显减弱。

2. 究竟有几只手，怎样用手比较好？

第二个是究竟有几只手？西方从亚当·斯密开始，一百多年来天天喊着"看不见的手"在发挥着作用，到一百多年后，凯恩斯才说还有只"看得见的手"。实际上，是因为在说这只手的时候往往不说另外一只手了。美国前总统杜鲁门还调侃道：经济学没有一只手的经济学家。

究竟有几只手？两只手是独立作用，还是一只手辅助另一只手？中国故事给出了一个清晰的答案：有两只手，是各自独立发挥作用，"两只手"也不再是"非此即彼"的关系，而是可以结合并走向统一的关系。

3. 没人能找到正例的一个假设

我们给出两个命题：理性经济人假设是正确的、合理的？理性经济人假设是不正确的、不合理的？请从归纳法的视角举出正例和反例。但是，你会发现，作为西方经济学核心基础的理性经济人假设居然连一个正例都举不出，都是反例；反而是它的另一面符合逻辑。一个正例都找不到，建立在此基础上的经济学理论不免让人担忧。

荒岛上有两种选择：吃的食物和大量金银财宝，但一段时间内大概率无法离开，如没吃的，很可能失去生命，选择要吃的和选择要金银财宝的，哪个接近算是理性经济人？马克思当年说得好："当利润达到10%时，便有人蠢蠢欲动；当利润达到50%的时候，有人敢于铤而走险；当利润达到100%时，他们敢于践踏人间一切法律；而当利润达到300%时，甚至连上绞刑架都毫不畏惧。"

也就是说，如果真是理性经济人应该是哪一种状况？应该就是那个不要命的，只要是为了这些金银财宝坚决不吃食物，争取能有一点机会跑掉，将来把大量的金银财宝据为己有。

上述假设非常特殊，我们现在分析一下，中国是如何做的，是如何破解相关难题的？宗良指出，中国故事提供了理解市场与政府关系的钥匙。2013年，党的十八届三中全会确立："使市场在资源配置中起决定性作用和更好发挥政府作用"。市场在资源配置中所起的作用被提升至前所未有的高度。2015年，习近平总书记强调："要坚持辩证法、两点论，继续在社会主义基本制度与市场经济的结合上下功夫，把两方面优势都发挥好，既要'有效的市场'，也要'有为的政府'，努力在实践中破解这道经济学上的世界性难题。"

实际上，习近平总书记给新时代经济学家们出了一道题，这道题看着是一道题但是又指出了破解这道题的办法：政府与市场的结合。2022年，习近平总书记在党的二十大报告第四部分中强调："构建高水平社会主义市场经济体制"，强调了"充分发挥市场在资源配置中的决定性作用，更好发挥政府作用"的重要思想。这既是中国改革开放的重大实践经验，也是重大的经济学理论创新，同时要求研究范式变革。

中国故事不仅提供了理解市场与政府关系的钥匙，而且为经济学理论创新提供了源泉和动力。改革开放40多年来，中国经济建设取得了巨大成就，经济持续快速增长近10%，总量跃居世界第二，人均GDP已达1万美元以上，创造了世界经济发展史上的奇迹。同时，中国经济发展实现了质、量、速度的有机统一，持续多年没有发生大的经济金融危机。巨大的消费市场是中国乃至世界经济发展的重要动力。同时，从加入WTO到提出"一带一路"倡议、人类命运共同体，中国的国际地位持续提升。

资料来源：宗良，《经济学理论创新的中国探索：基于理论模型视角》，中国人民大学出版社2022年版，第94—132页。

案例思考：阅读完本案例资料，请结合本项目有效资本市场的知识点思考有为政府在资本市场中的重要作用。

项目描述

关于金融运行的微观理论，主要是建立在信息不对称分析的基础上。20世纪50年代是金融市场理论发展的一个分水岭。金融市场理论在此之前存在的金融市场理论体系被称为古典经济学中的金融市场理论，金融市场理论之后发展起来的称为现代金融市场理论，现代金融市场理论起始于1950年马科维茨提出的资产组合理论。本章主要介绍有效市场假说、金融市场投资理论和行为金融学理论。

学习完本项目内容，我们要能够回答以下问题：

1. 如何运用有效市场假说分析我国的资本市场？
2. 为什么说资本资产定价模型是财务学形成和发展过程中最重要的里程碑？
3. 资本资产定价模型最核心的内容是什么？
4. 行为金融理论的假设前提是什么？

任务一　理解有效市场假说

一、有效市场的定义

有效市场假说(Efficient Markets Hypothesis，EMH)是由美国著名经济学家尤金·法玛(Eugene Fama)于1970年提出并深化的。所谓有效市场，是指证券价格能够同步地、完全地反映全部的可用信息；也就是说，有效市场是一个价格可以迅速对影响价格的因素变化做出反应的市场。

资本市场是调配资本的枢纽之一，它集社会上的闲散资本于市场，使得投资者能够根据有关信息和规则进行投资。资本市场是一个"竞标市场"，在那里卖者"开价"、买者"竞价"。若投资者看好并争购某公司的证券，其价格将上升；反之，若投资者对某公司的经营状况不满并抛售其证券，其价格将下跌。一个高效、公平的资本市场，不仅能够集结和调配资本提供有效的服务，而且能够将有限的资本调配到最能有效使用资本的公司。因此，在一个有效市场中，经营业绩优良的公司能够吸引较多的资本发展壮大，提高公司的价值；而经营业绩较差的公司则难以吸收更多的资本，公司价值随着经营业绩的下降而下跌，甚至陷入被并购或破产的境地。尽管投资者都力图获取最大的收益，追求超出平均收益的回报，但若资本市场上的有关信息对每个投资者都是均等共享的，而且每个投资者都能根据自己所掌握的信息及时地进行理性的投资决策，那么任何投资者都不能获得超额收益。这种资本市场被称为"有效资本市场"。

在有效资本市场中，价格会对新的信息做出迅速、充分的反应。当新的信息传播到一个竞争市场上，投资者会对信息立即做出反应。一旦价格调整到位，所有残留的信息如同"鸡肋"，食之无味。对过时信息再做研究将不会产生更有价值的智慧。

资本市场有效的外部标志有两个：一是证券的有关信息能够充分地披露和均匀地分布，使每个投资者在同一时间内得到等质等量的信息；二是价格能迅速地根据有关信息变动，而不是没有反应或反应迟钝。

二、有效市场的基础条件

资本市场有效性研究的关键性问题之一是证券信息与证券价格之间的关系，即信息的变动如何引起价格的变动。它是资本市场有效的基础，或者说是资本市场有效的条件。

如图 6－1 所示，一个资本市场上理性投资者的行为包括：

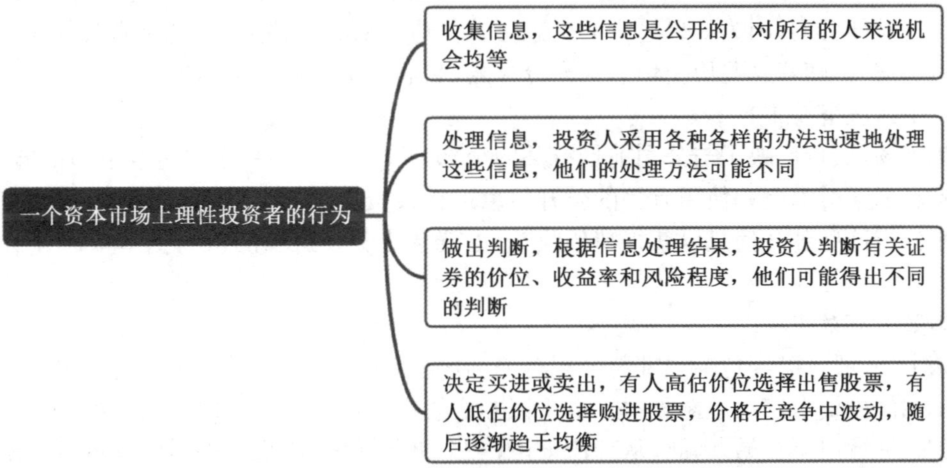

图 6－1　理性投资者的行为

从上述过程中可以看出，资本市场有效的决定条件有以下三个：

（一）理性的投资人

假设所有投资人都是理性的，当资本市场发布新的信息时，所有投资人都会以理性的方式调整自己对股价的估计。例如，某股票有 100 万股，在发布新消息前的估价是 10 元。新消息表明，即将投资的项目可产生 100 万元净现值，即每股价值将增加 1 元。拟卖出股票的人，会要求按 11 元价格出售；拟买入股票的人，也会愿意支付 11 元购入股票。理性的投资人会立即接受新的价格，而不会等到项目全部实施后才调整自己的价格。理性的预期决定了股价。

(二)独立的理性偏差

资本市场的有效性并不要求所有投资者都是理性的，总有一些非理性的人存在。有些人比较乐观，认为每股价值会增加2元；另一些人比较悲观，认为每股价值不会增加。每个投资人都是独立的，则预期的偏差是随机的，而不是系统的。如果假设乐观的投资者和悲观的投资者人数大体相同，他们的非理性行为就可以互相抵消，使得股价变动与理性预期一致，市场仍然是有效的。

(三)套利

资本市场的有效性并不要求所有的非理性预期都会相互抵消，有时他们的人数并不相当，市场会高估或低估股价。可以假设市场上有两种投资人：一种是非理性的业余投资人，另一种是理性的专业投资人。非理性的投资人的偏差不能相互抵消时，专业投资者会理性地重新配置资产组合，进行套利交易。他们会买进被低估的股票，同时出售被高估的股票，使股价恢复理性预期。专业投资者的套利活动，能够控制业余投资者的投资，使市场保持有效。

以上三个条件只要有一个存在，资本市场就是有效的。

三、有效市场的分类

有效市场假说是以股票市场价格与信息利用之间的关系为研究核心的，不同的信息对价格的影响程度不同。尤金·法玛根据信息的公开程度将信息分为三类：历史信息、公开信息和内幕信息，并以此界定了三种不同程度的有效市场。

(一)弱式有效市场

在该市场，股价已经反映全部能从市场交易数据中得到的信息。弱式有效市场认为，市场的技术分析是徒劳的，因为如果过去的信息可以传达未来业绩的可靠信息，那么所有投资者都会运用这些信号，随着这些历史信息被充分披露，它们的价值最终会消失。

(二)半强式有效市场

在该市场，股价反映了与公司前景有关的全部公开信息。在一个完全竞争的市场中，如果每个投资者都同时掌握和使用有关的公开信息进行投资决策，那么他们都不能通过使用适合的方法来分析这些公开信息以获得超额收益，也就意味着在这样的市场上基本面分析是没有用的。

(三)强式有效市场

在该市场，股价已经包括全部与公司有关的信息，甚至包括内幕信息。这表明股票的所有信息都不能使投资者获得超额收益。由于证券法禁止公司管理层和内幕人士利用他们所知道的有关信息进行股票交易，因此，从理论上说，一个机制完善、监管严格的市场是不存在利用内幕信息进行交易的。从这个意义上说，强式有效市场假定就没有意义了。但在实际中，内幕交易在法律上很难界定，市场监管也难以做到没有违规交易发生。不过，要求一个市场的股价能反映包括内幕信息在内的全部公司有关信息，在现实中是不可能的，它只是从理论上确定了理想市场的标准。

有效市场假说其实是新古典经济学中“理性人”和理性预期假定在金融市场的延伸。

四、有效市场假说的检验方式

1991年，尤金·法玛拓展了弱式有效性的概念，把检验方法改为收益率可预测性的检测(return predictability)，将半强式有效市场的检验改为事件研究(event study)或公告研究

(studies of announcement)。

对弱式有效性的检验,通常使用的方法有:收益率的序列相关性检验、游程检验(run test)、过滤法则检验(filter rules)、公司特征与收益率的相关性测试。

无论是采用随机游走模型还是过滤检验,都要证明证券价格的时间序列是否存在显著的系统性变动规律,从而证明市场是否达到弱式有效。

法玛在《股票市场价格的行为》一文中,使用随机游走模型研究了1957年底至1962年9月道琼斯工业指数中的30只股票价格的波动行为。他计算这30只股票收益率的时间序列相关系数,其日收益率之间的滞后天数分别为1~30天,所有的相关系数均很小,检验结果表明,其并未显著地大于零。这一实证研究说明,证券价格收益率的时间序列不存在显著的系统性变动规则,因此证券市场达到弱式有效。后来,美国股市的许多实证研究报告也得出类似结论。

在对半强式有效性的检验中,最著名的是方法是"事件研究"方法,用来测试来自股票的价格的公告效应。如果市场是半强式有效的,在公告之前进行证券的买卖能使投资者获取异常收益,但在公告之后进行证券的买卖则不能获取异常收益。

多年来,人们用事件研究方法对各种异常事件与股价的关系进行了研究。它们包括:事件异常,如盈利公告、兼并公告、股利分配公告、资本支出公告、新股发行公告等各种事件;时间异常,如年初异常、周末异常、假日异常、季节异常等;公司异常,如小公司、被忽略公司等;会计异常,如市盈率较低的股票、实际盈余大于预期盈余的股票、低市净率股票、高股利骨股票、持续增长股票等。

音频学习

尤金·法玛
(Eugene Fama)
介绍

对强式有效市场的研究主要集中在研究公司内幕人员、证券交易所的专家经纪人、证券分析家和共同基金的业绩,测试他们能否赚取超额收益,通过交易来检验市场的强式有效性。

任务二　掌握金融市场投资理论

一、投资理论概述

早期的投资理论主要是指20世纪50年代以前,一些经济学家提出了投资组合管理的理念,主要代表人物有巴契里耶(Bachelier)、马尔沙克(Marschak)、威廉姆斯(Williams)和利文斯(Leavens)等。

20世纪50年代以前的投资组合理论已经提出考虑不确定条件下追求风险最小化和收益最大化的基本思想,认识到风险分散化的作用,以及区分有效组合与无效组合,并将组合的收益风险作为一个整体来考虑,这也是现代投资组合理论的精髓。但早期理论不足的方面是多停留在纯文字论述,缺乏计量模型和实证检验。

现代投资组合理论(modern portfolio theory,MPT)主要由哈里·马科维茨(Harry Markowitz)的资产组合理论、威廉·夏普(William F. Sharpe)的资本资产定价理论和斯蒂芬·罗斯(Stephen A. Ross)的套利定价理论(arbitrage pricing theory,APT)组成。

二、哈里·马科维茨的资产组合理论

1990年,诺贝尔经济学奖评奖委员会将诺贝尔经济学奖授予当时在纽约大学任教的哈里·马科维茨、芝加哥大学的默顿·米勒以及斯坦福大学的威廉·夏普。诺贝尔经济学奖评奖委员会指出：哈里·马科维茨的贡献在于，他所提出的不确定条件下的资产选择理论已经成为金融经济学的基础。

哈里·马科维茨的资产组合理论建立在有效市场以及投资者风险厌恶等假设基础上，说明了投资者如何利用均值—方差工具在证券市场所有可行组合中选择有效证券组合，并根据自身的风险收益偏好选择最优证券组合，从而通过多样化在适当的风险水平下获得最大的预期回报。

（一）单只证券及证券组合收益风险的度量

单只证券的收益和风险一般以预期收益率和收益率的方差来度量，证券组合的预期收益率为组合中各证券收益率的加权平均。需要注意的是，证券组合风险的度量不是单只证券风险的加和，还涉及单只证券风险之间的协方差。证券组合的风险不仅与组合中单项资产的风险有关，而且与组合中各证券的相关程度有关。

在度量了证券组合的收益和风险之后，哈里·马科维茨认为，投资者应比较这些资产的收益与风险，从市场证券组合可行集中选择有效组合。

（二）有效边界理论

可行集（机会集）（feasible set，opportunity set）假设市场上有 n 种证券，由其中几项资产以所有可能的权重形成投资组合，这样就存在由单独一个资产构成的投资组合，由两项、三项直到 n 项资产构成的投资组合。所有这些组合构成了可行集。一般来说，可行集具有类似伞的外形（如图 6—2 所示），纵轴度量预期收益，横轴度量风险。

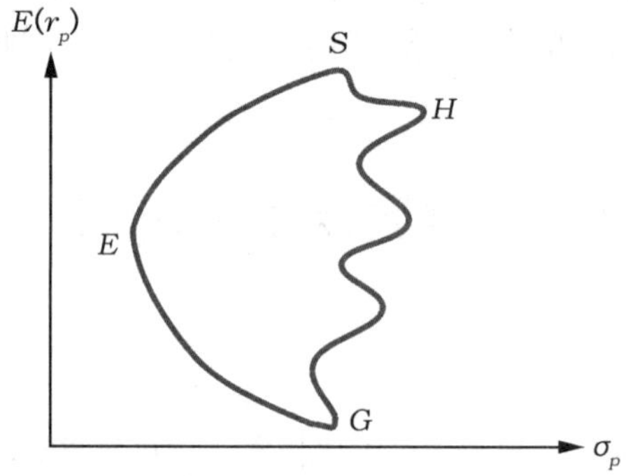

图 6—2 哈里·马科维茨可行集

实际上，投资者并不需要评价可行集中所有的投资组合，只需要分析有效组合边界上的证券组合。所谓有效组合，是指在一定风险条件下提供最大收益或者在一定收益条件下具有最小风险的组合。满足以上两个条件的有效组合集被称为有效边界（集）。

运用以上定义在图 6—2 的可行集中可以找出所谓的有效边界。图 6—2 中的 E 点具有最小的风险，H 点具有最大的风险；同样可以发现，S 点具有最高的收益率，相对应，G 点具有最小的收益率。只有同时符合上述两个条件的组合才是有效组合。从图 6—2 中可以发现，只有在 E 点和 S 点之间位于东北方向的点所代表的组合符合上述条件。所有这些组合就形成了有效边界，投资者可以通过这些有效边界找到个人的最优证券组合，忽略所有可行组合中的非有效组合。

确定了证券组合的有效边界后，投资者就可以根据自己对风险的态度从这个有效边界上选出更适合自己的最优证券组合。

（三）最优证券组合的选择

最优证券组合的选择是指投资者选择一个有效并给他带来最大效用的证券组合。

每一个投资者都有一个代表着他对风险和收益的偏好的无差异曲线，这条曲线的斜率为正，向右上方倾斜，且投资者对确定的一条无差异曲线上的点具有相同的偏好；同时，投资者更倾向于位于东北方向的无差异曲线，因为这些无差异曲线在相同的风险条件下具有更高的收益率。

一般来说，投资者选择的最优组合必须满足以下条件：一是它在东北方向的无差异曲线上；二是根据有效边界理论，投资者应该选择有效边界上的点，也就是东北方向的可行集上的点。要同时满足这两个条件，最优组合必然在无差异曲线和有效边界的切点上。

有效边界是正斜率和凹的，也就意味着如果有一条通过有效边界上任意两点的直线，这条直线必定在有效边界的下方；同时，无差异曲线是正斜率和凸的，这就保证了有效边界和无差异曲线必定有且只有一个交点。

由此可以推断，最优证券组合应该在并且可能在有效边界和具有最大可能有效用的无差异曲线的切点上（如图 6—3 所示）。

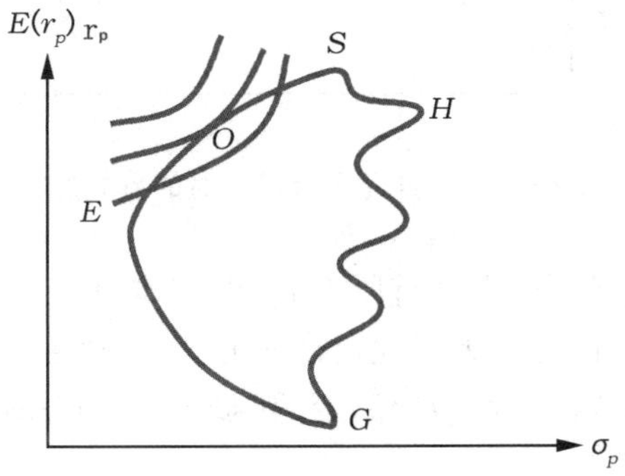

音频学习

哈里·马科维茨

(H.M.Markowitz)

介绍

图 6—3　最优证券组合的选择

三、威廉·夏普的资本资产定价理论

1964 年，威廉·夏普根据投资组合理论提出了资本资产定价模型（CPAM）。资本资产定价模型是财务学形成和发展过程中最重要的里程碑，它第一次使人们可以量化市场风险程度，并且能够对风险进行具体定价。

资本资产定价模型所讨论的是如果投资者根据哈里·马科维茨的资产组合理论选择最优证券组合，那么在市场均衡时，如何计量资产的风险以及资产风险与收益的关系。

资本资产定价模型是一个均衡模型，以哈里·马科维茨的投资组合理论为基础，在资产组合理论的假设基础上增加了投资者具有同质预期等假设，讨论资产的均衡价格是如何在收益和风险的权衡中形成的。其核心仍是收益与风险的关系。这一理论为潜在的投资提供了一种估计其收益率的方法，也对不在市场上交易的资产做出合理的定价。需要指出的是，标准的资本资产定价模型是单因素的资本资产定价模型，是第一个资本市场的一般均衡模型，建立在最严格的假设基础上。

资本资产定价模型最核心的内容是资本市场线和证券市场线，通过这两条直线解释了资本市场上资产的收益和风险的关系，以及对它们的定价。在介绍核心内容之前，需要引入无风险资产以修正前面提到的哈里·马科维茨的有效边界，以及随之对投资者最优证券选择行为的影响，其中会涉及分离定理所说的投资决策与金融决策的分离，以及最优证券组合中由风险资产构成的市场证券组合。

（一）允许无风险借贷时投资者最优证券组合的选择

通过引入无风险借贷，投资者所面临的证券市场上的可行集形状发生改变，新的有效边界成为一条由无风险资产 F 点出发，通过风险资产组合 T 的直线（如图 6－4 所示）。投资者根据自身的风险收益偏好，通过将资金分配在无风险资产和风险资产上选出最优资产组合。此时的最优资产组合将包括风险资产的组合和无风险利率的借贷。

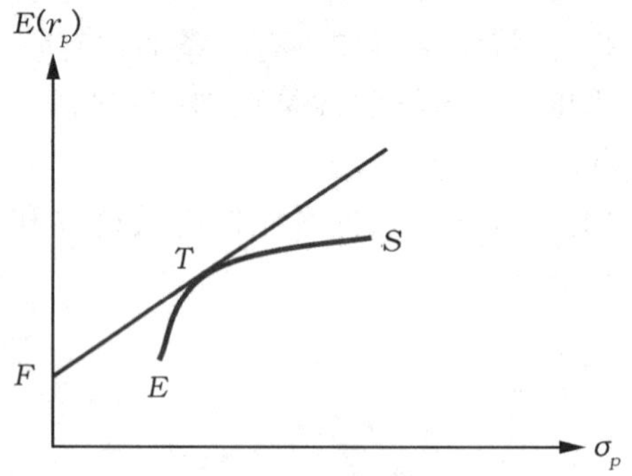

图 6－4　允许无风险借贷时的有效边界

尽管各投资者选择的最优资产组合有所不同，但资本资产定价模型认为他们选择的风险资产组合具有相同的组成部分，加上无风险资产只是为了满足个人对风险收益的偏好。资本资产定价模型中的这种行为特征被称为分离定理(separation theorem)。

（二）分离定理

分离定理表明，投资者对最优资产组合中风险资产组合的确定与个别投资者对风险收益的偏好无关。每个投资者都会选择相同的风险资产组合 T，对此，组合中的任何一种资产有相同比例的投资。而投资者会选择不同的资产组合的唯一原因就在于他们对风险收益偏好的不同；也就是说，他们拥有不同的无差异曲线。

一般而言，确定由风险资产组成的最优风险证券组合过程为投资者决策，单个投资者将资金在无风险资产和风险资产之间的分配称为金融决策。分离定理表明，投资决策可以从金融决策中分离出来。

根据分离定理，投资者所选择的相同的风险资产组合在资本资产定价模型中被称为市场证券组合(market portfolio)。

（三）市场证券组合

通过证券价格的变动，市场最后会达到均衡状态。最优风险资产组合会包罗市场上所有的证券，各种证券在其中的比例等于此证券的市值占证券市场总市值的比例，这种组合即市场证券组合。市场证券组合的预期收益率是组合中各证券收益率的加权平均。由于市场证券组合包含了市场上的所有证券，因此，单只证券的非系统风险会相互抵消；也就是说，此组合的风险为证券投资活动中无法通过分散化来避免的系统风险。

在对这些资本资产定价模型中的基础知识做了简单介绍后，接下来会进入其核心内容的介绍，即资本市场线和证券市场线。

（四）资本市场线

市场组合是由均衡条件下的风险证券构成的有效证券组合，投资者可无限制地以无风险利率借款或放款。在这里，我们称资本资产定价模型的线性有效边界为资本市场线（capital market line，CML）。资本市场线上的所有证券组合包括市场上的所有证券，已经完全分散了非系统风险，所以，这些有效组合只有系统风险。

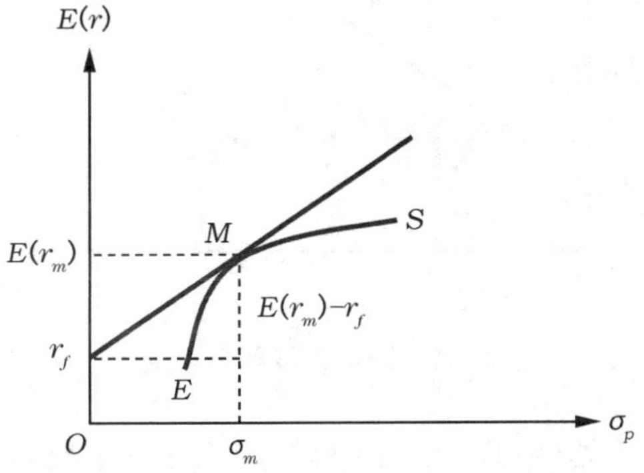

图 6—5 资本市场线示意图

在图 6—5 中，r_f 代表无风险收益率，M 代表市场证券组合。资本市场线是一条由 r_f 出发，经过 M 点的直线，包括市场证券组合和无风险借贷的所有有效组合。

在图 6—5 中，资本市场线的斜率为市场组合的预期收益率和无风险资产收益率的差（r_m-r_f）与它们之间风险的差的比值（$\sigma_m-\sigma_f$）。由于资本市场线的截距为无风险收益率 r_f，因此，资本市场线的表达式为：

$$E(r_p)=r_f\left[\frac{E(r_m-r_f)}{\sigma_m}\right]\sigma_p$$

式中：r_p 和 σ_p 是指资本市场线上有效组合的预期收益率和标准差（风险的度量）。

证券市场上的均衡可由两个关键变量概括：一个是资本市场线的截距，即无风险收益率，这是等待或者推迟当期消费的时间报酬；另一个是资本市场线的斜率$\left(\frac{r_p-r_f}{\sigma_m}\right)$，度量了有效组合单位风险的报酬，是承担系统风险要求的补偿。也可以说，资本市场线的截距和斜率分别度量了时间和风险的价值。

（五）证券市场线

资本市场线只描述了有效证券组合的预期收益率与风险之间的均衡关系，没有描述单只证券和非有效证券组合的收益与风险的关系，证券市场线（security market line，SML）以及 β 提供了准确计算单一证券风险并确定该证券价格的方法。

威廉·夏普认为，每只证券的标准差对整个市场证券组合的贡献在于此证券与市场证券组合的协方差，具有较大协方差的证券会提供较大的预期收益率。在市场达到均衡时，单只证券的价格应该反映其对整个市场风险的贡献。这种风险与收益的均衡关系可以表示为证券市场线（如图 6—6 所示）：

$$E(r_i)=r_f+[E(r_m)-r_f]\beta_{im}$$

式中：$\beta_{im}=\dfrac{\sigma_{im}}{\sigma_m^2}$是个别资产风险相对于市场证券组合风险的测度，是表示某只证券协方差的另一种方式，测度了单只证券的市场风险。

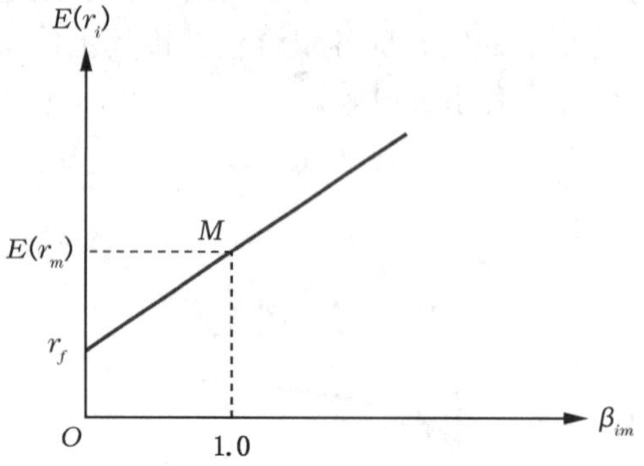

图 6—6 证券市场线示意图

一只证券的风险可以分为系统风险和非系统风险。β是衡量系统风险的指标。这个方程也说明在决定证券的收益率时，只有系统风险发挥作用；换言之，投资者只能因为承担系统风险而获得回报。这可以指导投资者的行为，投资者应该尽可能地分散投资以化解非系统风险，因为投资者不会因为承受非系统风险而获得回报。

证券组合的β系数是组合中各证券β系数的加权平均，所以，证券市场线不仅可以描述处于均衡状态的单只证券的风险—收益关系，而且可以描述均衡状态下证券组合的风险—收益关系。

通过引进证券市场线，可以发现所有的有效组合既在资本市场线上，也在证券市场线上，而非有效组合在证券市场线上、在资本市场线下。

需要强调的是，高β系数的证券应该提供一个更高的投资收益率，是指在长时期，它们应该提供一个更高的平均回报。

（六）资本资产定价模型的应用

根据资本资产定价模型，个人投资者要构建市场组合会比较复杂且难以实现。作为比较接近市场组合的信托基金或称指数基金，通常会尝试复制一个主要股票市场指数的投资组合。完全认同资本资产定价模型的投资者的投资策略可以是购买这些指数基金中的一种作为风险资产，同时投资于作为无风险资产的国债，以最大化其投资者效用。资本资产定价模型也可以用来评价一项投资组合的绩效，以及项目投资的选择。

音频学习

威廉·夏普的简介

三、斯蒂芬·罗斯的套利定价理论

由于资本资产定价模型以一系列严格的超现实假设条件为前提，因此，诸多学者对其有效性提出疑问，使得对资本资产定价模型有效性的讨论发展到了新的阶段，并出现了以套利定价模型为代表的新的资产定价模型。

1976年，斯蒂芬·罗斯在所著的《收益、风险和套利》(*Return*, *Risk and Arbitrage*)中提出套利定价理论，指出证券或证券组合收益率受多个因素影响，其均衡收益率是其因素敏感性的线性函数。套利定价模型是分析在均衡状态下资产的期望收益与风险之间的关系,认为证券的风险与收益之间存在线性关系,即证券风险越大,其收益率越高。

(一)套利定价模型

套利定价模型是建立在因素模型的基础上。因素模型假设证券的回报受多种因素变动的影响,并希望用影响证券收益的相对较少的基本经济变量来解释证券收益,从而说明因素与单一证券回报之间的关系。因素模型分为单因素模型和多因素模型。

单因素模型将所有系统风险归结为单一因素,并认为这一因素对所有股票都产生影响。而现实中,系统风险包含多种因素,而且不同的因素对不同的股票影响力不同。为了准确分析对股票收益的影响,有必要对影响收益的系统因素做进一步分解,单因素模型发展成为多因素模型。

因素模型是套利定价模型的基础,但套利定价模型与因素模型、资本资产定价模型等投资理论不同,投资者不必是风险厌恶型的,也不必根据均值—方差原则进行投资决策。套利定价理论可以放宽假设的一个重要原因在于,它认为市场上存在套利行为,而套利行为会纠正证券风险收益率对均衡状态的偏离。

(二)套利行为和套利组合

套利是指利用一种实物资产或证券的不同价格来赚取无风险利润的行为。套利行为是现代有效市场的一个决定性要素。一旦市场存在套利机会,投资者就会实施套利行为使套利机会消失,市场重新处于均衡状态。

套利组合是一个不需要投资者的额外投资,对任何因素都没有敏感性,并且有着正的投资回报的组合。实际上,套利组合中的因素风险等于零,而非因素风险是不等于零的,但由于非因素风险少,所以套利理论中一般将其忽略。

(三)套利定价模型的假设

套利定价模型有如下假设:资本市场处于竞争均衡状态,投资者偏好于更多的财富,资产的回报可以用因素模型表示。股票的收益率取决于两个因素:一个是对所有股票都有影响的系统因素,另一个是对个别股票有影响的非系统因素。

(四)套利定价模型

建立在因素模型基础上的套利定价模型也同样有单因素模型和多因素模型之分。

1. 单因素套利定价模型

$$r_i = a_i + b_i F_i + e_i$$

式中:r_i 是证券 i 的回报;F_1 是系统因素值;b_i 是证券 i 对因素的敏感性;e_i 是随机误差。单因素套利定价模型表明,在不考虑非因素风险的情况下,具有相同因素敏感性的证券或组合的收益会以相同的方式变动。因此,具有相同因素敏感性的证券或组合必然要求相同的预期回报;否则,市场就会出现套利机会,而投资者会把握这种机会进行套利,使预期回报与因素敏感性相匹配。

单因素套利定价方程为:

$$E(r_i) = r_f + \lambda_i b_i$$

式中:r_f 为无风险收益率。此定价公式意味着,在市场均衡时,预期回报与因素敏感性之间存在线性关系。

根据套利定价理论,如果一只证券的因素敏感性和预期回报都没有落在套利定价模型的资产定价线上,那么其定价一定是不合理的。因为这会产生套利机会,使偏离的点回到这条直线上、证券的收益恢复均衡状态。

2. 多因素套利定价模型

对单因素套利定价模型进行扩展，通过考察多个影响证券回报率的因素，可以得到多因素套利定价模型。在 k 个因素下，每只证券有 k 个因素敏感性。

$$r_i = a_i + b_{i1} + b_{i2}F_2 + \cdots + b_{ik}F_k + e_i$$

类似地，我们得出证券定价的线性方程为：

$$E(r_i) = r_f + \lambda_{i1}b_{i2} + \cdots + \lambda_k b_{ik}$$

套利定价模型也表明，投资者不会因为承受非系统性风险而得到补偿。

任务三　掌握行为金融学理论

一、行为金融学的产生

传统金融理论主要是以尤金·法玛提出的有效市场假说为基础，通过哈里·马科维茨的资产组合理论、威廉·夏普的资本资产定价模型、斯蒂芬·罗斯的套利定价理论以及费雪·布莱克、迈伦·斯科尔斯的期权定价理论等模型，建立起分析框架来求解使个体效用达到最大化的金融市场均衡点，从而确定了金融资产的价格。然而，这些模型隐含的共同基本理论预设就是“理性人”(rational man)假设，这一假设也是现代经济学理论的重要基石。“理性人”假设主要有两个方面的含义：一是市场的各参与主体在进行决策时都以实现期望效用最大化为准则；二是市场的各参与主体都能够根据他们所得的信息对市场的未来做出无偏估计。

但长期以来，“理性人”假设的合理性一直受到许多经济学家的质疑。特别是进入 20 世纪 80 年代以后，大量心理学和行为科学证据显示：人并非都是完全理性的。投资者并不像经典理论中假设的那样理性，而是具有某种情绪，许多投资者在决定自己的投资行为时受到其他非理性因素的影响，如人的情感、道德等；同时，随着金融市场的发展，出现了传统金融理论无法解释的异常现象，如羊群效应、股价过度反应(over reaction)或反应不足(under reaction)、股票溢价(equity premium)等，有效市场假说受到严峻的挑战。自 20 世纪 80 年代以来，一些学者对证券市场的研究逐渐从传统的以“理性人”为前提的分析框架，转向更多考虑市场参与者行为的行为金融学(behavioral finance)。行为金融学将心理学尤其是行为科学理论融入金融学，从投资者个体行为以及产生这种行为的心理、社会等因素来研究资本市场的现象和问题，并尝试解释传统金融学所无法解释的异常情形。

二、行为金融学相关研究

(一)早期研究

行为金融学的早期思想与传统金融理论一样，形成于 20 世纪 50 年代，当时的研究中心位于美国的俄勒冈大学。1951 年，美国奥兰多商业大学的布瑞尔(Burrell)教授发表文章《以实验方法进行投资研究的可能性》(Possibility of An Experimental Approach to Investment Strategies)，由此开拓了一个量化的投资模型与人的行为特征相结合的金融领域，并且强调实验方法在行为金融研究中的重要性。该文章被视为行为金融理论早期发展过程中具有重大影响的文章之一。其后，布瑞尔与其同事继续研究，使行为金融理论在 20 世纪六七十年代有了一定的发展。1972 年，美国俄勒冈大学的包曼(Bauman)教授和邵维克(Solvic)教授发表文章《人类决策的心理学研究》(Psychological Study of Human Judgement)，对行为金融理论做出了开创性贡献。这些研究成果为以后行为金融学的进一步发展奠定了基础，但在当时并没有引起人们的足够重视。行为金融理论作为一种新兴金融理论真正兴起于20世纪80年代后期，到90年代后期具有较大的影响。2002年，丹尼尔·卡尼曼(Daniel Kahneman)获得诺贝尔经济学奖后，行为金融学得到了空前的重视，许多经济学家投身于这一研究领域。

(二)预期理论

随着金融计量技术的发展，学者们发现传统的金融模型与实证检验结果存在很大差距，很多金融现象无法得到解释。丹尼尔·卡尼曼和特维斯基(Tversky)于1979年发表了文章《期望理论：风险状态下的决策分析》(Prospect Theory：An Analysis of Decision under Risk)。在文章中，丹尼尔·卡尼曼和特维斯基提出了"价值函数"(value function)与"决策权重"(decision weight)的模型，创立了预期理论(prospect theory)以替代预期效用和主观概率模型，成为行为金融学发展的突破口。诺贝尔经济学奖评奖委员会认为，丹尼尔·卡尼曼的杰出贡献在于把心理研究的成果与经济学融合在一起，特别是在有关不确定状态下人们如何做出判断和决策方面的研究。因此，瑞典皇家科学院把2002年的诺贝尔经济学奖授予了丹尼尔·卡尼曼。

预期理论是行为金融学的重要理论基础，也是应用于经济研究的最为重要的行为决策理论。长期以来，预期效用理论(expected utility theory，EU)是解释人们在不确定情况下进行选择的标准理论。但大量实验研究表明，存在许多该理论无法解释的现象。因此，经济学家提出了许多非预期效用理论，其中影响最为深远的是期望理论。

预期理论提出以后，诸多金融学家进行了一系列的补充和完善，其中比较有影响力的是1985年德邦(DeBond)和泰勒(Thaler)发表的文章《股票市场过度反应了吗？》(Does the Stock Market Overreact?)。在文章中，他们指出，投资者对好消息和坏消息都存在"过度反应"。该文的发表标志着行为金融学进入了迅速发展的阶段。

(三)行为资本资产定价理论

行为金融学的发展过程也是传统金融理论不断受到挑战的过程，尤其是资本资产定价模型不断受到质疑。所以，行为金融学一方面通过借鉴心理学、行为学、社会学等其他学科不断完善自身理论的基本假设和分析框架；另一方面尝试着提出解决问题的模型。针对资本资产定价模型，1994年，舍夫林(Shefrin)和斯岱德曼(Stateman)提出了行为资本资产定价理论(behavioral assets pricing model，BAPM)。该理论描述了在理性交易者和非理性交易者相互作用的情况下资产定价的方式。

在该理论中，投资者被分为两类：信息交易者(information traders)和噪声交易者(noise traders)。信息交易者是"理性的"，具有传统理论假设的良好认知、专业知识并且有均值方差偏好，他们通常满足传统金融理论中资本资产定价模型的要求；而非理性交易者，即噪声交易者，不具备理想状态下的投资者所应有的理性假设和行为方式，他们并不具有均值方差偏好，往往背离资本资产定价模型。与资本资产定价模型不同，行为资本资产定价模型把决定证券预期回报的β系数与行为相联系，这样证券的预期收益是由其"行为贝塔"(behavioral beta)决定的，并不完全取决于投资组合与市场组合之间的β系数。可以看出，行为资本资产定价模型在有限度接受市场有效性假说的基础上，融入了行为金融学所奉行的有限理性、有限控制力和有限自利；同时，行为资本资产定价理论认为，噪声交易者不仅能影响金融资产价格，而且可能通过投资活动获得一定的盈利，从而可以解释非理性交易者长期存在的原因。另外，行为资本资产定价理论还对存在噪声交易者的条件下，市场组合回报的分布、风险溢价、期限结构、衍生品定价等问题进行了多方面研究，这些研究对金融市场的发展有着深刻的指导意义。

（四）行为资产组合理论

2000年舍夫林和斯岱德曼又提出了行为资产组合理论（behavioral portfolio theory，BPT），认为投资者将通过综合考虑期望财富、投资的安全性与增值潜力，以及这些指标达到相应期望值的概率等几个因素来构建符合投资者个人意愿的金字塔式最有效资产组合。该理论认为，在现实中大部分投资者实际构建的资产组合是一种金字塔形结构的行为资产组合，每一层都对应着投资者特定的投资目的和风险偏好（方差），各层的资产都与特定的目标和风险态度相联系，一些资金投资于最安全的底层，也有资金投资于更具风险性的高层。

2013年，行为金融学的代表人物罗伯特·希勒（Robert J. Shiller）因对资产价格的可预测性做出的贡献，故与尤金·法玛、拉尔斯·彼得·汉森分享了当年的诺贝尔经济学奖。诺贝尔奖评奖委员会称："他们三位研究出来资产定价研究新方法并将其用于对股票、债券和其他资产价格细节的研究之中。他们的方法已经成为学术研究的标准。他们的成果不仅给理论研究提供指导，而且有助于专业投资应用。"罗伯特·希勒的研究表明：长期内，资产价格有一定的预测性，而且非理性因素是推动资产价格波动的重要因素。罗伯特·希勒及其他行为金融学家随后的研究借鉴了行为经济学的一些研究成果，从行为、心理的角度来研究投资者的非理性行为，如羊群效应、过度自信等。

项目综述

本章主要介绍了有效市场假说、金融市场投资理论以及行为金融学相关研究。有效市场假说（EMH）是由美国著名经济学家尤金·法玛于1970年提出并深化的。所谓有效市场，是指证券价格能够同步地、完全地反映全部的可用信息；也就是说，有效市场是一个价格可以迅速对影响价格的因素变化做出反应的市场。尤金·法玛根据信息的公开程度将信息分为三类：历史信息、公开信息和内幕信息，并以此界定了三种不同程度的有效市场。

现代投资组合理论（MPT）主要由哈里·马科维茨的资产组合理论、威廉·夏普的资本资产定价理论和斯蒂芬·罗斯的套利定价理论（APT）组成。

哈里·马科维茨的资产组合理论建立在有效市场以及投资者风险厌恶等假设基础上，说明了投资者如何利用均值—方差工具在证券市场所有可行组合中选择有效证券组合，并根据自身的风险收益偏好选择最优证券组合，从而通过多样化在适当的风险水平下获得最大的预期回报。

传统金融理论主要是以尤金·法玛提出的有效市场假说为基础，通过哈里·马科维茨的资产组合理论、威廉·夏普的资本资产定价模型、斯蒂芬·罗斯的套利定价理论以及费雪·布莱克、迈伦·斯科尔斯的期权定价理论等模型建立起分析框架来求解使个体效用达到最大化的金融市场均衡点，从而确定了金融资产的价格。然而，这些模型隐含的共同基本理论预设就是"理性人"（rational man）假设，这一假设也是现代经济学理论的重要基石。

1964年，威廉·夏普根据投资组合理论提出了资本资产定价模型（CPAM）。资本资产定价模型是财务学形成和发展过程中最重要的里程碑，它第一次使人们可以量化市场风险程度，并且能够对风险进行具体定价。

由于资本资产定价模型是以一系列严格的超现实假设条件为前提，1977年罗尔对其有效性提出疑问，使得对资本资产定价模型有效性的讨论发展到了新的阶段，并出现了以套利定价模型为代表的新的资产定价模型。

进入 20 世纪 80 年代以后，大量心理学和行为科学证据显示：人并非都是完全理性的。一些学者对证券市场的研究逐渐从传统的以“理性人”为前提的分析框架，转向更多考虑市场参与者行为的行为金融学(behavioral finance)。

项目技能训练

一、单选题

1. 下列选项中，不属于现代金融市场的理论体系的是(　　)。

A. 资本资产定价理论　　B. 有效市场理论

C. 资本结构理论　　D. 利率决定理论

2. 有效市场假说是由(　　)提出并深化的。

A. 尤金·法玛　　B. 威廉·夏普　　C. 哈里·马科维茨　　D. 斯蒂芬·罗斯

3. 证券市场线的截距是(　　)。

A. 无风险收益率　　B. 市场风险溢酬　　C. 风险收益率　　D. 预期收益率

4. 关于有效市场假说，下列说法中正确的是(　　)。

A. 在半强式有效市场上基本面分析是有效的

B. 在弱式有效市场上技术分析是无效的

C. 无论什么市场技术分析和基本面分析都是无效的

D. 在强式有效市场上数据挖掘能够帮助投资者获得超额回报

5. 根据美国芝加哥大学教授法玛关于有效市场的定义，如果有关证券公开发表的资料对证券的价格变动没有任何影响，则证券市场达到(　　)。

A. 半强型效率　　B. 弱型效率　　C. 强型效率　　D. 零型效率

6. 股票的所有信息都不能使投资者获得超额收益，说明证券市场达到(　　)。

A. 半强型效率　　B. 弱型效率　　C. 强型效率　　D. 零型效率

7. 一家公司股票的 β 为 1.5，无风险利率为 8%，市场上所有股票平均报酬率为 10%，则该公司股票的预期报酬率为(　　)。

A. 11%　　B. 12%　　C. 15%　　D. 10%

8. 下列选项中，不是资本资产定价模型的局限的是(　　)。

A. 新兴行业的贝塔值难以估计

B. 贝塔值对未来的指导作用可能要打折扣

C. 资本资产定价模型的假设与现实有偏差

D. 资本资产定价模型完全不能描述证券市场的情况

二、多选题

1. 资本市场有效的决定条件有三个，分别是(　　)。

A. 理性的投资人　　B. 独立的理性偏差　　C. 套利　　D. 零交易成本

2. 尤金·法玛根据信息的公开程度将信息分为三类，分别是(　　)。

A. 历史信息　　B. 公开信息　　C. 图片信息　　D. 内幕信息

3. 现代金融学体系是基于投资者“理性”假设发展起来的，关于“理性”的理解正确的有(　　)。

A. 市场中“异象”的存在，说明现代金融学体系对人们真实经济行为描述的失败

B. 现代金融学体系与经济学其他分支存在差异

C. 现实情况中，人们的真实行为往往与理论模型预测的最优结果之间存在偏差

D. 当经济体获得新信息的时候，会根据贝叶斯法则更新自己对事件的看法或者信念

4. 在现代金融理论框架下出现了一些难以解释的市场异象，这些异象包括(　　)。

A. 股价过度反应　　B. 反应不足　　C. 股票溢价　　D. 波动率之谜

5. 根据有效市场假说，下列说法中正确的有(　　)。

A. 只要所有的投资者都是理性的，市场就是有效的

B. 只要投资者的理性偏差具有一致倾向，市场就是有效的

C. 只要投资者的理性偏差可以互相抵消，市场就是有效的

D. 只要有专业投资者进行套利，市场就是有效的

三、判断题

1. 证券市场线的截距是无风险收益率，斜率是市场风险溢酬。(　　)

2. 资本市场线是所有可能投资方案形成的直线，即通过无风险利率点所做的与马科维茨有效集相切的直线。(　　)

3. 市场组合的风险是非系统风险。(　　)

4. 风险溢价可以视为投资者因为购买股票承担了额外的风险而获得的风险补偿。(　　)

5. 资本市场的有效性要求所有的非理性预期都会相互抵消。(　　)

6. 威廉·夏普认为，每只证券的标准差对整个市场证券组合的贡献在于，此证券和市场证券组合的协方差，具有较大协方差的证券会提供较大的预期收益率。(　　)

7. 如果市场是强式有效的，在公告之前进行证券的买卖能使投资者获取异常收益，但在公告之后进行证券的买卖则不能获取异常收益。(　　)

8. 哈里·马科维茨的贡献在于，他所提出的不确定条件下的资产选择理论已经成为金融经济学的基础。(　　)

9. 资本资产定价模型所讨论的是如果投资者根据哈里·马科维茨的资产组合理论选择最优证券组合，那么在市场均衡时，如何计量资产的风险，以及资产风险与收益的关系。(　　)

10. 有效市场是一个价格可以迅速对影响价格的因素变化做出反应的市场。(　　)

四、问答题

1. 有效市场假说的定义以及三个分类是什么？

2. 根据哈里·马科维茨的证券投资组合理论，投资者应如何决定其最优资产组合？

项目六

习题答案

项目七　领会货币理论

思维导图

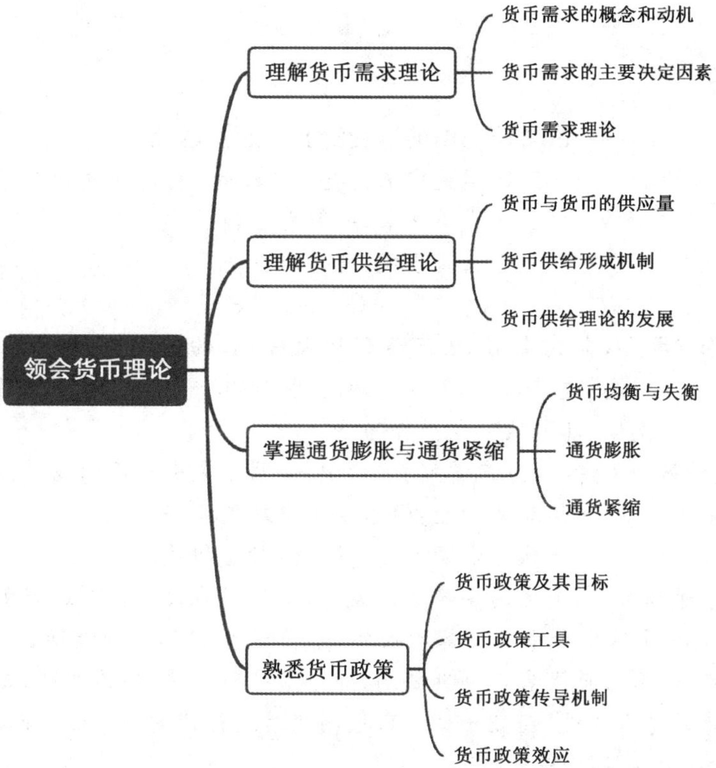

学习目标

知识与技能目标	思政教育目标
1. 明确货币需求的含义、特点和决定因素 2. 明确基础货币、货币供给、货币乘数等概念 3. 掌握货币供给的两大机制，商业银行的存款制造过程和中央银行的货币供给机制 4. 了解货币需求理论和货币供给理论的发展演变 5. 掌握货币均衡与失衡的内涵 6. 理解通货膨胀的成因与效应，了解治理通货膨胀的对策 7. 掌握货币政策的内涵和一般性货币政策的三大工具 8. 掌握货币政策效应的内涵，了解货币政策效应评价理论的演变，理解货币政策效应的影响因素	1. 通过学习我国对货币政策工具的选择和应用，加深学生对我国国情的了解，增强对我国货币政策的理解和认同 2. 引导学生了解货币理论和货币政策最新进展，激发学生的探究和创新意识

案例导入

古典诗词中的通货膨胀与通货紧缩

南宋诗人陆游(1125—1210)在《闻吴中米价甚贵二十韵》的诗中这样写道：

千钱得斗米，一斛当万钱。

嗟汝蚩蚩民，何恃以自全。

……

陆游生活的南宋初年，金兵南下，生产遭到巨大破坏，物价飞涨，一斗米超过 1 000 文铜钱。《宋史卷六七·五行志》载：绍兴二年春，“两浙、福建饥，米斗千钱”。陆游这首诗虽然是写吴中的事，但在当时的南宋，其他地方也很普遍。①

然而，在陆游的另一首诗《太息三首》(其二)中，却写了完全相反的场景：

祷庙祈神望岁穰，今年中熟更堪伤。

百钱斗米无人要，贯朽何时发积藏。

随着宋金战事逐渐平息，南方的生产开始恢复，宋朝对地方的控制逐渐加强。绍兴十一年(1141 年)，宋金议和，此后几十年社会基本安定，物价逐步回落。荆湖地区连年丰收，粮价大跌。绍兴十一年八月，有官员上言：“荆湖之南，即今米斗百余钱，谷价之贱，未有如此者。”②

与陆游同时代的诗人陈造(1133—1203)，也因为看到粮价的经常波动而在《喜雨口号呈陈守伯固十二首》(其一)这样写道：

钱轻币重病吾农，未有奇方起困穷。

粗遣年丰官籴粟，少令钱币各通融。

诗中的“钱轻币重”，讲的就是通货膨胀(钱轻物重)、通货紧缩(币重物轻)的问题。诗人说，无论是通货膨胀还是通货紧缩，最受伤的都是农民，因此政府应该实行“平粜”“平籴”的政策。也就是说，在丰收时，谷轻钱重，政府收购谷物，阻止谷价下跌，让农民拥有一定的货币收入；在歉收时，谷重钱轻，用相对低廉的价格出售谷物，保证农民能够买得起粮食，度过荒年。

---

① 汪圣铎：《两宋货币史》，社会科学文献出版社 2003 年版。

② (清)徐松：《宋会要辑稿·食货四〇之二四》，上海古籍出版社 2014 年版。

其实，早在《管子》中，古人就提出“币重而万物轻，币轻而万物重”这一现象。在这部著作中，只反映出“钱轻币重”皆是由于商品的供给和需求造成。“夫物多则贱，寡则贵，散则轻，聚则重。”“夫民有余则轻之……民不足则重之。”然而，除了商品自身的供求以外，造成价格涨跌的还有一个重要原因，那就是统治阶级政策的变化。

唐宋时期曾发生两次著名的“钱荒”，背后原因就是税法的改变。第一次是唐建中元年(780年)，杨炎实行两税法，赋税以钱计算，钱币的需求量大增，导致钱贵物轻，老百姓需要将粮食卖掉换成钱缴税，使得实际赋税负担成倍增加，最后只得在长庆元年(821年)改征布帛。第二次是北宋熙宁年间(1068—1077)，王安石实行变法，其中青苗法和免役法都增加了对钱币的需求，政府大幅增加铸钱数量，民间仍然不足。当时许多人指出了钱荒现象，如北宋的思想家张方平(1007—1091)说：“每年两限(征免役钱和归还青苗钱)，家至户到，科校督迫，无有已时，天下谓之钱荒。”①

除了商品供求和政策变化以外，统治阶级对货币制度的破坏也是造成通货膨胀和紧缩的原因。唐天宝十四载(755)，安禄山发动叛乱，并演变成长达七年的安史之乱。朝廷为了平叛，需要大量军费，但国库空虚，为了筹措军费，于乾元元年(758)采用铸钱使第五琦(712—782)的建议，铸造乾元重宝钱，这种钱比唐开国时期铸造的开元通宝稍重，一贯重10斤，但规定1文充当10文开元通宝钱使用的第二年，朝廷又命绛州铸乾元重宝大钱，这种钱又比乾元重宝钱稍重，一贯重20斤，1文充当50文开元通宝钱。这种钱的背面外郭为重轮，因此又称“重轮钱”，实际上与乾元重宝很难区分，稍不留神就会出错。

唐政府的做法显然是为了搜刮民间财富。既然朝廷这样做，叛军也就跟着学。就在安史之乱爆发后第二年，安禄山被儿子杀死，史思明再次举起反叛的大旗。他在范阳称帝，国号为燕，建元顺天，自称顺天皇帝。为了解决军费问题，史思明铸造得壹元宝和顺天元宝，这两种铸币都以1文充当100文开元钱。“史思明据东都，亦铸得壹元宝钱，径一寸四分，以一当开元通宝之百。既而恶得壹非长祚之兆，改其文曰顺天元宝。”②

在朝廷和叛军同时乱铸币的双重作用下，民间物价猛涨，一斗米要7 000钱，这比战前200钱一石的米价高了三四百倍(当时十斗为一石)。百姓饥馑，怨声载道。而且由于民间私铸减重，故导致市面上流通的几种钱的大小、重量差不多，乾元钱和乾元重轮钱文字相同，这造成了流通的极大不便。

唐代宗广德时期(763—764年)，朝廷下令各种钱平价流通，即开元钱、乾元钱和重轮钱这三种比价都是1∶1。政府出台此项政策，对于抑制物价起到了一定作用，上元初京师的米价从一斗值数千变成1 000钱。然而，一件意想不到的事情随之出现，那就是物价从原先的通货膨胀一下子变成了通货紧缩。

造成这种从一个极端走向另一个极端的根本原因是“劣币驱逐良币”。学过金融的人都知道，所谓劣币驱逐良币，即“格雷欣法则”，是指在两种货币同时为本位币的情况下，实际价值高于名义价值的所谓良币就会被熔化，或者退出流通领域，而实际价值低于名义价值的所谓劣币就会充斥市场。

乾元钱和重轮钱铸造时，要比开元钱重，现在政府宣布它们具有同等价值，就造成名义价值与实际价值的背离。普通开元钱为劣币，充斥市场，而乾元钱和重轮钱相当于良币，民间将

① 《乐全集卷二六·论率钱募役事》。
② 《新唐书·食货志》。

它们都囤起来，销铸为器，用以牟利。

也许有人会说，古代通货膨胀与通货紧缩是不是与流通铜钱有关，因为铜在古代不容易开采，无法自主调节货币流通数量。宋代开始流通纸币交子和会子，这个问题是不是就可以解决了呢？答案是否定的。南宋诗人刘学箕有一首诗《夏雨叹》：

君不见去年六月田作龟兆折，祷祠乞雨遍村陌。
时当饥馑民不聊，谷贵有钱无处籴。
今年六月岁幸丰，十日一雨五日风。
市积粟米价不长，有谷无钱人更穷。
吁嗟此道孰识测，街头细听老农说。
往年兵兴锡赍多，官会颁行姑济急。
旧会既收新会降，所司称提苦无策。
朝廷明许同见钱，便当流转同货泉。
不应州县首逆旨，榜示墙壁徒纷然。
库头令卖小印㨾，输纳租税私相榷。
非钱卖㨾用不得，执币啧啧烦有言。
遂令百姓愈惶惑，行之与否谁使然。
小臣空负济时术，阊阖九重无路入。
何当奏计承明庐，倾倒贾生长太息。

刘学箕这首诗写于宋光宗嘉定年间(1208—1224)，当时宋金之间关系紧张，宋朝军费开支浩大。诗人认为，如果天旱歉收，粮价贵得有钱也买不到；如果风调雨顺，粮食丰收，粮价再便宜也卖不掉，有粮无钱使人们的生活变得十分不便。“籴”是指买入谷物，“锡赍”是指赏赐之物。往年战争兴起赏赐多，官方发行会子，主要用于军费。虽说是回收了旧会、发行了新会，但是由于官府的问题，使“称提”政策难以真正发挥作用（“称提”指朝廷限制纸币发行量，规定纸币使用范围及按期调换等政策）。朝廷明令会子可以与铜钱等价使用，想不到州县官府却带头抗旨不遵，尽管墙壁上张贴着朝廷的公告，州县官却命令百姓必须使用盖了印的会子才能缴税，实际是官府想用这种办法来私下增加收入。

这首诗一方面写了粮食丰收与歉收导致的通货膨胀与通货紧缩，另一方面写了农民用会子缴税时遇到的官府刁难和敲诈勒索。由此可知，在没有现代金融体系支撑的古代，即使有了纸币，也没有办法解决通货膨胀与通货紧缩，反而出现了更多更大的难题。

资料来源：丁骋骋，《古典诗词中的通货膨胀与通货紧缩》，《金融博览》，2023 第 5 期，第 20—21 页。

案例思考：请结合本项目有关内容思考什么是通货膨胀与通货紧缩以及相应的对策。

项目描述

货币的职能决定了货币在经济生活中的重要地位。经济行为的微观主体对货币的主观需求是无止境的，但从客观上看，不是所有的货币需求都需要得到满足。影响货币需求的因素是多种多样的，不同的货币需求理论对此做出了不同的解释。准确判断社会总体货币需求的数量变化是货币当局确定合理的货币供给进而进行货币操作的重要依据。

学习完本项目内容，我们要能够回答以下问题：

1. 货币需求的主要决定因素有哪些?
2. 货币供给的形成机制是怎样的?
3. 货币供给理论研究的内容是什么?
4. 什么是货币均衡与失衡?
5. 通货膨胀的原因有哪些? 有哪些社会经济效应?
6. 如何治理通货膨胀?
7. 通货紧缩的原因是什么?
8. 通货紧缩的对策有哪些?

任务一　理解货币需求理论

一、货币需求的概念和动机

(一)货币需求的概念

货币需求是指公众在综合权衡各种资产的收益和成本之后所愿意持有的货币数量。它不是一种主观的、一厢情愿的占有欲,而是包括企业、事业单位、政府、个人等在内的社会各部门在既定的国民收入范围内,能够或愿意以货币形式持有而形成的对货币的需求。也就是说,货币需求是愿望和能力的统一。

货币需求量是指在特定的时间和空间范围内(如某国、某年),社会各个部门对货币需求持有量的综合,或者是一定时期内商品生产和流通对货币的客观需求量。它通常是从存量的角度进行考察的。

考虑到经济运行中物价水平(以商品衡量的货币价值)是不断变动的,因此,在分析货币需求时,我们必须区分名义货币需求和实际货币需求两个概念。

知识链接 7-1

名义货币需求与实际货币需求

名义货币需求(nominal money demand)是指社会各经济部门所持有的一定数量的实际存在货币数量,随物价水平的上升而上升,通常以 M_d 表示。

实际货币需求(real money demand)是指在名义货币需求基础上剔除物价因素,以货币所实际对应的社会资源,即商品和货币的劳务需求,它等于名义货币需求除以物价水平,即 M_d/P,其中,P 是价格水平。

(二)货币需求的动机

由于货币所具有的支付手段、流通手段和价值储藏等基本职能,以及高流动性、低风险性(通货膨胀较低时)等特征,因此人们持有货币通常有三种动机:交易动机、预防动机和投机动机。

1. 交易动机

货币需求的交易动机是指人们通过持有流动性较高的货币资产以满足日常的交易活动。在该活动中,货币行使支付手段和流通手段的职能。通常,公众可以有很多方式来满足自己的交易需求。例如,在需要时通过支付持有的货币购物。这样做的好处是,不会因为手头没钱而错过购物机会,也可以避免因投资于流动性较差的资产而在变现时需要支付手续费、车旅费和花费时间；唯一的缺点是，损失了一些利息收益。另一种极端情形是在获得收入时立即将它全部用于投资，然后在需要支付货币时卖出证券或者取出存款。这样做可以最大限度地得到利息收益，但经常买卖证券要支付大量的经济费用，同时还可能错过心仪的商品。

对于理性的公众，他们在获得收入后会在交易便利和利息收益之间进行权衡，以决定收入中多少以货币形式持有、多少用于投资。出于交易动机的货币需求量受到投资成本和持有货币的机会成本两个因素的影响。投资成本是指投资过程中所需支付的各种费用，持有货币的机会成本是指因持有货币而放弃的潜在收益。

交易动机可以分为个人的收入动机和企业的营业动机。个人的收入动机表示个人收入的取得与支出的发生之间并非完全吻合，为此，个体需要保持一定数量的货币以保证对商品和劳务的购买；企业的营业动机表示企业的销售收入与各项支出在时间和数量上存在差异，为维持企业运转需要保持一定的流动性资金。

在持有货币的三种动机中，交易动机是首要的，因为货币的最基本职能是流通手段。

2.预防动机

货币需求的预防动机是指个体为应付未来可能遇到的意外支出或收入波动等不确定性而持有货币。预防动机的货币需求来自经济中的不确定性。在某一特定时期，个体无法排除意外事件的发生以及临时急需现金的可能，其货币收入和货币支出与事先预料的不一定一致，为稳妥起见，人们实际持有的货币量总是比预期的需求量要多一些，其中的超额部分就是处于预防动机的货币需求。

3.投机动机

货币需求的投机动机是指个体将货币当作一种资产用于投资活动。该动机与货币的储藏功能有关。由于持有货币、债权和股票的期望收益率不同，风险也不同，因此理性个体将会在收益率和风险之间做出选择，选择最优投资组合，分别部分地持有货币、债权、股票和其他不动产，达到追求高回报和分散风险的目的。

二、货币需求的主要决定因素

货币需求取决于持有货币的动机，凡是影响或决定货币持有动机的因素就是影响和决定货币需求的因素。了解和把握货币需求不仅能够从货币这个侧面了解国民经济的运行情况以及微观经济主体的意愿和行为，而且能为货币当局保持货币供求的均衡提供决策依据。

货币需求的主要决定因素可以从宏观和微观两个角度分析。宏观角度主要涉及影响和决定一国货币需求的经济总量、经济结构、外在环境以及制度安排等因素；微观角度主要涉及微观主体货币需求的意愿以及由这种意愿引起的需求行为。

(一)宏观角度

决定货币需求的主要宏观因素有：

1.全社会的商品与劳务总量

这一总量取决于一国一定时期的劳动生产力水平，也反映出这时期全社会的市场供给能力。商品和劳务的供给量越大，对货币的需求就越多；反之，则越少。

2.商品的供求结构

商品供给既取决于劳动力生产力水平，又受制于人们对它的需求。只有真正满足人们需要的商品供给，才会产生真实的货币需求。由于商品的供求结构经常发生变化，因而货币需求也经常发生变化。

3. 一般物价水平

对商品和劳务的货币支付必须在一定的价格水平下进行，因而价格水平越高，需要的货币就越多；反之，则越少。

4. 分配结构

经过初次分配和再分配之后，国民收入最终形成国民经济各部门的收入。在现实经济生活中，货币需求实际上是各部门支配其社会产品或收入时发生的。物质资料生产部门进行积累或为补偿生产要素的消耗要有货币需求，非物质生产部门支配其收入来源也要对应一定的货币需求。国民收入的分配结构决定了货币总需求的结构。

5. 货币流通速度

这是指单位货币在一定时期内周转使用或流通支付的次数，反映的是货币功能发挥的程度。在其他条件不变的情况下，货币流通速度越快，单位货币实现或完成的交易就越多，完成一定交易量所需要的货币就越少；货币流通速度越慢，所需要的货币数量就越多。

6. 信用发达程度

在一个信用制度健全、金融业发达的经济中，相当一部分交易可以通过债权债务的相互抵消来了结和清算，从而减少了对于作为流通手段和支付手段的货币的需求量。信用发达程度越高，意味着信用工具的种类越多，信用活动的效率越高，货币的使用数量也越节省。在交易规模一定的情况下，信用活动越发达，需要的货币数量就越少；反之，则越多。

7. 其他因素

主要包括产业结构、人口规模及密度、经济结构以及交通运输状况等。生产周期长的部门多，资金周转就慢，对货币的需求量就大；人口越多、密度越大，货币需求量也越大；而交通运输、通信设施状况越好，意味着货币流通速度越快，货币支付所需的时间就越短，需要的货币数量就越少。

（二）微观角度

决定货币需求的主要微观因素有：

1. 收入水平

在货币需求的诸多决定因素中，个体的收入状况和已积累的财富量是最重要的。企业、机关、家庭及个人等微观主体的收入水平显然是决定他们为交易、财富储藏及生产经营而持有货币的首要因素。一般来说，收入水平越高，以货币形式保有的资产总量就越多。

2. 市场价格水平

对微观主体而言，市场供求状况的变化引起价格水平的波动，进而对货币需求产生影响，这种影响主要是通过改变人们的预期而产生的。如果商品短缺，人们便会产生物价上涨预期，纷纷以实物代替货币，用于贮藏的货币就越少。

3. 利率与金融资产收益率

银行存款利率、债券利率以及股票收益率等金融资产收益率的存在，使得持有货币产生机会成本。金融资产的收益率越高，意味着持有货币的机会成本越高，也就是因持有货币而必须放弃的收入越多，这时人们显然会减少对货币的持有，即减少货币需求。

4. 心理及习惯等因素

在人们的消费倾向提高时，对应于交易活动的货币需求量就会增加；而当越来越多的单位与个人习惯使用支票时，货币周转速度会加快，货币需求量就会减少。

三、货币需求理论

货币需求理论是货币理论的重要组成部分。西方货币需求理论的研究经历了货币数量论、现金余额数量说、凯恩斯的货币需求理论、凯恩斯货币需求理论的推广以及现代货币数量理论等几个阶段。对外开放、金融创新和技术进步以及货币政策的实践推动了西方货币需求理论发展到一个新的阶段。近年来,西方货币需求理论的实证研究得到了迅猛发展,但是在货币统计口径、规模变量的选择、机会成本变量的选择以及货币需求函数形式等方面仍存有争论。

(一)货币数量论

西方货币需求理论在古代思想家的著作里已有许多论述,比较系统的至少可以追溯到16世纪法国早期重商主义者让·波丹,可谓源远流长。早期的一个典型特征就是把货币仅仅看作一种交易媒介。同时期的货币需求理论也就把货币的交易媒介职能看作对货币产生需求的唯一来源。这种观点从16世纪重商主义时期一直延续到20世纪初期,中间经过休谟、配第、斯密、李嘉图以及费雪等人的深化和完善,最终形成了货币数量论。货币数量论是一种以货币数量来解释货币价值、一般物价水平的理论。由于它所讨论的实际上是商品交易中所需的货币数量问题,因此逐步演变为一种货币需求理论。古典货币数量论关于货币需求的观点集中表现在费雪的交易方程式中。欧文·费雪(Irving Fisher)认为,人们持有货币的目的在于交易,因此存在如下恒等关系式:$MV=PT$。其中,M 是货币数量,V 是货币流通速度,P 是价格水平,T 是交易量。因为短期内 V 为常量,所以货币需求仅为收入的函数,利率对货币需求没有影响。

(二)现金余额数量说

剑桥学派的经济学家马歇尔和庇古等人在古典数量论的基础上有所发展,提出了现金余额数量说。现金余额数量说认为,人们持有货币是因为货币具有交易媒介和价值贮藏功能,因此,货币需求方程(剑桥方程)是:$M=KPY$。其中,M 表示货币数量,Y 代表总产量,P 表示一般价格水平,K 是常量,表示以货币形式保持的财富在全部财富中所占的比例。

货币数量论认为人们持有货币仅仅是为了进行交易的观点显然过于狭隘,因此剑桥学派的马歇尔和庇古开创了微观货币需求分析的先河。从微观主体的持币动机、持币行为考察货币需求的规律性。货币数量论仅对货币需求进行宏观分析,纳入视野的只是商品实现的需求和各种支付的需求,从而所需求的只是作为流动手段和支付手段的货币。当注重从微观角度考察货币需求后,则所需求的货币还包括价值贮藏职能的货币,货币需求的影响因素中纳入了更丰富的变量,货币需求理论也被推到更广博、更精深的层次。这些古典剑桥经济学家认为,个体持有货币的动机有两点:交易动机和投机动机。

当然,尽管马歇尔和庇古率先将货币的价值贮藏职能引入了货币需求分析,并将货币需求与名义收入挂钩,都相信货币需求正比于收入,只是欧文·费雪更强调交易的技术因素,而剑桥学派更强调个体的资产选择。但是,剑桥方程式和费雪方程式没有显著的区别,利率因素依然被排除在货币需求方程之外。

(三)凯恩斯的货币需求理论

在货币需求理论的发展历史上真正起到里程碑作用的是凯恩斯在1936年出版的著作《就业、利率和货币通论》中提出的流动性偏好的货币需求理论。凯恩斯沿着剑桥学派的思路,强调了利率的重要性,归纳出人们持有货币的三个动机:

1. 交易动机

与古典经济学家一样，凯恩斯相信货币需求中用于交易的那部分正比于个体的收入。

2. 预防动机

凯恩斯相信，这种预防性货币需求量依赖于个体对未来交易水平的预期，而后者正比于个体的现期收入，因此预防性货币需求也正比于收入。

3. 投机动机

凯恩斯相信这部分货币需求量与收入正相关，同时，利率起着重要作用。

交易动机和预防动机在庇古的需求理论中已经有所体现，投机动机则是凯恩斯的独创，流动性偏好理论的提出在货币需求理论发展的历史上具有重要意义。首先，流动性偏好理论强调了货币的价值贮藏职能在货币需求中的重要性。其次，通过货币的价值贮藏职能把利率因素引入货币需求函数是流动性偏好理论主要的特点与贡献。最后，货币需求动机概念的提出巩固了由马歇尔、庇古开创的从微观主体的持币动机、持币行为考察货币需求的新视角，使得微观分析方法成为现代货币需求理论研究方法的主流。

（四）凯恩斯货币需求理论的推广

凯恩斯之后，即第二次世界大战之后的经济学家在货币需求问题上的理论贡献主要集中在对流动性偏好理论的货币需求方程中的两个子函数的重新阐述上。考虑到凯恩斯理论中利率作用的重要性，这些研究主要集中在利率对货币需求的影响上。最具影响力的包括鲍莫尔-托宾的存货理论模型、惠伦模型和托宾的资产选择理论。

1. 鲍莫尔-托宾的存货理论模型

首先把利率引入微观主体的交易性货币需求模型的是鲍莫尔（William J. Baumuol）和托宾（James Tobin）。在凯恩斯的流动性偏好理论中，出于交易动机的货币需求只依赖于个体收入，不受名义利率的影响。1952 年鲍莫尔、1956 年托宾分别独立地得到了交易动机的货币需求也依赖于名义利率的结论，该模型通常被称为货币需求的鲍莫尔-托宾存货理论模型。

他们用“最优存货控制理论”的解决办法，提出了鲍莫尔-托宾模型，即著名的“平方根定律”。根据该定律，交易性货币需求的最优货币需求量与转换成本以及交易量之间成正比关系，与利率成反比关系。当然，该方法的局限性也很明显：一是它建立在单期决策的基础上，没有考虑动态决策对结论的影响；二是没有考虑收入和支出的不确定性。

2. 预防动机的货币需求理论

在凯恩斯的流动性偏好理论中，由预防动机产生的货币需求仅是收入的函数，独立于名义利率。20 世纪 60 年代，美国经济学家帕廷金、惠伦、奥尔等先后发现，与基于交易动机的货币需求一样，基于预防动机的货币需求同样受利率变化的影响。其中，比较著名的是惠伦（Whalen）模型。在惠伦的货币需求模型中，货币需求依赖于三个因素：持有货币的机会成本、变现的手续费、支出的不确定性。

3. 托宾的资产选择理论

在凯恩斯的流动性偏好理论中，利率之所以对投机动机的货币需求产生影响，是因为货币和债权这两种资产回报率的不同导致了个体投资组合的变化。当利率较高时，人们预期利率下降、债权价格上升，因此持有债权；当利率较低时，人们预期利率上升、债券价格下降，因此持有货币。事实上，人们对利率变化的预期并不能如此确定，个体也不会仅持有货币或仅持有债券，还可以持有其他金融资产，在这一点上，凯恩斯的流动性偏好理论与真实经济并不吻合。

1958年，托宾在马科维茨投资组合理论的基础上，通过引入非货币资产的风险的观点，研究了个体投资组合中的货币需求问题，提出货币需求的资产选择理论，弥补了凯恩斯理论的缺陷。

托宾认为，由于大多数个体是风险规避的，因此他们在持有各种资产时将考虑到资产的期望回报率和风险，期望回报率越高越好，风险越低越好。个体将各种资产按一定份额组合起来，构成一个投资组合，个体选择最优的投资组合以最大化期望效用。在每一个体都是理性的、风险规避的假定下，谁都希望得到低风险、高回报的资产，市场均衡时，资产的期望收益率通常与资产的风险正相关，即收益高的资产风险也较高。货币作为一种名义收益为零的资产，其风险为零。

在风险回避的个体的投资组合中，给定某种资产的风险，当该资产的收益率上升时，持有该资产给个体带来的效用增加，个体将增加该资产的持有量，相应减少其他资产的持有量，直到持有该资产的边际效用等于持有其他资产的边际效用，进一步持有该资产不会增加个体效用为止。

拓展阅读

凯恩斯货币需求理论在互联网金融时代的局限性

当市场利率上升时，债券收益率和其他风险资产的收益率通常随之上升，而各种资产的风险并没有相应上升，因此，个体将增加风险资产的持有量，减少货币的持有量；反之，个体将减少风险资产的持有量而增加货币在投资组合中的份额。因此，托宾的资产选择理论成功地解释了投机动机下货币需求与利率的负相关性。

（五）现代货币数量理论

古典货币数量理论伴随着20世纪30年代的大萧条以及凯恩斯《就业、利率和货币通论》的发表而没落，随后大多数经济学家成为凯恩斯主义者。20世纪50年代中后期，由于弗里德曼和他的学生们的工作，货币数量理论成为凯恩斯主义理论的强劲对手。这种对抗的出现有着一系列原因：一是第二次世界大战后不同于凯恩斯主义者的预测，美国经济没有出现造成20世纪30年代大萧条的条件，而是发生了通货膨胀；二是凯恩斯主义者认为，政府可以通过控制政府开支和税收，使得经济接近或达到充分就业。但事实证明，按照这种建议改变政府支出和税率将会遇到严重的经济和政治方面的困难。

现代货币数量论是以弗里德曼为代表的货币学派对传统货币数量论的发展和升华，弗里德曼于1956年发表文章《货币数量理论的重新表述》，对货币数量论进行了重新表述。他不再研究人们持有货币的动机，而是将货币作为构成财富资产的一种。

在弗里德曼看来，货币的需求取决于三种主要因素：

1. 各种财富总量

财富总量是制约人们货币需求的规模变量，人们的货币需求总量不能超过其财富总量。通常而言，总财富可以分为人力财富和非人力财富。前者是指人们所具有的能够为自己带来收入的能力，包括体力、智力等；后者是指各种实物财富。

2. 人力财富和非人力财富的比例

由于人力财富转变为非人力财富时会受经济形势、经济环境和制度等方面的限制，在为所有者带来收入方面具有较大的不稳定性，因此，财富结构，即人力财富和非人力财富在总财富中的比例在一定程度上也影响着个体的货币需求。一般来说，人力财富在财富总量中的比例越大，相应的货币需求量也越大。

3. 各种资产的收益率

人们可以持有货币，也可以持有债权、股票和其他实物资产。个体在决定货币持有量时，必须考虑货币和其他资产的收益率与风险。当其他资产的收益率上升时，个体将减少货币持有；当其他资产的收益率下降时，个体将增加货币持有。弗里德曼在货币需求函数中引入了债券收益率、股票收益率和实物资产收益率。

综上所述，在凯恩斯之后，货币需求理论的发展非常迅速。一方面是因为流动性偏好理论提出了一个非常好的理论分析框架；另一方面，由于在纸币制度下，货币供给量基本上取决于中央银行，因此，如何使货币供给与经济对货币的需求相一致是一个重要的问题。

任务二　理解货币供给理论

一、货币与货币的供应量

（一）货币的定义

货币的定义是货币理论的基础，尤其是货币供给理论的基础。不同的货币定义会产生不同的货币供给理论。即便是在研究货币供给理论中的同一问题时，也会因对货币的定义有着不同的认识和规定而得出不同甚至是截然相反的结论。因此，在分析货币供给问题之前，先对几种比较重要的关于货币的定义做一简介，以作为理解各种货币供给理论的出发点。

根据马克思的货币理论，货币是固定充当一般等价物的特殊商品，必须是价值尺度和流通手段的统一。马克思的这一货币理论为货币规定了明确的定义，也为货币划定了明确的范围。根据马克思的货币理论。凡是同时具备价值尺度和流通手段这两个职能的东西就是货币，而不同时具备这两个职能的东西就不是货币。

对于货币的定义，在经济学界是一个颇有争议的问题，根本原因在于，人们对于货币的本质和职能有着不同的认识。总的来说，货币的定义可以分为狭义和广义两种。这里的狭义与广义也只是一种相对的划分。

1. 狭义的货币

狭义的货币通常是由流通于银行体系之外的、为社会公共所持有的现金（即流通中的现金，一般被称为“通货”）以及商业银行的活期存款所构成，如以 $M1$ 表示狭义的货币量、以 C 表示社会公共所持有的现金、以 D 表示商业银行的活期存款，则：

$$\boldsymbol{M1=C+D}$$

狭义的货币定义一般强调货币的交易媒介职能。持这种定义的经济学家认为，货币区别于一切其他东西的最本质的特性就在于货币能充当商品交易的媒介，而任何其他东西则不能。所以，凡是能充当交易媒介的东西就是货币，而不能充当交易媒介的东西就不是货币。显然，在现代经济中，能作为交易媒介的只有通货和商业银行的活期存款。在现实生活中，对于如何具体地辨别一种东西是不是交易媒介从而确定它是不是货币，经济学家们有不同的解释和不同的辨别标准。其中，比较重要的有以下三种：

（1）普遍接受性。这是大多数经济学家同意的辨别货币与非货币的标准。持这一标准的人认为，作为一种交易媒介，它必须在交易中具有明显的被人们普遍接受的特性。如果某种东西能在交易中被人们普遍接受，则该种东西就能作为交易媒介，从而它就是货币；而如果这种东西只是有限地、部分地或有条件地被人们所接受，则它就不能作为交易媒介，从而就不是货币。

（2）是否支付利息。这一标准是由英国经济学家佩塞克和萨文提出的，在他们看来，货币是一种社会净财富；也就是说，货币是其持有人的财富，但它不是任何其他人的负债。既然货币不是负债，那么它的发行自然就不会对其持有人支付利息。因此，是否支付利息可作为鉴定一种金融资产是不是货币的标准。根据这一标准，只有通货和商业银行的活期存款才是货币，而商业银行的定期存款、储蓄存款乃至其他各种金融资产都不是货币。这一标准随着金融创新的进行而逐渐失去了现实意义，有些新的存款账户同样具有交易媒介的功能，其持有者又可以收取利息。例如，在美国的货币层次划分中，现在已将可转让支付命令账户和自动转账账户列入了 $M1$。这两个账户的存款都是付息的，但是这两个付息账户的存款实际上也具有交易媒介的功能。

(3)交易行为的特征。这一标准是由英国经济学家纽伦和布特尔提出的。他们分析认为，货币是一般的交易媒介，在交易过程中具有如下特征：一是货币在交易过程中不对经济产生任何影响，尤其是不对借贷市场产生影响；二是货币在交易过程中只改变其持有者而不改变其总量。纽伦和布特尔认为，通货和活期存款能同时具备上述两个特征，而其他金融资产却不能同时具备这两个特征。例如，债券在支付前必须通过借贷市场将它转换为现金，这就会影响借贷市场。又如，定期存款在支付中虽然不影响借贷市场，但不能直接用于支付，必须转化为活期存款后才能签发支票以用于支付，而定期存款与活期存款往往有着不同的法定准备金要求，故定期存款转为活期存款将影响商业银行的准备金，从而影响存款货币的总量。

上述三种标准从不同的角度对狭义货币下了定义，并明确地划定了这种货币的范围。在具体实践中，各国对狭义货币所规定的范围不尽相同。

2. 广义的货币

第一种广义的货币定义是由米尔顿·弗里德曼、安娜·施瓦茨(Anna Schwartz)和菲利普·卡甘(Philip Cagan)等人提出的。这种货币定义强调货币的价值贮藏职能，如弗里德曼称货币为“购买力的暂栖所”。他们认为，除了 $M1$ 外，商业银行的定期存款和储蓄存款也应包括在货币的范围内，他们的这一货币定义通常用 $M2$ 表示。若以 T 表示商业银行的定期存款和储蓄存款，则：

$$M2=M1+T$$

第二种广义的货币定义由格利(Gurley, J. G.)、肖(Shaw, E. S.)等经济学家以及《拉德克利夫报告》提出。他们强调货币作为一种资产而具有高强度流动性，认为除了 $M2$ 所包括的通货及商业银行的各种存款外，货币还应包括一些同样具有高度流动性的其他金融资产。所以，这种货币定义比 $M2$ 更广。

格利和肖认为，在多种金融中介机构并存的现代经济中，不仅存在着商业银行的负债(即商业银行的活期存款和定期存款)，而且存在着各种非银行金融中介机构所发行的负债。这些负债与商业银行的负债一样，也具有高度的流动性，而且这两种负债之间还有很强的替代性。所以，既然我们把商业银行的负债作为货币，那么，我们就没有理由不把那些非银行金融中介机构的负债作为货币。若以 D_n 代表非银行金融中介机构的负债，则格利和肖的这种货币定义可用 $M3$ 表示为：

$$M3=M2+D_n$$

《拉德克利夫报告》中的货币定义比格利和肖的定义更广。该报告认为，除了 $M3$ 外，货币还应包括那些非金融机构发行的、流动性较高的短期负债，如政府发行的国库券、企业发行的短期债券及银行承兑汇票等。这种更广义的货币定义一般用 L 表示。若以 A 表示除了 $M3$ 以外的其他各种流动性较强的、由非金融机构所发行的负债，则：

$$L=M3+A$$

各种广义货币的定义的提出有助于人们正确认识货币与其他流动资产之间的关系，尤其是货币与各种货币金融资产之间有着一定的替代关系。但是，这些定义未能充分地认识货币所独有的交易媒介职能，因而把货币和非货币的流动资产混为一谈。因此，目前大多数经济学家接受狭义的货币定义 $M1$，而把其他流动资产称为“准货币”或“近似货币”。

（二）货币供给量的定义

货币供给量是一定时点上一国经济中的货币存量。在当代不兑现信用货币制度下，货币供给作为与货币需求相对应的概念，体现为经济生活中多种形态信用货币的集合，主要包括现金和各种银行存款。其中，现金是中央银行的债务，各种银行存款是商业银行等金融机构的债务。

货币供给量和货币需求量的一个不同之处在于，货币需求虽然也有一个客观的数量界限，却是一个预测值；货币供给量则是一个确切的数值，可以通过对中央银行和商业银行等金融机构资产负债表中的相关数据统计得出。

货币供给量有存量和流量两个不同的概念。货币存量是指一个国家在某一时点上实际存在于整个经济中的货币总量。货币流量是指一个国家在一定时期中货币流通的总量，实际上是货币存量与货币流通速度的乘积。在现代货币供给理论中，货币供给量通常是一个存量的概念。各国货币当局或中央银行都定期公布这种货币的供给量，并根据具体的经济形势和经济政策的需要调节和控制。

各国在统计并公布货币供应量时所设计的指标及其统计口径和计算方法不尽相同，即使在同一个国家，随着时间的推移、金融理论的发展以及金融创新中各种新金融工具的出现，货币供给量及其指标也将不断地更新或调整，统计口径和测算方法也将不断改进。从各国的具体时间来看，货币供给量一般是以流动性的高低为标准进行分层次统计和发布。这里的流动性是指某种资产在不使其持有者产生损失的条件下迅速地转化为现金的能力，即“变现能力”。

二、货币供给形成机制

（一）商业银行的存款货币创造过程

1. 基本概念

（1）存款货币是指存在商业银行使用支票可以随时提取的活期存款。

（2）原始存款（primary deposit）是指能够增加商业银行准备金的存款。在现代金融体制下，原始存款的来源可以是银行券，中央银行发行的银行券存入商业银行；可以是商业银行从中央银行借款；可以是客户收到一张中央银行的支票，比如由国库开出的拨款支票，并委托自己的往来银行收款；也可以是客户向商业银行出售外汇并形成存款，而银行把外汇出售给中央银行并形成准备存款等。

（3）派生存款（derivative deposit）是指相对于原始存款而言，由商业银行用转账方式发放贷款、办理贴现或投资等业务活动引申出来的存款，又称为衍生存款。

（4）法定准备金 R_d 和超额准备金 R_e。银行为满足存款客户随时提取现金以及方便支票结算中银行之间的应付款差额，一方面会保留一部分现金在银行内部（称为库存现金，因为它们被贮藏在银行金库中），另一方面会在中央银行开立存款账户，并保留一定的存款余额（称为准备存款）。库存现金与准备存款共同构成商业银行的存款准备金。按照中央银行要求持有的准备金称为法定准备金，超过部分称为超额准备金。

2. 存款货币创造的两个必要前提条件

存款货币的创造必须具备两个紧密联系的必要前提条件：一是各个银行对于自己所吸收的存款只保留一定比例的准备金，二是银行清算体系的形成。

(1)银行并不需要为其所吸收的存款保存100%的存款准备是前提条件之一；否则，银行吸收多少存款就保留多少存款准备，那就根本不可能从存款中拿出一部分提供贷款或持有证券，也就谈不上存款货币的创造过程。

(2)正是由于活期存款业务的发展推动了清算体系的建立，而在现代银行清算体系中，应收应付差额都可以在各种银行间的同业往来账户或在清算中心开立的账户结清，这就使得银行不必准备百分之百的资金以应对所创造存款的提取需要。

3. 简单存款创造

(1)存款货币的创造过程。

假设为了增加货币供给量，中央银行在公开市场上从某甲手中购进国库券10 000元，某甲收到一张金额为10 000元的中央银行支票，委托A银行收款，从而A银行在中央银行的准备存款增加10 000元，而甲在A银行账户上的存款等额增加10 000元。这时，A银行的资产负债状况如表7—1所示：

表7—1　　A银行资产负债表

资　产		负　债	
在中央银行的准备存款	10 000元	甲客户存款	10 000元

A银行吸收了存款，从而有条件贷款。设法定准备金率为20%，则A银行针对吸收的这笔10 000元存款的法定准备金不得低于2 000元(10 000×20%)。如果A银行向请求贷款的客户乙提供贷款，其最高可待数额不得超过8 000元(10 000－2 000)。如果对客户乙贷出8 000元，则A银行的资产负债状况如表7—2所示：

表7—2　　A银行资产负债表

资　产		负　债	
在中央银行的准备存款	10 000元	甲客户存款	10 000元
贷款	8 000元	乙客户存款	8 000元

当客户乙向B银行的客户丙用支票支付8 000元的应付款，而客户丙委托B银行收款后，A银行、B银行的资产负债状况如表7—3、表7—4所示：

表7—3　　A银行资产负债表

资　产		负　债	
在中央银行的准备存款	2 000元	甲客户存款	10 000元
贷款	8 000元		

表7—4　　B银行资产负债表

资　产	负　债

续表

资　产		负　债	
在中央银行的准备存款	2 000 元	丙客户存款	8 000 元
在中央银行的准备存款	8 000 元		

B银行在中央银行有了8 000元的准备存款，按照20%的法定准备金率，则它的最高可贷数额不得超过6 400元[8 000×(1－20%)]。向客户丁贷出6 400元后，则B银行的资产负债状况如表7－5所示：

表7－5　　B银行资产负债表

资　产		负　债	
在中央银行的准备存款	8 000 元	丙客户存款	8 000 元
贷款	6 400 元	丁客户存款	6 400 元

当B银行的客户丁向C银行的客户戊用支票支付6 400元的应付款，而客户戊委托C银行收款后，B银行、C银行的资产负债状况如表7－6、表7－7所示：

表7－6　　B银行资产负债表

资　产		负　债	
在中央银行的准备存款	1 600 元	丙客户存款	8 000 元
贷款	6 400 元		

表7－7　　C银行资产负债表

资　产		负　债	
在中央银行的准备存款	6 400 元	戊客户存款	6 400 元

C银行在中央银行有了6 400元的准备存款，按照20%的法定准备金率，则它的最高可贷数额不得超过5 210元[6 400×(1－20%)]。向客户乙贷出5 120元后，则C银行的资产负债状况如表7－8所示：

表7－8　　C银行资产负债表

资　产		负　债	
在中央银行的准备存款	6 400 元	戊客户存款	6 400 元
贷款	5 120 元	乙客户存款	5 120 元

当银行的客户已向D银行的客户庚用支票支付5 120元的应付款，而客户庚委托D银行收款后，C银行的资产负债状况如表7－9所示：

表7－9　　C银行资产负债表

资　产		负　债	
在中央银行的准备存款	6 400 元	戊客户存款	6 400 元
贷款	5 120 元		

以此类推，存款的派生过程如表 17－10 所示：

表 7－10　　存款创造过程表

银行	新增加的存款 ΔDd	新增准备存款 ΔR	新增银行贷款
A	10 000	2 000	8 000
B	8 000	1 600	6 400
C	6 400	1 280	5 120
D	5 120	1 024	4 096
…	…	…	…
合计	50 000	10 000	40 000

商业银行体系的资产负债状况如表 7－11 所示：

表 7－11　　商业银行体系的资产负债表

资　产		负　债	
在中央银行的准备存款	10 000 元	存款	50 000 元
贷款	40 000 元		
合计	50 000 元	合计	50 000 元

(2)存款创造乘数。

如果以 ΔD 表示包括原始存款在内的经过派生的存款增加总额，以 ΔR 表示原始存款或准备存款的初始增加额，以 r_d 表示法定存款准备金率，则三者的关系公式推导如下：

$$\begin{aligned}\Delta D_d &= \Delta R\times[1+(1-r_d)+(1-r_d)^2+\cdots+(1-r_d)^{n-1}]\\ &= \Delta R\times 1\frac{1}{1-(1-r_d)}=\Delta R\times\frac{1}{r_d}\end{aligned}$$

令 $K_d=1/r_d$，称为存款乘数(deposit multiplier)，是原始存款能够扩大的最大倍数，实际过程中的扩张倍数往往达不到这个值。

如果以 ΔL 代表以原始存款为根据而发放的贷款累计总额，则 $\Delta L=\Delta D-\Delta R$。

在所举例子中，$\Delta D=10\ 000\times(1/20\%)=50\ 000$ 元；$\Delta L=50\ 000-10\ 000=40\ 000$ 元。

4. 扩展的存款货币创造模型和创造乘数：更为现实的考察

以上的分析认定，所有的存款都是活期存款和支票存款，但存款至少可以分为活期存款 D_d 和定期存款 D_t。对于活期存款和定期存款，通常分别规定不同的准备金率(但也有国家两者的准备金率并无区分)。如果有区分，存款货币创造的分析就需细化。仍设定 ΔD 为活期存款量的增额，r_d 为活期存款的法定准备金率，再设定 t 为定期存款与活期存款之比，r_t 为定期存款的法定准备金率，ΔR 为总准备金存款的增额。

以上的举例没有涉及现金，即钞票与硬辅币。贷款、存款、货币支付均在银行的账户中进行，没有一分现金流出商业银行系统之外。然而，客户总会从银行提取或多或少的现金，从而使一部分现金流出商业银行系统，出现所谓的“现金漏损”(loss of cashes)。出现了现金漏损，准备存款就要因有一部分以现金形态从商业银行体系流出而减少；或者说，把现金考虑在内，用以充当追加的活期存款与追加的定期存款这两者所需的准备，就不再是与原始存款相对应的准备存款的全部，而是减除现金漏损额的余额。现金漏损额与活期存款总额之比称为现金漏损率，又称提现率（withdrawal rate）。如果用 ΔC 代表现金漏损率，用 c 代表现金漏损率，则有：

$$C=\Delta C \div \Delta D,\ \Delta C=c \times \Delta D$$

以上的讨论考虑的只是法定准备金，但为安全或应付之外之需，银行实际持有的存款准备金常常高于法定准备金 R_d，超过的部分称为超额准备金 R_e。也就是说，银行的存款准备还有一部分是以超额准备金的形式存在，超额准备金与活期存款总额的比，称为超额准备金率，以 e 表示。

这时的存款货币创造乘数（creation multiplier）为：

$$K=\frac{\Delta D}{\Delta R}=\frac{1}{(r_d+t \times r_t+c+e)}$$

式中：c 为流通中现金与支票存款的比率（C/D_d）；r_d 为支票存款的法定准备金率（R_d/D_d）；r_t 为定期存款的法定准备金率（R_t/D_t）；t 为定期存款与支票存款的比率（D_t/D_d）；e 为超额准备金与支票存款的比率（R_e/D_d）。

可以看出，银行吸收一笔存款能够派生创造出多少存款、派生倍数大小如何，除了取决于法定准备金率的高低以外，还要受到定期存款比率、现金漏损率和超额存款准备金率等多方面的制约。

综合考虑各种影响因素后，商业银行体系资产负债的变化如表 7—12 所示：

表 7—12　商业银行体系资产负债变化

资　产		负　债	
在中央银行的准备存款	10 000 元	存款	2 8571.43 元
现金漏损	—4 761.90 元	活期存款	1 9047.62 元
贷款	23 333.33 元	定期存款	9 523.81 元
合计	28 571.43 元	合计	28 571.43 元

需要说明的是，上文只是就银行创造派生存款过程中的基本可测定因素对存款派生倍数的影响进行分析。如果考虑客户对贷款的需求要受到经济发展的制约，那么并非任何时候银行都有机会将可能贷出的款项全部贷出；也就是说，银行能否多贷，不仅取决于银行行为，而且要看企业是否需要贷款。在经济停滞和预期利润率下降的情况下，即使银行愿意多贷，企业也可能不要求贷款，从而可能的派生规模并不一定能够实现。

5. 派生存款的紧缩过程

商业银行系统派生存款倍数创造原理在相反方向上也适用，即派生存款的紧缩也成倍数紧缩过程。

（二）中央银行体制下的货币创造过程

在前文的存款货币创造模型中，我们找出了银行准备金变动额与支票存款变动额之间的关系：

$$\Delta D_d=k_d \times \Delta R$$

式中：k_d 为存款乘数。

并且针对不同的情形分别推导了相应的存款乘数，从中可以看出，支票存款的变动取决于存款乘数的变动和银行准备金的变动，因此中央银行可以通过控制存款乘数和银行准备金来控制货币供应（M1）中最重要的部分支票存款。但是这一公式有两个基本的不足：一是它未包括货币供给中的另一个重要组成部分,即流通中"漏损"的现金;二是由于流通中漏损现金和银行准备金的转化是频繁的,它取决于公众的行为,因此中央银行很难单独控制银行准备金的数量,而只能大致地控制流通中现金和银行准备金的总额。而我们之所以要研究货币的供应过程,一个很重要的目的是要了解并改进中央银行对货币供给的控制能力。因此,我们希望找出货币供给同一个较易为中央银行控制的变量之间的联系。为此,我们将较易为中央银行控制的流通中漏损的现金与银行准备金之和定义为一个新的变量,即基础货币。

1. 现金的增发与准备存款的补充

(1)流通中现金的形成。中国人民习惯性地称钞票或硬币为现金。IMF 的口径是以"通货"(currency)来统计钞票和硬币的数额。

钞票以及硬币的发行是发行银行的特权。中央银行是怎样把钞票和硬币投入流通之中的呢?前面所述,现金漏损指出这是由于商业银行的客户从自己的存款账户提取现金所致。既然客户可以从自己在银行的存款账户提取现金,那么客户也可以把现金存入自己在银行的存款账户。所以,每个存款银行在其日常的经营活动中,都有现金的不断流入和流出。如果现金的提取可以由现金的存入所满足,那么商业银行就不必补充现金,而补充的基本途径就是到中央银行从自己的准备存款账户提取。当存在现金漏损的情况时,准备存款就要因有一部分以现金形态从商业银行体系流出而减少。为了保证商业银行可以及时地从准备存款账户提取现金,中央银行必须印制足够的钞票、铸造足够的硬币并保存在全国各地。

当然,商业银行也会有现金存入过多,从而在满足现金提取之后还有剩余的情况。在发达的市场经济中,处理小额贷款是很少用现金贷出的。所以,收入的过多现金,银行就会及时存入自己在中央银行的准备存款账户。

由此可以理解,已经存在于流通过程中的现金就是过去商业银行从中央银行的准备存款账户上陆续提取现金所形成的。

(2)准备存款的补充及中央银行的支持。当商业银行总体向中央银行提取现金多于存入的现金,是现金发行的增长,习惯上称为现金发行;当商业银行总体向中央银行存入现金多于提取的现金,是现金发行的减少,称为现金回笼。一年四季,现金的发行与回笼是交替的,但总体来看,年复一年,现金的发行都是增长的,根本原因是经济的增长。当现金的增长是必然趋势时,就意味着商业银行从准备存款账户不断地提取现金。所以,在经济增长的条件下,准备存款必须不断地得到补充,以使之既能保证现金的不断提取,又能保证创造出经济生活所必须的越来越多的存款货币。

准备存款的补充来自中央银行。当然,就一家商业银行来说是可以有其他途径的,例如从有往来关系的银行拆借。这就有对往来银行的负债与在中央银行准备存款的等额增加。但是,拆入银行的准备存款增加了,而拆出银行的准备存款却等额减少了。所以,不论商业银行之间的往来如何多样和频繁,整个商业银行系统在中央银行的准备存款总额是不增也不减的。如果是准备存款总额增加,则必须有中央银行资产业务的增加。

商业银行从中央银行方面补充准备存款的途径,概括起来,基本有三个方面:①向中央银行再贴现和直接取得贷款;②向中央银行出售自己持有的债券;③向中央银行出售自己持有的外汇。而补充后的准备存款必然一分为二:现金漏损和减除现金漏损的准备存款。由于中央银行方面补充准备存款是一个连续的过程,因此在这个连续的过程中,中央银行一方面积累了自己的资产,另一方面形成两大负债项目:一是不断补充、不断提取现金的准备存款余额,二是由一笔笔现金漏损所累计形成的流通中的现金。

扩展资产业务并不以负债的增加为前提，这是中央银行特有的权力。中央银行的任何资产业务均会由商业银行准备存款和通货发行之和与之对应，这是中央银行运作的规律。当然，中央银行的行为也并非完全不受任何约束。从技术层面和可能性来说，中央银行为商业银行补充存款准备、支持商业银行创造信用货币的能力可以是无限的。但从客观经济过程来说，约束则是强有力的。没有货币需求，商业银行不需要补充准备存款，中央银行有能力也无从发挥；强行支持无限制的货币创造，则会促成通货膨胀，并会受到客观经济过程的惩罚。

2. 基础货币

作为存款货币创造基础的准备存款，既会因现金的提取而减少，又会因现金的存入而增多准备存款；而准备存款的存在，既是现金进入流通的前提，又是现金回笼的归宿，因为无准备存款就无法取得现金，实实在在的现金并不因回笼而消失，而是转化为准备存款形态。

需要注意的是，有一部分现金离开了中央银行但并未离开商业银行，即商业银行的现金库存。在银行的日常经营活动中，不断有现金的收付，现金库存则是保证现金收付的必要条件。商业银行的库存现金属于中央银行现金发行的一部分，它与准备存款性质相同，共同构成银行存款的准备。

商业银行的存款准备，是准备存款加上存款现金；漏损的现金，是离开中央银行也离开商业银行的现金，是流通于银行体系之外的现金。对于创造信用货币来说，这二者缺一不可，因而统称为基础货币，或称为高能货币、强力货币。IMF 将其称为准备货币（reserve money）。

基础货币的构成通常用公式表示为：

$$\boldsymbol{B=C+R}$$

式中：B 为基础货币（由于基础货币又称为高能货币，所以通常以符号 H 代表）；R 为商业银行保留的存款准备金（准备存款与现金库存）；C 为流通于银行体系之外的现金。

正如我们在前文所提到的那样，基础货币的概念之所以如此重要，是因为它比银行准备金更易为中央银行控制，因此掌握了它与货币供给之间的联系，中央银行就可以利用这种联系对货币供给进行控制。

3. 货币乘数

（1）货币乘数的概念。基础货币可以引出数倍于自身的可为流通服务的信用货币。把货币供给量与基础货币对比，其比值称为货币乘数（money multiplier）。公式为：

$$\boldsymbol{M_S=m\times B}$$

式中：M_S 为货币供给，B 为基础货币，m 为货币乘数。

基础货币虽然是由通货（即处于流通中的现金 C）和存款准备 R 两者构成，但在货币乘数中的作用并不一样。通货 C 虽然是创造存款货币不可或缺的因素，但它本身的量取决于中央银行的发行量，不可能呈倍数地增加。引起倍数增加的只有存款准备 R。因此，基础货币与货币供给量 D 的关系可用图 7—1 表示。

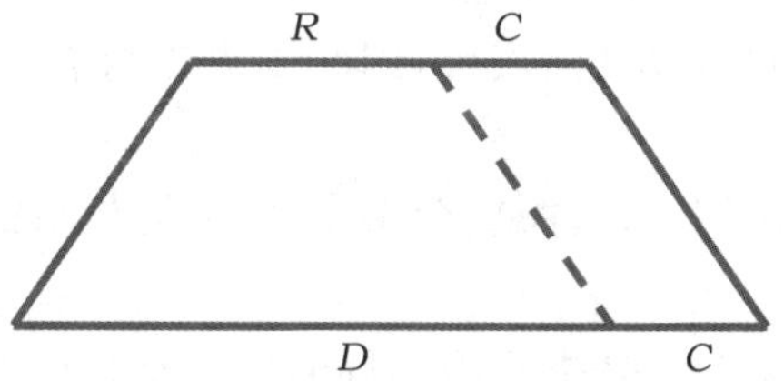

图 7—1　基础货币和货币供给示意图

(2)货币乘数的决定。根据货币供给公式,如果要计算货币乘数 m,需分别写出货币供给 M_S 和基础货币 B 的表达式,再将二者相除就可以了。根据定义,有:

$$m=\frac{M_S}{B}=\frac{D+C}{R+C}$$

如果把这个式子中的分子和分母各项均除以 D,则有:

$$m=\frac{1+\frac{C}{D}}{\frac{R}{D}+\frac{C}{D}}$$

式中:C/D 称为通货—存款比,这个比率的大小取决于私人部门,包括个人和公司的行为;R/D 称为准备—存款比,这个比率的大小取决于存款货币银行的行为。这两个比率决定乘数的大小,再加上基础货币,即决定货币供给量。而基础货币的多少,在一定意义上取决于中央银行的行为。根据此公式,货币乘数必然大于 1,因此基础货币的增减将导致数倍的货币供给增减。例如,$m=2.385$,则基础货币每增减 1 元,货币供给 M_S 将增减 2 385 元。

(三)货币供给的控制机制

1. 货币供给的间接调控与控制工具

在典型的、发达的市场经济条件下,货币供给的控制机制是由对基础货币的调控和对乘数的调控两个环节的控制所构成。如果说货币当局对基础货币有一定的直接调控可能性,那么对乘数的直接操纵调控则毫无可能。总体来说,在市场经济条件下,对货币供给数量的调控只能是间接的。

货币当局通常运用公开市场业务、贴现政策和法定准备金率三大工具调控基础货币和乘数,并进而间接调控货币供应量。当前,在三种调控工具中较为常用的是公开市场业务。

(1)公开市场业务也称为公开市场操作(open-market operation),是指货币当局在金融市场上出售或购入财政部和政府机构的证券,特别是短期国债,用以影响基础货币的行为。这个工具的运作过程如下:当货币当局向银行、公司或个人购入债券时,会造成基础货币的增加。由于债券出售者获得支票后的处理方式不同,因此会产生不同形式的基础货币。若货币当局向银行、公司或个人出售债券时,对基础货币就会产生相反的影响,或是减少了通货发行,或是减少了商业银行在中央银行的储备存款。

中央银行通过购买或出售债券可以增加或减少流通中现金或银行的准备金,使基础货币或增或减。基础货币增加,货币供给量可随之增加;基础货币减少,货币供给量也随之减少。

公开市场业务的优点有以下几个方面:

①使中央银行能够主动影响商业银行准备金,从而直接作用于货币供给量;

②使中央银行能够随时根据金融市场的变化,进行经常性、连续性的操作;

③通过公开市场业务,中央银行可以主动出击;

④由于吞吐的规模和方向可以灵活安排,因此中央银行有可能用其对货币供给量进行微调,而不会产生震动性的影响。

公开市场业务有效发挥作用的条件是:金融市场必须是全国性的,可用于操作的证券种类必须齐全并达到必需的规模。

(2)贴现政策(discount policy)是指货币当局通过变动自己对商业银行所持票据再贴现的再贴现率(rediscount rate)来影响贷款的数量和基础货币量的政策,现在已扩及对商业银行各种信用支持的利率。

再贴现率变动影响商业银行贷款数量的机制是:再贴现利率上升,意味着商业银行向中央银行的借款成本随之提高,会相应减少贷款数量;再贴现率下降,意味着商业银行从中央银行的借款成本降低,会产生鼓励商业银行扩大贷款的作用。但是,这一政策并不能保证实现引导市场走向的政策意向。如果同时存在更强劲的制约因素,如过高的利润预期或对经营前景毫无信心,这时再贴现利率的调节作用是极为有限的。

这一政策的作用主要体现为告示效应。例如,再贴现利率升高,意味着国家判断市场过热,有紧缩意向;反之,则意味着有扩张意向。这对短期市场利率起到了导向作用。

(3)法定准备金率(legal reserve ratio)也是控制货币供给的一个重要工具。它作为中央银行调节货币供给的政策工具,普遍始于 20 世纪 30 年代经济大危机之后。目前,凡是实行中央银行制度的国家,普遍实行法定准备金制度;个别国家,如英国、加拿大等,实行零存款准备金率制度。

法定准备金率被认为是一种作用强烈的工具。当货币当局提高法定准备金率时,商业银行一定比率的超额准备金就会转化为法定准备金,商业银行的放款能力降低,货币乘数变小,货币供应就会相应收缩;降低法定准备金率,则出现相反的调节效果。事实上,很多国家从未采用过这一手段;而在中国,这一工具经常被采用。

2.居民持币与货币供给

中央银行调控基础货币和乘数的工具,最终还要通过微观基础(居民、企业及商业银行的反应)才能起作用。

当居民普遍增加现金时,通货比(C/D)会提高;反之,通货比会下降。通货比与货币供给量成负相关关系。

对居民持币行为,进而对通货比产生影响的因素主要有四个:

(1)财富效应。当一个人的收入或财富大量增加时,通常来说,他持有现金的增长速度会相对降低;反之亦然。这说明,在一般情况下,通货比与财富和收入的变动呈反方向变化。

(2)预期报酬率变动的效应。居民持有的现金,其报酬率为零;储蓄存款有利息收益,报酬率大于零;证券或债券的收益率比储蓄存款高,但有风险,对这些金融资产持有比例的变化,都会影响通货比。

(3)银行信用。如果出现了银行信用不稳定的苗头,居民就会大量提取存款,通货比会因此而增大。

(4)非法经济活动。为了逃避法律监督,非法经济活动倾向于用现金进行交易。所以,非法活动的规模与通货比正相关。

3.企业贷款行为与货币供给

企业行为对货币供给的影响是通过它们对资本的需求,进而是对贷款的需求来实现的。一般来说,对企业贷款行为,进而影响货币供给的影响因素,主要来自两方面:

一方面,经营的扩大或收缩。经营的扩大要求补充资本,补充资本的投入一般要求从补充货币资本开始。如果企业需要补充贷款,就不能不影响货币供给。假设缺乏经营积极性成为某一时期企业行为的普遍特点,那么再低的利率也不能刺激企业对贷款的需求,货币供给也就缺乏扩大的基础。另一方面,经营效益的高低。一般来说,不论是由于经营管理不善,还是整个经济比例、机构有问题,都会造成资金周转率降低。信贷资金占用时间延长,在相同的产出水平下会相对增加对贷款的需求,从而增加货币供给量的压力;反之,则会减少对于增加货币供给量的压力。

4. 银行行为与货币行为

银行主要通过两种行为来影响货币供给：

(1)银行超额准备金的调整。银行保有的超额准备金越多，存款货币创造乘数就越小，货币供给量也就越小；反之，乘数会变大，货币供给量也相应增加。

通常情况下，商业银行在中央银行的准备存款是没有利息的，所以保有超额准备金就等于放弃收入，这就是超额准备金的机会成本。从这一点出发，商业银行总是力求把超额准备金压到最小限度。在发达的工业化国家，银行通常把超额准备金保持在1个百分点以下，这属于“成本—收益”动机的问题。但是，银行如果出现存款流出的苗头时，则必须采取增加超额准备金的行为。因为一旦出现存款大量流出的现象，若无超额准备金，就得采取诸如出售证券、催收贷款、向中央银行借款等行动，这不仅增大成本或减少收益，而且可能使银行面临倒闭的风险。这时增加超额准备金就属于风险规避动机。

保存超额准备金的行为，不论出于何种动机，均意味着对准备存款比例(R/D)的制约。

(2)调节向中央银行借款的规模。在市场经济体系中，商业银行向中央银行借款会增加准备金存款，即基础货币的数量，从而能够支持更多的参考货币创造。所以，在其他条件不变时，商业银行增加向中央银行借款会扩大货币供给量，减少向中央银行借款会减少货币供给量。

视频学习

古代金钱小故事

决定商业银行向中央银行的行为动机也是“成本—收益”动机，而决定成本和收益的因素则主要是市场利率和中央银行贷款的贴现率；市场利率的升高会增加商业银行向中央银行的借款数量；而中央银行贴现率越高，商业银行向中央银行的借款数量就越少。

5. 货币供给量的决定因素

影响货币供给量的因素主要是基础货币和货币乘数。

三、货币供给理论的发展

货币供给理论是研究货币供给量由哪些因素决定以及如何决定的理论。在过去较长的时期内，货币供给量这一重要的经济变量和政策指标被视为可由金融当局绝对加以控制的外生变量。20世纪60年代以后，随着货币主义的兴起和货币政策日益被人们所重视，经济学家和金融学家们普遍重视货币供给理论的研究，使之迅速发展。

因此，西方货币供给理论经历了凯恩斯及凯恩斯学派和货币供给分析、新古典综合派对货币供给理论的分析，以及货币学派的货币供给理论分析和新经济自由主义学派的货币供给理论分析的主流沿革。

(一)凯恩斯及凯恩斯学派和货币供给分析

凯恩斯对货币供给的分析相对于货币需求的分析来说较为简单。在货币供给方面，凯恩斯认为，货币供给是由中央银行控制的外生变量，它的变化影响经济运行，但自身并不受经济因素的制约。他认为，货币的生产(货币供应的来源)对私人企业来说是可望而不可即的。一般有以下两种情况：

一是商品货币(金属币)的生产受自然力量主要是资源稀缺性限制。在大多数非产金国家，私人企业即使投入大量的劳动力和设备，货币生产能力的扩大也是微乎其微的，货币供应量的增加也是微不足道的。

二是管理货币或法定货币不是私人企业所能产生的，唯有依靠国家的权力才能发行，强制流通。无论货币需求有多大，或经济中其他变量的刺激有多么强烈，由于货币特征的存在，货币供应不会受它们的影响而自行变化。货币供应的控制权由政府通过中央银行牢牢掌握在手中，中央银行根据政府的金融政策，考虑到经济形势变化的需要，可以人为地进行控制，增减货币供应量。

在货币供给理论上，新剑桥学派不完全赞成凯恩斯的外生货币供给理论。他们认为，虽然从形式上看，现有的货币供应量都是从中央银行渠道出去的，但实质上这个量的多少并不完全由中央银行决定，在很大程度上是中央银行被动地适应公众货币需求的结果。这是因为，公众货币需求经常并大量地表现为贷款需求，而银行的贷款和货币供应量是联系在一起的。在经济前景光明时，企业将增加贷款需求，银行只要找到理想的借款人，在无信用风险、有还款保证和能够获利的情况下，总会贷出款项。银行的贷款即可转成存款，每个存款的所有人可以随意支付或提取现金。可见，银行存款的增加实际上扩大了货币供应量，中央银行只能被动地适应。同样地，随着物价的上涨和工资额的提高，银行贷款也会相应增多。只要经济活动增加，货币供应就会扩大；反之则相反。因此，对现有货币量发生决定性影响的主要是货币需求，而货币需求的大小取决于经济的盛衰和人们的预期。

在货币供应的控制问题上，他们一方面赞同凯恩斯的观点，即中央银行能够控制货币供应；另一方面认为中央银行对货币的控制能力和效果不像凯恩斯认为的那样绝对。他们认为，中央银行对货币供应的控制是有限度的。其原因有：一是当货币需求旺盛时，银行体系会想方设法逃避中央银行的控制，主动增加贷款，扩大货币供应；二是中央银行在货币供应方面存在着漏区，使中央银行不可能严密地控制住货币供应总量。例如，在经济高涨时，中央银行企图限制货币供应的增长，但是金融界可以采取一些信用形式，变相地增加货币供应。例如，银行参与的以商业信用为基础的票据流通，就是合法货币的替代品。扩大票据流通，等于增加了货币供应。另外，在中央银行直接控制的银行体系之外，还存在着许多非银行金融机构，它们不受中央银行的严格控制。由于中央银行在控制上存在漏区，因此大大削弱了中央银行对货币供应的控制能力。

同时，他们认为，中央银行对货币供应的控制能力，在货币供应的增加或减少方面的分布是不均匀的。中央银行增加货币供应的能力远远大于其减少货币供应的能力；也就是说，如果中央银行要增加货币供给，它完全有能力达到目标，但要减少货币供给量，它未必有能力实现目标。这种控制力的差异不完全是中央银行本身的问题。

总之，新剑桥学派虽然没有明确地提出内生货币供应理论，但在论述中包含了这层含义，其理论分析也已经脱离了凯恩斯的外生货币供应论。

（二）对凯恩斯货币供给理论的发展

1. 新古典综合派对货币供给理论的发展

新古典综合派对凯恩斯货币供给理论的发展，是随着20世纪60年代以来的西方国家金融创新的大量涌现，传统的金融理论、金融体制受到冲击，中央银行的货币政策效果被扰乱这一背景而产生的。新古典综合学派对货币是否外生变量、货币供给量的决定因素和各经济主体的行为对货币供应量的影响等问题进行了研究，提出了有别于凯恩斯货币供给理论的“内生货币供应论”。他们认为，货币供应量主要由银行和企业的行为所决定的，而银行和企业的行为又取决于经济体系内的许多变量，中央银行不可能有效地限制银行和企业的支出，更不可能支配它们的行动，因此，货币供给量主要是内生的。

知识拓展 7—1

货币供给量主要是内生的原因归纳

1. 在存贷关系上，他们认为银行的负债是由银行的资产决定的，认为在金融体系高度发达的当代，只要有贷款要求，银行就能提供信贷并由此创造出存款货币，致使货币供给量增加，形成从银行体系到实业部门的信贷，即货币流。

2. 金融媒介方面的创新，能够起到动用闲置资金、节约头寸、改变货币流通速度的作用。因此，如果中央银行只是部分地提供所需货币，通过金融创新也可相对地扩大货币供应量。

3. 创造非银行形式的支付，扩大信用规模。当企业决定增加投资时，融资问题很少会成为限制因素。因为银行信贷不是满足新增投资支出的唯一途径，企业可以通过发行或交换期票，甚至通过不履行还款义务等创造出"非自愿"商业贷款的方式来"支付"投资项目。当原材料价格或工资上涨、生产成本上升时，需求相应增加的流动资金也可以用同样的方式予以解决。

2. 货币学派对凯恩斯货币供给理论的发展

货币学派的货币供给理论主要体现在对通货膨胀的分析和政策主张上。弗里德曼对货币需求研究的结果，认为货币需求是相对稳定的，要保证货币需求与供给的平衡，就必须保证货币供给的稳定性。因此，他反对凯恩斯提出的需求管理，认为应该把重点放在货币供给上。货币政策应该是一切经济政策中唯一重要的法宝，其他经济政策如果不通过货币政策或没有货币政策的配合，就不可能取得预期的效果。

弗里德曼认为，控制货币供给量的最佳选择是实行"单一规则"，即公开宣布并长期采用一个固定不变的货币供应增长率。实行这一规则需要解决三个问题：一是如何界定货币数量的范围；二是如何确定货币数量的增长率；三是货币数量增长率在年内或季节内是否允许波动。关于货币数量的范围，弗里德曼认为，应确定为流通中的通货加上所有商业银行的存款，即M2；关于货币增长率的确定，他认为应与经济增长率大体相适应；关于货币增长率在每年内或每季度内是否允许波动，弗里德曼认为，货币供给增长率已经确定，是不能随意变动的，若遇特殊情况必须更改时，应该事先宣布并尽量缩小变动的范围。

3. 新经济自由主义学派的货币供给理论

由于德国中央银行在欧洲的核心地位及其成功的货币政策实践，因此德国新经济自由主义学派的货币供给理论受到重视。该理论认为，要保证社会市场经济模式的协调和稳定，必须首先稳定货币。货币供给的总原则应该是保证币值稳定。要保证币值的稳定，货币供应必须与商品相联系。据此，提出了两个货币供应的条件：一是货币供应与社会生产能力相适应。一个国家的社会生产能力决定了该国能够生产出多少商品，由此决定了需要多少货币进行交易，因此，以现价计算的社会生产能力除以货币流通速度，就是货币供给的最佳量。二是保持商品追逐货币的局面。他们认为，在商品和货币的对应关系上，如果货币量多、商品量少，就会出现货币追逐商品的局面，表现为物价上涨、商品短缺、市场紧张。但若使货币量相对略少于商品，则形成商品追逐货币的局面，吸引商品源源不断地流入市场，通过公众所投入的货币来判断商品的优劣，以此来提高商品的数量和质量。货币量略小于商品数量的局面，为开展自由竞争和提高社会市场经济效率提供必要的环境。他们提出了货币目标公布制，并进一步提出了货币供应增长率的区间论，就是把货币供应增长率从一个具体数值变为一个特定范围。这样，中央银行调控货币供应就有了一定的灵活性。

（三）货币供给理论的比较

综上所述，凯恩斯认为货币供给是中央银行控制的外生变量，其变化影响经济运行，而自身不受经济因素的制约。新剑桥学派认为，从实质上看，货币供给并不完全由中央银行决定，在很大程度上是被动地适应货币需求的结果。因此，中央银行虽然能够控制货币供给，但它的控制能力和效果不是绝对的。新古典综合学派提出了与凯恩斯观点相反的“内生货币供应论”，认为货币供应量主要是一个受经济体系内诸多因素影响而自行变化的内生变量，它主要是由经济而不是中央银行所决定的。据此，新古典综合学派提出中央银行的政策目标不能放在货币供应商身上，而是应放在利率、对商业银行及各类金融机构的资产结构和信用规模管理上。

货币学派十分重视货币供给稳定，他们主张保证货币供给的稳定性。弗里德曼主张货币供应增长率固定在一个合理的水平上。德国学派的理论也与货币学派的观点相近，认为中央银行应控制货币供给，货币供应的增长应与社会生产能力相一致。货币供应由潜在的生产能力增长即社会固有的经济增长决定。他们还认为，货币供应增长率应该是一个区间，在时间上分为短期目标和中期目标，并建议通过实施“货币目标公布制”实现既定目标。

任务三　掌握通货膨胀与通货紧缩

一、货币均衡与失衡

（一）货币供求与社会总供求

1. 货币供给与社会总需求

所谓社会总需求(aggregate demand)，通常是指在一定时期内社会对产品和劳务的需求总量。总需求有现实需求与潜在需求之分。现实需求是指有现实购买力的需求，即一定时期内，全社会在市场上按一定价格购买商品和劳务所支付的货币量，以及人们为持有一定的其他金融资产所支付的货币量；潜在需求是指社会节余的购买力，即尚未实现的需求或将要实现的需求。

货币供给是社会总需求的载体。社会总需求是人们在一定收入水平约束下，对商品的需求。收入水平决定了人们的总需求，而货币供给又决定了人们的收入水平。所以，货币供给和社会总需求的关系为货币供给决定社会总需求。货币供给增加时，名义国民收入增加，各部门的名义收入也增加，社会总需求增加。

然而，一定量的货币供给并不一定引出同量的总需求，在数量上会有差距。如果企业和个人扩大总需求的愿望并不是很强烈，那么一部分货币供给会形成货币积累，而不是形成当期需求，从而造成总需求不足；相反，如果企业或个人扩大总需求的愿望非常强烈，那么人们会激活以前积累的货币，使当期社会总需求扩张。

2. 社会总供给与货币需求

社会总供给(aggregate supply)通常是指在一定时期内，一国生产部门按一定价格提供给市场的全部产品和劳务的价值之和，以及在市场上出售的其他金融资产的总量。由于这些商品都是在市场上实现其价值的，因此，社会总供给即为一定时期内社会的全部收入或总收入。同理，总供给也有现实的总供给和客观的总供给之分。前者是指现实中社会各生产部门提供给市场的商品和服务总量，后者是指一国的生产能力，即可以提供给市场的商品和服务总量。

从宏观角度来看，货币需求是流通中的商品和劳务需要多少货币来媒介它们的交换。显然，流通中的商品和劳务的数量越多，需要的货币就越多；商品和劳务的数量越少，需要的货币就越少。而流通中的商品和劳务就是社会总供给。所以，社会总供给和货币需求之间的关系是社会总供给决定货币需求。

从微观角度来看，也能得到相同的结论。微观角度的货币需求是人们在收入一定的情况下，有多少愿意以货币的形式保留下来。显然，货币需求的大小直接取决于人们收入的高低。而人们收入最终来源于总供给，是由总供给转化而来的，人们只有提供商品或劳务，即创造出总供给，才可能获得收入。所以，人们的实际收入水平取决于总供给的多少，又直接决定了货币需求。

社会总供给也不能引出同等数量的货币需求，人们在收入增加后，不会全部以货币形式持有，会有一部分转变成实物资产的形式，所以社会总供给增加并不会引起货币需求同量的增加，一般情况下只是引起较小的货币需求增加；而且货币需求也不是纯粹被动的，货币需求的变动对社会总供给具有能动作用。

3. 货币供求与社会总需求的内在联系

综上所述，社会总供给的形成需要通过货币来表现、衡量和实现，这样就产生了对货币的需求，而社会总需求的形成又决定于货币的供给。又由于总供给和总需求之间存在密切的联系，并且总需求更多地制约总供给的变化，因此货币供给从根本上说受制于货币需求。

知识拓展 7—2

货币供求和社会总供求的关系主要包括几层含义

1. 社会总供给决定了一定时期的货币需求。因为，在商品货币经济条件下，任何商品都需用货币来表现或衡量其价值量的大小，并通过与货币的交换实现其价值。但同等的总供给可以有偏大或偏小的货币需求。

2. 货币的需求决定了货币的供给。就货币的供求关系而言，客观经济过程的货币需求是基本的前提条件，货币的供给必须以货币的需求为基础，中央银行控制货币供给量的目的，就是要使货币供给与货币需求相适应，以维持货币的均衡。

3. 货币的供给形成对商品的需求。因为任何需求都是有货币支付能力的需求，只有通过货币的支付需求才得以实现，所以，在货币周转速度不变的情况下，一定时期的货币供给水平，实际上就决定了当期的社会需求水平。

4. 商品的需求必须与商品的供应保持平衡，这是宏观经济平衡的出发点和复归点。

在货币供求和社会总供求的关系中，货币供求的均衡是整个宏观经济平衡的关键；也就是说，如果货币供求不平衡，整个宏观经济的均衡就不可能实现。而要使货币供求保持平衡，就需要中央银行控制货币的供给，使货币的供给与客观的货币需求经常保持一种相互适应的关系，以保证经济的发展有一个良好的货币金融环境，从而促进宏观经济均衡协调发展。

（二）货币均衡与失衡

1. 货币均衡

货币均衡是指货币供应量与货币需求量在动态上保持一致的现象。需要说明的是：

（1）这里的货币供给量为名义货币供给量，而货币需求量为实际（或真实）货币需求量，因为仅从名义上来看，货币供给量与货币需求量总是持平的。如果货币供给量一定，无论货币需求如何，社会公众所持有的货币的名义数额都不可能超过当时整个经济体系中的货币存量，也不可能少于这个存量；也就是说，在任何一个时点上，货币供给量既代表当时的货币供给量，又代表当时的名义货币需求量。但是，这一货币需求量并不一定等于真实的货币需求量。从个别持币者来看，他的名义持币量并不代表其意愿需求量；从社会来看，名义货币总量不一定代表社会的实际货币需求量，否则，均衡就不存在。

(2)不能将货币均衡单纯地理解为货币供给量与货币需求量的绝对相等，而是大体上相等。这是因为，货币供给量和货币需求量不可能计算出一个精确的值，所以相等不是绝对的，而是相对的。

(3)经济学上说的"均衡"往往是供求对比的一种特例。日常经济生活中供求状况更多地表现为失衡。正是由于失衡的常见性和普遍性，才提出供求均衡。但是，这种均衡也绝不意味着是在某一时点上的静态均衡，而是一段时期内的动态均衡。货币均衡的含义也是如此，它并不是货币供给量与货币需求量在某一时点上的偶然相等，而是一种货币供求的动态均衡。

(4)严格地说，货币均衡不仅是指货币供求总量上的均衡，而且包括货币供求结构上的均衡。例如，从大的方面来说，它要求与货币层次相对应的货币供给量和货币需求量相等；从小的方面来说，要求持有货币的人能顺利地按照既定的价格转化成商品，持有商品的人能顺利地按既定的价格转化成货币，不存在有钱买不到商品或有商品卖不出去的情况。然而，这只是价格意义上的货币均衡，只能是一种理想境界，实际上不可能达到。

(5)货币供求结构均衡问题中，还有一个时间均衡问题，即货币供应的时间和货币需求的时间要均衡，否则影响货币供求的均衡。时间分布的不均衡也会影响商品的供求平衡，从而影响经济的正常发展。

2.货币失衡

货币均衡是中央银行通过货币政策操作，使货币供求基本相适应的理想目标。事实上，货币供求的失衡是很常见的。在经济运行中，可能相对于货币需求来说，货币供给太多，这时候经济出现通货膨胀现象；也可能存在过多的货币需求，但货币供给短缺，这时候经济出现通货紧缩现象。因此，货币失衡有以下两种表现：

(1)货币供给量大于货币需求量。在现代信用货币制度下，货币供给过多是一种经常出现的失衡现象。造成货币供给量大于货币需求量的原因很多，主要可以概括为以下几种：

①政府因财政赤字而向中央银行透支。政府财政收支发生赤字而进行透支，如果在中央银行没有控制的情况下，无疑会使中央银行增发货币，从而导致货币供给量增加过度，造成货币供求失衡。

②政府推行的高速经济增长政策需要货币政策支撑，在中央银行无足够的货币资本实力的情形下，银行信贷规模的不适当扩张会造成货币供给大于货币需求的货币失衡现象。

③从经济的连续性角度分析，若前期货币供给相对不足，商品积压影响生产的顺利进行，为促进经济的正常运转，中央银行实施扩张性的货币政策。但由于力度把握不适当，导致银根过度放松，货币供给的增长速度超过了经济发展的需要，从而形成过多的货币供给。

④在开放的经济条件下，经济落后、结构刚性的发展中国家存在国际收支失衡，又无法利用进出口机制来弥补国际收支逆差，就会导致本国货币贬值，从而造成货币供给量的急剧增长。

⑤货币供求的结构性失衡。这种失衡是指货币供给量和货币需求量大体一致，但货币供给结构和货币需求结构不相适应。这种结构性货币失衡往往表现为短缺与过剩并存，一部分商品和生产要素供过于求，另一部分商品和生产要素供不应求。造成这种货币失衡的原因在于，社会经济结构的不合理以及在此基础上的刚性。

(2)货币供给量小于货币需求量。在一定时期，若货币供给量小于货币需求量，经济运行中就会出现通货紧缩、经济发展停滞。其原因有以下几种：

①由于经济发展、商品生产和交换的规模扩大了，但货币供给量并没有及时增加，从而使经济运行中的货币量显得紧张。这种情况在金属货币流通条件下比较常见，但在纸币流通条件下出现的概率很小。这是因为，在金属货币流通时，货币供给的增加要受金属币材开采的限制；在纸币流通时，中央银行增加纸币供给非常容易。

②在经济运行中的货币供给量和货币需求量大致相等的情况下，中央银行实施紧缩性的货币政策，减少货币供给量，从而导致流通中的货币紧缺，国民经济的正常运转受到抑制，使原来供求均衡的货币运行趋向供给小于需求的货币失衡状态。

③在经济危机阶段，由于经济运行中的信用链条断裂，使正常的信用关系遭到破坏，因此社会经济主体对货币的需求急剧增加，但中央银行的货币供给量相对地滞后于货币需求的增加，从而导致货币供求的失衡。

二、通货膨胀

（一）通货膨胀及其类型

1. 通货膨胀（inflation）的定义

在现代市场经济中，通货作为流通中的货币，泛指一切在流通领域内可以当作流通手段或支付手段而授受的货币，包括硬币、纸币和信用货币。对于如何定义通货膨胀，迄今为止没有形成一种统一的说法。《大英百科全书》认为“不存在一个唯一的普遍接受的关于通货膨胀的定义”。通货膨胀在不同的国家和地区、不同时期和不同的经济背景下，表现出多种特征。同时，随着经济理论研究的发展，人们对通货膨胀的成因、表现形式及内在机制的认识也更为深刻。因此，各学派根据不同的理论体系或从不同的角度定义通货膨胀。

20 世纪 50 年代以来，西方经济学界对通货膨胀的定义大致可以分为两大类：物价派和货币派。

物价派侧重于分析通货膨胀造成的结果，认为通货膨胀是指一般物价水平出现持续性、普遍性上升的过程。主要代表人物为新古典综合派经济学家萨缪尔森、斯蒂格里茨、曼昆等，他们明确提出通货膨胀就是一般物价水平的上涨或持续上涨，不论什么原因造成的物价水平上涨都是通货膨胀，由于物价上涨率是衡量通货膨胀最明晰的指标，因此人们通过它可以直接地感受到通货膨胀的存在。因此，经济学家通常将通货膨胀与物价上涨等同起来。例如，新古典综合派代表人物保罗·萨缪尔森认为：“通货膨胀的意思是物品和生产要素的价格普遍上升的时期，面包、汽车、理发价格上升，工资、租金等也都上升。”美国出版的《现代经济词典》对通货膨胀的定义是：“一般物价水平的持续上升，其结果是购买力下降。”最新版的英国《经济词典》对通货膨胀的定义是：“通货膨胀是指价格总水平的持续上升，可视为货币的贬值。”

货币派强调分析通货膨胀发生的原因，认为流通中的货币供应量超过实际需求量时就发生了通货膨胀。货币学派的代表人物弗里德曼认为，通货膨胀就是物价的普遍上涨，同时指出：“通货膨胀是一种货币现象，即如果货币数量增加的速度超过能够买到的商品和劳务增加的速度，就会发生通货膨胀。”新自由主义者哈耶克也明确指出：“‘通货膨胀’一词的原意和真意是指货币数量的过度增长，这种增长会合乎规律地导致物价上涨。”在哈耶克看来，通货膨胀必然导致物价普遍上涨，但由于其他原因（如收成不好、石油或其他能源短缺等）而引起的物价上涨则不能称为通货膨胀。这种定义也包括物价上涨，但其核心在于货币供应过多而不是物价上涨。持这种观点的一部分人还认为，物价总水平的上涨不一定是通货膨胀。同时，物价总水平的上涨只是通货膨胀的表现形式，而非完全的表现形式。如果货币发行量超过某个临界点时，可能由于政府的价格管制或其他因素，使得过量的货币不通过物价形式表现出来。

尽管西方经济学家对通货膨胀的定义意见不一，但在各种文献研究中，物价派的观点仍占主流地位的，更多的学者选用物价指标对通货膨胀进行测量和分析。

在解释通货膨胀的时候，我国理论界对通货膨胀的解释大多是以马克思的货币流通规律为基础，比较一致的观点有以下几种：

(1)通货膨胀产生的前提条件是纸币流通。在金属货币流通的条件下，不可能发生通货膨胀。因为金属货币具有内在的价值，它可以通过贮藏手段的蓄水池作用，自发地调节货币流通量，使之与商品流通量相适应。当流通中的货币量过多时，过多的金属货币会自动退出流通领域，从而成为贮藏货币。另外，在金属货币流通的条件下，银行券的发行是以黄金作为保证的，流通中过多的银行券可以通过兑现黄金的形式流回到银行。因此，在金属流通的条件下，不会出现通货膨胀。在纸币流通的条件下，纸币本身没有内在价值，不能像金属货币那样被贮藏，也不能通过兑现金银而退出流通，当纸币发行量超过流通中所需要的货币量时，就会出现纸币贬值和物价普遍上涨的情况。

(2)通货膨胀的表现形式是物价上涨，但物价上涨不一定就是通货膨胀。虽然通货膨胀与物价上涨有着密切的联系，但并不是同一个概念。因为引起物价上涨的因素很多，除了由于纸币过度发行而引起通货膨胀这一因素外，还有其他一些因素，如商品本身价值的提高、商品供求关系的变化、某些垄断组织人为地提高商品的价格、国家实行强制性提价等也会引起物价上涨，但这些因素引起的物价上涨不属于通货膨胀的范围。

(3)通货膨胀表现为一般物价水平的上涨。一般物价水平的上涨是指商品价格普遍而又持续地上涨，因此那些局部的、个别商品的价格上涨以及季节性的、暂时性的物价上涨都不是通货膨胀。

(4)通货膨胀与纸币膨胀有区别。纸币的现实形态就是现金，是通货的一种重要组成部分。通货膨胀的一个重要表现形式是纸币发行过量。但是，纸币的过量发行并不一定就是通货膨胀，因为如果通货的另一个重要组成部分银行活期存款没有相应增加，也会使流通中的货币总量超过流通中所需要的货币必要量，结果同样出现物价大幅度上涨。

综上所述，我们可以将经济生活中的通货膨胀定义为：通货膨胀是指在纸币流通条件下，由于货币发行量超过流通中的实际需要量，从而引起货币贬值、一般物价水平持续上涨的经济现象。

2. 通货膨胀的类型

在经济分析中，由于研究者对通货膨胀所强调的重点和研究目的不同，因此会按不同的标准对通货膨胀进行分类。

(1)根据物价上涨的方式，可划分为公开的通货膨胀和隐蔽的通货膨胀。

公开的通货膨胀是指政府不对物价进行管制，而是由市场力量所决定的一般物价水平明显而直接、持续的上升过程。通常意义上的通货膨胀皆为公开的通货膨胀。隐蔽的通货膨胀是指由于政府采取物价管制而使一般物价水平不能自由上升的通货膨胀。这类通货膨胀通常表现为商品短缺、国家定价、计划供给、凭证排队购买、黑市猖獗等现象。在隐蔽的通货膨胀情况下，一方面会导致商品质量下降，不正之风盛行；另一方面由于多余的购买力无法通过市场机制消除而造成“强迫储蓄”，形成收入和财富的不公平的再分配。

(2)根据一般物价上涨速度的快慢，可划分为温和的、奔腾式的和超级的通货膨胀。

这三类通货膨胀之间并不存在明确的分界线，但是三者对经济的影响存在着本质上的区别。

知识拓展 7—3

三类通货膨胀对经济的影响的区别

温和的或爬行的通货膨胀，通常是指年通货膨胀率在10%以内的通货膨胀。这类通货膨胀通常出现在价格缓慢上升的时候。在温和而稳定的通货膨胀条件下，人们预期比较稳定，相对价格不会过分不协调。

奔腾式的通货膨胀，是指价格按照两位或三位数字的年通货膨胀率上升的通货膨胀。在奔腾式的通货膨胀的条件下，就会出现严重的经济扭曲。由于货币价值损失太快，因此人们尽量避免持有任何多于最低限度的货币；金融市场消失，资金不是依靠利息而是依靠定量分配来配置；人们囤积商品，大多数契约变为用价格指数来进行调整。

恶性的或超级的通货膨胀，是指年通货膨胀率在四位或四位以上数字上升的致命的通货膨胀。超级的通货膨胀具有两个特点：一是货币流通速度极大加快；二是相对价格极不稳定，造成严重的经济不公平和扭曲。1922年1月至1923年11月，德国的价格指数由1急剧上升到100亿。当然，超级的通货膨胀一般不可能持续太久，其结果通常导致货币改革或经济崩溃。

(3)根据能否预期，可划分为预期的通货膨胀和非预期的通货膨胀。

如果通货膨胀是人们能够预期的，则为预期的通货膨胀；反之，则为非预期的通货膨胀。预期的通货膨胀会导致物价与工资的螺旋式上升，而不能形成收入和财富的再分配作用；非预期的通货膨胀则可导致收入与财富的再分配。

(4)按照成因，可划分为需求拉动型通货膨胀、成本推动型通货膨胀、供求混合推动型通货膨胀和结构性的通货膨胀。这种分类方法是西方经济理论界常用的分类方法。

(二)通货膨胀的原因

1. 需求拉动型通货膨胀(demand-pull inflation)

需求拉动型通货膨胀或需求拉上型通货膨胀是一种比较“古老”的思路，它是利用经济体系存在对商品和服务的过度需求来解释通货膨胀形成的机理。其基本要点是当总需求和总供给的对比处于供不应求状态时，过多的需求拉动价格水平上涨。由于在现实生活中，供给表现为市场上的商品和服务，而需求则体现在用于购买和支付的货币上，所以对这种通货膨胀也有通俗的说法，即“过多的货币追求过少的商品”。

能对物价水平产生需求拉动作用的有两个方面：实际因素和货币因素。实际因素方面，西方经济学主要分析其中的投资。如果利率、投资效益的状况有利于扩大投资，则投资需求增加。由于投资需求增加，总供给和总需求的均衡被打破，物价水平上升。从货币因素方面考察，需求拉动型通货膨胀可能通过两个途径产生：(1)经济体系对货币的需求大大减少，即使在货币供给无增长的条件下，原有的货币存量也会相对过多；(2)在货币需求量不变时，大多数情况是货币供给增长过快。货币供给过多所造成的供不应求与投资需求过多所造成的供不应求，它们的物价水平上涨效果是相同的。但两者也有区别，比如投资需求过旺必然导致利率上升，而货币供给过多则必然造成利率下降。不过，这两者通常是结合在一起的：过旺的投资需求往往要求追加货币供给的支持；增加货币供给的政策往往是为了刺激投资等。

这种分析是以总供给给定为假定前提的。如果投资的增加引起总供给同等规模的增加，物价水平可以不变;如果总供给不能以同等规模增加,物价水平上升较缓;如果不能引起总供给增加,需求的拉动将完全作用到物价上。

2. 成本推动型通货膨胀(cost-push inflation)

这是一种侧重于从供给或成本方面分析通货膨胀形成机理的假说。成本推动型通货膨胀又称“成本推进型通货膨胀”,是由供给因素变动引进的通货膨胀,可以归结为两个原因:一是工会力量对于提高工资的要求,二是垄断行业中的企业为追求利润制定的垄断价格。

工资推动型通货膨胀理论是以存在强大的工会组织从而存在不完全竞争的劳动市场为假定前提的。在一些发达国家,工会的力量十分强大,它们作为一个垄断性的组织,与雇主集体议定工人工资水平,使得工人有可能获得高于均衡水平的工资。并且由于工资的增长率超过劳动生产率,所以企业就会因人力成本的加大而提高产品价格以维持盈利水平。这就是工资提高引起物价上涨。在此情况下,由于价格的上涨又会部分或全部抵消工资的上涨,所以工会就会继续要求提高工资,工资提高又引起物价上涨,从而成为西方经济学家们所谓的“工资—价格螺旋”。这种理论特别强调两点:一是货币工资率的上涨一定要超过劳动生产率的增长,否则就不是工资推动型通货膨胀;二是工会的力量。它认为即使存在货币工资率的上涨超过劳动生产率增长的情况,也不能完全肯定发生了工资推动型的通货膨胀。其原因是,有可能这种工资的上涨并不是由于工会发挥了作用,而是由于劳动力市场出现了严重的供不应求而产生的。许多经济学家将欧洲大多数国家在20世纪60年代末70年代初所经历的通货膨胀认定为工资推动型通货膨胀,因为这一时期这些国家出现了工资报酬的急剧增加。

成本推动型通货膨胀的另一个成因是利润的推进。其前提条件是,存在着商品和服务销售的不完全竞争市场。在完全竞争市场上,商品价格由供求双方共同决定,没有哪一方能任意操纵价格。但在垄断存在的条件下,卖主就有可能操纵价格,使价格的上涨速度超过成本支出的增加速度,以赚取垄断利润。如果这种行为的作用大到一定程度,就会形成利润推动型通货膨胀。

无论是工资推动型通货膨胀还是利润推动型通货膨胀,提出这类理论的目的都在于解释在不存在需求拉动的条件下也能产生物价上涨。所以,总需求给定是假设前提。既然存在这样的前提,那么当物价水平上涨时,取得供求均衡的条件只能是实际产出的下降,相应的则必然是就业率的降低。因此,在这种条件下的均衡是非充分就业的均衡。成本推动型通货膨胀旨在说明,在整个经济尚未达到充分就业条件下物价上涨的原因。

3. 供求混合推动型通货膨胀

供求混合推动型通货膨胀是将供求两个方面的因素综合起来,认为通货膨胀是由需求拉动和成本推进共同起作用而引发的。这种观点认为,在现实经济社会中,通货膨胀的原因究竟是需求拉动还是成本推进很难分清:既有来自需求方面的因素,又有来自供给方面的因素,即所谓“拉中有推、推中有拉”。例如,通货膨胀可能从过度需求开始,但由于需求过度所引起的物价上涨会促使工会要求提高工资,因而转化为成本(工资)推进的因素。此外,通货膨胀也可能从成本方面开始,如迫于工会的压力而提高工资等。但是,如果不存在需求和货币收入的增加,这种通货膨胀过程是不可能持续下去的。因为工资上升使失业增加或产出减少,结果将会使“成本推动”的通货膨胀过程终止。可见,“成本推动”只有加上“需求拉动”,才有可能产生一个持续性的通货膨胀。在现实经济中,这样的论点也得到论证:当非充分就业的均衡存在时,就业的难题往往引出政府的需求扩展政策,以期缓解矛盾。这样,成本推动与需求拉动并存的混合型通货膨胀就会成为经济生活的现实。

关于通货膨胀的成因还有其他多种理论剖析。例如,对输入型通货膨胀(import of inflation)的理论剖析,着眼点有两个:一是剖析进口品价格的提高、费用的提高对国内物价水平的影响。对一个主要依靠对外贸易的经济体来说,这样的影响往往有决定意义。二是剖析通货膨胀通过汇率机制的国际传递。这方面的分析涉及不同的汇率制度,如固定汇率制度和浮动汇率制度,是国际金融学科的专门研究对象。再如,结构性通货膨胀(structural inflation)理论是从经济的部门结构(如部门之间劳动生产率存在明显差异)来分析,即使总供求大体均衡,但物价总水平也会持续上涨的机理。

(三)通货膨胀的社会经济效应

1. 强制储蓄效应

这里所说的储蓄,是指用于投资的货币积累。这种积累的主要来源有三个:一是家庭,二是企业,三是政府。在正常情况下,这三个部门的储蓄有各自的形成规律。家庭部门的储蓄由收入减去消费支出构成;企业的储蓄由用于扩张生产的利润和折旧基金构成;政府的储蓄如果是用税收的办法来筹资搞生产性投资,那么这部分储蓄是从其他两个部门的储蓄中挤出来的,从而全社会的储蓄总量并不增加。若政府向中央银行负债,从而造成直接或间接增发货币,这种筹措建设资金的办法就会强制增加全社会的储蓄总量,结果将使物价上涨。在公众名义收入不变的条件下,按原来的模式和数量进行的消费和储蓄,两者的实际数额均随物价的上涨而相应减少,其减少部分大体相当于政府运用通货膨胀实现强制储蓄(forced saving)的部分。

上面的分析是基于这样的假定,即经济已达到充分就业水准,因此用扩张货币的政策来强制储蓄会引起物价总水平的上涨。在实际经济运行中,可能尚未达到充分就业水平,实际GNP低于潜在GNP,生产要素大量闲置。此时,政府运用财政政策或货币政策来扩张有效需求,虽然也是一种强制储蓄,但并不会引发持续的物价上涨。

中国能否利用通货膨胀的强制储蓄效应?对于这个问题,人们大多做出否定的回答。理由主要是:中国是一个资源供给相对短缺和总需求经常过大的国家,如果随便运用需求刺激政策,容易产生物价上涨和其他各种消极的经济效应。不过,当出现了像1990年市场持续疲软和经济回升乏力以及像1997年年中开始的市场需求拉动力不足等经济现象时,强制储蓄之类的手段是否可以利用,还是应该探讨的问题。

2. 收入分配效应

在通货膨胀时期,人们的名义货币收入与实际货币收入之间会产生差距;只有剔除物价的影响,才能看出人们实际收入的变化。当人们忽视货币实际购买力的变化,而仅仅满足于货币名义价值(如名义收入)时,通常成为货币幻觉。在通货膨胀下,由于货币贬值,名义货币收入的增加往往并不意味着实际收入的等量增加,有时甚至是实际收入不变乃至下降。如果满足于名义收入的增加却忽视币值的变化,那就是货币幻觉在起作用。

由于社会各阶层的收入来源极不相同,因此在物价总水平上涨时,有些人的收入水平会下降,有些人的收入水平反而会提高。这种由物价上涨造成的收入再分配,就是通货膨胀的收入分配效应(distributional effect of income)。

在发达的工业化国家,大多数人是依靠工资或薪金生活的,工资收入差不多就是他们的全部收入。在物价持续上涨的时期,工薪劳动者的收入只有每隔一段时间才会做一定幅度的调整,使工资率的提高与物价上涨保持大体的同步,以保证实际收入水平得以维持。但这种通货膨胀条件下的定期工资调整,只有依靠强大的工会力量才能做到;否则,工资的增长通常落后于物价上涨。货币工资的增长相对于物价上涨的滞后时间越长,遭受的通货膨胀损失相应地就越大。此外，从利息和租金取得收入的人，在通货膨胀中受到的损失也会比较严重。但与此同时，只要存在工资对于物价的调整滞后，企业的利润就会增加，那些从利润中获取收入的人都能得到好处。

3. 资产结构调整效应

资产结构调整效应又称财富分配效应(distributional effect of wealth)。一个家庭的财富或资产由两部分构成：实物资产和金融资产。许多家庭同时还有负债，如汽车抵押贷款、房屋抵押贷款和银行消费贷款等。因此，一个家庭的财产净值是它的资产价值与债务价值之差。

在通货膨胀环境下，实物资产的货币值大体随通货膨胀率的变动而变动。有的实物资产，其货币值增长的幅度高于通货膨胀率，有的则低于通货膨胀率；同一种实物资产，在不同的条件下，其货币值的升降较通货膨胀率也有时高时低的情况。金融资产则比较复杂。在其中占相当大份额的股票，它的行市是可变的，在通货膨胀下会呈现上升趋势。但影响股市的因素极多，所以股票绝非通货膨胀中稳妥的保值资产，尽管有些股票在通货膨胀中使其持有者获得大大超出保值的收益。至于各种金融资产，其共同特征是有确定的货币金额，这样的名义货币金额并不会随通货膨胀是否存在而变化。显然，物价上涨，实际的货币额减少；物价下跌，实际的货币额增多。在这一领域中，防止通货膨胀损失的办法通常是提高利率或采用浮动利率。但在严重的通货膨胀条件下，这样的措施也往往难以弥补损失。

正是由于以上情况，在通货膨胀下，每个家庭的财产净值通常发生很大的变化。下面举例说明。设一个人有存款 10 000 元、负债 30 000 元，以及货币值可随物价变动而相应变动的资产 12 000 元，当不存在通货膨胀的时候，其资产净值之和为−8 000 元(负债为负值)。此时的资产净值既是名义值，也是实际值。

现在出现了通货膨胀，设通货膨胀率为 100%。为简化分析，不考虑利息因素，其名义值为：存款仍为 10 000 元，负债仍为 30 000 元，货币值可变资产则变为 12 000×(1+100%)=24 000 元。总名义资产净值为 4 000 元，而实际值为：存款为 10 000÷(1+100%)=5 000 元，负债为 30 000÷(1+100%)=15 000 元，货币值可变资产的实际值仍为 12 000 元，则实际资产净值为 2 000 元。

一般来说，小额存款人和债券持有人最易受通货膨胀的打击。至于大的债权人，不仅可以采取各种措施避免通货膨胀带来的损失，而且他们往往是大的债务人，可以享受通货膨胀带来的好处。

4. 比价的变动与不同经济集团利益的调整

价格问题包括两个方面：一是每种商品的价格和每种服务的价格(收费标准)。它们是千差万别的，而且各自由于种种原因会有升有降。二是价格水平，是指在给定的时点上所有价格作为一个总体与其他时点上所有价格作为一个总体的比较，是高了还是低了；高，高多少？低，低多少？“所有价格”也有分类，如零售、批发之分，生产价格、消费价格之分等。而在一定时段中各个时点上价格水平的平均，则是时段(如月、季、年)的价格水平。研究通货膨胀问题首先关注的就是价格水平的变动，而不是分辨各个商品和服务价格的变动。

然而，在价格水平的变动过程中，各种商品和服务的价格绝不是与价格水平以同等的幅度升降，即比价会有所变动。比价的变动往往意味着不同经济集团利益的调整。这是因为，由于不同种类的商品和服务的销售价格及成本并非按同一比例变动，从而不同商品生产商或服务提供商所获取的利润的增加速度也不一致，有的快一些，有的慢一些。于是，它们的实际利益或得到加强或有所削弱。上面所讲的收入分配效应实际上也是一种通货膨胀中由于比价变动而带来的利益调整。那就是:工资这种劳动力价格的提高比率低于一般商品和服务价格的提高,从而有利于厂商而不利于工资收入者。

5. 恶性通货膨胀与经济社会危机

前面的通货膨胀效应都是以它的严重程度保持在一定限度内为假设前提的。当物价总水平的持续上涨超过一定界限,从而形成恶性通货膨胀时,就有可能引发社会经济危机。

恶性通货膨胀会使正常的生产经营难以进行。在物价飞涨时,产品销售收入往往不足以补进必要的原材料;与此同时,地区之间上涨幅度极不均衡也是必然现象,这就会造成原有商路的破坏和流通秩序的紊乱;迅速上涨的物价使债务的实际价值下降,如果利率的调整难以弥补由物价上涨所造成的货币债权损失,那么正常的信用关系也会极度萎缩。恶性通货膨胀只是投机盛行的温床,而投机则是经济机体的严重腐蚀剂。

恶性通货膨胀会引起突发性的商品抢购和挤兑银行的风潮,它所造成的收入再分配和人民生活水准的急剧下降则会导致阶级冲突的加剧。这一切的后果往往是政治的动荡。最严重的恶性通货膨胀会危及货币流通自身:纸币流通制度不能维持;金银贵金属会重新成为流通、支付的手段;经济不发达地区则会迅速向经济的实物化倒退。所以,各国政府在未遇到特殊政治麻烦的情况下,总是把控制通货膨胀作为自己的施政目标。

(四)治理通货膨胀的对策

1. 宏观紧缩政策

宏观紧缩政策是各国对付通货膨胀的传统政策调节手段,也是迄今为止抑制和治理通货膨胀中运用得最多、最为有效的政策措施。其主要内容包括紧缩性货币政策和紧缩性财政政策。

(1)紧缩性货币政策又称抽紧银根,即中央银行通过减少流通中货币量的办法,提高货币的购买力,减轻通货膨胀压力。

知识链接 7—2

紧缩性货币政策具体政策工具和措施

1. 通过公开市场业务出售政府债券,以相应地减少经济体系中的货币存量;

2. 提高贴现率和再贴现率,以提高商业银行存贷款利率和金融市场利率水平,缩小信贷规模;

3. 提高商业银行的法定准备金,以缩小货币发行的扩张倍数,压缩商业银行放款,减少货币流通量。

4. 在政府直接控制市场利率的国家,中央银行可直接提高利率,或直接减少信贷规模。

(2)紧缩性财政政策主要是通过削减财政支出和增加税收的办法来治理通货膨胀。削减财政支出的内容主要包括生产性支出和非生产性支出。生产性支出主要是国家基本建设和投资支出,非生产性支出主要是政府各部门的经费支出、国防支出、债息支出和社会福利支出等。在财政收入一定的条件下,削减财政支出可相应地减少财政赤字,从而减少货币发行量,并可减少总需求,对于抑制财政赤字和需求拉动引起的通货膨胀比较奏效。但财政支出的许多项目具有支出刚性,可调节的幅度有限,因此增加税收就成为一种常用的紧缩性财政政策。提高个人所得税或增开其他税种可使个人可支配收入减少,降低个人消费水平;而提高企业的所得税和其他税率则可降低企业的投资收益率,抑制投资支出。

2. 收入紧缩政策

收入紧缩政策主要是根据成本推进论制定的，其理由是依靠财政信用紧缩的政策虽然能够抑制通货膨胀，但由此带来的经济衰退和大量失业的代价往往过高，尤其是当工会或企业垄断力量导致市场出现无效状况时，传统的需求管理政策对通货膨胀将无能为力，必须采取强制性的收入紧缩政策。收入紧缩政策的主要内容是采取强制性或非强制性的手段，限制工资提高和垄断利润的获取，抑制成本推进的冲击，从而控制一般物价的上涨幅度。其具体措施包括工资管制和利润管制两个方面：

(1)工资管制是指政府以法令或政策形式对社会各部门和企业工资的上涨采取强制性的限制措施。工资管制可阻止工人借助工会力量提出过高的工资要求，从而抑制产品成本和价格的提高。工资管制的办法包括：①道义规劝和指导。政府根据预计的全社会平均劳动生产力的增长趋势，估算出货币工资增长的最大限度，即工资—物价指导线，以此作为一定年份内允许货币工资总额增长的目标数值线来控制各部门的工资增长率。但政府原则上只能规劝、建议和指导，不能直接干预，因此该办法的效果往往不是很理想。②协商解决。在政府干预下使工会和企业就工资和价格问题达成协议，其效果取决于协议双方是否认可现有工资水平并愿意遵守协议规定。③冻结工资。政府以法令或政策行使强制性地将全社会职工工资总额或增长率固定在一定的水平上。这种措施对经济影响较大，通常只用在通货膨胀严重恶化时期。④开征工资税。对增加工资过多的企业按工资增长超额比率征收特别税款。这一办法可使企业有所依靠，拒绝工会过高的工资要求，从而有可能与工会达成工资协议，降低工资增长率。

(2)利润管制是指政府以强制手段对可获得暴利的企业利润实行限制措施。通过对企业利润进行管制，可限制大企业或垄断性企业任意抬高产品价格，从而抑制通货膨胀。利润管制的办法有：①管制利润率。政府对以成本加成方法定价的产品制定一个适当的利润率，或对商业企业规定其经营商品的进销差价。采用这种措施应注意使利润率反映不同产业的风险差异，并使其建立在企业的合理成本基础上。②对超额利润征收较高的所得税。这种措施可将企业不合理的利润纳入国库，对企业追求超额利润起到限制作用。但如果企业超额利润的获得是通过提高效率或降低成本实现的，则可能打击企业的积极性。此外，一些国家还制定反托拉斯法来限制垄断高价，并对公用事业和国有企业的产品和劳务实行直接的价格管制。

3.“单一规则”政策

货币主义学派认为，20 世纪 70 年代资本主义国家经济滞胀的主要原因是政府不断采取扩张性的财政政策和货币政策，所以导致通货膨胀预期提高。因此，对付滞胀的根本措施在于，政府必须首先停止扩张性的总体经济政策，将货币供给的增长速度控制在一个最适当的增长率上，即采取所谓的单一规则政策，以避免货币供给的波动对经济和预期的干扰。货币主义学派强调，在已经发生滞胀的情况下，只有严格控制货币供应量才能使物价稳定，总体经济和社会才能恢复正常秩序。

运用单一规则政策对付通货膨胀确实比较有效，这已被 20 世纪 80 年代中期以来美国和其他一些发达国家的实践所证明。但是，对于一些以经济增长作为首要政策目标的国家来说，尤其是对那些经济严重衰退、失业率居高不下的国家来说，这一政策有很大的局限性，不顾一切地推行这一政策，甚至会导致社会经济的动乱。

4.增加供给

凯恩斯学派和供给学派都认为总供给减少是导致经济滞胀的主要原因。凯恩斯学派认为，总供给减少的最主要原因是影响供给的一些重要因素发生了变化，如战争、石油或重要原材料短缺、主要农作物歉收、劳动力市场条件变化、产品市场需求结构变化，以及政府财政支出结构、税收结构、转移支付等方面发生了变化，因而造成了总供给减少并引起通货膨胀。供给学派则认为，政府税率偏高是总供给减少的主要原因。过高的税率降低了就业者的税后收入和工作意愿，也降低了企业的投资意愿，并助长了逃税行为，造成资源浪费，阻碍了社会生产力的提高和总供给的增加。因此，治理滞胀必须首先降低税率，以此提高劳动者的工作意愿和劳动生产率，增加储蓄和企业投资，提高资金的运用效率，刺激经济增长和降低失业率，从而走出经济滞胀的困境。

总之，治理通货膨胀是一个十分复杂的问题，不仅造成通货膨胀的原因及其影响是多方面的，而且其治理的过程也必然牵涉到社会生活的方方面面，影响各个产业部门、企业、社会各阶层和个人的既得利益，因此不可能有十全十美的治理对策。

三、通货紧缩

（一）通货紧缩的定义

在西方较为权威的教材中，通常对有关通货紧缩的内容做了较为详细的阐释，但对通货紧缩则往往一笔带过，甚至只字不提。至于通货紧缩的定义，则通常是在解释通货膨胀时加以简单解释。在西方流行的经济学辞典中，货币主义代表人物莱德勒在《新帕尔格雷夫财政金融大辞典》中对“通货紧缩”的定义是：通货紧缩是一种价格下降和货币升值的过程。它是与通货膨胀相对的。托宾在《经济学百科全书》中对“通货紧缩”的解释是：“通货紧缩是一种货币现象，它是每单位货币的商品价值和商品成本的上升（例如，1929—1933 年价格平均每年下降 6.7%）。”此处他把通货紧缩表述为货币升值。由于货币升值与价格总水平下降这两种不同表述方法对应的是同一个过程，且其所举例子直接以价格下降作为证据，因此，托宾与莱德勒对通货紧缩的定义是一致的。

综上所述，通货紧缩可以定义为：通货紧缩是指一般物价水平持续下跌、币值不断上升的一种货币现象。既然通货紧缩是与通货膨胀相对应的一种货币新现象，因此，衡量通货膨胀的指标同样适用于通货紧缩。

（二）通货紧缩的原因

1. 经济周期因素

经济周期达到繁荣的高峰阶段，生产能力过剩，产品供过于求，可引起物价下跌，出现经济周期型通货紧缩。很多国家的通货紧缩是在严重的通货膨胀经过长时间的治理结束后开始出现的。在通货膨胀时期，扭曲的价格信号导致投资大量增加，高投资造成经济过热，出现生产能力过剩、产品供大于求，导致价格持续下降。

2. 经济结构失调

通货紧缩不仅是社会总供给大于总需求的总量上的失衡，而且是一种结构上的失衡，主要体现在供给结构不合理。如果一国的产业机构并未随社会供求总量的变化而及时升级调整，会使很多传统的旧产业供大于求，其产品出现过剩，而新的产业由于发展过剩、价格过高而抑制了人们的有效需求，从而出现了一种结构上的生产过剩。另外，由于前期经济中的盲目扩张和投资，造成了不合理的供给和过多的无效供给，当积累到一定程度时必然加剧供求之间的矛盾。一方面，许多商品无法实现其价值，迫使价格下跌；另一方面，大量货币收入不能转变为消费和投资，减少了有效需求，就会导致结构型通货紧缩。

3. 货币因素

长期以来，经济学界曾一度认为通货紧缩对经济的威胁小于通货膨胀对经济所构成的威胁。例如，弗里德曼认为："通货紧缩是世界上最容易避免的事情，只要印刷更多的钞票就可以了。"在这种思想的影响下，中央银行往往更多地关注通货膨胀的问题，而忽视了通货紧缩的问题。当通货膨胀问题得到解决以后，如果中央银行继续采取紧缩的货币政策，就可能产生物价的持续下跌，导致通货紧缩。

4. 技术进步因素

技术进步与创新提高了生产力水平，放松管制使生产成本下降，造成了生产力过剩。在供给大于需求的情况下，物价下跌不可避免。如果这种供给大于需求的情况不能得到及时调整而持续存在，那么物价下跌的趋势也会相应持续下去，这样就会出现通货紧缩。

5. 国际市场的影响

国际市场的动荡会引起国际收支逆差或资本外流，形成外部冲击性的通货紧缩压力。一国实行钉住强币的汇率制度时，本币汇率高估，会减少出口、扩大进口，加剧国内企业经营困难，促使消费需求趋减，导致物价持续下跌，所以，本币汇率高估也会引起外部冲击性的通货紧缩。

6. 心理预期因素

当预期的实际利率进一步降低和经济走势不佳时，消费和投资会出现有效需求不足，导致物价下跌，形成需求拉下型通货紧缩。金融体系的效率低下或信贷扩张过快导致出现大量不良资产和坏账时，金融机构"惜贷"或"慎贷"引起信用紧缩，也会减少社会总需求，导致通货紧缩。

（三）通货紧缩的社会经济效应

1. 通货紧缩对投资的影响

通货紧缩对投资的影响主要通过影响投资成本和投资收益而发生作用。通货紧缩还通过资产价格变化对投资产生间接影响。一方面，通货紧缩使得实际利率有所提高，社会投资的实际成本随之增加。这种实际成本的增加，使投资项目处于劣势，因为相关投资项目的未来重置成本趋于下降。另一方面，通货紧缩使投资的预期收益下降。投资的预期收益主要由商品的未来市场性和价格趋势所决定。通货紧缩使远期市场价格趋于下降，折旧迫使投资倾向下降。因而，从投资方面来说，通货紧缩可以通过降低社会投资倾向对经济稳定和发展产生较大的影响。

2. 通货紧缩对消费的影响

物价下跌对消费需求有两种作用方向相反的效应：一是价格效应，二是收入效应。初看起来，通货紧缩对消费者来说是好事，因为消费者可以以更低的价格得到一定数量和质量的商品，这一点符合消费者力求使其支出最小化的要求，这是通货紧缩对消费者产生的价格效应。同时，通货紧缩还会对消费者产生收入效应。在通货紧缩情况下，就业预期和工资收入因经济增幅下降而趋于下降，收入的减少倾向于使消费者缩减消费。而且，如果消费者预期将来价格还会下跌，那么消费者将推迟消费。因此，在通货紧缩情况下，价格效应使消费者倾向于增加消费，收入效应使消费者缩减支出。总的来看，两者相抵，通货紧缩对消费意愿的影响是消极的，即通货紧缩使社会消费总量趋于下降。

3. 通货紧缩对收入分配的影响

通货紧缩的财富分配效应与通货膨胀时期相反。在通货紧缩时期，普通商品的价格下跌，金融资产也常常面临价值缩水，虽然名义利率很低，但由于物价呈现负增长，因此实际利率比通货膨胀时期高出很多。所以，在通货紧缩时期，高的实际利率有利于债权人而不利于债务人。不过,如果通货紧缩持续时间很长,而且相当严重,导致债务人失去偿还能力,那么债权人也会受到损失。

通货紧缩时期,因为物价普遍下跌,所以名义收入一般也会下降;如果工资收入的下调滞后于物价下跌,那么,实际工资并不会下降。但是,严重的经济衰退会削弱企业的偿付能力,致使企业下调工资。然而,工资的下降存在刚性。这里以 20 世纪 90 年代日本的制造业为例。1997 年日本制造业的平均工资比上年增长了 3%,但劳动力成本占非金融企业净增加值的 3/4。因此,在经济增长呈现剧烈下降的情况下,工资下降的刚性会阻止价格的进一步下降。进一步说,在通货紧缩期间,名义工资基本不动,实际工资会出现上升的倾向,这一点对于制止通货紧缩的进一步恶化是有益的。

4. 通货紧缩与经济衰退

通货紧缩对经济发展的实际影响如何?要看其原因、期限和深度。如果价格水平的下降标志着生产力的全面进步,这对于经济发展是一件好事。因为,更高的效率不仅有助于企业降低成本和价格,而且有利于企业获得更多的利润。与此同时,生产力提高所产生的通货紧缩是短期的,而且其中价格下降的深度大多可以容忍。19 世纪美国出现过由于生产力进步而产生的通货紧缩,其经济仍处于健康运行之中。如果物价下跌是由生产率提高所致,那么,短期的物价下跌不一定会导致长期和全面的物价下跌,当然也就不会损害经济的健康发展。

但是这种情况并不多见,大多数时候,人们惧怕出现那种跨越不同市场而且持续期限较长的通货紧缩,因为这种通货紧缩往往是经济衰退的象征。当价格下降时,消费者倾向于推迟消费,这就会导致价格进一步下降。与此同时,实际利率的不断上升还会阻止需求的增加。此外,资产价格的下跌又使社会财富出现萎缩,并使债务负担有所加重,导致更多的企业破产。因此,严重的通货紧缩会导致经济衰退,不利于经济发展。历史上的通货紧缩通常与经济衰退相伴随,而且当经济处于衰退时期,价格下跌可能难以阻止,从而加剧经济衰退。

首先,通货紧缩意味着同样数量的货币可以购买更多的物品,因而增加了货币的购买力,促使人们更多地储蓄、更少地支出,尤其是减少耐用消费品的支出,这使私人消费支出受到抑制。其次,通货紧缩期间,一般物价的下降相对提高了实际利率水平,即使名义利率下降,实际利率也可能居高不下。因此,资金成本较高,可投资的项目逐渐减少。再次,最终产品价格的下跌对于新开工的投资项目产生不利影响。通货紧缩使大部分投资项目的预期收益率与资金成本率之间的差额缩小,甚至可能出现赤字。这样,投资项目更显得越来越缺乏吸引力,致使社会总投资支出趋于减少。最后,商业活动的停滞使就业率有所降低,同时可能使名义工资倾向于降低,而居民总收入的下降会进一步减少消费支出。这样,商业萎缩会通过就业下降以及工资下降得到加速。由于历史上治理通货紧缩的经验不多,若政府和中央银行对通货紧缩束手无策,即便是温和的或适度的通货紧缩也会对经济活动产生不利影响,甚至导致严重的经济问题。总之,在特定情况下,通货紧缩会加速经济的衰退;通货紧缩的形式可能多种多样,只有那种与经济衰退相伴随的一般价格大幅下降的通货紧缩,才会使经济活动螺旋式地下降,从而对宏观经济产生破坏作用。

(四)通货紧缩的对策

1. 宽松的货币政策

通货紧缩本质上是一种货币现象,因此货币政策成为治理通货紧缩的手段之一。通货紧缩的成因之一是流通中的货币不足。采用宽松的货币政策,可以增加流通中的货币量,刺激总需求。传统的货币政策工具包括准备金率、再贴现率和公开市场业务。宽松的货币政策可以选择降低准备金率和再贴现率以及中央银行在公开市场上购入政府债券等。利率或信贷规模受控制的国家，可以通过直接降低利率或扩大信贷规模的方式来进行调节。实行宽松的货币政策的目的在于增加货币流通量。但是，货币供给量和货币乘数都是受到包括商业银行、存款者、贷款者、中央银行在内的多个行为主体的影响的变量，而不是由中央银行单独决定的简单的外生政策变量，甚至基础货币在一定条件下也不是中央银行所能控制的，更何况中央银行对扩张性货币政策和紧缩性货币政策的控制能力本来就不对称。中央银行的货币政策工具在实行紧缩性货币政策时较为有效，在推行扩张性货币政策时，效果往往不理想。中央银行的货币政策只能起指导作用，它不能强迫银行贷款或强迫公众借款。没有合理的投资回报预期，理性的企业不敢借款；没有好的贷款项目，银行也不敢贷款。在这种情况下，宽松的货币政策不仅不能刺激投资需求，反而刺激了人们的通货紧缩预期。因此，单纯用宽松的货币政策来治理通货紧缩，效果往往不佳，甚至可能无效。

2. 宽松的财政政策

宽松的财政政策主要包括减税和增加财政支出两种方法。减税涉及税法和税收制度的改变，因此不是一种经常性的调控手段，但在对付较为严重的通货紧缩时也会被采用。在采用减税手段时应注意两个方面：(1)税收杠杆在本国是否灵敏；(2)减税政策要根据具体情况灵活运用，不要“一刀切”。例如，罗斯福在1929—1933年处理美国通货紧缩时就采用了减税的措施。基于当时贫富差距过大造成有效需求不足的观点，罗斯福的新税法降低了低收入者的税率，提高了高收入者的税率。

财政支出是总需求的组成部分，因此，增加财政支出可以直接增加总需求。同时，财政支出增加还可能通过投资的乘数效应带动私人投资的增加。

运用财政支出手段所面临的首要问题是资金来源问题。特别是对于发展中国家，财政收入本来就有限，如果同时采用了减税的政策，则更是捉襟见肘。解决此问题的方法有两种：一是财政向中央银行借款或直接透支；二是发行国债。西方经济学者一般认为财政向中央银行借款应以短期为宜，借款的目的应是解决临时性或季节性资金短缺。至于透支，则更不应被允许。否则，将直接威胁中央银行的独立性，不利于币值的稳定和经济的稳定持续发展。所以，普遍采用的做法是发行国债。当然，国债的发行也应有一定的限度。运用增加财政支出的手段还应警惕“挤出效应”。

知识拓展 7—4

挤出效应

挤出效应理论由现代货币学派提出。该学派认为，政府开支的增加如果伴随货币供应量的增长，那么，在支出增加和货币存量不变的情况下，必然导致利率的上升，由此引起私人投资和消费的缩减。因此，在对付通货紧缩时，通常将财政政策工具和货币政策工具配合使用。

3. 结构性调整

对于由于某些行业的产品或某个层次的商品生产绝对过剩所引发的通货紧缩，一般采用结构性调整的手段来治理。对于生产过剩的部门或行业要控制生产、减少产量；同时，对其他新兴行业或有发展前途的行业应采取措施鼓励其发展，以增加就业机会、提高收入、增强购买力。1929—1933年的通货紧缩时期，美国的农产品严重过剩，罗斯福采用向减少耕作或养殖的农民给予经济补贴的政策以控制农产品的生产；同时，通过修改禁酒令、放弃反垄断法、对工会做出让步等措施刺激工业生产。

4.改变预期

同通货膨胀一样,公众对通货紧缩发展前景的预期在很大程度上影响着政府各项反通货紧缩政策的效果。因此,政府有必要通过各种宣传手段,说服公众相信政府各项反通货紧缩政策的正确性和有效性,坚定公众对未来经济发展趋势的信心。

5.完善社会保障体系

如果消费需求不足的主要原因是中下层居民的收入过低,那么建立健全社会保障体系、适当改善国民收入的分配格局、提高中下层居民的收入水平和消费水平将有助于通货紧缩的治理。

任务四　熟悉货币政策

一、货币政策及其目标

(一)货币政策内涵

货币政策(monetary policy)的范围有广义和狭义之分。从广义上讲,货币政策包括政府、中央银行和其他有关部门所有有关货币方面的规定,以及所采取的影响货币供给数量的一切措施。按照这个解说来理解,货币政策涉及有关建立货币制度的各种规定,包括所有旨在影响金融系统的发展、利用和效率的措施,甚至可进一步包括像政府借款、国债管理乃至政府税收和开支等可能影响货币支出的行为。

从狭义上讲,在西方国家,比较概括的提法为:中央银行在追求可维持的实际产出增长、高就业和物价稳定时所采取的用以影响货币以及其他金融环境的措施。通俗地说,货币政策是指中央银行为实现给定的经济目标,用于调节货币供给和利率的方针及措施的总和。

货币政策包括三个方面的基本内容:政策目标、实现目标所运用的政策工具以及预期达到的政策效果。从确定目标、运用工具到实现预期的政策效果,其间还存在着一些作用环节,主要包括中介指标和政策传导机制等。

音频学习

货币政策与金融政策

(二)货币政策的目标

货币政策的目标是一国货币当局采取调节货币和信用的措施所要达到的目的。按照中央银行对货币政策的影响力和影响速度,货币政策划分为两个不同的目标层次,即最终目标和中介目标,它们共同构成中央银行货币政策的目标体系。

1.货币政策的最终目标

(1)货币政策最终目标的内容。

中央银行货币政策的目标要与一国整个经济长期发展的战略目标相一致,要成为国家经济政策的重要组成部分,并发生作用。这就是中央银行货币政策的最终目标。一般认为,货币政策的最终目标包括物价稳定、充分就业、经济增长和国际收支平衡。

①物价稳定(price stability)。稳定物价就是设法使一般物价水平在短期内不发生显著的波动,稳定物价的实质是稳定币值。在信用经济时代,物价的变动是纸币变动的指示器,是衡量货币流通正常与否的主要标志。这里的物价水平是指一般物价水平,而不是指某种商品的价格。价格体系作为国民收入再分配的工具,它的变动虽然会影响一部分人的利益,但对社会并无不利的影响。由于现实生活中各种因素的影响,价格机制的自动调节功能往往会被扭曲,这种相对价格体系的变动,在一定时期也会引起一般物价水平的变动。

从各国的情况来看,衡量物价水平变动的指标通常有三个:国民生产总值平均指数、消费物价指数和批发物价指数。三种指标包含的商品范围不同,反映的物价变化也都有一定的局限性,但它们在变动趋势上是一致的。

在现代经济社会中,一般物价水平呈现上升的趋势。因此,中央银行货币政策的主要目标是稳定物价,将一般物价水平的上涨幅度控制在一定的范围内,以防止通货膨胀。对于把一般物价水平控制在何种范围内,不同的经济学家有不同的看法,不同的国家也有不同的标准。保守的经济学家认为,物价水平最好不增不减,或者只允许在1%的幅度内上下波动,也有的认为3%是可取的。而较激进的经济学家,因为相信轻微的通货膨胀对经济的活跃有一定的刺激作用,有利于经济发展,所以主张一般物价水平可做较高幅度的增加,如上涨幅度允许在5%以内。尽管如此,在实践中,各国中央银行通常采取折中的办法,根据各国经济发展情况和背景的不同,制定不同的标准。从各国的实际情况来看,在制定货币政策时,中央银行一般将年物价上涨率控制在2%～3%。

②充分就业(full employment)。充分就业作为货币政策目标的提出,最早是在20世纪30年代。在1929—1933年的资本主义世界的经济大危机中,由于市场不能自发地保证充分就业,因此为了摆脱危机,西方国家普遍实行国家干预经济的政策,并把充分就业摆在货币政策目标的首位。因为高就业不仅意味着资源的充分利用以及高产出和高投入,而且意味着经济的良性循环和稳定增长。从这一点出发,充分就业目标是经济政策总目标的一个组成部分,也是现代发达国家货币政策的四大目标之一。

充分就业通常是指凡有能力自愿参加工作者,都能在较为合理的条件下找到适当的工作。但充分就业并不等于社会劳动力100%就业,因为还存在自愿性失业(即劳动力不愿意接受现行的工资水平而造成的失业)。只要消除了非自愿性失业(劳动者愿意接受现行的工资水平却失业),社会就实现了充分就业。所谓充分就业目标,就是要保持一个较高的、较稳定的社会就业水平。

严格意义上的充分就业是针对所有能够被利用的资源所利用的程度而言的,但要测定各种经济资源的利用程度非常困难,所以一般以劳动力的就业程度作为标准,即以失业率指标来衡量劳动力的就业程度。失业率是指社会的失业人数与愿意就业的劳动力之比。失业率的高低与社会就业程度成反比。至于失业率为多少时可称为充分就业,目前尚无统一标准。有的经济学家认为,当失业率为3%时可视为充分就业,但是大多数经济学家认为失业率为5%时就可以被认为实现了充分就业。在计算失业率指标时,最大的困难在于如何确定失业人口和社会愿意就业人口这两个指标的内涵。由于各国的计算方法不同,所以对失业率的评价并不一致。各国应该根据各自不同的经济条件、发展状况来确定充分就业目标。

③经济增长(economic growth)。经济增长是指一国或一个地区内商品和劳务及生产能力的增长,也就是国民生产总值的增长必须保持合理的、较高的速度。目前,各国衡量经济增长的指标主要有国民生产总值增长率、国民收入增长率、人均国民生产总值和人均国民收入增长率等。前两个指标主要反映经济增长的总规模和经济实力的状况;后两个指标则反映经济增长带给一个国家或地区的富裕程度。

影响经济增长的直接因素是人力、物力和财力。中央银行作为经济运行中的货币供给部门,能够影响其中的财力部分,即对资本的供给和配置产生一些效果。中央银行的货币政策以经济增长为目标,指的是中央银行在接受既定目标的前提下,通过货币政策操作,对这一目标的实现施加影响。将经济增长作为货币政策的目标,有两个问题必须注意:一是要增加国民生产总值必然增加各种经济资源,如劳动、土地及资本等的利用程度。然而,货币政策在这些资源运用中所能产生的效果非常有限,只能对资源的配置产生一些效果,对劳动及土地的运用则缺乏直接影响力。二是以国民生产总值表示的经济增长仅仅是一个数量指标,在产值增长的背后,可能隐藏着资源的浪费和环境污染等质量问题,这些是货币政策无力控制的。因此,中央银行的货币政策只能以其所能控制的货币政策工具创造一个适宜经济增长的货币金融环境,以促进经济增长。

④国际收支平衡(balance of payments equilibrium)。平衡国际收支政策目标的提出是在20世纪70年代。当时,由于日本、联邦德国等国家经济的迅速增长,国际竞争力不断加强,因此美国的对外贸易不断出现逆差,国际收支状况恶化,大量美元外流,从而降低了世界各国对美元的信心。美国为了维护以美元为中心的国际货币制度,提出了平衡国际收支的货币政策目标。此后,虽然美元与黄金脱钩,各国相继由固定汇率改为浮动汇率,但平衡国际收支仍然是货币政策的目标之一。

在一个开放型的社会经济中,国际收支状况与国内市场的货币供应量有着密切的关系。一般来说,顺差意味着该国的外汇收入大于支出,外汇收入增加,而收购这些外汇必然增加国内市场的货币供应量。换言之,顺差意味着商品的输出大于商品的输入,从而相对减少了国内市场的商品量、增加了国内市场的货币供应量。顺差带给国内市场的影响有两种:一是当国内市场上货币偏多、物价不稳、商品供给不足时,会加剧通货膨胀和国内市场上商品供求的矛盾;二是当国内市场货币供给不足、外资缺乏、失业严重、商品供过于求时,顺差有利于实现国内市场的均衡。国际收支逆差的影响则正好相反。

国际收支平衡是指在一定的时期内(通常指一年内),一国对其他国家或地区的全部货币收支持平。目前,经济学家普遍认为,国际收支平衡应当是一种动态的平衡,即在若干年时间内(如3～5年内),如果一个国家的国际收支平衡表中的主要项目的变动接近于平衡,便可大致认为达到了国际收支平衡,因为其中某一年的不平衡可以由其他年份加以弥补。

(2)货币政策最终目标之间的关系。

尽管货币政策所追求的目标有四个,但就任何一个国家的中央银行而言,对上述各种目标不能同时兼顾。因此,在承认若干目标间互补性的同时,如充分就业与经济增长之间相互促进,也不能忽略货币政策目标之间的冲突性的存在。主要冲突有:稳定物价与充分就业的冲突、稳定物价与国际收支平衡的冲突、经济增长与国际收支平衡的冲突以及稳定物价与经济增长的冲突。

①稳定物价与充分就业的冲突。根据著名的菲利普斯曲线(Philips curve),失业率与物价上涨率之间存在着此消彼长的关系。要实现充分就业,就要牺牲若干程度的物价稳定;为了维持物价稳定,就必须以提高失业率作为代价。菲利普斯指出,降低失业与稳定物价不能并行,在物价稳定为3%且失业率为5%的情况下,若失业率降至3%,则可能使工资上涨从3%提高到5%,因而导致物价上涨2%;也就是说,一个国家要实现充分就业,就要增加货币供应量、降低税率、增加政府支出,以刺激社会总需求的增加,而总需求的增加在一定程度上会引起一般物价水平的上涨。如果要稳定物价,就要抑制社会总需求的增长,而社会总需求的缩减则必然导致失业率的提高。这样一来,货币政策在稳定物价与充分就业之间就陷入了两者不能兼顾的境地。作为中央银行的货币政策目标,既不可能选择失业率较高的物价稳定,也不可能选择通货膨胀率较高的充分就业,而只能在物价上涨率与失业率之间相机抉择,根据具体的社会经济条件做出正确的组合。

②稳定物价与国际收支平衡的冲突。在任何一个开放型经济的国家，其经济状况通常都带有国家化的特征。一个国家的中央银行，如果要想同时实现稳定国内物价和平衡国际收支两大目标，就会存在着矛盾。一般来说，若国内物价上涨，会使外国商品的价格相对降低，导致本国输出减少、输入增加，就会发生国际收支逆差；若本国维持物价稳定，而外国发生通货膨胀，则本国输出增加、输入减少，结果就会发生贸易逆差。因此，只有全球都维持大致相同的物价水平，物价稳定才能与国际收支平衡同时并存。在国际经济关系日益复杂、世界经济发展极不平衡的现实经济社会中，这两个条件同时并存是不可能的。稳定物价与国际收支平衡的目标也可能相悖而行。

③经济增长与国际收支平衡的冲突。在正常情况下，随着国内经济的增长、国民收入增加以及支付能力的增强，通常会增加对进口品的需要。此时，如果出口贸易不能随进口贸易的增加而增加，就会使贸易收支情况恶化，发生大量的贸易逆差。尽管有时由于经济繁荣而吸收若干外国资本，这种外资的注入可以在一定程度上弥补贸易逆差所造成的国际收支平衡，但并不一定就能确保经济增长与国际收支平衡的齐头并进。尤其是在国际收支出现失衡、国内经济出现衰退时，货币政策很难在两者之间做出合理的选择。在国际收支逆差的情况下，通常必须压抑国内有效需求，其结果可能消除逆差失衡，但同时会带来经济衰退。面对经济衰退，通常采取扩张性货币政策，其结果可能刺激经济增长，但也有可能因输入增加而导致国际收支逆差。

④稳定物价与经济增长的冲突。如何处理好经济增长与稳定物价之间的关系是另一个核心问题。失业率的高低、外汇收入的多少，取决于经济增长的状况。从根本上说，经济增长与稳定物价是辩证统一的，只有经济增长了、商品增多了，稳定物价才有物质基础。然而，在信用货币条件下，经济增长往往伴随着物价的上涨，二者表现出一定的矛盾性。其原因在于：一是货币作为经济增长的先导和第一推动力，在货币流通速度基本稳定的情况下，货币供给量若偏多，势必刺激物价上涨。因此，有可能出现这样一种情况，即经济增长需要有货币的超前供给，超前的货币供给量可能带来物价的上涨和币值的下跌，进而造成经济增长与稳定币值两者的冲突。二是经济的快速增长通常带来投资过旺，特别是在政府刻意追求增长速度，有意无意地以通货膨胀为手段来促进经济增长时，扩张信用的手段在增加投资的同时必然造成货币发行量的增加和物价的上涨，而为抑制通货膨胀所采取的提高利率等紧缩性货币政策有可能因为抑制投资而影响经济的增长。

如何在相互冲突的矛盾中做出最适当的抉择，是当代各国金融当局所面临的最大难题。值得注意的是，第二次世界大战后，西方各国的中央银行根据本国的具体情况，在不同的时期对货币政策四个目标的选择有着不同的侧重点，而在进入 20 世纪 90 年代以来则发生了很大的变化，主要发达国家均以稳定货币、反通货膨胀作为唯一的货币政策目标。这说明在货币政策的目标体系中，稳定货币、稳定物价始终是中央银行货币政策目标的基础。中央银行的货币政策目标与国家的经济政策目标是有区别的，它的主要任务是为经济持续、稳定的增长创造一个良好的金融环境。

2.货币政策的中介目标

“货币政策的中介目标”一词，最先是由美国经济学家在 20 世纪 60 年代提出。直到 20 世纪 70 年代中期，货币政策中介目标的设想才得到发展，中介目标才逐渐成为各国中央银行的货币政策传导机制的重要内容之一。

(1)货币中介目标的选择。

正确地选择货币政策的中介目标，是实现货币政策最终目标的前提条件。这是由于中央银行并不能直接控制和实现货币政策的最终目标，而只能借助于货币政策工具，通过对货币政策中介目标的调节与控制来实现货币政策的最终目标。因此，货币政策中介目标的选择就显得十分重要。一般认为，作为货币政策的中介目标必须具备三个条件，即可测性、可控性以及与最终目标的相关性这三个原则。

知识拓展7—5

货币政策的中介目标选择的三个原则

可测性是指中央银行所选择的金融控制变量必须具有明确而合理的内涵和外延。具体地说，一是中央银行能够迅速获得中介目标变量的明确数据资料；二是中央银行能够对这些数据资料进行有效的分析并做出相应的判断。

可控性是指中央银行通过各种货币政策工具的运用，能对货币中介目标变量进行有效的控制与调节，并能准确地控制中介目标变量的变动状况及其变动趋势。

相关性是指中央银行选择的中介目标变量必须与货币政策最终目标紧密关联，当中央银行通过对中介目标的控制和调节，使之达到预期水平时，也能使货币政策的最终目标达到或接近预期水平。

(2)常见的货币中介目标。

从中介目标的三个原则可知，作为货币政策中介目标的金融变量，应具备以下三个特征：一是中介目标变量应为中央银行货币政策运用和影响的对象，即各种货币政策的实施，必然引起中介目标变量的变动，并通过其变动反映出货币政策实施的效果；二是中介目标变量应为全社会及金融体系了解中央银行货币政策方向与强度的指示器；三是中介目标变量应为中央银行进行观测和检验货币政策实施效果的显示器。至于哪些金融变量同时具备上述三个特征，迄今仍无公认的答案，但多数西方经济学家认为，可以作为货币政策中介目标的金融变量主要有三个：利率、货币供给量和存款准备金。

①利率。以凯恩斯学派为主的经济学家主张以利率作为货币政策的中介目标。因为利率不仅能够反映货币与信用的供给状况，而且可以反映供给与需求的相对数量，即可贷资金的稀缺程度，并且短期利率(再贴现率和再贷款利率)也是中央银行可以控制的金融变量。因此，凯恩斯学派极力主张以利率作为中介目标。

凯恩斯学派认为，中央银行可以通过货币政策工具的运用，操纵利率水平和利率结构的变动，以影响投资和消费水平，调控社会总需求，影响国民收入的变动，达到预期的政策目标。利率作为连接商品市场与货币市场的纽带，既与货币政策的最终目标有密切关系，又是中央银行可以控制的金融变量，因此，利率是最为适当的货币政策的中介目标。

②货币供给量。货币学派坚决反对以利率作为货币政策的中介目标，而主张应以货币供给量作为中介目标。首先，货币供给量变动并不直接影响利率，而是直接影响人们的名义收入和支出水平，进而影响投资、就业、产出及物价水平。其次，货币供给量能够正确反映货币政策的意向，即货币供给增加表明货币政策为扩张；反之，则为紧缩。最后，中央银行能够控制货币供给量。该学派的实证研究也表明，虽然在短期内货币供给量与实际收入物价水平之间的关系并不十分明确，但在长期中，货币供给量的变动总是引起名义收入和物价同方向的变动。因此，货币学派主张以货币供给量作为货币政策的中介目标。

但是，这种观点也同样遭到人们的批评与反对。一方面，货币供给量并非外生变量而是内生变量，货币流通速度和货币需求函数是不稳定的，并非中央银行可以控制与预测的，不能作为货币政策的中介目标。托宾认为，在现实经济社会里，非银行金融中介机构的迅速发展，其资产与负债同商业银行的资产与负债已经没有本质区别，两者之间具有高度的可替代性。在这种情况下，中央银行通过货币政策的运用来调整货币供给量的变动率，就有可能因为非银行金融中介机构的资产与负债的变动影响，使货币速度发生相反方向的变动，从而抵消货币供给量的变动所产生的效果。可见，货币的流动速度是不稳定的，中央银行也就不能直接控制货币供给量的变动。另一方面，即使中央银行能直接控制货币供给量的变动，但是，由于货币乘数的不稳定性、货币需求的不稳定性以及货币政策以外的外生变量皆会削弱货币供给量变动与货币政策之间的关系的稳定性，因此，货币供给量的变动与货币政策之间的关系也不稳定，货币供给量的变动率不宜作为货币政策的中介目标。

③存款准备金。作为可供中央银行选择的潜在货币政策中介目标，存款准备金有四层含义：一是商业银行的存款准备金总量，即商业银行在中央银行的存款、库存现金和向中央银行的借款；二是非借入准备金，即商业银行存款准备金总量减去向中央银行的借款；三是基础货币，即商业银行存款准备金总量加上非银行社会公众的手持的现金；四是调整后的基础货币，也称为扩张的基础货币，是考虑到法定存款准备金率调整后的基础货币。上述潜在的中介目标，都可以较好地满足中介目标的可靠性和可测性的要求，但是在相关性上，则存在着一个难题，即货币乘数估算问题。由于货币乘数很不稳定，难以估算，因此，其相关性就相对较弱。

视频学习

宏观调控小故事

二、货币政策工具

货币政策目标是通过货币政策工具的运用来实现的。货币当局通常运用的三大货币政策工具包括公开市场业务、贴现政策和法定准备金率，这些工具都属于货币总量的调节，以影响整个宏观经济。在这些一般性政策工具之外，还有对某些特殊领域的信用加以调节和影响的可选择措施。它们主要包括消费者信用控制、证券市场信用控制、不动产信用控制、直接信用控制和间接信用控制等。

(1)消费者信用控制是指中央银行对不动产以外的各种耐用消费品的销售融资予以控制。其主要内容包括：①规定用分期付款购买耐用品时第一次付款的最低金额；②规定用消费信贷购买商品的最长期限；③规定可用消费信贷购买的耐用消费品种类，对不同消费品规定不同的信贷条件等。在通货膨胀时期，中央银行采取消费者信用控制能起到抑制消费需求和物价上涨的作用。

(2)证券市场信用控制是中央银行对有关证券交易的各种贷款进行限制，目的在于抑制过度投机。例如，规定一定比例的证券保证金率，并随时根据证券市场的状况加以调整。

(3)不动产信用控制是指中央银行对金融机构在房地产方面放款的限制措施，以抑制房地产的过度投机。例如，对金融机构的房地产贷款规定最高限额、最长期限以及收付款和分期还款的最低金额等。

(4)直接信用控制是指从质和量两个方面，以行政命令和其他方式，直接对金融机构尤其是商业银行的信用活动所进行的控制。其手段包括规定存贷款最高利率限制、信用配额、流动性比率和直接干预等。

规定存贷款最高利率是最常用的直接信用管制工具。比如在 1980 年以前，美国有“Q 条例”。该条例规定，活期存款不准付息，对定期存款及储蓄存款则规定了最高利率限制。其目的是防止银行用抬高利率的办法竞相吸收存款和为谋取高利而进行高风险存贷。

信用配额或信贷分配是指中央银行根据金融市场状况及客观经济需要，分别对各个商业银行的信用规模加以分配，限制其最高数量。这是一种颇为古老的做法。当今，在大多数发展中国家，由于资金供给相对于需求来说极为不足，这种办法的应用相当广泛。

规定商业银行的流动性比率也是限制信用扩张的直接管制措施之一。商业银行的流动性比率是指流动资产对存款的比重。一般来说，流动性比率与收益率成反比。为保持中央银行规定的流动性比率，商业银行必须采取缩减长期放款、扩大短期放款和增加易于变现的资产持有等措施。

直接干预是指中央银行直接对商业银行的信贷业务、放款范围等加以干预。例如，对业务不当的商业银行拒绝再贴现，或采取高于一般利率的惩罚性利率；直接干涉商业银行对存款的吸收等。

(5)间接信用控制是指中央银行通过道义劝告、窗口指导等办法间接影响商业银行的信用创造。道义劝告是指中央银行利用其声望和地位，对商业银行和其他金融机构发出通告、指示或与各金融机构的负责人举行面谈，劝告其遵守政府政策并自动采取贯彻政策的相应措施。例如，在国际收支出现赤字时，劝告各金融机构减少海外贷款；在房地产与证券市场投机盛行时，要求商业银行缩减对这两个市场的信贷等。

窗口指导的内容是中央银行根据产业行情、物价趋势和金融市场动向，规定商业银行每季度贷款的增减额，并要求其执行。如果商业银行不按规定的增减额对产业部门贷款，中央银行可削减向该银行贷款的额度，甚至采取停止提供信用等制裁措施。虽然窗口指导没有法律的约束力，但其作用有时也很大。在第二次世界大战结束后，窗口指导曾一度是日本货币政策的主要工具。

间接信用指导的优点是较为灵活，但它要起作用的前提是，中央银行在金融体系下有较强的地位、较高的威望以及拥有控制信用的足够的法律权力及手段。

三、货币政策传导机制

货币政策目标确定之后，中央银行操作适当的政策工具调控货币供给，通过经济体制内的各种经济变量，影响整个社会的经济活动，进而实现既定的货币政策目标。这个由货币政策工具启动到货币政策目标实现的传导运行过程，就是货币政策的传导机制(transmitting mechanism of monetary policy)。这一过程并不是简单的传导，而是一个复杂的系统工程。关于货币政策的传导机制，西方经济学界存在着一定的分歧。下面介绍两种主要的传导机制理论。

(一)凯恩斯学派的传导机制理论

凯恩斯把货币政策传导过程分为两个领域：金融(货币)领域和实物(商品)领域。在金融领域只有两种资产，即货币和债券。前者有十足的流动性而无收益，后者的流动性不如前者但有利息收益。在实物领域，社会的总收入与社会的总支出达到均衡。货币政策工具的启动首先打破和重建金融领域的均衡，通过利率的变化进而打破和重建实物领域的均衡，最终得到货币政策的最终目标。在凯恩斯看来，中央银行实施货币政策后，首先引起商业银行的存款准备金数量的变化；继而导致货币供给数量发生变化，货币供给量的变化引起市场利率发生变化，利率的变化意味着资本边际效率的提高或减低，从而导致投资发生增减变动，通过乘数效应，最终影响总支出与总收入。其货币政策的传递模式是：

$$R \rightarrow M \rightarrow r \rightarrow I \rightarrow E \rightarrow Y$$

其中：R 表示存款准备金；M 表示货币供给量；r 表示市场利率；I 表示投资；E 表示总支出；Y 表示总收入。

知识链接 7—3

货币政策作用的决定因素

货币政策作用的大小主要取决于以下三个因素：

1. 货币需求的利率弹性。

2. 投资支出的利率弹性，即利率降低一定量时，投资将增加若干。

3. 投资乘数，即投资增加一个特定量时总的有效需求将增加若干量。在传导机制中，利率是核心，如果货币供给量增减后不能对利率产生影响，那么货币政策将失效。

总之，凯恩斯否认货币供应增加会直接引起总需求增加的观点，他还认为货币数量变动直接影响物价同比例变动只是充分就业后才能产生的一种特别情况；也就是说，如果社会处于非充分就业状态，那么货币供给量所带来的总需求增加会直接增加社会的产量、就业与收入，而物价上涨幅度较小。当社会已经得到充分就业状态时，生产资源与劳动力已经趋于饱和，随着总需求的增加，物价水平随之同比例上涨。

上述分析，只显示货币领域对实物领域的初始作用，而没有注意到这两个领域之间循环往复的反馈作用，因此，人们称之为局部均衡分析。凯恩斯以后的凯恩斯主义者对局部均衡进行了补充和发展，人们称之为一般均衡分析。其基本观点是：当中央银行采取放松的货币政策而致使货币供给量增加时，在总需求不变的情况下，利率会相应地下降，下降的利率会刺激投资，引起总支出与总收入相应增加。但利率下降后，降低了存款人的存款意愿，可使借贷资金减少或不变，与此同时，实物领域中由于收入的增加又提出了更多的货币需求，结果使货币需求量超过了货币供给量，造成下降的利率又重新回升，这是实物领域对金融领域的作用。接着，上升的利率又促使货币需求下降，利率再次回落，循环往复，最终达到一个均衡点。这个点同时满足了金融领域和实物领域两方面的均衡要求。

（二）货币学派的传导机制理论

以弗里德曼为首的货币学派竭力反对凯恩斯学派的传导机制理论，强调货币供应量的变化并不是通过利率，而是直接影响名义国民收入。其货币政策的传递模式是：

$$R \to M \to B \to A \to C \to I \to Y$$

其中：R 表示存款准备金；M 表示货币供应量；B 表示商业银行的放款或投资；A 表示各种金融资产；C、I 分别表示消费品和投资品；Y 表示名义收入。

该模式的简单解释是：当中央银行采取放松的货币政策时，采用一定的政策手段，如在公开市场上购入证券，使得商业银行的准备金或名义供应量也随之增加，引起名义收入增加，而货币需求是稳定不变的，人们就会调整各自的资产结构，使现金余额相对减少，其他金融资产或实际资产比重增加，这个过程会引起资产价格上涨或利率下降。实际资产需求的增加和价格的上涨必然使生产者增加生产，进而导致劳动力需求增加和工资上升，最终引起全社会总收入增加。所以，货币政策的影响主要不是通过利率间接地影响投资和收入，而是因为货币数量超过了人们需要的真实现金余额，从而直接地影响社会支出和货币收入。

货币学派在货币政策传导机制的分析中，对名义变量与实际变量加以区分，认为只有实际收入或产量的增长才能真正代表经济的增长。如果支出增加、名义收入上升，而实际收入和产量不变，那充其量也只是物价的上升而已。他们因而提出了货币政策可能在短期内影响实际变量(产量和就业),但在长期内只影响名义变量(物价和名义收入)的观点,从而把通货膨胀的原因归咎于货币供应过多。

(三)货币政策传导机制的一般运转过程

1.货币政策的一般性传导过程

货币政策的传导过程可分为经济变量传导和机构传导两种类型。货币政策的传导,一方面是在各经济变量之间进行的,另一方面是通过各经济部门和机构进行传导的。经济变量传导程序比较复杂,它的传导主线大致为:

中央银行→操作目标→中介目标→最终目标

机构传导由于各个金融机构在实际运行过程中在同时期所处的主次位置不同,所以它的传导过程总体状况如下:

中央银行→金融机构→中介目标→最终目标

(1)货币政策的经济变量传导。它是指从中央银行货币政策所包含的经济变量开始,通过操作目标各经济变量和中介目标各经济变量,最终达到最终目标经济变量。在货币政策的制定过程中,先要找出货币政策的最终目标和中介目标,然后选择可供操作的货币政策工具。其中,最终目标、中介目标、操作目标和政策工具在其经济运行过程中相互依存、共同作用,构成完整、有机的货币政策实体。

(2)货币政策的机构传导。在货币政策的传导过程中,从货币政策工具的启用到货币政策最终目标的实现全过程都要借助一定的传导机构行为的变化与作用来完成,主要包括中央银行、商业银行和其他金融机构、企业和居民行为。同时,形形色色的各种市场(主要是金融市场)是衔接中央银行行为、商业银行行为、企业和居民行为的媒介和导体,通过市场的作用,一方面把中央银行的货币政策意图逐级由各金融机构向企业和居民传递及渗透,另一方面将企业和居民、金融机构的承受能力等信息反馈到中央银行。因此,货币政策的机构传导一般过程是:中央银行在制定货币政策后,选择适当的货币政策工具并予以实施。货币政策工具作用于商业银行及非银行金融机构和金融市场这两个中间部门,对其经济行为产生影响,改变其所涉及的各种经济变量,进而影响企业和居民的行为。

(3)货币政策综合传导过程。货币政策的经济变量传导和货币政策的机构传导两个链条并不是相互独立的二次传导过程,而是一次传导过程的两个方面。经济变量传导所依附的是中央银行、金融机构和企业等机构载体,机构传导则是通过各机构的经济变量的相互联系、相互影响来实现的,两个过程综合起来就构成了货币政策的综合传导过程。

2.货币政策传导机制的三种传递效应

(1)利率传递效应。利率传递效应是指中央银行操纵货币政策工具进行调控时首先发生的效应。当中央银行要对货币供给进行调节时,先要通过以下两种形式对利率进行调控:

①通过调整再贴现率直接影响市场利率水平。中央银行调整再贴现率会产生两方面的传递效应:一方面,再贴现率的变动会使商业银行的借款成本发生变化,进而影响市场利率的升降;另一方面,再贴现率的变动会直接导致同业拆借利率的波动,最后造成商业银行贷款利率和货币供给的变化。

②通过基础货币变动间接地调节市场利率。例如,中央银行调整法定存款准备金比率,引起商业银行超额准备的变动,进而使货币供求的对比关系发生变化,从而导致市场利率波动。中央银行运用不同的货币政策工具对利率机制进行直接或间接地调节,通过利率机制的作用,中央银行就能够调节和约束商业银行的货币经营行为和货币供给,最终实现货币政策目标。

（2）货币乘数效应。中央银行任何货币政策措施的实施，都会导致基础货币的变化，而由基础货币到货币供给的变动主要是受货币乘数的扩张能力的制约。

在现代银行信用制度中，作为货币供给之源的基础货币，可以引出数倍于自身的货币供给量，即 $Ms=M\times B$。其中，Ms 代表货币供给；B 代表基础货币；M 为乘数。这就是货币乘数效应。在一般的经济社会中，货币的扩张过程都存在四个方面的“漏出”，即法定存款准备金率、现金漏损、定期存款比率、超额储备率。这四个“漏出”的比率越高，货币乘数就越小；反之，货币乘数就越大。中央银行通过直接和间接的手段调控这四个“漏出”因素，使货币乘数的大小和变动符合中央银行的货币政策意图。

（3）资产结构调整效应。中央银行操作货币政策工具变量，对利率机制和货币成熟机制进行调控，以间接调控货币供给，从而货币政策传导机制完成了在金融领域的传递过程。但是，货币政策的传导并没有结束，货币供给的变动，最终会影响币值的稳定、经济发展、就业状况以及国际收支平衡。这就是货币政策信号在实物领域中传导的基本内容。在这一过程中，我们以名义收入水平代表货币政策最终目标变量，以最终支出代表各经济主体（企业部门和个人部门）的购买和需求。这样，货币政策在实物领域的传导可表示为：

货币供给→最终支出→名义收入→最终目标

任何货币政策的运用都必然反映在货币供给量的变动上，而货币供给变动首先影响各经济主体的投资行为和消费行为，其表现在各经济主体对自己的资产进行调整和重新组合。各经济主体持有的资产形式一般包括货币资产、实物资产和金融资产（债券、股票等有价证券），每一种资产都有其收益率，经济主体随着货币供应量的变化而比较收益并及时调整其资产的结构。根据经济学原理，当调整到各种资产的边际收益率相等时，经济单位的总收益最大，这时达到一种均衡状态，而资产组合的调整过程将影响经济总量目标。

假设最初各种资产组合处于均衡状态，即各种资产给持有者带来相等的边际效用时，若中央银行调整货币政策增加货币供应量，从而导致货币供应大于货币需求，货币的边际收益率下降，资产结构的均衡遭到破坏。为恢复等量的边际收益率，各经济主体就会重新调整其资产结构。他们先将多余的货币用于购买价格尚未上涨、收益率尚未下降的债券资产，结果使债券的价格提高、收益率下降。这样人们又转向购买收益率相对较高的股票所有权资产，于是股票需求将增加，股票价格上涨、收益水平会降低。最后人们逐渐转向厂房、设备、消费品等实物资产，并促使实物资产的价格普遍上涨，这时进行实际投资、扩大生产则有利所图。投资增加使就业量也增加，通过乘数作用使总收入增加，而总收入增加又使货币需求增加，结果就会消除货币的超额供给，并使整个社会的资产结构逐步趋向新的平衡。

可见，货币供给通过资产结构失衡和不断调整、选择机制实现了社会总支出的扩张。这种由于货币供应量的变化使社会公众对资产的组合进行调整，以收益高的资产代替收益低的资产，从而引起的收入变化的过程，就是资产结构调整效应，有时又称为资产替代效应。

四、货币政策效应

货币政策效应（efficiency of monetary policy）是指货币政策操作通过货币政策的传导机制作用于总支出，最后实现最终目标所取得的效果。西方对货币政策效应的理论探讨主要是看货币政策能否影响产出，也就是货币是否中性的问题。衡量货币政策效应，一是看效应发挥的快慢，二是看发挥效力的大小。由于影响货币政策效应的因素很多，所以，孤立地判断某一货币政策的效应几乎不可能，而是必须通过分析较长时期的时间序列数据，才能得出货币政策是否有效的总体判断。

(一)西方对货币政策总体效应理论评价的演变

西方古典经济学通过价格、工资及利率具有完全的伸缩性等一系列理想化假设,推导出完全竞争的市场经济能通过经济当事人的最优选择行为迅速地自行调整到充分就业均衡状态的结论。货币被认为只是一层面纱,在经济中仅仅发挥交易媒介的功能,在宏观上只起着决定价格水平的作用。货币供应量的增加对实际产出等实际经济变量没有影响,其唯一的结果是导致价格上涨。这种货币中性论意味着货币政策完全无效。

20 世纪 30 年代的美国大萧条,从实践上否定了古典经济学的理论假说以后,凯恩斯根据边际消费倾向递减、投资内涵收益率的不确定性和流动性偏好三大假说提出有效需求不足理论。他认为,有效需求不足必须由国家干预经济生活予以补足。理论上,国家干预可以采用财政政策,也可以采用货币政策。就货币政策而言,增加货币供应量在一定条件下能降低利率,从而扩大投资,进一步通过乘数作用提高总支出水平。但是,货币政策可能受到流动性陷阱的制约。当经济极度萧条时,利率已经降到极限,增加货币供给并不能继续降低利率,也就不能扩大投资和总支出。据此,凯恩斯为货币政策的有效性做出了理论说明。

凯恩斯主义在第二次世界大战后有了进一步的发展。新古典综合派将产出与通货膨胀具有替代关系的菲利普斯曲线吸收进来,丰富了凯恩斯主义的总供给理论,说明货币政策能通过工资—价格机制作用于总支出,通货膨胀降低必然导致产出下降,增加产出必然以通货膨胀率上升为代价。

到了 20 世纪 70 年代,新古典综合派因为无法解释"滞胀"局面,即通货膨胀与经济停滞和失业问题并存,而受到货币学派的强烈攻击。以弗里德曼为代表的货币学派根据对历史数据的分析,说明货币供应量的变化对产出有显著的影响,货币供应量的变化是经济波动的根源,得出"货币量重要"的结论;又依据自然失业率假说提出附加预期的菲利普斯曲线,并根据稳定的货币需求函数和广泛的货币政策传导机制,从理论上说明货币政策长期无效,从而得出货币短期非中性和货币长期中性的结论。货币学派认为,凯恩斯学派推崇的国家干预阻碍了市场自我调节机制作用的发挥,从而促成经济紊乱。从货币政策来说,凯恩斯学派主张实施"逆风向"调节的相机抉择的方针:经济过热,相机采取紧缩措施;反之,则采取扩张措施。货币学派认为,相机调节货币供给的金融政策,由于要在长期时滞之后才能生效,而在这段时滞当中,各种影响经济波动的因素都可能发生变化,因此要求货币当局密切监视各种可能导致经济波动的因素,并及时做出准确的政策反应,货币学派认为,这种要求是货币当局无法达到的,只要货币当局预测不够精确,政策操作不够及时、不够灵活、不够准确,多变的货币政策只会加剧经济的波动。他们论证,货币需求函数的变动从长期来看是相当稳定的,因而他们的货币政策主张是保持货币供给按照"规则"增长。

随后,理性预期学派完善了"货币政策无效说"的理论基础。以卢卡斯等人为代表的理性预期学派号召"建立宏观经济模型的微观基础",重新确认西方古典经济学关于经济生活中的主体是"理性人"的假设。所谓理性人,是指经济主体都会尽力收集有关信息,进行合理的预测,并按效用最大化和利润最大化的原则做出决策。模型依据不完全信息假设,建立了完全竞争市场经济的卢卡斯供给曲线,以不完全信息为基础调和了货币短期非中性和货币长期中性的难题。具体而言,在短期内,厂商的价格信息和货币供应量信息不充分,当货币当局增加货币供应量时,厂商可能把总体价格上涨带动的自身产品价格上涨误认为是市场对自身产品需求的增加,从而增加产出;但是,厂商是理性的,不可能总是犯错误,理性的厂商在学习过程中会不断修正对货币供应和相对价格的错误预期，并不断调整产出。长期来看，实际产出将位于潜在产出的均衡水平。理性预期模型的政策含义是，被预期到的货币政策无效，只有超出微观主体预料之外的货币政策才会影响实际产出。虽然当货币当局的实际操作结构大于微观主体的预期时，产出的反应与货币当局的意图是一致的，但如果货币当局的实际操作结果小于微观主体的预期，即"预期过度"，则将产生与政策意图相反的结果。因此，如果货币当局企图依据这种操作思路实施货币政策，必须能保证货币政策产生合意的结果。但事实上，货币当局可能难以把握公众的预期，在这种情况下，相机抉择的货币政策智慧增加宏观经济运行的"噪声"，给微观主体带来更多的不稳定性，从而加剧经济波动。要消除这种经济波动的根源，货币当局必须不折不扣地依规则行使货币政策，建立货币当局的威信，提高公众对其的信任程度，以稳定公众的预期。理性预期理论的深刻含义将货币学派"按规则行事"的政策主张推进了一大步。

20 世纪 80 年代初产生的实际经济周期模型更是把货币政策无效说推到极致。一般的实际周期模型，除了采用所有市场都是出清的、价格灵活变动、信息完全充分、理性经济人（家庭或厂商）、根据效用最大化原则进行决策等古典假设以外，还假设生产函数受到随机的技术冲击，强调供给冲击对经济增长和波动的影响，将经济增长和经济短期波动理论结合起来，把产出波动完全归之于技术冲击等实际供给因素，经济周期的调节则通过劳动者提供劳动的高度跨期替代弹性自行调整，货币不影响产出或其他真实经济变量。根据实际经济周期模型，货币政策不仅无效，而且根本就是可有可无，因为产出波动被认为是实际经济周期波动的结果，纯粹与货币无关。

知识拓展 7—6

货币政策无效说

"货币政策无效说"指出了政策操作的难点，但实际经济生活中无论如何不能没有政府宏观经济政策的适时和适度调控。为了宏观政策的适度干预提供理论基础，20 世纪 70 年代末 80 年代初逐步发展起来的新凯恩斯主义者采取了较为折中的立场，他们同意货币政策有时滞，也同意公众的预期对宏观政策有着重要影响，但是他们不同意价格变量是完全弹性的。他们认为市场是不完全的，这种不完全性可以表现在许多方面，除了卢卡斯提出的宏观信息不完全之外，商品市场、劳动市场和信贷市场都可能存在信息不对称，而且各种市场可能都存在不同程度的不完全竞争或者垄断等。商品市场、劳动市场和信贷市场的各种不完全性可能导致工资、价格和利率等变量在短期内具有一定的刚性，货币扰动借助这些微弱的刚性，通过特殊的传导机制被放大，就能影响实际经济变量的变化，从而得出货币政策有效的命题。因为新凯恩斯主义者认为，市场的不完全性在长期内可以得到修补，所以所有的价格变量在长期中都具有伸缩性，因而也同意货币长期中性的观点，即货币政策长期无效。

据此，新凯恩斯主义者的政策含义是，预料之中的货币政策无效的观点，不排除相机抉择货币政策可能产生有益的稳定作用，但是，这种政策同样受到预期因素的影响，如果货币当局不能准确地把握公众的预期，货币政策仍然可能产生负面影响，增加经济的不稳定性。

自由资本主义时期的货币政策要求创造稳定的金融环境，以保证市场机制发挥作用；凯恩斯主义的货币政策要求，主动通过金融工具逆风向地调节有效需求，认为在与其他政策配合下可以克服经济波动；现代批判凯恩斯主义的各流派在凯恩斯主义政策虽然曾一度取得某种成功但也同样陷入困境的背景下，反对相机抉择的政策，主张货币政策按规则行事，并相信只有依靠市场机制才能走出困境；新凯恩斯主义者从一定程度上挽救了政府适度干预的论点，但货币政策操作可能产生的反作用一直是关注的焦点。这个反复可以提示我们正确地估量货币政策总体效应的复杂性。

（二）影响货币政策效应的主要因素

1. 货币政策时滞

货币政策时滞是指货币政策工具操作经由操作目标和远期中介目标的传导，作用于总支出，达到最终目标的这段时间。时滞分为内部时滞和外部时滞。

内部时滞是指从政策制定到货币当局采取行动这段时间。它包括两个阶段：一是认识时滞，从经济形势发生变化需要货币当局采取行动到货币当局认识到这种需要的时间距离；二是行动时滞，从货币当局认识到需要采取行动到实际采取行动这段时间。显然，内部时滞的长短取决于货币当局对经济形势发展的预见能力、制定对策的效率和行动的决心等方面。

外部时滞从货币当局采取行动开始直到对政策目标产生影响为止的这段时间，又称为影响时滞。不论是货币供应量还是利率，它们的变动都不会立即影响政策目标。比如企业是扩大还是缩减投资，要决策、要制订计划，然后付诸实施。因此，外部时滞主要由客观的经济和金融条件所决定。

时滞是影响货币政策效应的重要因素，时滞越长，货币政策的效果就越难预料。假定政策的大部分效应需要较长的时间，在这段时间内，经济形势可能已经发生了很多变化，此时很难证明货币政策的预测效应是否已实现。

2. 货币流通速度的影响

对货币政策有效性的另一个主要限制因素是货币流通速度。假设按照货币当局的预期，GNP 将增长 20%，根据以前年份有关数据的实证分析，只要包括货币流通速度在内的其他条件不变，货币供给的等比增加即可满足 GNP 增长对货币的追加需求。但如果货币流通速度在预测期间加快了 10%，不考虑其他条件的变化，货币供给则只需增加较少的比例就足够了。如果货币当局没能预料货币流通速度的这种变化，而是按原来的流通速度进行决策，增加货币供给 15%，那么新增的货币供给量必将成为助长经济过热的因素。所以，对于货币流通速度一个小的变动，如果政策制定者未能预料到或预计出现小的偏差，都可能使货币政策效果受到严重影响，甚至可能使本来正确的政策走向反面。

3. 微观主体预期的对消作用

对货币政策有效性产生影响的另一个重要因素是微观主体的预期。微观主体的对消作用是指微观主体在面对货币政策时，会根据自身经济利益进行合理预期，并采取有利于自身的对策行为，从而对货币政策的效应产生抵消作用。例如，政府拟采取长期的扩张政策，人们通过各种信息预期社会总需求会增加、物价会上涨。在这种情况下，工人会通过工会与雇主谈判，要求提高工资；企业预期工资成本增大而不愿扩大经营，最后的结果是只有物价的上涨而没有产出的增长。

根据理性预期理论，只有在货币政策的取向和力度没有或没有完全为公众知道的情况下，才能生效或达到预期效果。但是，这种可能性不大。货币当局不可能长期不让社会知道它将要采取的政策；即使采取非常规的货币政策，不久之后也会落在人们的预期之内。假如货币当局长期采取非常规的货币政策，将导致微观经济主体做出错误判断，并使经济陷入混乱之中。但实际情况是，公众的预测即便是非常准确的，实施对策即使很快，其效应的发挥也要有一个过程；也就是说，货币政策仍可奏效，但公众的预期行为会使其效应大打折扣。

4.其他经济、政治因素的影响

除了时滞、货币流通速度和微观主体预期等因素的影响外，货币政策的效果也会受到其他外来的或体制因素的影响。

一般来说，一项既定的货币政策出台后总要持续一段时间。在这段时间内，如果客观经济条件出现变化，而货币政策又难以做出相应的调整，就可能出现货币政策效果下降甚至失效的情况。例如，在实施扩张性货币政策的过程中，生产领域出现了生产要素的结构性短缺。此时，纵然货币、资金的供给很充足，由于瓶颈部门的制约，实际的生产也难以增长，扩张的目标就无从实现。再如，实施紧缩性货币政策以期改善市场供求对比状况，但在该过程中出现了开工率过低、经济效益指标下滑过快等情况；这就是说，在紧缩需求的同时，供给也减少了，最终改善供求对比的目标也不能实现。

政治因素对货币政策效果的影响也是巨大的。任何一项货币政策方案的贯彻，都可能给不同阶层、集团、部门或地方的利益带来一定的影响。如果这些主体在自己利益受损时做出强烈的反应，就会形成一定的政治压力。当这些压力足够有力时，会迫使货币政策进行调整。

（三）货币政策效应的衡量

衡量货币政策效应，一是看效应发挥的快慢，前面关于时滞的分析已经涉及，此处不再赘述；二是看发挥效力的大小。

对货币政策效应大小的判断，一般着眼于实施的货币政策所取得的效果与预期所要达到的目标之间的差距。以评估紧缩性货币政策为例，如果通货膨胀是由社会总需求大于社会总供给造成的，而货币政策正是以纠正失衡为目标，那么这项紧缩性货币政策是否有效及效应的大小，可以从以下几个方面考察：

(1)如果通过货币政策的实施，紧缩了货币供给，并平抑了价格水平的上涨，或者促使价格水平回落，同时又不影响产出或供给的增长率，那么可以说这项紧缩性货币政策的有效性最大。

(2)如果通过货币供给量的紧缩，在平抑价格水平上涨或促使价格水平回落的同时，抑制了产出数量的增长，那么紧缩性货币政策有效性的大小要视价格水平变动与产出变动的对比而定。若产出数量虽有减少，但减少规模还不算大，而抑制价格水平的目标接近实现，可视为紧缩性货币政策的有效性较大；若产出数量的减少非常明显，而价格水平目标的实现并不理想，紧缩性货币政策的有效性只能判定为较小。

(3)如果紧缩性货币政策无力平抑价格上涨或促使价格回落，却抑制了产出的增长甚至使产出的增长为负，则可判定紧缩性货币政策无效。衡量其他取向的货币政策效应，也可采用类似的思路。

但在现实生活中，宏观经济目标的实现往往有赖多种政策的配套进行，如收入政策、价格政策等多方面。因此，要准确地检验货币政策效应，必须结合与其他政策之间的相互作用及作用的大小进行分析，这是相当困难的。

（四）货币政策与财政政策的配合

货币政策与财政政策的配合，历来是宏观经济政策中核心的内容，这是因为货币政策和财政政策都是直接作用于经济运行中的。所有的宏观经济学家和经济学流派，可能不一定研究和说明货币政策与其他经济政策的配合，但一般会对其与财政政策的配合问题做出说明和交代。

1.货币政策与财政政策的关系

(1)货币政策与财政政策的共性表现。

货币政策与财政政策作用于同一个经济范围,即本国的宏观经济方面。货币政策与财政政策均由国家制定,即出自一个决策者。货币政策与财政政策的最终目标是一致的,都是通过自己的政策工具和传导机制影响社会总需求,从而影响整个社会的产出水平。

货币政策与财政政策都是国家重要的宏观调控经济的工具,可以说,无论是在计划经济体制下还是市场经济体制下,货币政策与财政政策都应是国家宏观调控经济的重要工具,只不过在计划经济体制下,国家更重视计划和财政作用,更愿意使用行政手段来调控经济,而忽视货币政策及以经济手段调控经济的重要作用。

(2)货币政策与财政政策的区别。

①政策的实施者不同。财政政策是由政府财政部门具体实施,而货币政策则由中央银行具体实施。尽管某些西方国家的中央银行在名义上归属于财政部领导,但其中绝大多数在实施货币政策方面由中央银行独立操作。

②作用过程不同。财政政策的直接对象是国民收入再分配过程,以改变国民收入再分配的数量和结构为初步目标,进而影响整个社会经济生活;货币政策的直接对象是货币运动过程,以调控货币供给的结构和数量为初步目标,进而影响整个社会经济生活。

③政策工具不同。财政政策所使用的工具一般与政府的收支活动有关,主要是税收和政府支出及转移性支付等,货币政策使用的工具通常与中央银行的货币管理业务活动相关,主要是存款准备金率、再贴现率或中央银行贷款利率、公开市场业务等。

2.货币政策与财政政策配合的必要性

从上文分析可知,货币政策与财政政策出自同一决策者却由不同机构具体实施;要达到同一目标却又经过不同的作用过程;作用于同一个经济范围却又使用不同的政策工具。两者的共性决定了它们之间必须具有密切配合的客观要求。但它们是独立而有区别的,所产生的效应是相互交叉的,且存在着作用机制复合的可能性。两者的协调与配合而寓于两大政策的复合效应之中。

一般来说,财政政策的直接对象是国民收入再分配过程,以改变国民收入再分配的数量和结构作为初步目标,进而影响整个社会经济生活,适用于公共性和难以取得直接回报的项目。货币政策的直接对象是货币运动过程,以调控货币供给的结构和数量作为初步目标,进而影响整个社会经济生活。货币政策需要通过商业银行和整个金融体系作用于社会,适用于那些在比较短的时间内能够得到直接回报的项目,所以两者只有紧密配合,才能扬长避短,共同促进经济全面协调和稳定发展。

3.货币政策与财政政策的配合

(1)货币政策与财政政策主辅关系的确立。

研究货币政策与财政政策的配合问题,首先要解决的是两种政策之间主辅关系是如何确立的问题。众所周知,在经济学流派中,在相当长的一个时期里,凯恩斯学派一直强调财政政策重要而货币政策不重要;货币学派则相反,认为货币政策重要而财政政策不重要。随着各自理论的发展,两大学派在这个问题上针锋相对的争论逐步减弱,但理论本身对于两者地位轻重的基本判断仍未改变。从政府的角度来说,不同的政府在偏重货币政策与偏重财政政策上,还是有很大的差别。不过作为政府,也不完全依靠单一的货币政策或财政政策,而是在强调某一方面政策的同时,充分考虑另一方面政策的配合。

(2)特定经济运行状况的要求。

货币政策和财政政策两者在一定时期如何配合取决于这一时期的经济形势，而经济形势不外乎社会总供给与总需求的关系状况和产业、产品结构的平衡情况。一般情况下，对这两种关系状况并不特殊地要求一定以哪项政策为主来对其失衡进行调节和矫正。这里，问题的关键是这种失衡产生的具体原因及货币政策和财政政策可能被运用的程度，这是决定两种政策之间主辅调节关系的一个基本因素。在总量失衡的条件下，如果是总需求过度膨胀，那么，首先要了解的问题是：这种膨胀是如何造成的？谁在总需求膨胀中扮演主要角色？对这种原因及推动因素分析准确了，问题的症结就找到了，下一个问题就是以哪一项政策为主来矫正失衡。

例如，我国1984年第四季度银行信贷的失控，立即导致了社会总需求的过度扩张，既然银行信贷是总量失衡的根源，那么，只要抽紧银根就可以使这种总需求膨胀导致总量失衡的状况得到解决。但如果情况不是这样，而是总量失衡并不明显，产业产品结构上却存在严重的不平衡状况呢？举例来说，假定一个时期内的基本建设投资增长过快，而这种投资又主要是由预算内投资构成的，那么，显然靠货币政策来控制这种局势的发展就显得有些力不从心。只有用削减预算中的基建投资支出和调整预算支出结构的办法才能有效地解决这种投资结构失衡的问题；也就是说，应以财政政策作为主要的调节手段。

(3)货币政策与财政政策的配合模式。

货币政策和财政政策的配合还有一个需要考察的两种政策的配合模式问题。从逻辑上看，财政政策和货币政策有四种配合模式：紧缩的财政政策与紧缩的货币政策的配合，即“双紧”政策；宽松的财政政策与宽松的货币政策，即“双松”政策；紧缩的财政政策和宽松的货币政策的配合，即“紧财政、松货币”政策；宽松的财政政策与紧缩的货币政策的配合，即“松财政、紧货币”政策。

一般来说，两种政策间的双紧或双松的配合形式，只在社会总需求过度膨胀或极度疲软的情况时才采用。在并未出现社会总需求过度膨胀或极度疲软时，虽然能起到迅速提高总支出水平、扩张生产规模的作用，但往往引发通货膨胀。采取“双紧”政策搭配，虽然可以有效地制止通货膨胀，但很容易引起生产停滞或经济衰退。这种“双紧”或“双松”的政策搭配对经济产生副作用的经验教训，无论是在西方国家还是在中国都出现过。国内外的实例都说明，“双紧”或“双松”的政策搭配一般情况下应避免采用，如果采用了也应注意这种政策搭配实施的时间不能太长。在货币政策和财政政策之间，采取一松一紧的搭配形式，是当一定时期的社会总需求水平偏高时，可以根据货币政策或财政政策工具变量与调节目标的密切联系程度选择政策手段，以这一手段为主，采取紧缩的调节措施；而另一辅助政策手段采取适度放松的调节方式，以使主要政策措施“软着陆”，避免造成较大的经济震荡。

(4)配合手段。

货币政策和财政政策之间配合应解决的另一个问题是配合手段问题。从财政政策角度来看，它发挥作用的形式主要是税率变动和支出的扩张或削减，这两种方法实际上都是以强制为基础的。但税率的升降或税种的增减手段对经济的影响有时比财政支出结构或总量的变动手段对经济的影响要间接一些。而货币政策发挥作用的形式则比较多，它既可以通过行政的、计划的直接强调手段来发挥作用，也可以通过经济的、间接的利益调节手段来发挥作用。例如，信贷规模管理和存款准备金的变动等手段就是较为直接的、强制性的控制手段，而再贷款利率和买卖政府债券的办法就是间接的控制手段。

一般情况下，采用直接的、强制的、行政的手段对经济进行控制容易收到立竿见影的效果，在较为紧急和严重的经济形势下，采取这类措施是十分必要的。只是用过于强烈的行政和强制办法搞“紧急刹车”或急剧扩张容易产生一些副作用，即由经济运行的惯性效应决定，在“紧急刹车”时容易在总需求增长受到控制的同时引起生产的萎缩。而经济的、间接的，即通过对微观经济主体的经济利益进行宏观经济调节的办法，其对最终目标变量的影响时滞固然比直接的、行政的手段要长，但其负效应也较小。因此，采取间接的、经济的办法对经济总量和结构的失衡进行调节，可以避免因减少经济政策而可能给经济运行带来的振荡性影响，达到“软着陆”目的。

从这些手段发挥作用的特性来说，在货币政策和财政政策配合时，应该尽量做到一方直接的、行政的手段与另一方间接的、经济的手段交错运用，这样才能收到既缩短单一政策时滞又能减少同向同性手段调节可能对经济造成的振荡性影响。

无论是货币政策措施还是财政政策措施，它们对于总支出、产量和物价产生影响具有一定的传导时滞。在相同的经济条件下，这两种政策工具变量的时滞长短也有区别，时滞较短的称为快变量，时滞较长的称为慢变量。快慢变量之间只有恰当地进行配合，才能收到理想的经济调节效果。如果快慢变量之间配合不当，就可能影响货币政策和财政政策的配合效果，有时还可能带来相反的经济调节效果。

拓展阅读

中国古代的宏观经济政策思想

项目综述

货币需求是指公众在综合权衡各种资产的收益和成本之后所愿意持有的货币数量。人们持有货币通常有三种动机：交易动机、预防动机和投机动机。

货币需求理论是货币理论的重要组成部分。西方货币需求理论的研究经历了货币数量论、现金余额数量说、凯恩斯的货币需求理论、凯恩斯货币需求理论的推广以及现代货币数量理论等几个阶段。

通货膨胀是指一般物价水平的持续明显上升。它可以通过物价指数来衡量，并可以根据不同标准进行分类。在关于通货膨胀的成因上，经济学家们提出了需求拉动论、成本推动论、供求混合推动型通货膨胀论等不同的理论解释。

通货膨胀的社会经济效应主要表现在强制储蓄、收入分配、资产结构调整三个方面。

通货紧缩是指一般物价水平持续下跌、币值不断上升的一种货币现象。通常由经济周期、经济结构失调、货币、技术进步、国际市场的影响、心理预期等因素引起。

通货紧缩有可能导致经济衰退，并对投资、消费、收入分配等产生重要影响。与通货膨胀相反，治理通货紧缩主要是通过宽松的货币政策和财政政策。此外，进行结构性调整、改变预期和完善社会保障体系也是常用的对策措施。

从狭义上讲，货币政策是指中央银行为实现给定的经济目标，用于调节货币供给和利率的方针及措施的总和。货币政策包括三个方面的基本内容：政策目标、实现目标所运用的政策工具以及预期达到的政策效果。从确定目标、运用工具到实现预期的政策效果，其间还存在着一些作用环节，主要包括中介指标和政策传导机制等。

货币政策效应是指货币政策操作通过货币政策的传导机制作用于总支出，最后实现最终目标所取得的效果。西方对货币政策效应的理论探讨主要是看货币政策能否影响产出，也就是货币是否中性的问题。

项目技能训练

一、单选题

1. 在决定货币需求的各个因素中，收入水平的高低对货币需求的影响是（　　）。

A. 负相关　B. 正相关　C. 无关　D. 正负相关都可能

2. 在正常情况下，市场利率与货币需求呈（　　）。

A. 正相关　B. 负相关　C. 正负相关都可能　D. 不相关

3. 提出现金交易说的经济学家是（　　）。

A. 凯恩斯　B. 马歇尔　C. 费雪　D. 庇古

4. 通货膨胀的（　　）是一般物价水平的不同的形式持续上涨。

A. 表象　B. 实体　C. 原因　D. 类型

5. 货币贬值即单位货币的购买力（　　）。

A. 不变　B. 上升　C. 下降　D. 均衡

6. 一般物价水平是指（　　）。

A. 区域物价水平　B. 季节物价水平　C. 种类物价水平　D. 物价总水平

7. 实际利率等于（　　）利率减去通货膨胀率。

A. 固定　B. 法定　C. 市场　D. 名义

8. 以下货币政策目标中，没有冲突的是（　　）。

A. 经济增长与国际收支平衡　B. 充分就业与经济增长

C. 经济增长与币值稳定　D. 币值稳定与国际收支平衡

9. 法定存款准备金政策对应中央银行资产负债表业务的是（　　）。

A. 货币发行业务　B. 证券业务　C. 贴现及放款业务　D. 存款业务

10. 2017 年 3 月 17 日，北京推出“史上最严”的楼市新政，其中要求二套普通住宅首付不低于 50%，二套非普通住宅首付不低于 80%，并暂停发放贷款期限 25 年以上的个人住房贷款。这项政策属于（　　）。

A. 直接信用控制　B. 选择性货币政策　C. 间接信用控制　D. 一般性货币政策

二、多选题

1. 下列说法中正确的有（　　）。

A. 商品和劳务的供给量越大，对货币的需求就越多

B. 价格水平越高，需要的货币就越多

C. 货币流通速度越慢，所需要的货币数量就越多

D. 人口越多、密度越大，货币需求量也越大

2. 凯恩斯强调了利率的重要性，归纳出人们持有货币的三个动机为（　　）。

A. 预防动机　B. 投机动机　C. 交易动机　D. 美学动机

3. 当代各国的货币政策目标可以概括为（　　）。

A. 币值物价稳定　B. 经济增长　C. 充分就业　D. 国际收支平衡

4. 市场利率作为中介指标的优点主要有（　　）。

A. 可测性　B. 可控性　C. 相关性　D. 抗扰性

5. 以下选项中，属于直接信用控制的货币政策工具有（　　）。

A. 直接干预　B. 信用配额

C. 规定金融机构流动性比率　D. 证券市场信用控制

三、判断题

1. 货币需求量是指在特定的时间和空间范围内（如某国、某年），社会各个部门对货币需求持有量的综合，

它通常是从流量的角度进行考察的。 ( )

2. 实际需求是指社会各经济部门所持有的一定数量的实际存在货币数量，随物价水平的上升而上升，通常以 M_d 表示。 ( )

3. 在一个信用制度健全、金融业发达的经济中，相当一部分交易可以通过债权债务的相互抵消来了结和清算，从而减少了对于作为流通手段和支付手段的货币的需求量。 ( )

4. 金融资产的收益率越高，意味着持有货币的机会成本越高，也就是因持有货币而必须放弃的收入越多，这时人们显然会减少对货币的持有，即减少货币需求。 ( )

5. 一般来说，收入水平越高，以货币形式保有的资产总量就越少。 ( )

6. 基础货币量等于原始存款量。 ( )

7. 一定时期货币供给量的大小由中央银行决定。 ( )

8. 银行创造派生存款的过程就是创造实际价值量的过程。 ( )

9. 派生存款是虚假存款。 ( )

10. 资产变现能力强，流动性就一定高。 ( )

四、问答题

1. 试分析收入状况和市场利率对货币需求的影响。
2. 举例说明消费倾向对货币需求既可以存在正的影响，也可以存在负的影响。
3. 什么是货币供给量?
4. 中央银行和商业银行在货币供给过程中分别发挥怎样的作用?
5. 什么是货币均衡? 它与社会总供求的关系是什么?
6. 试分析货币失衡的原因。
7. 通货膨胀对分配会产生什么样的影响?
8. 治理通货膨胀一般有哪些措施?
9. 中央银行的一般性货币政策工具有哪几种?
10. 影响中央银行货币政策效应的主要因素有哪些?

项目七

习题答案

项目八　掌握金融科技

思维导图

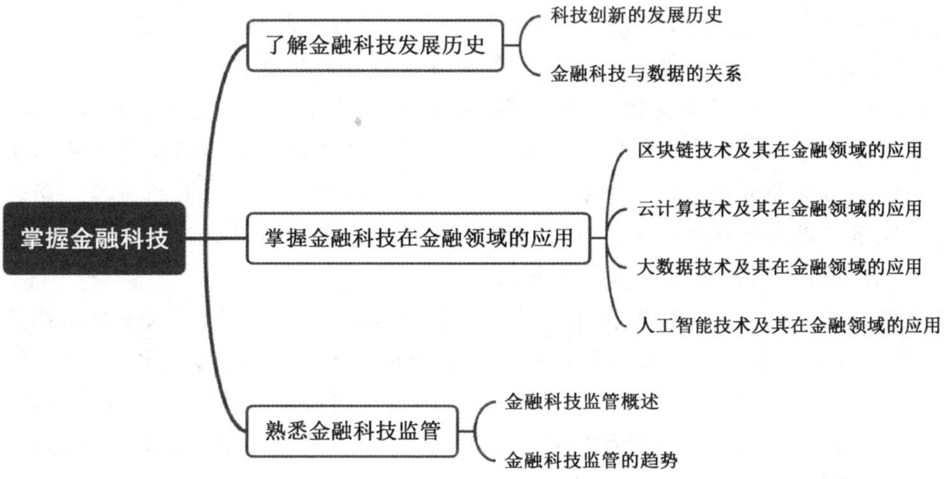

学习目标

知识与技能目标	思政教育目标
1. 掌握金融科技的内涵 2. 了解金融科技的应用与发展 3. 了解人工智能技术、区块链技术、云计算和大数据在金融领域的应用 4. 了解金融科技监管的政策	1. 帮助学生理解金融科技从经济增长、发展角度助力“中国梦”的实现 2. 树立正确的从业理念和社会主义核心价值观 3. 秉持普惠金融理念，不忘服务实体经济的初心

案例导入

是什么协助税务局“逮住”薇娅的“税务大数据”？

头部网络主播黄薇（网名：薇娅）因偷逃税在 2019 年至 2020 年期间，通过隐匿个人收入、虚构业务、转换收入性质、虚假申报等方式偷逃税款 6.43 亿元，其他少缴税款 0.6 亿元，税务部门依法对黄薇做出税务行政处理处罚决定,追缴税款、加收滞纳金并处罚款共计13.41亿元。

具体地,杭州税务部门也就薇娅此事进行了答记者问,提到其违法事实如下:

2019—2020年间,通过隐匿其从直播平台取得的佣金收入虚假申报偷逃税款;通过设立上海蔚贺企业管理咨询中心、上海独苏企业管理咨询合伙企业等多家个人独资企业、合伙企业虚构业务,将其个人从事直播带货取得的佣金、坑位费等劳务报酬所得转换为企业经营所得进行虚假申报偷逃税款;从事其他生产经营活动取得收入未依法申报纳税。90%的A股上市公司,可能一年都挣不到这笔罚金。

税务部门已对网络直播等新业态从业人员给予了包容性的自查整改期,已有上千名主播主动自查补缴税款。

这当中有一个知识点:将税率较高的个人劳务报酬所得转换成税率较低的个人独资企业经营所得,从而达到少交税的目的。

那么,税务局是如何发现这个重大偷逃税问题的?税收大数据功不可没。国家税务总局的"金税系统"才是查税利器。目前已投入使用的"金税三期",就集合大数据评估和云计算功能,实现了国地税数据的合并,同时对岗责体系和征管流程进行梳理和配置,实现岗位设置、工作流程以及参数配置等统一,其主要是对税务系统业务流程的全监控。

简单来说,你开的每张票、收到的每张票,监管部门都一清二楚。一张专用发票是否已抵扣入账、费用异常等,都可能被税务局过问。亟待上线的"金税四期",功能更是不容小觑。"金税四期"不仅涵盖税务方面,而且会纳入"非税"业务,实现对业务更全面的监控。同时,搭建了各部委、人民银行以及银行等参与机构之间信息共享和核查的通道,实现企业相关人员手机号码、企业纳税状态、企业登记注册信息核查三大功能。

在"金税四期",税务、工商、社保等机构随时合并接口,企业人员、收入等信息相互关联,企业很难少交个税和社保。税务系统需要纳税实体开户并申报收入,若未申报、少申报,则很难有真实收税依据,税务部门也难以核实,必须通过其他渠道再做核查。但如果能实现多机构间的信息共享与核查,跨到银行等机构进行数据收集,自然会更接近纳税主体的实际情况。像薇娅这样虚假申报佣金收入的做法,相信也会无所遁形。

对于AI这样的新技术在税务领域的应用包括:初级水平,主要是用技术替代重复工作,帮助税务人员做表格、看文档、读文档、抓取关键信息等,近年来大热的RPA+AI已经在这些工作流程上完成了不少规模化部署;中级水平,就上升到预测税负、分析税收趋势;高级水平,就是发现逃税、漏税,提高税务领域透明度。

例如,借助机器学习算法,快速识别出大型数据集内包含的异常条目;又如,基于多种指标检测欺诈活动,如对方的就业情况、以往是否曾经接受审计,以及与非法收入来源相关的蛛丝马迹。

在查处偷逃税方面,可以通过AI寻找某些数据指标与真实收入之间的关联性,预测的真实收入与实际报税收入的差距,就是一个怀疑的理由。这类技术应用的研发难度并不大,可以拿足够多的财务报表去训练模型、去计算相关结果有没有偏离财税比率,难点主要在税务数据的打通和税务模型的构造上。

"金税工程"也嵌入了一定的AI技术。国家税务局局长王军透露,智慧税务正在向"两化、三端、四融合"迈进。其中,"两化"是以数字化电子发票改革作为突破口,将各类业务标准化、数据化,实现可归集、可比较、可连接、可聚合;以及基于大数据、云计算、人工智能、区块链等新一代信息技术,对实现数字化升级后的税费征管信息,做智能化改造。

"三端"就是指智慧税务建成后,将形成以纳税人端、税务人端和决策人端为主体的智能应用平台体系，基于全局视角建成覆盖税收征管全部环节、全部流程、全部主体的一体化应用平台。

已有多家云厂商陆续参与到国家税务总局的数字化税务建设当中。目前的技术手段进步很大，“金税四期”很强大，企业的“进存销”都会变得更加透明，后台能看到每个企业的风险预警。

随着直播等新业态的出现，商业模式、财务模型、业务开展过程都会出现新状况，非传统税务不可一概而论，监管也需“宽严相济”，这也是为什么税务部门先给予相关从业人员“包容性的自查整改期”。查处的难度并不大，但查处与否，其实更多的要看税务部门的决定。

资料来源：https://www.leiphone.com/category/fintech/iArHXGsy0KirQpiz.html。

案例思考：结合本项目知识点谈谈金融科技对监管部门和个体的影响。

项目描述

党的二十大报告指出：“必须坚持科技是第一生产力、人才是第一资源、创新是第一动力。”金融科技在便利金融交易、满足多元化投融资需求、提升金融服务质量、提高资源配置效率方面为金融机构提供了积极支持。金融科技作为一种新兴产业，是数字经济最为重要的一个组成部分，其发展能为地区经济增长生成新引擎，也能提供大量的工作机会。

学习完本项目内容，我们要能够回答以下问题：

1. 金融科技发展历史是怎样的？
2. 举一个金融科技应用的例子。
3. 什么是金融科技监管？

任务一　了解金融科技发展历史

一、科技创新的发展历史

数据自古便受到金融行业的重视，并逐步成为金融运行的基础。在明朝，山西票号开展汇兑、存放款等金融业务时，便已经注重通过收集分析数据，预测市场动向，从而确定资金计划，借助水印、笔记等密押制度识别汇票造假来确保数据传递的真实性和准确性。随着现代社会进入信息化时代，数据已成为国家基础性战略资源，对经济运行机制、社会生活方式乃至国家治理能力都产生重要影响。金融机构对数据的采集、传输、存储、分析等一系列处理操作已成为提供金融产品和服务时的必要环节。当前，金融已成为科技驱动和数据密集型行业，对数据处理能力提升的需求也愈发强烈。

科技创新有助于提升数据处理能力，为金融发展提供重要支撑。科技创新有助于满足金融行业对提升数据处理能力的刚性需求，因此在很大程度上与金融发展存在契合性和依存性。历史上各重要金融业务发展的背后几乎都有科技创新的支撑。科技创新通过提升数据运算速度和改进数据加密等方式，有效促进了金融实现更高的效率、更低的成本和更安全的交易。例如，高速运算计算机的出现使得原本需要较长时间的数据运算可在最短数秒内完成，其在金融领域的应用极大地促进了基于衍生品定价和现代资产组合理论的证券市场发展。美国摩根大通银行在1988年开发了专门处理对公支付的Infosev系统，将交易的笔均费用从35 050美元大幅降至 4 美元左右。IC 信用卡应用加密集成电路实现了对信用卡内储存数据的多级加密保护，在数据存储和通信时较磁条信用卡更安全，也更难被仿制伪造。

在信息化深入发展的时代背景下，金融与科技加速融合发展是大势所趋。从 20 世纪 80 年代中后期开始，得益于计算机和信息处理系统等科技创新，金融行业的数据处理能力出现大幅提升，数据处理不再依赖大量人力，处理数据的规模快速增长、速度迅速提升。随着现代网络信息技术的发展，我国金融业也先后经历了金融电子化和金融信息化的阶段，目前正朝着移动化、数字化和智能化的更高阶段发展。新技术在金融领域的应用不断提升数据处理能力，支撑金融持续产生服务创新、模式创新、业态创新等。

二、金融科技与数据的关系

金融科技的关键驱动技术与数据具有紧密的关系。从国际组织和各国政府对金融科技重点关注的内容来看，目前金融科技所关注的关键驱动技术主要包括云计算、大数据、人工智能和区块链等。从相关概念定义来看，各关键驱动技术均与数据紧密相关，其特点有以下几个方面：

第一，人工智能通过赋予机器自主学习和运用知识的能力，可基于数据分析结果自主决策，辅助乃至替代人工决策，从而实现金融业务的高度自动化。

第二，区块链通过分布式存储、具有时序性的链式数据结构和智能合约的设计，可实现防篡改、可追溯、可编程等功能，有助于提升金融业务数据可信度，实现金融交易的自动执行。

第三，云计算技术通过物理资源池化和分布式集群，为金融行业提供可按需获取的数据运算、存储、传输等所需资源，能实现业务的弹性扩展与负载均衡。

第四，大数据技术通过非结构化数据的处理和新算法技术的应用，对数量巨大、来源分散、格式多样的数据进行关联分析，能综合刻画数据背后反映的关联关系，并可进一步用于预测金融业务的趋势和结果。

关键驱动技术主要从规模、速度和准度三个维度提升数据处理能力，驱动金融行业降低成本、提升效率和改善质量。降低交易成本、缓解信息不对称、促进资金融通等是金融中介产生的主要原因。从长远发展来看，不论短期盈利水平如何，巩固自身存在的必要性是金融中介不变的目标。借助金融科技降低服务成本、提升服务效率、改善服务质量，是巩固并扩大金融中介核心优势的具体实现方式。网络信息技术有助于提升金融行业数据处理能力，如扩大数据处理规模、提升数据处理速度、优化数据处理准度，从而提高金融服务的可获得性、降低风险集中度、缓解信息不对称、提高风险定价和风险管理能力、强化金融中介功能。

金融科技作为科技驱动的金融创新，是人工智能、区块链、云计算、大数据等网络信息技术作用在金融领域的数据生存周期各个阶段，通过数据处理能力的提升，驱动金融行业产生的新特征、新业态和新模式。各项驱动技术根据其不同的特点，在数据生存周期的某个或某几个阶段发挥相应作用。

表 8—1　　驱动技术在数据生存周期不同阶段的作用

阶段技术	人工智能	区块链	云计算	大数据
数据采集/传输	—	—	提升采集数据的规模 提升采集数据的速度	—
数据安全/存储	—	提升存储数据的准度（可信度）	提升存储数据的规模	—

续表

阶段技术	人工智能	区块链	云计算	大数据
数据加工	—	—	提升整理清洗数据的规模 提升整理清洗数据的速度	提升整理清洗数据的规模 提升整理清洗数据的速度
数据分析	提升分析数据的规模 提升分析数据的准度	—	提升分析数据的规模 提升分析数据的速度	提升分析数据的规模 提升分析数据的速度 提升分析数据的准度
数据呈现/决策	提升数据决策的速度 提升数据决策的准度	提升数据决策的速度 提升数据决策的准度	提升数据决策的速度	—

资料来源：中国互联网金融协会金融科技发展与研究专委会，《全球视野下中国金融科技应用与发展》，中国金融出版社 2020 年版。

不同金融业务场景对数据处理在规模、速度和准度等维度的要求，以及驱动技术的自身发展水平决定了技术对金融场景的适配性。人工智能、区块链、云计算、大数据等关键驱动技术因其特点和在数据生存周期不同阶段的作用，有针对性地缓解相应金融场景的痛点，从而与银行业、证券基金业、保险业、互联网金融和金融基础设施等领域中的部分场景实现深度匹配。例如，云计算在电商购物小额支付场景中就具有较好的适配性。同样地，一类技术之所以能应用于金融行业，往往是由于该类技术的特点较好地适配某金融业务场景的特征，在规模、速度和准度方面能够满足其对数据处理能力的不同要求。此外，在技术供给层面，产业发展、标准化程度越高的技术往往越成熟，可被广泛应用于金融领域的适配场景中。相反，产业规模较小、标准化工作刚起步的技术成熟度不足，技术稳定性较差，考虑到金融业务对安全稳定的较高要求，相关金融场景可能不适合采用此类成熟度不足的技术。

任务二　掌握金融科技在金融领域的应用

一、区块链技术及其在金融领域的应用

(一)区块链技术概况

区块链技术的主要理念是建立分布式共享账本。区块链是分布式数据存储、点对点传输、共识机制、密码学算法等计算机技术在互联网时代的创新应用模式。狭义上，区块链是将数据区块以时序关联方式加密组合的一种链式数据结构。广义上，区块链技术是利用块链式数据结构来验证与存储数据、利用分布式节点共识算法来生成和更新数据、利用密码学的方式保证数据传输和访问的安全、利用由自动化脚本代码组成的智能合约来编程和操作数据的一种全新的分布式基础架构和计算范式。

区块链技术通过加密算法、共识机制、时间戳、智能合约等手段，在分布式系统中实现点对点交易、协调和协作，可解决集中式结构存在的数据安全、协同效率和风险控制等问题，它具有如下特点：

1. 分布式

与传统互联网数据集中化存储有所不同，区块链的交易数据由区块链上的所有参与者通过工作量证明(Proof of Work，PoW)、权益证明(Proof of Stake，PoS)、委托授权的权益证明(Delegated Proof of Stake，DPoS)、实用拜占庭容错(Practical Byzantine Fault Tolerance，PBFT)等约定机制达成共识，通过点对点网络技术链接区块链上各个节点，由每个节点同时存储交易记录的完整账本，共同给维护可信的数据账本。

2. 难以篡改

区块链的信息通过共识并添加至区块链后，就被所有的有权节点共同记录，并通过密码学保证前后互相关联，篡改难度与成本较高。

3. 可追溯

区块链通过区块数据结构存储创世区块后的所有历史数据，区块链上的任意一条数据皆可通过链式结构追溯其本源。

4. 开放性

依据不同的权限机制，区块链上存储的交易记录会由其网络中的部分或全部节点共享。

5. 算法式信任

区块链可通过公开、透明的协议及密码算法增强交易双方的信任关系。

(二)区块链技术的应用

区块链技术具有分布式、难以篡改、可追溯、开放性、算法式信任等特点，有助于实现权益确立、交易溯源、隐私保护、自动执行等关键功能。目前，区块链技术已在供应链金融、贸易金融、资产证券化等金融领域以及防伪溯源、数字身份、版权保护等非金融领域的不同场景开展相关应用探索。区块链分布式和难以篡改的特点，可用于对权益所有者进行确权、提供资产交易基础(如版权交易等)。区块链可追溯的特点，可用于防伪溯源场景，如通过与物联网技术相结合，将种植、生产、加工、运输、销售的各个环节关键数据上链，实现对农产品的防伪溯源。智能合约能够承载不同业务逻辑，当达到智能合约中设置的触发条件时会自动执行，可用于航班意外险理赔等保险场景。

目前，区块链技术正处于加速演进成熟过程中，总体发展态势向好。瑞士信贷将区块链技术发展分为理念形成、概念验证、原型、试验、生产并行、开始主流应用以及被广泛应用七个阶段，并预计区块链技术到 2025 年将被广泛采用。技术咨询公司高德纳(Gartner)在《2019 年区块链技术成熟度曲线》中指出，分布式账本将在两年内达到生产成熟期(plateau of productivity)，区块链、共识机制、智能合约等需要 2～5 年，零知识证明、区块链互操作性等还需要 5～10 年。

我国区块链产业发展的政策环境良好。中共中央总书记习近平在主持中央政治局第十八次集体学习时强调，区块链技术的集成应用在新的技术革新和产业变革中起着重要作用，要把区块链作为核心技术自主创新的重要突破口，明确主攻方向，加大投入力度，着力攻克一批关键核心技术，加快推动区块链技术和产业创新发展。国务院发布的《“十三五”国家信息化规划》提出，要加强区块链技术基础研发和前沿布局，将区块链技术纳入国家信息化战略。截至 2021 年 6 月，经中央网信办备案的区块链应用系统达千余个，已建立起 40 余个区块链产业园，产业规模效应和聚集效应初步形成。

当前，区块链在我国银行、证券、保险和互联网金融等领域的应用已初具条件，部分概念验证应用已催生一定规模的商用产品，并在供应链金融、跨境支付、资产证券化、证券结算、保险等场景中形成了一些落地案例，主要用于改善信息透明度、增强主体间信任、降低争议解决成本、简化对账、结算等业务流程，提高数据利用率及协作效率。另外，将区块链应用于航空意外险、互助保险、客户身份识别等方面的探索也已取得一定进展。

从国际上看，英、美、日等主要国家对区块链技术在金融领域的应用持积极而理性的态度。作为一种全新的数据管理范式及写作模式，区块链技术及其在金融领域的应用得到了英国、美国、日本、澳大利亚、俄罗斯、欧盟等全球许多国家和地区组织的高度重视。在英国金融行为监管局（FCA）开展的“监管沙箱”中，进入第五阶段的 29 家企业中，约有 28%涉及分布式账本技术欧盟委员会 2018 年金融高科技行动计划将区块链技术纳入其工作重点之一。英国、新加坡、加拿大等国的监管部门和中央银行已开展区块链技术相关研究或试验。

拓展阅读

区块链供应链金融解决方案

（三）区块链技术在金融领域应用的风险、挑战与展望

区块链技术在金融领域应用存在风险，如安全稳定性问题、隐私泄露风险、责任主体难以认定以及合规风险。同时，也面临各种挑战，如底层技术有待发展成熟、技术依赖以及缺乏统一的金融领域应用标准。

随着区块链技术进一步发展成熟，其在金融领域的应用价值将得到进一步体现。一是随着区块链技术不断迭代更新，吞吐量和存储能力得到进一步提升，安全稳定、业务连续性等问题得到较好的解决，将为区块链技术在金融领域大规模应用提供支撑；二是将 PoW、PoS 以及 PBFT 为代表的拜占庭容错（Byzantine Fault Tolerance，BFT）类共识有机结合，构建兼具几者优点、避免各自缺点的新型混合共识方案或将成为新的突破方向；三是通过跨链技术满足不同区块链间的资产流转、信息互通、应用协同，提高链之间的互操作性，实现价值和数据的交换。

区块链技术与云计算、人工智能等技术融合互补的潜力进一步提升。基于云计算技术的区块链开放平台模式能够进一步提升金融机构对于区块链技术的可得性。未来，将有更多大型金融机构和技术实力较强的互联网金融机构对外提供开放的区块链平台服务，降低中小金融机构自主开发成本，提高服务可得性。区块链技术与人工智能技术的结合，有助于提高金融数据的安全性和可信度。区块链分布式、开放性、信息难以篡改等特征，可弥补人工智能应用中存在的数据共享、数据安全等问题，而人工智能为区块链提供更强的拓展场景与数据分析能力，有助于识别和降低欺诈风险，进一步提升可信度。

区块链在金融领域的应用向着多中心的强信任体系发展，并更加注重做好金融消费者的隐私保护。由联盟链内的节点共同制定区块链技术的应用标准，形成多中心的强信任体系，提升数据安全水平，将成为区块链技术在金融领域应用的重要趋势之一。从技术和机制等方面共同加强金融消费者隐私保护，实现交易敏感信息保护与记账节点验证交易合法性的平衡。通过采用高效的零知识证明、承诺、证据不可区分等密码学原语和方案，可实现交易身份及内容隐私保护。通过采用同态加密方案或安全多方计算方案，可实现交易内容的隐私保护。未来，区块链技术在金融领域的应用将着重探索完善基于环签名、群签名等密码学方案的隐私保护机制、基于分级证书机制的隐私保护机制等。

二、云计算技术及其在金融领域的应用

（一）云计算技术的概念和特点

云计算技术的主要理念是资源共享与弹性调配。美国国家标准与技术研究所提出，云计算技术提供了随时随地、方便快捷、按需获取的可配置计算资源共享池，如网络、服务器、存储、应用和服务，以低维护成本快速供给计算资源。

云计算技术的服务类别一般分为三种。根据云服务供应商提供的资源类型不同，服务类别一般分为基础设施服务（Infrastructure as a Service，IaaS）、平台服务（Platform as a Service，PaaS）和软件服务（Software as a Service，SaaS）。在平台服务模式下，云服务供应商向客户提供虚拟计算机、存储、网络等计算资源，提供访问云计算基础设施的服务接口。在平台服务模式下，云服务供应商向客户提供的是运行在云计算基础设施之上的软件开发和运行平台。在软件服务模式下，云服务供应商向客户提供的是运行在云基础设施之上的应用解决方案。

云计算技术的部署模式一般分为四种。根据用户类型、云资源归属和控制方的不同，云计算部署模式可分为公有云、行业云、私有云和混合云。在公有云模式下，云服务可被任意云服务用户使用，且资源由云服务供应商控制。在行业云模式下，云服务仅有一组特定的云服务用户使用和共享，这组云服务用户的需求相近，资源由组内云服务用户控制或云服务供应商控制，并且提供者和使用者在监管政策、安全要求等方面相同或高度相似。在私有云模式下，云服务仅被一个云服务用户使用，且资源由该云服务用户控制。在混合云模式下，至少包含以上两种不同的云计算部署模式。

云计算技术的主要特点是物理资源池化。通过部署虚拟机或容器等系统级软件，以及OpenStack、PBS等分布式集群管理软件，服务器物理资源可被抽象成逻辑资源，形成可动态管理的资源池，从而实现高效服用。

一方面，物理资源池可组成集群。通过部署虚拟化软件，可实现由几十万台、上百万台服务器组成的集群协同完成统一数据处理任务，数据处理能力提升对计算、传输、存储等资源的需求可通过扩充集群设备规模来满足，而不再仅仅依赖于超高速计算机等硬件设备的升级。另一方面，物理资源池可分布部署。虚拟化软件也可将一台服务器分割为几台甚至上百台相互隔离的虚拟服务器，同时运行不同的应用或服务。通过并行计算技术将一个任务分成多个子任务，可在不同虚拟服务器并行处理海量数据，用户可根据负载和需求变化弹性选择所需虚拟服务器数量。

（二）云计算技术的应用

总体来看，我国计算产业已从概念导入进入广泛普及、应用活跃的新阶段。目前，我国已形成云计算服务业、基础设施服务业、云计算制造业和云计算支持产业等相关生态，产生了一批具有影响力的企业，并在大规模并发处理、海量数据存储、数据中心节能等关键技术领域取得突破。

从国际比较看，我国云计算市场整体规模依然较小，但潜力巨大。就细分领域而言，国内基础设施服务市场处于高速增长阶段，以阿里云、腾讯云、UCloud为代表的厂商不断拓展海外市场，并开始与亚马逊云服务平台（Amazon Web Services，AWS）、微软等国际巨头展开正面竞争。

从政策环境看，我国陆续出台多项促进云计算发展的支持政策。2010年以来，我国支持云计算发展的各项政策陆续出台，主要聚焦于产业发展、标准制定、技术融合创新、安全管理等方面，不断促进云计算从概念转向实际应用。

从应用市场看，我国云计算技术应用需求不断扩大，各细分市场规模快速增长。中国信息通信研究院数据显示，2020年我国云计算整体市场规模达2 091亿元，增速56.6%。其中，公有云市场规模达1 277亿元，同比增长85.2%。

国际上，国际标准化组织、国际电信联盟等组织均已开展云计算相关国际标准研究工作。已发布的标准主要集中在基础概念、参考架构等方面，多数机构已将业务迁移和安全列为重要的标准化工作方向。

我国工业和信息化部已提出构建由云基础、云资源、云服务、云安全四个部分组成的云计算综合标准化体系框架。目前，已正式发布多项云计算技术相关国家标准，对技术术语、参考架构、应用接口、服务安全等方面进行了规范。

拓展阅读

云计算技术在银行业的典型应用场景

（三）与计算技术在金融领域应用的风险、挑战与展望

1. 云计算技术在金融领域应用的风险

云计算技术在金融领域应用存在技术安全风险、权责难以界定风险、服务中断风险和服务滥用风险。

（1）技术安全风险。一是在多租户机制下，云计算资源隔离措施不当或失效，可能导致某些用户入侵其他用户数据和应用的情况，危害金融领域数据的完整性和保密性。二是为方便云服务使用者进行应用集成，一些云计算平台为用户提供了公开的应用程序编程接口（Application Programming Interface，API）服务。若未能采取有效的防护措施，上述 API 就可能成为不法分子入侵云计算平台的入口，给用户带来安全隐患。特别是公有云面向客户提供高度一致化的基础软件资源，风险可能传染至更多金融机构，甚至造成系统层面的危害。

（2）权责难以界定风险。部分金融机构依赖第三方为其提供云服务，可能导致权责难以界定风险和一定程度的外部性问题。一方面，一些云服务提供者具有访问、操控云服务使用者部分数据的能力，部分数据权利归属难以界定，可能引发信息窃取、信息泄露等隐患。而金融领域数据通常较为敏感，金融机构对数据控制权的削弱既不利于消费者权益保护，也不利于监管部门防控金融风险。另一方面，信息系统的安全性由云服务使用者、提供者等多方的安全措施共同决定，安全等方面的责任难以划分，可能进一步加剧了安全隐患。

（3）服务中断风险。某些云计算技术应用可能存在集中式分布问题，虽然在运算任务分配等方面表现为分布式，但云服务提供商、承载相关功能的物理设备呈现一定的集中特性，且云服务本身通常集中了大量的数据和应用。当发生人员失职、恶意攻击、系统故障等问题时，可能导致大范围的数据丢失或服务中断。特别是对将核心系统上云的金融机构而言，服务中断可能对其关键业务产生严重的负面影响。

（4）服务滥用风险。同其他技术一样，云计算技术也有可能被不法分子用于从事违法犯罪活动，因而存在服务滥用风险。某些云服务供应商对登记等流程管理不严格，使得不法分子能够以较低的成本获得较为强大的计算资源的使用权，并将其用于网络攻击、暴力密码破解、非法信息传播等活动，提高此类违法活动的危害性及防范难度。

知识拓展 8—1

云计算技术在金融领域应用的挑战

1. 稳定性和可靠性进一步验证

在公有云模式下，云服务供应商提供规模化和集中化的数据中心资源，承载的业务规模庞大，对供应商在物理设施遭受破坏或故障时的运维能力将提出较大考验。在私有云模式下，云平台运维系统功能和资源调配能力问题较为突出，且 IT 架构需解决异构虚拟化等技术难题。

2. IT 系统升级改造及云服务选型困难

传统金融机构 IT 系统普遍建立时间较长、复杂程度较高，对其进行升级改造以实现与云计算系统架构的融合存在管理和运维困难。同时，由于技术实力及参考示范不足，部分金融机构在云服务选型方面的困难难以解决。此外，还有部分金融机构同时采用私有云和行业云，不同系统共存对多云管理也提出了新的要求。

3. 监管规定与标准规则有待完善

比如，支持云计算的物理服务器可被置于不同地点，既有法律在适用性上存在一些问题。此外，金融机构应用云计算技术在技术选型、架构设计、安全设计要求、容灾等方面已有部分规范指引，但在云计算可信基础环境、风控和审计要求、服务外包管理、云计算产品服务评估、安全管理责任认定等方面的监管合规要求和标准规则有待进一步完善细化。

2. 云计算技术在金融领域应用的展望

云计算技术在金融领域的应用广度和深度将进一步提升。云计算技术可为大数据、人工智能等技术应用提供基础支撑，且其在金融领域的应用有助于为客户提供更低成本、更高效率的金融服务，与金融领域的深度融合是信息化时代下的重要趋势。传统金融机构将依据自身技术实力，探索从辅助性业务系统上云向核心系统上云转变，从单一私有云向私有云为基础、行业云和公有云为补充转变。

各类领先金融机构和金融科技公司将加大云计算投入并赋能中小金融机构。目前，金融科技公司正在发力云计算领域，多家银行旗下金融科技子公司已着手向同业金融机构输出信息科技系统。各类领先金融机构和金融科技公司未来将与公有云供应商、电信运营商、传统IT厂商以及相关开源创业公司一起，共同赋能中小金融机构，推动渠道服务、客户服务、信息管理、内部支持等业务系统上云。

三、大数据技术及其在金融领域的应用

(一) 大数据技术的概念和特点

大数据技术的主要理念是充分挖掘海量数据价值。国务院发布的《促进大数据发展行动纲要》指出，大数据技术是对数量巨大、来源分散、格式多样的数据进行采集、存储和关联分析，从中发现新知识、创造新价值、提升新能力的新一代信息技术。广义上，大数据技术包括大数据采集、传输、存储、管理、融合、交易、处理、分析、应用、安全和可视化展示等。鉴于大数据的采集、传输、存储等技术主要围绕实现数据价值最大化目标服务大数据处理和大数据分析，本书以大数据处理和分析作为重点研究对象。

大数据技术的主要特点是对采集到的全量数据进行分析，以更好更快地支持决策。大数据技术处理的数据集具有“5V”特点，即数量(volume)大、种类(variety)多、处理速度(velocity)要求高、价值(value)密度相对较低和反映现实(veracity)情况。在对这类数据集的分析过程中，大数据技术更注重尽可能多地囊括关联数据，在一定程度上减少对统计抽样方法的依赖，也可更准确地发掘关联规则，并用于趋势预测。

一方面，全量数据分析可突破数据类型制约。信息化时代，文本、图像、声音、影视、超媒体等非结构数据，在互联网信息内容形式中占比越来越大。大数据技术能为非结构化数据的处理、分析提供解决方案，在情感分类、客户语音挖掘、法律文书分析等许多领域都有所应用。另一方面，全量数据分析可降低数据分析的门槛。传统该数据分析需要高质量的数据，虽然大数据有价值密度低的特点，但运用大数据技术后，以“量”提升数据分析对“质”的宽容度，提供了数据处理的新视角和新方法。

目前，大数据技术体系涵盖数据整合、数据服务、应用分析和应用展现四层。支持大数据技术的操作平台类型涵盖分析工具、业务计算、数据管理和文件系统等方面。比如，大数据分

析系统 Hadoop①，基于业务对实时的需求而支持在线处理的 Storm②、Cloudar Impala③，以及支持迭代计算的 Spark④ 等。

（二）大数据技术的应用

从应用领域来看，大数据技术在金融、政务、电商等领域的应用效果较好。金融、政务、电商等领域的数据管理水平较高、数据积累规模较大，且有较高的精细化运营诉求，因而大数据技术的应用效果较好，针对金融、政务、电商等领域提供大数据产品和解决方案的企业也较多。

从应用深度来看，大数据技术应用正在向企业核心业务拓展。目前，大数据技术的应用主要包括营销分析、客户分析和内部运营管理。同时，针对产品设计、产品生产、企业供应链管理等核心业务的应用比例逐步提升。电商平台可通过对消费者的消费习惯、浏览足迹、搜索内容等相关数据的挖掘分析，提高营销推广的精准程度。

我国大数据产业及金融大数据的市场规模均实现了较快增长。2020 年，我国大数据产业规模达 718.7 亿元，同比增长 16%，增幅领跑全球数据市场。我国大数据企业主要分布在北京、上海、广东、浙江等经济发达省份和直辖市，受政策环境、人才创新、资金资源等因素影响，北京大数据产业实力雄厚，大数据企业数量占全国总数量的 35%。我国大数据产业的政策环境良好，随着一系列支持政策的出台，国家大数据战略正加速落地，相关顶层设计逐步完善。同时，监管部门支持在金融领域应用大数据技术，稳妥有序地推动金融大数据的采集、整合、共享和利用。《“十四五”大数据产业发展规划》提出，到 2025 年我国大数据产业测算规模突破 3 万亿元的目标。

当前，大数据技术在我国金融领域的应用较为广泛，主要包括反欺诈、风险管理、投研投顾、评分定价、金融监管等场景的应用。目前，在银行、证券、保险、互联网金融等领域应用较为普遍的大数据技术包括分类分析、聚类分析、关联提取、预测分析、序列模式分析和社交网络分析等。

1. 分类分析

分类分析是指通过已分类数据集建立分类模型，实现自动分类。分类分析的代表算法有决策树、逻辑回归、贝叶斯分类等。典型应用场景包括信贷评估、市场情绪研究等。

2. 聚类分析

聚类分析是指依据相似度对数据自动分类。聚类分析代表算法有划分法（K-mean 算法、K-Methods 算法、CLARNS 算法）、层次法（BIRCH 算法、CURE 算法、Chameleon 算法）等。典型应用场景包括风险定价、智能投顾等。

3. 关联提取

关联提取是指分析数据间的相互依存性和关联性。关联提取的代表算法有回归分析、时间序列分析等。典型应用场景包括反欺诈、反洗钱等。

4. 预测分析

预测分析是指根据已有数据和模型预测未知变量。预测模型包括分类模型与回归模型，前者是对离散值进行预测，后者是对连续值进行预测。预测分析代表算法有回归积分滑动平均模型、灰度预测模型、时间序列分析等。典型应用场景是交易价格预测。

---

① 开源框架，允许在整个集群使用简单编程模型计算机的分布式环境存储并处理大量数据。
② 免费开源分布式、高容错的实时计算系统，常用于实时分析、在线学习等领域。
③ 由 Cloudera 开发的开源查询引擎。
④ 专为大规模数据处理而设计的快速通用的计算引擎。

5. 序列模式分析

序列模式分析是指挖掘数据背后反映的先后、因果关系。序列模式分析代表算法有 AprioriAll 算法、AprioriSome 算法、GSP 算法等。典型应用场景包括交易欺诈识别、骗贷识别等。

拓展阅读

基于大数据技术的银行信贷解决方案

6. 社交网络分析

社交网络分析是指分析节点间关系，并对节点关系进行梳理。代表算法为社交网络分析（Social Network Analysis，SNA）算法等。典型应用场景包括贷后监控、团伙欺诈监测等。

（三）大数据技术在金融领域应用的风险、挑战和展望

1. 大数据技术在金融领域应用的风险

（1）数据垄断风险。数据垄断可能使得垄断者占据市场支配地位，对潜在进入企业形成进入壁垒，不利于行业充分竞争，导致数据获取、使用成本畸高，并最终对大数据技术在金融领域应用的深入产生不利影响。部分企业在经营发展过程中积累了大量数据信息，对其大数据技术的研发、应用产生了正向反馈。大数据技术实力的提升，进一步增强了其对数据的采集、分析、利用等能力。数据量与技术能力之间互相促进的现象，可能导致数据向部分企业集聚，客观上造成数据垄断的风险，进而对金融领域产生不利影响。

（2）数据安全风险。在数据采集、整理、储存、分析、提取等过程中，都出现过安全风险事件，值得各方提高警惕。

首先，部分大数据基础平台在设计之初，主要考虑在可信内部网络中使用的情况，在用户身份识别、授权访问、密钥管理及安全审计等方面有所欠缺。虽然在后期应用过程中得到了持续的改进，但其整体安全保障能力较弱。

其次，对一些缺乏可信检测认证的开源软件的应用，使得平台对软件漏洞和恶意后门的防范能力不足，可能产生数据安全方面的隐患。大数据技术汇集了多样化海量数据，且数据访问大多依托开放式网络环境和分布式系统，任何数据安全保护的疏漏均可能导致严重后果，加之金融领域具有典型的强监管特征，因此对于数据安全方面的风险也就更为敏感。

（3）隐私泄漏风险。一般来说，单点信息的价值和可利用性较低，不会直接暴露客户隐私。但是，在网络环境下，客户产生的各类数据通常具有一定的积累性和关联性。一些金融机构为获得更高的数据使用价值，可能运用大数据技术对多点信息进行关联分析甚至过度挖掘，导致客户隐私泄露的风险有所提升。同时，金融领域数据敏感性通常较高，在数据保护环境尚待完善的情况下，随着大数据技术应用的深化，部分个人敏感信息难以避免被有意或无意地搜集、存储和分析。此外，一些非法的个人隐私信息更是进一步加剧了隐私泄露的危害，助长了广告推销轰炸、网络诈骗等违法违规行为，甚至可能对金融消费者身心健康和财产安全造成严重的负面影响。

知识拓展 8－2

大数据技术在金融领域应用的挑战

1. 顶层设计和统筹协调有待进一步加强

随着大数据理念的引入，各类场景中数据的深度和广度需要在原有基础上进一步扩展，其间可能需要放弃部分尚有一定价值的前期投入、转变一些前期形成的既有观念。而且，推动大数据技术在金融领域的应用，同时涉及 IT 部门和业务部门，甚至涉及金融与公安、工商、海关、税务等其他部门和外部机构的数据共享问题，需要加强更高层面的顶层设计和统筹协调。

2. 数据管理制度有待进一步健全

由于在大数据技术的应用实践中，数据经常脱离其所有者的控制范围，存在数据所有者和使用者不同、数据所有权和使用权分离的情况。此外，在金融机构及金融科技公司内部，数据处理流程包括采集、整理、储存、分析、提取等，数据使用过程中经手部门和环节较多，任何一个环节的管理不当都可能引发信息泄漏风险。

3. 监管规则与技术标准有待进一步完善

金融行业对业务连续性保障的要求较高，必须确保大数据技术路线下的系统安全稳定。由于针对金融行业的大数据技术应用法律法规和明确可操作的标准规范有待进一步细化和完善，当前金融机构基于效益最大化原则，应用大数据技术重点关注功能创新和性能提升，容易忽视大数据技术基础平台的代码质量、安全管理等方面问题。

4. "数据孤岛"现象有待进一步缓解，沉淀数据仍需开发

实现大数据价值的关键是对多源数据进行充分融合和深度挖掘。按照一定的逻辑关系，有序地对数据进行组织和管理，并结合实际需求综合运用多种分析方法，才能更好地发挥数据的真正价值。如果数据以孤岛形式散落于不同的机构或部门之中，对各类分析方法的综合运用很有可能受到数据维度及样本量方面的限制，从而难以充分挖掘出数据的价值。

2. 大数据技术在金融领域应用的展望

金融搞大数据治理的重要性和必要性日益突出。随着2018年《欧盟数据保护通用条例》(GDPR)的正式出台，数据保护和数据治理在全球范围内已引起各行业的高度重视。从我国情况来看，随着《网络安全法》《银行业金融机构数据治理指引》等相关法律规范出台实施，各金融机构、互联网科技公司正加快建立健全个人信息保护、数据治理等方面的管理制度，在依法合规和加强消费者保护的前提下，运用大数据技术成为行业基本共识。

大数据技术逐步成为金融领域关键竞争力。通过大数据精准营销推广，从业机构能够深挖客户需求，取得市场先机；通过大数据风控技术，从业机构能够提高资产管理水平，改善资产质量。随着金融交易、行为等数据的积累，大数据技术成为各金融机构和互联网科技企业盘活数据资源、实现数据价值的重要手段。

大数据技术在金融领域的应用将加速深化。在信息化时代背景下，金融业务创新越来越依赖大数据实时分析能力。越来越多的金融机构正通过建立业务、数据、技术间全流程多层级协同工作机制，建立数据需求的分类统筹管理和快速实施相应模式，形成大数据成果快速复制推广机制，促进项目成果尽快转化为业务价值。

四、人工智能技术及其在金融领域的应用

(一)人工智能技术概况

1. 人工智能技术的概念和特点

人工智能技术的主要理念是赋予机器进行自主思考或行动的能力。关于人工智能的定义众说纷纭，有些侧重于思考或行动的类人性，有些强调思考或行动的合理性，但多数定义基本认可人工智能是一种能够进行自主思考或行动的机器系统。比如，金融稳定理事会认为，人工智能是一种计算机系统，能够实现推理、学习、自我改进等通常需要人类智能来完成的功能。人工智能技术是指通过对上述机器系统的实现和应用，赋予机器自主思考或行动能力的技术，包括但不限于机器学习、计算机视觉、智能语音、自然语言处理、知识图谱、智能决策控制、机器人、混合智能、类脑智能等。

人工智能技术的主要特点是依托数据、算力和算法实现智能，算法是其技术重点。基于算法实现智能的机器系统在特定领域可拥有接近甚至超过人类的学习能力和处理效率，并且可以实现一定程度的自主性。一方面，算法实现智能的学习能力较强，数据处理总体效率较高。基于人工智能技术的机器系统可通过数据训练学到所需知识，对某些特定知识的学习效率高于人类。一旦习得有关知识，凭借其强大的计算能力和更长的工作时间，应用知识对数据进行重复性分析处理的效率在总体上也高于人类。另一方面，算法实现智能具有一定的自主性。基于人工智能技术的机器系统能够实现一定程度的自主性，在无人工干预的情况下完成决策，且可通过综合运用智能语音、自然语言处理等技术，实现与人类多途径、高效率的交流互动。

当前人工智能主要是面向特定领域的专用智能，仍处于弱人工智能阶段。根据能力强弱，人工智能可划分为弱人工智能、强人工智能和超人工智能三个发展阶段。[①] 弱人工智能擅长于在特定领域、有限规则内模拟和延伸人的智能。强人工智能具有意识、自我和创新思维，能够进行思考、计划、解决问题、抽象思维、理解复杂理念、快速学习和从经验中学习等人类级别智能的工作。超人工智能是在所有领域都大幅度超越人类智能的机器智能。

2. 人工智能技术的功能

人工智能可被广泛应用于金融、制造、安防、教育、医疗、养老、环境、交通、司法服务、网络安全、社会治理等行业和领域，观测预警、沟通交流、分析决策、流程自动化等功能在不断优化。

(1)观测预警。人工智能技术能够持续不断地进行数据采集及处理工作，消除因精力有限等因素导致的观测间隙，提升数据处理效率，扩大数据观测规模，可用于对网络舆情、交通状况、环保指标等信息实时性、持续性的观测预警。

(2)沟通交流。通过人工智能技术应用，人机交互能够缓解人人交互情况下因专业能力、心理情绪和职业素养等因素出现的沟通质量参差不齐等问题，并且能够在保持较高沟通质量的前提下提高沟通效率，可用于完成客户服务、产品营销、投资咨询等任务，增强对反馈信息的捕捉和处理能力。

(3)分析决策。人工智能技术能够实现对数据多维、全面地分析处理，并在一定程度上依据客观因素干扰，可用于辅助完成市场行情分析、需求挖掘、交易决策、病情诊断、司法判决等任务，缓解数据利用不足及情绪化决策等问题。

(4)流程自动化。人工智能技术能够赋予机器观测、沟通和决策等能力，其在机器人流程自动化领域的应用，不但能够使机器替代人类完成大量机械性、重复性的工作，而且可完成需要一定自主性的分析决策等工作，可被用于完成财务分析、信贷审批、投资决策等任务，提高工作效率。

(二)人工智能技术的应用

1. 人工智能技术应用现状

人工智能技术在金融领域的应用已经渗透到多个主要业态，引起金融行业的普遍关注。首先，人工智能技术在金融业务的前中后端均有用武之地，被银行、证券、保险、基金等传统金融机构以及互联网金融机构用于身份核验、信用评估、反欺诈、舆情监测、客户沟通、流程优化、安防监控等多个环节。其次，金融稳定理事会等国际组织较为重视对人工智能技术在金融领域应用潜力及可能影响的研究，认为人工智能技术的应用可能带来金融服务、金融监管以及系

① 中国信息通信研究院:《人工智能安全白皮书(2018年)》,2018年9月。

统性风险监测等方面的积极影响。最后，人工智能在监管方面的应用价值能够同时惠及从业机构和监管部门，已引起多国金融监管部门的关注。对金融机构而言，基于人工智能技术的监管科技能够提高金融机构的合规效率，有助于降低其合规成本。对监管部门而言，人工智能技术的应用能够缓解因激励约束而导致监管动力不足的问题，也有助于提高监管的实时性和持续性。

应用场景方面，人工智能技术在风险控制、客户服务、客户营销、运维管理、投资顾问、投资研究、量化交易、保险理赔等方面已有一定程度的应用。人工智能技术和大数据技术在金融领域的应用场景有较高的相似性，这在一定程度上反映出人工智能技术现阶段对数据依赖程度较高的特点。

拓展阅读

金融生物识别平台系统

应用技术方面，计算机视觉、智能语音、自然语言处理等技术的应用发展相对较为成熟。比如，以人脸识别为代表的生物识别技术在身份验证环节的应用，以及自然语言处理、智能语音等技术在客户服务领域的应用已经较为普遍，并取得了较好的应用效果。

2.人工智能技术在金融领域应用的风险

(1)技术安全风险。人工智能技术本身仍处于发展演进过程中，存在算法“不可解释性”、对数据依赖度高等问题，加之算法模型设计缺陷等人为因素，可能导致结果偏离预期、系统异常、算法歧视等风险。此外，人工智能技术被不当使用甚至恶意使用，可能导致扩大违法违规行为危害的风险。比如，人工智能技术在语音模拟和人脸模拟方面的应用，可能增加欺诈行为的防范难度。

(2)隐私泄漏风险。一方面，逆向攻击等威胁可能导致人工智能模型内部数据泄露，而金融领域数据可能涉及大量个人隐私，此类数据的泄露可能给客户带来难以估量的损失。比如，生物特征识别使用的指纹、声纹、相貌等数据通常具有唯一性及高度敏感性，并且难以修改，其泄露所带来的损害可能难以逆转。另一方面，人工智能技术应用于数据挖掘方面，可通过对看似不相关数据的挖掘分析得到与用户隐私相关的信息，降低数据脱敏等隐私保护手段的效果，加大隐私泄漏风险。

(3)责任主体难认定。人工智能技术产品和应用本身不具备责任承担能力及法律主体资格，而其在金融领域的应用可能涉及技术提供方、技术使用方以及金融服务方等多个利益相关方，往往难以厘清责任归属，算法“不可解释性”则更加大了责任划分的难度。

(4)放大市场顺周期性。随着人工智能技术大规模应用于金融交易中，可能因算法的同质性等因素而导致市场交易行为一致化，加大市场周期性波动幅度。此外，交易程序使得交易频率能够达到毫秒级，当程序出现故障或出现极端事件时，可能带来巨大损失甚至对金融稳定造成负面影响。

(5)监管套利风险。人工智能技术应用和发展速度较快，而监管部门在制定规范政策、了解技术情况等方面一般存在时滞，且监管部门与被监管机构之间可能存在信息上的不对称，进而导致一定的监管套利空间。

知识拓展 8—3

人工智能技术在金融领域应用的挑战

1.数据共享交流整合不足

金融领域的多数人工智能应用依赖于数据训练，数据集质量在很大程度上会影响应用成效。而大规模且完整准确的高质量数据集需要对数据进行填补拼接、交叉校验等操作，对数据共享流动有较高的要求。由于缺少合适的激励机制和共享不够，数据条块分割和“数据孤岛”现象较为普遍，导致大量沉淀数据未能激活，难以支持人工智能技术的深度应用。

2. 技术成熟度不足

人工智能技术在可靠性、无偏性、可解释性和可扩展性等方面有待进一步提高，可能对其在金融领域的深入应用造成阻碍。比如，金融领域对于模型的可解释性要求较高，而基于深度学习的人工智能技术具有“不可解释性”特点，即使专业技术人员也无法完全解释模型逻辑与参数关系，也难以确保任务被可靠且没有偏差地完成。此外，金融业务专业性强，涉及金融产品种类繁多，许多金融产品之间的差异显著。通过数据训练的人工智能技术在解决类似问题时表现较好，但训练结果通用性较差，难以同时适用于不同的金融产品。

3. 人才储备不足

推进金融领域对人工智能技术的合理应用，需要大量既懂人工智能技术又懂金融业务的复合型人才。然而，金融业务与人工智能技术均具有较高的专业性，且二者所涉及知识的跨度较大。因此，上述复合型人才不仅存量不足，而且其培养难度也相对较高，难以在短时间内得到有效补充。

3. 人工智能技术在金融领域应用的展望

金融监管部门往往落后于金融科技创新的步伐，但监管不能落后太远，更不能落后太久。随着监管部门对人工智能技术及其应用的研究日益深入，数据治理、技术应用、个人信息保护等方面的监管政策和行业标准将加速出台实施，为人工智能技术应用和发展提供更好的基础条件和政策环境。

随着相关监管政策和行业标准逐渐明确，人工智能技术在金融领域的应用有望逐步深化。领先型从业机构依托自身数据存量、业务规模等方面的优势，在人工智能技术的应用融合方面具有较大的潜力与发展空间。比如，图像识别、人脸识别以及正在逐渐走向成熟的声纹识别等技术将在身份核验等金融场景中发挥更加重要的作用。智能投顾有望实现行业的优胜劣汰，让真正优质的专业投顾服务惠及更多人群。

人工智能技术可用于金融机构合规管理，有助于降低合规成本、提升业务合规性。可推动运用数字化监管协议，实现监管规则和要求的数字化转换，通过提供嵌入式 API 接口等方式方便金融机构接入，从而提高监管的持续性和实时性。可通过探索运用机器学习、知识图谱等人工智能技术，增强监管数据采集、整合、运用的精确性和实时性，不断提升金融风险态势感知能力和监管科技水平。

任务三　熟悉金融科技监管

一、金融科技监管概述

金融科技高速发展，人工智能、区块链、大数据、云计算等高新技术虽然为我们描绘了一个生动美好的未来，但也不免让人担心。加入监管科技理念的金融科技可以有效提升监管部门对新技术、新应用、新模式的监管容忍度，为金融科技争取更大的发展空间。中国人民银行副行长潘功胜在 2018 年年底举行的中国互联网金融论坛上做过经典描述：“市场主体需要深入地理解效率与风险的平衡，理解监管与行业自律的关系。一旦潜在风险过度积累和暴露，会迫使监管部门降低对监管的容忍度，强化监管的刚性，采取更加严格的监管理念和监管措施。”

二、金融科技监管的趋势

（一）倡导正确理念，服务实体经济

金融科技作为技术驱动的金融创新，其本质仍然是金融。服务实体经济是金融的天职和宗旨，也是金融科技发展的生命力所在。这个基本发展导向是当前各国普遍通行的理念。比如，美国《金融科技框架》白皮书明确提出，拓展安全、公平、可负担的融资渠道，更好地满足个人和小微企业资金需求从而支持经济增长，是金融科技发展的重要政策目标。英国《金融科技产业战略》提出，通过将目标定位为大型银行服务无法覆盖的市场，金融科技企业将更加有效地为小微企业提供信贷支持。IMF 和世界银行也建议各成员国将金融科技主体纳入国家普惠金融战略。

发展金融科技的初心是运用网络信息技术为金融提质增效，更好地服务实体经济、防范金融风险、深化金融改革。一是坚持需求引领，鼓励从业机构紧扣经济社会发展，合理运用网络信息技术，破除制约金融服务实体经济的瓶颈，增强金融供给对实体经济需求变化的适应性和灵活性；二是坚持普惠民生，引导从业机构在多层次金融试产股和服务体系中找准定位、精准发力，充分发挥移动互联网、大数据等技术优势，降低金融服务门槛，努力实现金融服务广覆盖；三是坚持积极稳妥，严厉打击搞脱离自身发展阶段、超出自身风险管控能力的过度创新，以及打着改革创新的旗号搞规避金融监管、触碰法律底线的伪创新。

（二）加强风险防范，完善多元治理

随着驱动技术在金融领域应用的不断深入，风险防控作为金融科技行业生命线的地位更加突出。经过一段时期的跟踪观察与分析总结，国际上对金融科技的潜在风险逐渐达成共识。金融稳定理事会①分析认为，金融科技的风险涉及微观金融风险和宏观金融风险两个层面，包括可能产生期限错配风险、带来不可预知的风险传染源、放大对金融体系的冲击等；还特别指出，金融监管部门要关注来自第三方技术服务提供商的操作风险和网络风险。因此，注重风险防范是各国发展金融科技的共性做法，也是必然趋势。

防范化解金融科技风险，应建立并完善法律约束、行政监管、行业自律、机构内控、社会监督"五位一体"的金融科技治理体系。一是严格法律约束，应充分利用和严格执行现有法律法规，按照实质重于形式的原则，将金融科技活动全面纳入法制化轨道；二是强化行政监管，加强金融监管部门及中央和地方监管的统筹协调，实施穿透式监管和一致性监管，推动审慎监管和行为监管协同发力；三是加强行业自律，推进基础设施建设、统计监测、信息披露、信息共享、标准规则、投资者保护等工作，督促引导从业机构合规审慎经营，增强投资者金融素养和风险防范意识；四是做好机构内控，持续提升风险防范的意识，加快培育合规文化，切实改进公司治理和内控管理，抓紧完善全面风险管理安排，使金融科技创新可能带来的各类风险始终处于可管、可控、可承受的范围内；五是深化社会监管，提高投诉、举报等渠道的便捷性和可获得性，完善有奖举报等正向激励机制，鼓励法律、会计、评级等中介机构开展专业监督，注重在理财咨询、购买产品等方面，分类开展金融知识普及教育。

（三）坚持技术中立，强化功能监管

金融科技作为科技驱动的金融创新，金融的本质和使用的监管并未因此发生改变。目前，大多数国家和地区的金融监管部门按照实质重于形式的原则，坚持技术中立原则，强化

① Financial Stability Board, *Financial Stability Implications from FinTech*, 2017.

功能性监管，抓住金融科技的金融本质，将各类创新业务按照其金融功能纳入现有监管体系，坚持对金融科技和传统金融的一致性监管。比如，2018 年 3 月，欧盟委员会制定并发布了《金融科技行动计划》，将技术中立原则作为金融科技监管的基础，并提出建立清晰一致的牌照监管制度。

坚持金融科技监管的技术中立，应遵循一致性原则和穿透性原则，强化金融科技的功能监管。一是确立一致性的监管要求，无论何种类型的机构，只要从事金融业务、提供金融业务，就必须接受基本一致的市场准入政策、经营行为规范等；二是穿透金融科技业务本质，应根据金融科技业务功能属性，纳入现行金融监管框架，进行归口分类监管；三是对风险突出领域加强防范，重点关注是否存在募集公众资金、公开发行证券、从事资产管理和交易等行为，在这些特许经营领域实施较为严格的准入管理；四是结合金融科技网络特性，加强信息披露、金融消费者保护等方面的监管要求。

（四）关注技术发展，善用监管科技

金融科技的发展既带来业务、技术、网络、数据多重风险叠加的挑战，也带来金融监管实现数字化、自动化和实时化的机遇。一方面，为应对金融科技发展带来的金融监管挑战，各国金融监管部门应针对技术本身及其应用进行研判，避免急于推广不成熟技术，并对技术应用可能产生的风险进行监测与预警，以求早发现、早化解、早处置；另一方面，也应广泛探索利用技术手段，推动金融监管的数字化、自动化和实时化升级，进一步提升监管效能。比如，美国政府责任署（Government Accountability Office，GAO）指出，金融科技的发展可能导致监管例行检查之外的领域出现风险，因此需要金融监管部门持续监控。

面对金融科技带来的挑战和机遇，应遵循金融发展和科技发展的客观规律，做好对新兴技术的前瞻研究，加快发展和有效运用监管科技。一是加强对潜在风险的深度研判，提升对新技术应用的洞察力和敏感度，在金融的长周期中观察和检验金融科技的效益和风险，对于新技术可能带来的风险要早研判、早分析、早报告、早处置，避免风险的扩散和蔓延；二是规范新兴技术的合理应用，引导机构审慎选择相对成熟可靠、适应业务发展的网络信息技术，要求机构同步具备与业务复杂程度相当的风险管理能力；三是强化金融科技基础设施的监管，建立和完善技术基础设施监管方案，对基础性和关键性信息系统定级备案和等级测试，鼓励行业自律组织建立技术监督管理机制；四是运用科技提升监管效能，利用网络信息技术改进金融科技监管的流程和水平，积极探索监管政策和合规要求的代码化，研究推动建立基于云计算、大数据等技术的数字化监管体系。

1. 优化管理机制，促进合规创新

为平衡金融科技的发展和风险，各国普遍致力于建立完善一个兼具适应性、有效性和创新性的金融科技创新管理机制。部分国家已经推出“监管沙箱”机制，为金融科技创新提供“缩小版”的真实市场和“宽松版”的监管环境，从而在可控范围内为金融科技创新留出容错、试错的空间。比如，英国 FCA 在 2016 年 5 月推出“监管沙箱”计划，在有限的客户数量、时间等范围内，允许参与的金融科技企业对新产品或新服务进行测试。“监管沙箱”推出不久，便受到国际上的广泛关注。继英国之后，新加坡、澳大利亚、中国香港等国家或地区也陆续探索“监管沙箱”制度，引导金融科技规范有序发展。

参考借鉴“监管沙箱”等新理念、新工具，在做好金融消费者权益保护和维护金融稳定的前提下，研究建立能够试错、容错、差错、纠错的包容性创新管理机制。一是发展真正有价值的金融科技创新，将是否有利于提升服务实体经济效率和普惠水平、是否有利于提高金融风险管控能力、是否有利于加强金融消费者保护这“三个有利于”作为衡量和评判的基本原则；二是充分评估金融科技创新潜在风险，加强信息披露，开展风险可控范围内的试点验证；三是按照风险和监管匹配的原则，根据法律授权对小额分散、范围有限、复杂程度低、系统重要性小的部分业务领域适度简化监管程序，有条件地适当降低机构合规成本；四是可考虑探索依托行业自律组织牵头建立行业沙箱，邀请相关企业、消费者、学者和监管部门共同参与，建立更加灵活的创新验证机制。

2. 强化行业自律，推定标准建设

强化金融科技领域行业自律，促进监管和自律有机协调配合，是各国在平衡创新与风险、加强监管与市场沟通方面采取的较为普遍的做法。除了中国专门成立了中国互联网金融协会之外，从其他各国实践中也能看到行业自律作用在不断加强。比如，英国在确定由金融行为监管局负责 P2P 网络借贷和股权众筹监管之前，从业机构就分别成立了对应的自律组织网贷协会和众筹协会，2014 年还成立了英国创新金融协会。2016 年 6 月至 2017 年 4 月末，该协会受英国行为监管局委托，组织开展了关于由行业主导、测试金融科技创新的“行业沙箱”的可行性调研与方案设计。又如，美国的几家大型网贷机构则成立了市场借贷协会(MLA)；新加坡、日本、俄罗斯、卢森堡也相继成立了金融科技协会，以加强行业自律和同业交流。

同时，各国对于标准在金融科技发展中的基础性、战略性作用日益形成共识。比如，欧盟委员会《金融科技行动计划》提出启动“欧洲区块链标准化行动”，着手起草区块链标准化欧洲白皮书。2016 年 4 月，国际标准化组织 ISO 在金融服务技术委员会成立了一个金融科技技术咨询组，还专门成立了区块链和分布式记账技术委员会。美国《金融科技框架白皮书》强调，从业机构要增强金融科技领域技术标准的互操作性和协调性，帮助消费者减少使用不同产品和服务时的不适应感，同时有助于业界将最佳实践应用到更广阔的范围。

项目综述

科技创新有助于提升数据处理能力，为金融发展提供重要支撑。科技创新有助于满足金融行业对提升数据处理能力的刚性需求，因此在很大程度上与金融发展存在契合性和依存性。

从国际组织和各国政府对金融科技重点关注的内容来看，目前金融科技所关注的关键驱动技术主要包括云计算、大数据、人工智能和区块链等。

金融科技作为科技驱动的金融创新，是人工智能、区块链、云计算、大数据等网络信息技术作用在金融领域的数据生存周期各个阶段，通过数据处理能力的提升，驱动金融行业产生的新特征、新业态和新模式。各项驱动技术因其不同的特点在数据生存周期的某个或某几个阶段发挥相应作用。

金融科技高速发展，人工智能、区块链、大数据、云计算等高新技术为我们描绘了一个生动美好的未来，但也蕴藏着风险。国际上金融科技监管趋势可以概括为：倡导正确理念，服务实体经济；加强风险防范，完善多元治理；坚持技术中立，强化功能监管；关注技术发展，善用监管科技；优化管理机制，促进合规创新；强化行业自律，推定标准建设。

项目技能训练

一、单选题

1. 金融科技的关键驱动技术与(　　)具有紧密的关系。

A. 数据　　B. 货币　　C. 制度　　D. 软件

2.(　　)的主要理念是建立分布式共享账本。

A. 区块链技术　　B. 大数据　　C. 人工智能　　D. 云计算

3. 下列选项中,不属于大数据技术在金融各领域应用的风险的是(　　)。

A. 数据垄断风险　　B. 数据安全风险　　C. 隐私泄露风险　　D. 技术安全风险

4. 人工智能技术的主要特点是依托数据、算力和算法实现智能,(　　)是其技术重点。

A. 数据　　B. 算法　　C. 算力　　D. 速度

5.(　　)擅长于在特定领域、有限规则内模拟和延伸人的智能。

A. 强人工智能　　B. 弱人工智能　　C. 超人工智能　　D. 半强人工智能

二、多选题

1. 目前,金融科技所关注的关键驱动技术主要包括(　　)等。

A. 云计算　　B. 大数据　　C. 人工智能　　D. 区块链

2. 关键驱动技术主要从(　　)三个维度提升数据处理能力,驱动金融行业降低成本、提升效率和改善质量。

A. 规模　　B. 期限　　C. 速度　　D. 准度

3. 区块链技术具有(　　)等特点。

A. 分布式　　B. 难以篡改　　C. 不可追溯　　D. 开放性

4. 云计算技术在金融领域应用存在的风险包括(　　)。

A. 技术安全风险　　B. 权责难以界定风险　　C. 服务中断风险　　D. 服务滥用风险

5. 人工智能技术在金融领域应用存在(　　)等风险。

A. 技术安全风险　　B. 隐私泄漏风险　　C. 责任主体难认定　　D. 监管套利风险

三、填空题

1. 在信息化深入发展的时代背景下,金融与________加速融合发展是大势所趋。

2. 大数据技术处理的数据集具有“5V”特点,即________、种类(variety)多、________、价值(value)密度相对较低和反映现实(veracity)情况。

3. ________是金融的天职和宗旨,也是金融科技发展的生命力所在。

4. 发展金融科技的初心是运用网络信息技术为金融提质增效,更好地服务________、防范________、深化________。

5. 金融科技的发展既带来业务、技术、网络、数据多重风险叠加的挑战,也带来金融监管实现________、________和________的机遇。

四、问答题

1. 什么是金融科技?

2. 金融科技与数据的关系是什么?

3. 金融科技驱动技术主要有哪些?

4. 简述各金融科技驱动技术的特点。

5. 简述金融科技监管的趋势。

项目八

习题答案

项目九　领会金融监管与运用金融创新

思维导图

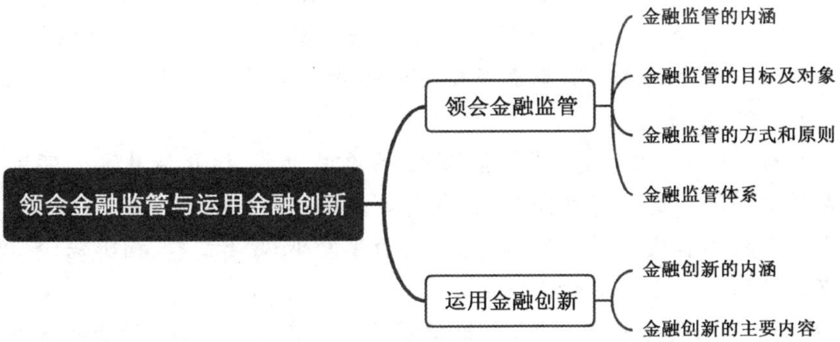

学习目标

知识与技能目标	思政教育目标
1. 掌握金融监管的内涵 2. 理解金融监管的目标及对象 3. 了解金融监管的方式和原则 4. 掌握金融创新的含义与主要内容	1. 培养学生创新探究精神 2. 增强学生实事求是、诚信守法的意识

案例导入

“58 金融”遭投诉收取高额担保服务费，深圳金融监管局称将核查处理

2022 年年初，有用户在深圳市地方金融监督管理局官网投诉“58 金融隐瞒委托担保合同网贷平台收取高额服务费担保费”。据这名用户诉称：“58 金融 App 隐瞒签署委托担保合同网贷平台收取高额服务费担保费，8 000 元小额贷款收取利息约 70 元/期＋服务 40 元/期＋担保费 30 元/期。”

类似的投诉并不在少数。2022 年 1 月 24 日，一用户诉称：“最近还款才发现，还有一个担保费和咨询费，我没找谁担保又没有咨询谁，为何要变相收取，我要求退还担保费和咨询费，取消后面的担保费和咨询费。”另一名用户也表示：“收取利息还有每期都有手续费，国家明令禁止手续费,提前还款还有250元的提前还款费用。我一共贷款10 000元,多收取我1 192元的服务费和提前还款费用,一共还了6期,每期990.33元,最后利息太高了只能一次性结清,不仅收了利息还有手续费。”2021年10月,有一名用户投诉指出:“58同城金融好借,隐性收取担保费及服务费,只在明显位置显示了日利率,并未提示另一项非常重要的担保费,只把担保费隐含在合同里,非常不合理。”这名用户还表示:“你只在个人委托书里面显示担保费以及服务费。在借款过程中从未有人给我服务,凭什么收取服务费?担保费,你做了什么担保?既然是担保费,那么你就应该承担后果,如果我还不起钱,你作为担保人,理应和我承担同样责任;否则,你这就是变相收取利息。”

“58好借”还屡屡被投诉涉嫌向在校大学生放贷或诱导借贷。2022年1月23日,一名用户投诉表示:“天天手机提示诱导我贷款,利息高得吓人,而我还是一名学生。”有多名学生用户表示:“要求‘58好借’退还借款除本金以外的校园贷息费。”

“58金融”是58同城旗下金融科技综合服务平台,业务包括汽车金融、消费信贷、互联网保险等多个领域。此前,58同城布局了58钱柜(网贷)、58秒有钱(小贷)、58月付(分期平台)等产品,共同组成了58金融体系。从58同城的消费金融布局来看,更多的资源倾注在其自身网络小贷——长沙五八小额贷款有限责任公司为运营主体的“58好借”等产品上。58同城的“我的钱包”页面,即“58好借”。

许多助贷平台以收取“担保费、服务费”等隐性费用为名,抬升借款人的实际年化利率,但借款人往往在贷前并不知道还有担保费、服务费等。因此,隐性担保、服务费和强制搭售保险,已经成为不少金融机构和民间借贷的“潜规则”,为了降低风险成本,捆绑保险、增加收费成为最简单粗暴有效的摊薄风险成本的手段。

2021年3月31日,央行发布公告,为维护贷款市场竞争秩序,保护金融消费者合法权益,所有贷款产品均应明示贷款年化利率,并公布了采用内部收益率法计算贷款年化利率示例。公告指出,从事贷款业务的机构包括但不限于存款类金融机构、汽车金融公司、消费金融公司、小额贷款公司以及为贷款业务提供广告或展示平台的互联网平台等。公告明确,所有从事贷款业务的机构,在网站、移动端应用程序、宣传海报等渠道进行营销时,应当以明显的方式向借款人展示年化利率,并在签订贷款合同时载明,也可根据需要同时展示日利率、月利率等信息,但不应比年化利率更明显。同时,贷款年化利率应以对借款人收取的所有贷款成本与其实际占用的贷款本金的比例计算,并折算为年化形式。其中,贷款成本应包括利息及与贷款直接相关的各类费用。贷款本金应在贷款合同或其他债权凭证中载明。若采用分期偿还本金方式,则应以每期还款后剩余本金计算实际占用的贷款本金。

正是一系列的规范和文件的出台,使不少金融消费者的素养和自我保护意识也不断提高。但在各类贷款产品的消费投诉和疑问之下,个人与平台方的“矛盾”依然凸显,这是平台运营方们必须面对的问题。持牌机构、互联网或网贷类平台谋求利益本无可厚非,但在利益驱动之下,在面对消费者的诉求方面,如何真正改进和优化产品服务,如何让利率更加透明、引导更加充分、收费更加“阳光”,真正的普惠金融让利消费者,更加值得深思。

资料来源:凤凰网财经,https://finance.ifeng.com/c/8D8o4CKEH6G。

案例思考:结合金融监管相关知识点,思考普通借贷消费者如何应对各种贷款机构和平台的营销?

项目描述

作为现代金融发展两个永恒的主题,金融监管和金融创新的重要性不言而喻。金融监管通过金融创新实现突破,金融监管以其管制手段为金融创新创造发展条件。金融创新与金融监管相互影响、相互作用、相互促进,共同推动金融业的变革与发展。

学习完本项目内容,我们要能够回答以下问题:

1. 金融监管的内涵是什么?
2. 金融监管的原则有哪些?
3. 金融创新的主要内容是什么?

任务一　领会金融监管

一、金融监管的内涵

监管是监督与管理的合称。从其特点来看:(1)监管是由一个或多个主体有意识进行的自觉活动;(2)监管活动有一定的对象范围;(3)监管必须依靠一定的手段和方法;(4)监管有一定的预定目标。任何监管都包括监管主体、监管对象、监管手段和监管目标四个要素。因此,监管是指监管主体为了达到一定的监管目标、依靠一定的手段或方法、对被监管对象采取的一种有意识的干预和控制活动。而金融监管是金融监管的主体(如中央银行)对金融交易行为主体进行的某种限制或规定的控制活动。

金融监管的主体一般分为两类:一类是政府授权的有权监督机关。这类监督机关是金融监管法规的制定者,一旦被监管者违反了这些规章制度,就会受到相应的处罚。例如,中央银行就是金融方面各种法规的制定者,并负责对各种违规行为进行处罚。另一类是民间机构或者私人机构,它们的权力并非来自政府授权,而是来自机构成员对机构决策的普遍认可,因此出现违规现象不需要承担法律上的责任,但必须接受来自机构纪律的处罚。例如,证券商自律组织就属于这类监管机构。

二、金融监管的目标及对象

(一)金融监管的目标

在金融活动中,效用的实现主要是通过市场这只看不见的手来调节的。但是,在每个个体追求自己效用最大化的过程中,可能出现市场失灵的现象,即经济个体的某些活动和行为可能会影响其他经济个体效用最大化的实现,进而影响整个社会经济福利水平的提高。为了防止出现这些行为和活动偏离预定目标,就要对这些领域中的活动进行必要的限制和干预。因此监管的目标就是要最大限度地避免人类的一些活动或者行为所带来的目标偏差,从而达到人们所希望或愿意看到的结果。

根据不同经济文化背景和金融水平的差异,金融监管的目标可以分为多目标、双重目标和单一目标三种不同的类型。“多目标型”的金融监管目标包括:维护社会大众对银行体系所建立的信心;建立有效率、有竞争的银行体系;维护消费者利益;允许银行体系根据经济形势变化做相应适当的改变。“双重目标型”的金融监管目标是维护信用,确保存款人利益;谋求金融的安全、稳健运行和经济健康发展。"单一目标型"的金融监管目标是保护存款人利益,促进银行资产安全和业务营运正常。

具体来说,金融监管的目标有以下四个方面:(1)按照政府的政策目标优化配置全社会金融资源,从而推动整个社会金融资源配置效率的不断提高;(2)消除因金融市场和金融产品本身造成的某些市场参与者金融信息的收集和处理能力上的不对称性,以防出现因信息不对称所产生的交易不公平性;(3)对超出部分金融机构承受能力的、涉及整个经济或者金融的系统性风险予以克服或消除;(4)促进整个金融业更加公平地竞争。

(二)金融监管的对象

根据监管对象的不同,可以把监管分为经济监管、金融监管、商业银行监管、证券监管、保险监管和投资基金监管等。其中,经济监管以经济领域和经济活动为监管对象;金融监管以金融领域为监管对象;商业银行监管以商业银行领域为监管对象;证券监管以证券领域为监管对象;保险监管以保险为监管对象;投资基金监管以投资基金为监管对象。

金融监管的对象是金融领域,主要包括人类的金融行为和金融活动领域。由于人类活动的集中区域以经济领域为主,金融活动又是经济领域活动中的重要组成部分,因此,监管的对象一般也集中在经济方面,特别是金融领域。为了避免容易引起价格信息扭曲以至市场机制失灵现象的发生,需要对外部性、垄断、过度竞争、信息不对称等金融活动和金融行为实施监管。其中,保险业、商业银行业、证券业正是这类现象的高发行业。

人类的金融活动和金融行为并非全部纳入金融监管的范畴,只有金融市场失灵的部分才有可能成为金融监管的内容。同时,金融监管只能解决金融市场的某些失灵问题,并不能大包大揽,解决全部失灵问题。一般来说,对于一部分金融市场失灵问题,政府会通过财政、经济、金融政策引导金融市场加以自主解决;在金融监管效率低下、成本过高的时候,就采用直接提供金融产品或者服务的方法加以解决。当以上两种方法成本太高或失效时,才会运用金融监管的方法。而更多时候,为了解决金融市场失灵问题,往往综合运用多种手段。可见,金融监管和金融市场机制并非矛盾对立的关系,而是互为补充。

三、金融监管的方式和原则

(一)金融监管的方式

为了实现一定的监管目标,监管主体必须采取相应的管理方式。一般而言,有两种金融监管方式:一种是对这些金融活动和行为进行直接干预和规范;另一种是通过干预影响人类金融行为和活动领域的各种因素,间接影响人类的金融行为和金融活动领域。一般认为,金融监管可以采用经济、法律、行政等方式,对金融产品和金融服务的定价或利润水平、金融产品和金融服务的种类、产量或供应量、金融产品和金融服务的质量、金融产品和金融服务的交易过程,以及从事金融产品生产和金融服务供应的企业准入和退出等进行监督与调控。但是,针对不同的监管对象、目标和主体,也会采用不同的监管手段。因此,具体而有效的金融监管方式,必须根据金融监管主体的层次等级、监管对象的性质特点、监管目标的难易程度来最终决定。

(二)金融监管的原则

金融监管不仅需要采取一定的方式,在实施过程中更需要遵循相应的准则。金融监管原则是指在金融监管活动中,作为监管主体的政府金融监管机构以及金融机构内部监管机构所应遵循的价值追求和最低行为准则。金融监管应坚持以下基本原则:

1.法定原则

法定原则又称合法性原则，是指金融监管均应依照金融监管法规和相关行政法律、法规规定。合法监管的主体必须在监管的职责权限内实施相应的监管措施。

2. 公正原则

公正原则主要包括实体公正和程序公正，是指监管主体应公正执法，平等对待所有金融市场参与者。

3. 效率原则

效率原则要求金融监管在提高金融体系的整体效率、促进金融创新与金融竞争的同时，还应合理配置和利用监管资源，以节约社会公共资源。

4. 独立性原则

独立性原则是指监管主体依法独立履行监督管理职责，地方政府、社会团体或个人不得阻碍或干扰监管活动。

5. 系统风险控制原则

单个金融机构所特有的个别风险和所有金融机构所面临的系统风险是金融业风险主要的两个表现方面。个别风险应当由金融机构自己承担，金融业的系统风险主要由金融监管来控制。

四、金融监管体系

金融监管是一项错综复杂的行为活动，既有监管主体与监管对象之间、不同监管主体之间的关系定位，也有监管主体与其他相关组织、监管对象与其他相关组织之间的关系定位，这些关系定位共同组成了金融监管体系。因此，金融监管体系可以定义为：为了达到一定的经济社会目标，采取特定的监管方式，对金融活动加以控制或影响而形成的一整套机制和组织机构的总和。金融监管体系包括参加者和监管方式两个主要因素。

金融监管体系的参加者包括司法机关、立法机关、金融监管机构、金融企业、消费者和其他利益集团等。多个参加者之间相互影响，产生了各种复杂的关系。

从目的论角度出发，金融监管机构的创立是为了实现对金融行业的有效监管。但在实际的经济活动中，金融行业的特点决定金融监管体系的创立成为必需。因为，金融行业的活动会受到消费者和有关利益集团的影响，但与此同时，金融活动也会对消费者产生影响，而有关利益集团的切身利益又深受金融产品和金融服务供应量的变化的直接影响。这些复杂的经济关系导致相关利益集团、消费者以及金融企业向金融监管机构提出进行监管的请求，甚至直接向立法机关提出修改相关法律法规的意见和建议。同时，在特定的环境或条件下，金融监管机构做出的某些监管行动，会因为被监管对象的申诉、法院的判决而发生改变。另外，金融监管机构向立法机关提出修改法律法规的建议，或者是改变自身职责和使命的要求，都会导致金融监管体系随着金融活动的变化而不断完善。

金融执法是金融监管进入实施阶段后的产物。金融执法活动最主要的特征是合规性和防范性。合规性主要体现在对金融市场参与者的越轨或犯规行为进行及时补救。防范性主要体现在金融执法主体通过调查各种金融违法、违规和越轨行为，确定责任主体，加强违法违规处罚，确保被监管者的行为合乎相关金融法律法规，防止犯法者在未来继续出现此类行为。

视频学习

金融危机

任务二　运用金融创新

金融创新是金融业不断发展的动力源泉。面对货币外延扩大、货币经济走向金融经济以及金融功能扩张的新形势，金融创新浪潮的兴起和迅猛发展直接推动了金融业的发展。

一、金融创新的内涵

（一）金融创新的定义

金融创新是金融业各种要素的重新组合，包括金融管理当局对制度安排、金融机构设置所进行的创造性变革，以及金融机构对于金融业务、金融工具所进行的开发与革新活动。

金融创新有狭义和广义之分。从狭义上来说，金融创新是为了适应经济环境的持续变化，防止或转移经营风险和降低成本，更好地实现资本的流动性、安全性和营利性目标，政府和金融机构逐步改变金融中介功能，创造和组合一个新的高效率资金营运方式或营运体系的过程。从广义上来说，金融创新是一个历史范畴，整个金融业的发展史就是一部不断创新发展的历史。生产力的不断发展，推动生产关系组成部分的金融结构随之调整。因此，从一定意义上说，金融创新是金融体系不断创新、不断完善基本功能、不断成长的过程。

拓展阅读

金融创新的经济背景

（二）金融创新的动因

推动金融创新的因素多种多样，既有经济生活的巨大需求，也有科学技术的推进，还有经济制度的改革，更有市场竞争的加剧等，这些因素共同推动了金融创新。

1. 科学技术的推进

科学技术是促成金融创新的主要因素。20 世纪 70 年代以来，以计算机等为根本特征的新技术革命影响世界。90 年代后，以网络为核心的信息技术高速发展，催生了信息产业。而电脑和电信设备的新发明应用在金融业促成了金融创新。这些先进的科学技术被广泛应用到金融机构的业务处理过程中，为金融创新提供了技术上的支持，成为技术型金融创新的原动力，促进了金融业的电子化发展。

2. 经济制度的改革

金融创新是一种与经济制度相互影响、互为因果的制度改革，因制度改革而引起金融体系的任何变动都可以视为金融创新。比如，存款保险制度的建立也是金融创新。金融创新并不仅仅受电子等科学技术的影响，它还与社会制度紧密相连。一定意义上，在市场活跃、经济相对开放以及管制不严的经济背景下，政府的管制和干预会直接或间接阻碍金融活动。此时，需要政府采取相应的制度创新，以适应不断变化的金融行为或环境。

3. 规避金融管制

为了获取利润，金融机构往往采取回避政府管制的方式，在这个过程中，也会引起相应的金融创新。各种形式的政府管制与控制通过隐含的税收方式增加了金融机构的成本，减少了金融机构获得盈利的机会。因此，为了逃避管制、摆脱不利于利润最大化的约束条件，金融机构通过创新来规避政府管制。一旦金融创新不利于金融稳定与货币政策，政府就会加强管制，新的管制又会引起新的创新，以此形成一个相互交替、相互推动的过程。

4. 市场竞争的日益尖锐化

随着全球经济一体化和国内市场国际化，金融领域不断拓宽与延伸，金融机构的数量、种类出现直线增长，金融资本高度集中并向国际市场发展。但与此同时，金融市场的竞争也日趋尖锐，各种金融机构面临的风险更大，尤其是当遇到经济危机时，金融领域遵循优胜劣汰的本能机制，会出现一部分金融机构倒闭、合并、重组的现象。所以，为了在竞争中占据优势，金融机构需要不断地变革与创新。

5. 降低交易成本

降低交易成本是实现利润最大化的有效途径，也是金融机构追求金融创新、优化金融服务的首要动机。金融机构通过综合运用科技进步成果，不断创新金融业务和金融工作，达到提高交易效率、优化金融服务、降低交易成本的目标。在这一过程中，新的交换媒介、新的金融工具不断衍生，货币也向更为高级的形式不断演变和发展。

二、金融创新的主要内容

本书在综合各类划分标准的基础上，将金融创新分为金融制度的创新、金融业务的创新以及金融工具的创新。

（一）金融制度的创新

金融制度是金融体系的重要组成部分，随着金融环境的变化而逐渐演变。而这种演变不仅是结构性的变化，从某种意义上说，还是一种本质上的变化、一种创新。金融制度的创新主要体现在以下三个方面：

1. 分业管理制度的改变

长期以来，在商业银行业务与投资银行业务的合并与分离问题上存在明显差异的“全能银行制”（以德国为代表）和“分业银行制”（以美国为代表），同时在世界银行体系中存在。自20世纪80年代以来，随着全球金融自由化浪潮的不断升级，这两种截然不同的金融管理制度已经悄然发生改变。1999年年底，美国废除了《格拉斯-斯蒂格尔法》，打破了对银行业经营严格限制的制约，允许商业银行混业经营。这标志着分业界限已逐渐模糊，商业银行的经营范围进一步扩大。随后，世界上著名大银行实际上已经成为“百货公司”式的全能银行，商业银行经营走向全能化、综合化势在必行。

2. 管理制度的改变

由于商业银行具有非银行金融机构所不具备的信用创造功能，因此大多数国家对商业银行实行更为严格的管理制度。如对其市场准入、存款最高利率、不同存款准备金率的差别等的限制。但在金融创新不断发展的过程中，非银行金融机构利用“制度优势”，进行大胆创新与变革，推动其种类、规模、数量、业务范围与形式等迅速发展，商业银行在新的市场竞争中处于明显的弱势。鉴于金融市场环境发生的巨大改变，各国政府都先后缩小了对银行与非银行金融机构在管理上的差距，使两类金融机构在市场竞争中的地位趋于平等。

3. 金融市场准入门槛降低

20世纪80年代以前，许多国家，尤以日本为最，严格限制非本国国民进入本国金融市场或者本国国民进入外国市场，但随着金融不断自由化与国际化，这些限制正慢慢被瓦解。经济政策环境的改变，推动了跨国银行的出现以及国际金融中心的建立。世界各大知名银行纷纷在国际金融中心设立分支机构，同时加快推进电子化、专业化和全能化的业务步伐。由于金融创新，各国间的经济、金融联系更加紧密，经营的风险也在加大，从而使各国政府在对国际金融中心、跨国银行的监管问题上更加注重国际协调与合作，全球金融监管出现自由化、国际化倾向。

（二）金融业务的创新

金融业务的创新是金融机构为了实现其经营成果，在经营过程中利用新思维、新的组织方式和新技术，构造新型的融资模式的活动。在整个金融业务中，商业银行业务占了重要的部分，因此，金融业务创新的核心内容是商业银行的业务创新。

1.负债业务的创新

20世纪60年代以后，商业银行发生负债业务的创新，主要表现在商业银行的存款业务上。商业银行存款业务的创新主要表现在改造传统业务、创设与拓展新型存款方式上，其发展趋势通过存款工具功能的多样化、存款业务操作电算化、存款证券化以及存款结构发生变化四个方面来表现。

个性化的新型存款账户满足了不同客户的多样化需求。新型存款账户主要有可转让支付命令账户、超级可转让支付命令账户、电话转账服务和自动转账服务、股金汇票账户、协议账户、货币市场互助基金、远距离遥控业务和个人退休金账户等。

商业银行借入款的范围、用途逐步扩大化。商业银行的借入款项不仅用于临时、短期的资金调剂，而且日益成为弥补商业银行资产流动性、提高收益、降低风险的重要工具，筹资范围也从国内市场逐步拓展至全球市场。

2.贷款业务的创新

（1）贷款结构的变化。消费信贷分为一次偿还的消费信贷和分期偿还的消费信贷。目前这一资产业务形式发展迅速，已成为一些发达国家商业银行的主要资产项目。在消费贷款领域，各个阶层的消费者都可以向商业银行申请一次性偿还或分期偿还的消费贷款，购买住宅、汽车、大型家电以及用于留学、修缮房屋等。

（2）贷款证券化。贷款证券化是商业银行通过一定程序将贷款转化为证券发行的融资过程。作为商业银行贷款业务创新的一个重要表现，它紧密结合贷款业务与国债、证券市场，大幅增强了资产的流动性和变现能力。

（3）贷款形式与市场利率联系紧密。这类贷款的具体形式有可变利率抵押贷款、浮动利率贷款和可调整抵押贷款等。在实际业务操作过程中，商业银行贷款利率与市场利率紧密联系并随之变动的贷款形式，有助于商业银行转移其资产因市场利率大幅波动所引起的价格风险，是商业银行贷款业务的一项重要创新。

（4）商业银行贷款业务“表外化”。主要包括贷款额度、周转性贷款承诺、循环贷款协议、回购协议、票据发行便利等。

3.中间业务的创新

商业银行中间业务的创新为商业银行拓宽了新的利润增长点，推动了商业银行的发展。商业银行中间业务创新主要包括五个方面：

（1）结算业务的创新。过去结算必须通过现金、支票、汇票、报单等票据或凭证来完成，如今通过电子计算机及其网络就能办理转账，实现了“天地对接、一分钟到账”等。

（2）信托业务的创新。随着金融业的发展，商业银行传统的存、贷、投资业务逐渐与信托业务相结合，开拓了私人银行业务，满足了巨大的市场需求。这些业务通过提供针对客户特殊的金融服务，大大优化了商业银行的盈利结构，提高了竞争力。

（3）现金管理业务的创新。该业务的创新通过运用电子计算机，为客户提供有关账户信息服务、电子转账服务、决策支援服务等内容，协助客户利用闲置资金进行短期投资。这一业务创新不仅增加了商业银行的手续费收入，而且有利于银行吸引更多的客户。

(4)信息咨询方面的创新。现代社会是信息社会，信息与金融业的结合日益紧密，金融信息的生产日益现代化、市场化，并极大地推动了商业银行信息咨询业的创新与发展。例如，客户咨询数据库通过提供各种及时、准确、权威且有偿的信息服务来满足客户的需求。

(5)自动化服务的创新。电子计算机的广泛应用不仅带来现代管理业务的创新，而且直接推动商业银行业务模式发生巨大变革，令电子化、自动化的金融服务成为可能。如银行卡业务、自助银行、网络银行、自动柜员机、售货点终端机、居家银行服务等新兴业务迅速崛起，并得到极大的发展。

4.表外业务的创新

表外业务创新同样是商业银行业务创新的重要内容。表外业务与中间业务关系紧密，并在一定条件下能够转化为中间业务。

为了规避金融机构对资本金的特殊要求，或顺应外部金融环境的改变，商业银行由传统银行业务向现代银行业务进行了转化。表外业务只有手续费收入，但收益可观。从各国银行业的发展现状来看，商业银行表外业务发展迅猛，如贸易融通业务、金融保证业务、衍生产品业务等不断推出新品种，有些商业银行的表外业务已经成为其支柱产业。

(三)金融工具的创新

近年来，新型的金融工具层出不穷，金融工具的创新成为金融创新最主要的内容。这些新型金融工具的出现，更是赋予“金融资产保值”“风险规避”等原有概念以全新解释。金融工具的创新主要包括以下两个方面：

1.基础市场上的创新

在金融工具的创新过程中，如活期存款、定期存款、储蓄存款等基本存款工具的界限早已被打破，形成了一些包括超级可转让支付命令、货币市场存款账户、个人退休金账户等在内的新存款工具。这些新的存款账户，既能方便客户支取，又能给客户计付利息；不仅为客户提供了更多的选择，而且满足了存款人对安全性、流动性和营利性的多方面要求，从而吸纳了更多客户群，拓宽了商业银行的资金源。

2.衍生金融市场上的创新

随着金融创新的发展，金融衍生工具为金融市场做出了重要贡献。但衍生金融工具是一把“双刃剑”，如果运用得当、充分合理，能够起到传统避险工具无法起到的保值、创收的功能，推动金融业的发展；而一旦运用不当，则会严重伤害市场参与者，甚至危害整个金融市场的安全与稳定。

项目综述

监管是指由监管主体(监管者)为了实现监管目标而利用各种监管手段对监管对象(被监管者)所采取的一种有意识的和主动的干预和控制活动。而金融监管是金融监管的主体为了实现监管的目标而利用各种监管手段对监管对象所采取的一种有意识的和主动的干预和控制活动。

金融监管的目标有以下四个方面：(1)按照政府的政策目标优化配置全社会金融资源，从而推动整个社会金融资源配置效率的不断提高；(2)消除因金融市场和金融产品本身造成的某些市场参与者金融信息的收集和处理能力上的不对称性，以防出现因信息不对称所产生的交易不公平性；(3)对超出部分金融机构承受能力的、涉及整个经济或者金融的系统性风险予以克服或消除;(4)促进整个金融业更加公平地竞争。

金融创新是金融业各种要素的重新组合,包括金融管理当局对制度安排、金融机构设置所进行的创造性变革,以及金融机构对于金融业务、金融工具所进行的开发与革新活动。金融创新有狭义和广义之分。从狭义上来说,金融创新是政府和金融机构,为适应经济环境的变化,防止或转移经营风险和降低成本,更好地实现流动性、安全性和营利性目标而逐步改变金融中介功能,创造和组合一个新的高效率的资金营运方式或营运体系的过程。从广义上来说,金融创新是一个历史范畴,整个金融业的发展史就是一部不断创新的历史。

项目技能训练

一、单选题

1. 下列选项中,不属于金融监管需要坚持的基本原则的是(　　)。

A. 法定原则　B. 公正原则　C. 效率原则　D. 收益原则

2. (　　)是金融业不断发展的动力源泉。

A. 金融创新　B. 金融监管　C. 货币　D. 金融机构

3. 推动金融创新的因素多种多样,属于金融创新的主要原因是(　　)。

A. 科学技术的推进　B. 经济制度的改革

C. 规避金融管制　D. 市场竞争的日益尖锐化

4. (　　)是实现利润最大化的有效途径,也是金融机构追求金融创新、优化金融服务的首要动机。

A. 科学技术的推进　B. 经济制度的改革　C. 规避金融管制　D. 降低交易成本

5. 金融业务创新的核心内容是(　　)。

A. 金融工具的创新　B. 商业银行的业务创新

C. 金融制度的创新　D. 中央银行的业务创新

6. 金融工具的创新主要包括基础市场上的创新和(　　)的创新两个方面。

A. 货币市场上　B. 资本市场上　C. 衍生金融市场上　D. 科技金融

7. 下列选项中,不属于商业银行的业务创新的是(　　)。

A. 负债业务的创新　B. 贷款业务的创新

C. 结算业务的创新　D. 金融工具的创新

8. 下列选项中,属于商业银行中间业务创新的是(　　)。

A. 信托业务的创新　B. 贷款业务的创新

C. 负债业务的创新　D. 金融工具的创新

9. 下列选项中,不属于金融监管的目标的是(　　)。

A. 优化配置全社会的金融资源

B. 防止出现因信息不对称所产生的交易的不公平性

C. 实现利润最大化

D. 对超出部分金融机构承受能力的、涉及整个经济的系统性风险予以克服或消除

10. 金融监管以(　　)作为监管对象。

A. 金融领域　B. 商业为银行

C. 证券领域　D. 经济领域和经济活动

二、填空题

1. ________就是金融方面各种法规的制定者,并负责对各种违规行为进行处罚。

2. 单个金融机构所特有的个别风险和所有金融机构所面临的________是金融业风险主要的两个表现方面。

3. 金融监管体系包括________和监管方式两个主要因要素。

4. 从狭义上来说，金融创新是指为了适应经济环境的持续变化，防止或转移经营风险和降低成本，更好地实现资本的________、________和________目标，政府和金融机构逐步改变金融中介功能，创造和组合一个新的高效率资金营运方式或营运体系的过程。

5. 根据创新内容来划分，金融创新可以分为制度的创新、________、工具的创新等。

三、判断题

1. 监管主体依法独立履行监督管理职责，地方政府、社会团体或个人不得阻碍或干扰监管活动。（　　）

2. 衍生金融工具是一把"双刃剑"，如果运用得当、充分合理，能够起到传统避险工具无法起到的保值、创收的功能，推动金融业的发展；而一旦运用不当，则会严重伤害市场参与者，甚至危害整个金融市场的安全与稳定。（　　）

3. 货币市场共同基金是专门投资于货币市场的一种封闭式基金。（　　）

4. 人类的金融活动和金融行为全部纳入金融监管的范畴。（　　）

5. 金融监管能解决金融市场的全部失灵问题。（　　）

四、问答题

1. 简述金融监管的概念和主体。

2. 简述金融监管的监管体制和监管对象。

3. 简述金融创新的概念。

4. 简述金融创新的主要内容。

项目九

习题答案

参考文献

1. 宗良:《经济学理论创新的中国探索:基于理论模型视角》,中国人民大学出版社 2022 年版。

2. 中国证券业协会:《证券市场基础知识》,中国财政经济出版社 2021 年版。

3. 中国证券业协会:《证券发行与承销》,中国财政经济出版社 2021 年版。

4. 中国信息通信研究院:《人工智能安全白皮书(2018 年)》,2018 年 9 月。

5. 中国互联网金融协会金融科技发展与研究专委会,瞭望智库:《全球视野下中国金融科技应用与发展》,中国金融出版社 2020 年版。

6. 张圣平:《论有效市场理论及其困境》,载《东岳论丛》,2006,27(5):67—75。

7. 张启迪:《货币政策与不平等》,载《当代经济管理》,2021,43(5):86—91。

8. 张敏、张菲:《传统国际金融机构对"一带一路"建设的支持作用》,载《理论视野》,2018(7):74—79。

9. 张炳达、胡俊霞:《新编金融理论与实务》,上海财经大学出版社 2015 年版。

10. 殷孟波、许坤:《货币金融学》,西南财经大学出版社 2020 年版。

11. 王杨:《南京雨润债券违约案例研究》, 安徽工业大学 2017 年硕士学位论文。

12. 王燕:《从私人股份银行到中央银行——英格兰银行三百周年回顾》,载《上海金融》,1995(10):30—31。

13. 王红:《货币金融学案例与分析》,华中科技大学出版社 2020 年版。

14. 邱思立:《美国次贷危机对国内金融机构经营管理的启示》,载《科技风》,2009(11):229—230。

15. 骆志芳、许世琴:《金融学案例分析》,经济科学出版社 2020 年版。

16. 罗丙能、周德翼、张国昀等:《通货膨胀、价格管制与中国的食品安全——基于"三聚氰胺奶粉"事件的案例分析》,载《制度经济学研究》,2014(1):195—211。

17. 卢亚娟、刘骅:《金融学案例精选》,中国金融出版社 2020 年版。

18. 刘勇等:《金融科技十讲》,中国人民大学出版社 2020 年版。

19. 李翀、张世铮:《"超发"的货币到哪里去了》,载《学术研究》,2021(8):88—95。

20. 杰森·辛克:《未来金融》,中国科学技术出版社 2020 年版。

21. 蒋远胜、黄思刚、温涛:《金融学》,西南财经大学出版社 2018 年版。

22. 黄达、张杰:《金融学》(第五版),中国人民大学出版社 2019 年版。

23. 段伟杰、陈文晖:《第三方支付、电子货币替代影响交易性货币需求的机理解析》,载《浙江社会科学》,2020(5):15—23。

24. 丁骋骋:《古典诗词中的通货膨胀与通货紧缩》,载《金融博览》,2023(5):20—21。

25. 戴国强:《货币金融学》,上海财经大学出版社 2017 年版。

26. 陈扬:《政策性银行业务边界的思考》,载《中国市场》,2021(15):60—62。

27. Jensen, M. C., Some anomalous evidence regarding market efficiency, *Journal of Financial Economics*, 1978(6):95—101.

28. Francis Mulenga Muma:《对外援助,国际收支平衡及经济增长——以赞比亚为例》,厦门大学 2012 年博士学位论文。